Biografie eines Kochbuchs

Die Autorin Regina Frisch studierte Germanistik und Philosophie. Promotion in Deutscher Sprachwissenschaft. Forschung und Lehre an den Universitäten Würzburg und Jyväskylä/Finnland. Sie beschäftigt sich mit dem kulturhistorischen Wert von Kochbüchern. Zuletzt erschienen: Kochen im Ersten Weltkrieg. Drei Kriegskochbücher aus Bayern, hrsg. und erschlossen von Regina Frisch, Königshausen & Neumann 2018.
Webseite der Autorin: www.ResteFerwertung.de

Regina Frisch

Biografie eines Kochbuchs

Das *Bayerische Kochbuch*
erzählt Kulturgeschichte

Königshausen & Neumann

3., unveränderte Auflage 2021
1. und 2. Auflage bei Verlag Friedrich Pustet, Regensburg

Bibliografische Information der Deutschen Nationalbibliothek
Die Deutsche Nationalbibliothek verzeichnet diese Publikation in der Deutschen Nationalbibliografie; detaillierte bibliografische Daten sind im Internet über http://dnb.d-nb.de abrufbar.

Gedruckt auf säurefreiem, alterungsbeständigem Papier
Umschlag: skh-softics / coverart
Umschlagabbildung: Collage unter Verwendung von Abbildungen mehrerer Auflagen des "Kochbuch des Bayerischen Vereins für Wirtschaftliche Frauenschulen auf dem Lande" und des "Bayerischen Kochbuchs"
Satz und Layout: Satz-Offizin Hümmer GmbH, Waldbüttelbrunn

Printed in Germany

ISBN 978–3–8260–7509-4

www.ebook.de
www.buchhandel.de
www.buchkatalog.de

Inhalt

Abräumen

Legende: Für den Text werden zwei Schriftfamilien verwendet. Die Grundschrift ist die Stempel Garamond, *Kursive* kennzeichnet Zitate und Hervorzuhebendes. Lange kursive Passagen markieren fiktive Texte. In diesen dient Recte der Auszeichnung.

Alle Zitate aus dem Bayerischen Kochbuch und seinem Vorläufer, dem Kochbuch des Bayerischen Vereins für Wirtschaftliche Frauenschulen auf dem Lande, sind in der Futura gesetzt. Paul Renner hat die Schrift 1928 entworfen. Bereits 1909 gründete Renner zusammen mit Emil Preetorius die Münchner Schule für Illustration und Buchgewerbe. Es folgten erfolgreiche Jahre als Künstler und Dozent. Aufgrund seiner Kritik an nationalsozialistischer Kulturpolitik, wurde er 1933 seiner Ämter enthoben und lebte bis 1945 zurückgezogen als Maler.

Der Vati wollte letzte Woche ein Bücherregal kaufen.
Aber die Mutti hat gesagt: Ein Bücherregal rentiert sich doch nicht für uns.
Und da hat sie schon recht. Wir haben nämlich nicht besonders viele Bücher, die wir in so ein Regal stellen könnten. Das dickste heißt *Bayerisches Kochbuch*. Da steht drin, wie man Reiberdatschi macht und Pfannenkuchen und Leberknödelsuppe und Schweinsbraten.

Harald Grill
gehen lernen

Kochbuchgeschichten

Einleitung

Von einem Kochbuch, das zum Kulturgut wurde,
einer die auszog, Kochbücher zu sammeln, vom Sammeln und wie
die Kochbuchgeschichten zu lesen sind.

Wenn der Holunder im Garten blüht, gibt es bei uns Hollerkücherl mit Apfelmus, mindestens einmal pro Saison. Man kann dann davon ausgehen, dass alle zum Essen kommen. Die Blütendolden werden in Teig ausgebacken. Für ihn benötigt man laut Bayerischem Kochbuch (56/2007): 200 g Mehl, 1 Prise Salz, 1/4 l dunkles Bier oder Weißwein (notfalls Milch), 2 Eier getrennt, 2 Teelöffel Öl. Ich stutze. Kein Wort erklärt, warum Bier und Wein *notfalls* durch Milch ersetzt werden können. Für den Fall, dass kein Bier oder Wein im Haus ist? Was macht den Teig mit Milch zur Notlösung? Das sonst so didaktische Kochbuch schweigt. Das *notfalls* sprengt die Strenge der Zutatenliste und lässt mich lächeln. Ich bereite den Teig mit Bier zu, meist ist es ein Helles.

Im süddeutschen Raum ist das Bayerische Kochbuch eine Institution. Die Sparkasse schenkte es in den 80er Jahren Frischvermählten zur Hochzeit, es wird als Referenzkochbuch für Bayerische Küche in Zeitungen, Wikipedia, Fachliteratur und Belletristik zitiert, liegt im Tante-Emma-Laden als einziges Buch zum Verkauf aus und ist Lehrkochbuch im Hauswirtschaftsunterricht seit einem Jahrhundert. Die Kochbuchgeschichte ist eine Erfolgsgeschichte. Aber nicht nur das. Das Kochbuch erzählt auch Kulturgeschichte. Kontinuierlich im 20. Jahrhundert stets neu aufgelegt, ist es unwillkürlich Kulturzeuge geworden. Vom Kaiserreich bis zur Bundesrepublik, zwei Weltkriege, Wirtschaftskrise und Wirtschaftswunder – das Kochbuch hat alles miterlebt und die Zeitläufte haben ihm ihre Stempel aufgedrückt. Nicht allein im Konzertsaal und in der Kathedrale erlebt man Kultur, ebenso im Alltag am Küchentisch.

Maria Hofmann ist die Königin der Mehlschwitze, sagte einst ein Freund zu mir. Wie recht er damit hatte und wie unrecht. Im Kochbuch muss man lange suchen, um endlich – im Glossar versteckt – die Mehlschwitze zu finden. In den Rezepten wird dagegen mit Einbrenne gekocht. Maria Hofmann ist nicht die Königin der Mehlschwitze, aber man kann sie sehr wohl eine Königin nennen, weil das Bayerische Kochbuch, das sie lange regiert hat, ein dynastisches Werk ist. Im 20. Jahrhundert sucht diese Kochbuchdynastie ihresgleichen. Seit Generationen kochen Landfrauen mit dem Lehrbuch und lernen die Grundrezepte auswendig. Das Ergebnis einer kleinen Umfrage 2013 bestätigt das. Schon lange sind sie aber nicht mehr die einzigen, die mit dem Kochbuch kochen. Es hat breite Bevölkerungsschichten erobert. Was der Satz mit der Königin und der Mehlschwitze jedoch sagen will, ist, dass das Bayerische Kochbuch keine Gourmet-Küche lehrt. Maria Hofmann ist keine Verwandte von Alfred Walterspiel und Eckart Witzigmann.

Am Anfang der Geschichte des Kochbuchs steht eine Rezeptsammlung für Wanderkochkurse, mit der Landfrauen und Fabrikarbeiterinnen unterrichtet wurden. Man aß alltags Zusammengekochtes aus der Kochkiste. Aus dieser einfachen Küche sollte in den folgenden Jahrzehnten bürgerliche Küche werden. Das Kochbuch veränderte sich. Was sich kaum und nur sehr langsam veränderte, waren die Rahmenbedingungen des Kochbuchs. Das macht die Geschichte des Bayerischen Kochbuchs zu einem Glücksfall. Dass wenige und sorgsame Hände an dem Kochbuch in all den Jahren geschrieben haben. Dass Druckerei- und Verlagswechsel sanft gestaltet werden konnten. Dass das Kochbuch über 100 Jahre als Lehrbuch eingesetzt wurde und wird. Bei dieser großen Konstanz auf vielen Feldern ist es umso interessanter, den Veränderungen nachzuspüren. Sie zu dokumentieren, wo möglich ihre Ursachen zu ergründen. Das Buch ist ein verlässlicher Zeitzeuge.

Manches im Leben geschieht planvoll, vieles ergibt sich und wieder anderes stößt einem zu. Alles kann ein Glück sein. Als ich 2009 ein neues Bayerisches Kochbuch für den Haushalt kaufte, ahnte ich nicht, was ich damit lostreten sollte. Die Veränderungen der neuen Auflage weckten das Interesse an der Vergangenheit des Werks. Ich fragte mich: Wie sah das Bayerische Kochbuch wohl früher aus? Wie hat es sich entwickelt? Über eine online-Auktion erwarb ich ein weiteres Exemplar: die 18. Auflage, ohne Jahr, mit einem Vorwort von 1938. Das Buch war von verblasstem Gelb, mit orangem Leinenrücken und der vertrauten Titelschrift in blau, der Buchsatz in Fraktur. Beim Blättern fand ich die Gliederung weitgehend wie heute, auch viele bekannte Rezepte. Es war das vertraute Bayerische Kochbuch, nur eben eine deutlich ältere Ausgabe. Auf dem Titelblatt stand bereits der Name Maria Hofmann – sie muss jung gewesen sein! Ihr Vorwort war in Ton und Inhalt vom Nationalsozialismus geprägt: Die Frau steht am Herd an der Front. Der Text war wortreich und ungelenkt. Nichts ließ ahnen, wie geschickt sie bald den Zeitgeist erfassen würde. Dieses dritte Exemplar meiner künftigen Sammlung hat mich elektrisiert. Das vertraute Kochbuch wurde für mich zum Geschichtsbuch. Ich wollte wissen, wie es weiterging, was vorher war, was nachher kam.

Es folgte eine Zeit intensiver Suche; erst unter Verwandten, Freunden, Bekannten dann in der Gemeindebücherei und in Bibliotheken. Die Suche war nicht einfach, denn ich begriff bald, dass mein Gegenstand für andere nicht sichtbar war. Büchereien besitzen *eine* Auflage; sobald eine neue angeschafft wird, wandert die vorherige in die Bücherkiste. Universitätsbibliotheken katalogisieren in der Regel keine Kochbücher – und wenn doch, sind sie gelegentlich *unauffindbar*, d.h. geklaut. Zweimal erhielt ich diese Auskunft. In der Deutschen Nationalbibliothek in Frankfurt am Main und Leipzig liegen einige, aber nicht viele. Meine Sammlung wuchs trotzdem. Eines war eigentümlich: Nie wurde mir eine jüngere Auflage als die 15. angeboten, keine 14., 13., 10. oder gar 1. Auflage. Wie hinter einer unsichtbaren Mauer schien das Vorleben des Bayerischen Kochbuchs verborgen. Vielleicht hatte es eine Namensänderung gegeben? Der Herausgeber der 15. Auflage war der Verein für die Wirtschaftliche Frauenschule Miesbach, also gab ich eines Nachts *Kochbuch* und *Wirtschaftliche Frauenschule* in die Suchmaske eines Antiquariats ein. Und fand ein Kochbuch des Bayerischen Vereins für Wirtschaftliche Frauenschulen. Die gläserne Wand zerbarst und mir eröffnete sich eine neue Welt.

Die neue Welt war eine alte: das Kaiserreich, Deutschland vor dem Ersten Weltkrieg. Eine Zeit, in der Frauen begannen für ihre Menschenrechte zu kämpfen. Die Legende sagt, dass ein Vortrag von Ida von Kortzfleisch fortschrittliche Münchner Bürgerinnen und Bürger 1902 inspirierte, den Bayerischen Verein für Wirtschaftliche Frauenschulen auf dem Lande zu gründen. 1903 wurde bereits die erste Wirtschaftliche Frauenschule in Bayern eröffnet. Sie stand in Geiselgasteig; heute zeugt nichts mehr von ihr. Dort sollten junge Frauen aus Bürgertum und Adel die Möglichkeit zur Ausbildung und Berufsausbildung erhalten. Fast zeitgleich dazu entwickelte sich ein zweites Vereinsziel, die bisher vernachlässigte Bildung der Landfrauen. Der Verein organisierte Wanderkochkurse. Die Lehrerinnen wurden in der vereinseigenen Wirtschaftlichen Frauenschule ausgebildet. Für die Wanderkochkurse wurde ein Kochbuch geschrieben. Dieses Kochbuch hielt ich nun in den Händen.

Im Vorwort des ersten Kochbuchs liest man, dass es für Dich, liebe Schülerin, geschrieben wurde, damit Du Dich nicht abmühen musst, beim Mitschreiben im Unterricht. Lieber Anfänger und lieber Könner, an Sie wendet sich die jüngste Auflage des Bayerischen Kochbuchs. Ihr seid das unangesprochene Gegenüber des Werks. Wie einfach hat es ein Kochbuch! Mich hat man oft gefragt, wer die Zielgruppe meines Buchs sei. Den blinden Fleck können Sie nun füllen. Ich lasse ihn im Ungefähren, darum mögen sich auch alle von dem häufig verwendeten generischen Maskulinum angesprochen fühlen.

Um der Lesefreude einen Weg zu weisen, erkläre ich kurz den Aufbau der Kochbuchbiografie. Das Buch hat drei Teile. Der erste heißt *Zutaten*. Die Kapitel widmen sich vor allem historischen Zutaten der Kochbuchgeschichte. Wie ist es entstanden? Wer hat an dem Buch geschrieben? Wie haben sich die Zutaten und die Welt im Laufe des Jahrhunderts geändert. Im zweiten Teil *Zubereitung* geht es um die konkrete Entwicklung ausgewählter Rezepte. Alle Varianten eines Rezepts sind in ihrer chronologischen Reihenfolge zu lesen. Änderungen wurden markiert und kommentiert. Jedes Rezept war mir Stichwortgeber für ein Thema, z. B. Dialekt, Innereien oder Festtage im Kochbuch. Der dritte Teil *Anrichten* handelt davon, wie sich das Kochbuch präsentiert – in der Anlage, bei der Herstellung und durch den Gebrauch. Über das ganze Buch verteilt stehen in unregelmäßiger Folge ausgewählte Rezepte, die im Laufe der Auflagengeschichte einer Überarbeitung zum Opfer gefallen sind, in grau hinterlegten Kästen. An diese *vergessenen Rezepte* soll damit erinnert werden.

Das Bayerische Kochbuch kann auf eine 100-jährige Geschichte zurückblicken, obwohl es erst gut 80 Jahre alt ist. In diesem Sinne verwende ich den Titel Bayerisches Kochbuch, wenn ich über die Auflagen im Allgemeinen schreibe; wo nicht, macht der Kontext das deutlich. Nicht finden werden Sie im Buch Vergleiche mit anderen Kochbüchern. Meine Spielwiese ist ausschließlich die Auflagengeschichte dieses einen Kochbuchs. Die Auswahl der Themen ist willkürlich und subjektiv. Ich bin meiner Nase gefolgt. Jeder, der das Bayerische Kochbuch kennt, wird für ihn Wichtiges vermissen. Warum? Weil das Bayerische Kochbuch nicht nur Kulturgeschichte erzählt sondern auch Erinnerungen weckt.

Am Ende des Buches stehen Listen. Bücherlisten, Registerreihen von Personen, Sachen und Rezepten, Listen von Freunden, Bekannten, Fachleuten und Institutionen, die mir mit Rat und mit finanzieller Unterstützung zu Seite standen. Ich habe vielen zu danken, aber vor allem denen, die mit mir in den letzten Jahren Saures Kartoffelgemüse, Kuheuter und vieles mehr gegessen haben: meinem Ersten Korrekturleser, geduldigen, kritischen und anregenden Gesprächspartner und Mann, Dr. Stephan Moser, und unseren Kindern, Franz, Anton und Martha. Ich danke Euch!

Zutaten

Vereins- und Schulgeschichten

Die Wirtschaftliche Frauenschule Miesbach

Für Frauen sind im 19. Jahrhundert Bildung und Beruf nicht vorgesehen. Landfrauen und Arbeiterinnen verdienen Geld mit ungelernter Arbeit. Bürgertöchtern ist Erwerbstätigkeit verwehrt. Frauenrechtlerinnen wie Ida von Kortzfleisch wollen das ändern. 1902 motiviert sie in einem Vortrag wohlhabende Münchner Bürgerinnen und Bürger, den Bayerischen Verein für Wirtschaftliche Frauenschulen auf dem Lande zu gründen. 1903 eröffnet der Verein die erste Wirtschaftliche Frauenschule in Bayern. Im gleichen Jahr beginnt er mit der Organisation von Wanderkochkursen für Landfrauen. Der Verein engagiert sich für das Recht auf Bildung und Arbeit für alle Frauen.

Vereinsgeschichten

20 Jahre Vereinsarbeit. Chronik der ersten bayerischen Wirtschaftlichen Frauenschule *Geiselgasteig* später *Miesbach* von Olga Mooyer:

»Nachdem im Frühjahr 1901 in einem kleinen Kreise von Persönlichkeiten, die die Notwendigkeit der wirtschaftlichen Bildung der heranwachsenden weiblichen Jugend erkannt hatten, die Gründung einer diesen Zwecken dienenden Schule in Bayern erwogen war, wurde ein Komitee zur Aufnahme der Vorarbeiten gegründet. Diesem Kreise gehörten an Frau Willich, Frau Oberst Lindhammer, Fräulein Brosenius, Herr Dr. Singer, Frau Professor Naue, und Graf Törring-Jettenbach sagte seine Unterstützung zu. Am 7. März 1902 hielt Fräulein von Kortzfleisch die Gründerin des preußischen Vereins für Wirtschaftliche Frauenschulen auf dem Lande einen Werbevortrag im Verein für Fraueninteressen, dessen Vorsitzende Fräulein Ika Freudenberg, diesen Bestrebungen reges Interesse mitbrachte. Die warmen fesselnden Schilderungen von Fräulein von Kortzfleisch, dieser für ihre Aufgabe begeisterten Frau, fanden Widerhall in den Herzen der Zuhörer, und noch an demselben Abend konstituierte sich der bayerische Verein. [...] Die Einweihungsfeier [der Schule] fand am 26. April [1903] statt. Fräulein Ika Freudenberg hielt eine Ansprache, in der sie die Erwägungen und Wünsche schilderte, die zur Gründung der Schule geführt hatten und die jungen Mädchen in warm empfundenen Worten aufforderte, das ihnen Gebotene auszunutzen und mit Kraft und Treue ihre Pflichten zu erfüllen. Ein von Frau Dr. Göring eingeübter Frauenchor leitete die Feier ein.«

7. März 1902	Ida von Kortzfleisch berichtet bei einem Vortrag in München von den neu gegründeten Wirtschaftlichen Frauenschulen in Nieder-Ofleiden, Reifenstein und Obernkirchen.
März 1902	Gründung des Bayerischen Vereins für Wirtschaftliche Frauenschulen auf dem Lande in München.

6. April 1903	Eröffnung der ersten Schule des Vereins auf Schlossgut Geiselgasteig südlich von München mit sieben Schülerinnen.
26. April 1903	Einweihungsfeier
1903–1927	organisiert der Verein Wanderkochkurse für die weibliche Landbevölkerung in ganz Bayern.
März 1904	erste Abschlussprüfung in Geiselgasteig
10./11. Oktober 1904	erste Lehramtsprüfung für wirtschaftliche Lehrerinnen
Frühjahr 1909	erwirbt der Verein das ehemalige Direktionsgebäude der Bergwerkgesellschaft in Miesbach.
Herbst 1909	Umzug der Schule nach Miesbach
1910	Prinzessin Maria Gabriele von Bayern, die Ehefrau des Kronprinzen Rupprecht von Bayern, übernimmt das Protektorat der Schule.
1911	wird im Großthaler Hof bei Miesbach eine ländliche Schule für Bauernmädchen eingerichtet.
1912	Prinzessin Hildegard von Bayern, die Schwester des Kronprinzen Rupprecht, übernimmt das Protektorat der Schule.
1913	10-jähriges Stiftungsfest der Schule
1914–1918	im Ersten Weltkrieg dient die Schule zeitweise als Lazarett.
1916	Gründung der Wirtschaftlichen Frauenschule in Rothenburg o. d. T.
1917/18	Eröffnung des Lehrguts Schorn
1925	Verlegung des Lehrguts nach Straß-Moos
1928	25-jähriges Stiftungsfest der Schule, im gleichen Jahr wird die Organisation von Wanderkochkursen durch den Verein eingestellt.
1932	Schließung der Wirtschaftlichen Frauenschule in Rothenburg o. d. T.
1934	die Schule wird dem Reichsnährstand unterstellt.
1935	das Recht, Wirtschaftslehrerinnen auszubilden, wird der Schule entzogen und der Hochschule für Lehrerbildung (ab 1941 dem neugegründeten Staatsinstitut für landwirtschaftlichen Unterricht) in München übergeben.
21. April 1936	Änderung des Vereinsnamens auf Erlass des Ministeriums für Wissenschaft, Erziehung und Volksbildung in Verein für Bäuerliche Frauenschulen e. V.
6. Okt. 1936	Änderung des Vereinsnamens auf Erlass des Ministeriums für Wissenschaft, Erziehung und Volksbildung in Verein Landfrauenschulen e. V.
17. März 1939	Verein löst sich durch Mitgliederversammlungsbeschluss auf.
April 1939	Bayerisches Staatsministerium für Unterricht und Kultus wird Träger der Miesbacher Schule.

Schulgeschichten

Die Geschichte des Bayerischen Vereins für Wirtschaftliche Frauenschulen auf dem Lande fügt sich wie ein Mosaikstein in das Bild der Frauenbewegung um 1900. Es war ein geschickter Schachzug von Ida von Kortzfleisch, einen Arbeitsbereich, in dem von Haus aus Frauen tätig waren, auszuwählen, um dort ihre Bildungsoffensive Schule und Beruf für höhere Töchter anzusiedeln. Frauen, die Hauswirtschaft unterrichteten, bereiteten ihren Geschlechtsgenossinnen den Weg und ermutigten sie, sich auch in anderen Berufen zu engagieren.

Einen Einblick in das Leben einer jener höheren Töchter, die die Miesbacher Wirtschaftliche Frauenschule besucht haben, ermöglicht das folgende fiktive Tagebuch einer jungen 20-jährigen Frau. Sie möchte nach Miesbach in die Schule gehen, um Lehrerin zu werden. Ihr Vater ist Fabrikdirektor in Frankfurt, die Mutter entstammt dem fränkischen Landadel. Die junge Frau hat nach dem Besuch einer Schule für höhere Töchter zwei Jahre in einem Pensionat in Dresden verbracht. Die Familie ist protestantisch.

Wirtschaftliche Frauenschule Miesbach in Oberbayern **(früher Geiselgasteig).** Ausbildung in allen Zweigen der Hauswirtschaft, in Gartenbau, Geflügelzucht und Bienenzucht. ~~Kombinierte und Spezialkurse~~. Lehrerinnenausbildung Großes, modern eingerichtetes Haus, ausgedehnter Garten, herrliche, gesunde Lage in den bayerischen Voralpen. Beginn der neuen Kurse April 1910. **Auskunft durch die Vorsteherin Frl. Olga Mooyer.** 455

Zeitungsausschnitt Frankfurter Zeitung und Handelsblatt (undatiert) im Schularchiv

Sonnabend, den 29. Januar 1910. Wieder ist ein langweiliger Tag vorbei. Ich bin mit Mama die Gästeliste für Vaters 55. Geburtstag durchgegangen. Mama sucht den Horizont nach passenden Männern im heiratsfähigen Alter ab. IHR soll er genehm sein und ICH soll ihn dann heiraten. Heiratsfähig ist für sie jeder, der 40 Jahre und älter ist, Hauptsache gutsituiert und wohlhabend. – Im Salon in der Frankfurter Zeitung gelesen und ein Inserat einer Wirtschaftlichen Frauenschule Miesbach entdeckt. Sie bieten auch Lehrerinnenausbildung an. Kursbeginn ist April.

Sonntag, den 6. Februar 1910. Gestern war Papas Geburtstag. Ich habe ihm die Kleinstadtgeschichten *von Ludwig Thoma geschenkt, weil er doch die* Lausbubengeschichten *so mag. Er hat sich sehr gefreut. Abends war auch Tante Mechthild da. Ich habe ihr von dem Inserat der Miesbacher Schule erzählt und dass ich gerne mehr darüber wüsste. Die Gute: sie will sich erkundigen. Mama hat mich einem beleibten Witwer vorgestellt und dann mit ihm allein gelassen. Wir haben uns fünf Minuten angeschwiegen, bis Tante Mechthild kam und mich erlöst hat.*

Dienstag, den 8. Februar 1910. Mama liegt eine Einladung für einen Ball bei Professor Mertens vor. Die ganze Familie soll mitkommen. Mir graut's davor. Mertens leben im letzten Jahrhundert und die zu erwartenden Gäste sind sicher genauso langweilig wie sie selbst. Das gesellschaftliche Leben in der Stadt ödet mich an.

Donnerstag, den 10. Februar 1910. Tante Mechthild hat mich unter dem Vorwand, Hilfe bei der Wäsche zu brauchen, zu sich gebeten. Sie hat einen Schulprospekt aus Miesbach erhalten und mir gezeigt. Ich bin begeistert. Zum Einen, weil die Ausbildung zur wirtschaftlichen Lehrerin nicht nur Kochen und Hauswirtschaft beinhaltet, sondern auch Gartenbau, Geflügelzucht, Imkerei und anderes mehr – spannend. Zum Andern preist der Prospekt so herrlich die Miesbacher Landschaft und das sittsame Schulleben, dass die Eltern keinen Anstoß daran nehmen können. Und Ludwig Thoma wohnt auch in der Gegend. Was wollen die Eltern mehr? Ich habe mit Tante Mechthild einen Schlachtplan zurechtgelegt, wie wir sie überzeugen können.

Sonntag, den 13. Februar 1910. Tante Mechthild kam zum Tee und brachte den Miesbacher Schulprospekt mit. Mama ist befremdet. Sie will mich möglichst schnell unter der Haube sehen und hält nichts von einer Berufsausbildung. Sie schüttelt sich angewidert bei dem Wort. Papa reagiert anders. Er freut sich über meinen Tatendrang, wie er es nennt. Und heiraten kann ich ja immer noch, sagt er. Pah.

Sonntag, den 20. Februar 1910. Vater hat sich nach dem Ruf der Miesbacher Schule erkundigt und ist zufrieden. Er, Tante Mechthild und ich, wir setzen Mama zu, sich nicht länger dagegen zu sträuben. Ich will Lehrerin werden!

[…]

Ansichtskarte (undatiert)

Mittwoch, den 2. März 1910. Plötzlich geht alles ganz schnell. Mama, die Liebe, hat zugestimmt, dass ich nach Miesbach gehe. Bei ihrem gestrigen Kaffeekränzchen kannte eine Dame die Schule und pries sie in den höchsten Tönen. Der Schulträger ist zudem wohl ein ganz nobler Verein, der einen jungen Exlibrismaler namens Botho Schmidt für den Pro-

spekt engagiert hat. Wenn Mama das Wort Künstler hört, kriegt sie weiche Knie. So liebes Tagebuch, jetzt muss ich meine Garderobe richten. Vater meldet mich an, damit ich am 1. April in Miesbach den neuen Kurs beginnen kann.

Sonntag, den 17. April 1910. Endlich finde ich Zeit Tagebuch zu schreiben. Zwei Postkarten liegen fertig vor mir. Eine geht an die Eltern, die andere an Tante Mechthild. Das hübsche Schulhaus ist ein wunderbares Postkartenmotiv. Die Schule ist, wie ich es erwartet habe: schön und anstrengend. Wir haben bis Mittag theoretischen Unterricht und nachmittags arbeiten wir in Haus und Hof. Wir sind 17 Seminaristinnen bzw. Maiden, wie man hier auch sagt, die das zweijährige Lehrerinnenseminar besuchen. Wir tragen eine einheitliche Maidentracht, einfache bequeme Kleider mit Arbeitsschürze. Die Schnitte wurden vom Verein für Reform der Frauenkleidung entworfen. Miesbach kenne ich noch fast gar nicht, da wir nur mit Genehmigung und in Gruppen Ausgang haben.

Sonntag, den 24. April 1910. Heute haben wir einen Ausflug zum Schliersee gemacht. Ist der schön! Diese glitzernde Fläche mit den Bergen dahinter ... Ich mag meine Mitmaiden. Einige kommen aus der Gegend, aber die meisten sind wie ich von weit weg angereist. Eine ist aus Nürnberg, eine andere aus Düsseldorf, die nächste aus Magdeburg und eine aus Saarbrücken. Alle aus gutem Hause, Töchter von Professoren, Oberregierungsräten und anderen gewichtigen Leuten. Auch alle möglichen Bekenntnisse sind vertreten, evangelische, wie ich, katholische und israelitische und frei religiöse Maiden gibt es hier. Ein bunter Haufen sind wir.

Tageseinteilung.

6.00 Uhr:	Aufstehen (Morgensport).
6.30 Uhr:	Ämter.
7.00 Uhr:	Morgenfeier, Frühstück, Schlafzimmer richten.
8.00—12.00 Uhr:	Unterricht.
9.00— 9.30 Uhr:	Zweites Frühstück.
12.00 Uhr:	Mittagessen, v. d. Kochabteilung zubereitet, Mittagsruhe.
14.00—18.00 Uhr:	Unterricht.
18.00—19.00 Uhr:	Ämter.
19.00 Uhr:	Abendbrot.
21.30 Uhr:	Schlafengehen.

Staatliche Landfrauenschule Straß [Prospekt ca. 1938], S. 10

Sonntag, den 1. Mai 1910. Ereignisse der letzten Woche: Stiftungstag und die Hühner sind ausgerissen. Zum Stiftungstag gab es eine Eisbombe zum Nachtisch, und Fräulein Mooyer hat eine kleine Ansprache gehalten. In der kommenden Woche soll uns der Vorstand des Bayerischen Vereins für Wirtschaftliche Frauenschulen, der Schulträger, besuchen. Alles muss blitzeblank werden. Und da kam die Aufregung mit den Hühnern dazu. Ich bin der Arbeitsgruppe Gartenarbeit, Geflügel und Bienen zugeteilt. Wir haben einen genauen Arbeitsplan, um unser Amt *zu erledigen. Jeden Morgen 6.30h werden die Hühner aus ihrem Stall getrieben ins Freigehege. Abends zurück in den Stall. Meist geht das schnell. Aber am Mittwoch sind drei Hühner über den Zaun geflogen. Wir sind ihnen hinterher und haben versucht, sie wieder einzufangen. Schließlich ist es uns nach einer halben Stunde geglückt. Die wandern sicher bald zur Arbeitsgruppe Küche in den Koch-*

topf. Eine dritte Gruppe ist für Hausarbeit und Wäsche zuständig. Dort muss ich morgen antreten, da wir monatlich wechseln. Dazu habe ich gar keine rechte Lust. Bügeln. Pah.

Sonntag, den 8. Mai 1910. Letzte Woche hatten wir also hohen Besuch aus München. Der Vorstand des Vereins war gekommen, um die neuen Seminaristinnen und Jahresschülerinnen kennenzulernen. Die Schule bietet zwei Lehrgänge an. Die Maiden, die das Seminar besuchen, absolvieren nach zwei Jahren ein staatlich anerkanntes Lehramtsexamen. Die Jahresschülerinnen bleiben nur ein Jahr, um sich Grundlagen anzueignen, vor allem in der Haushaltsführung. Das ist schon ein rechter Unterschied zwischen den Klassen. Wir Seminaristinnen streben die berufliche Unabhängigkeit an, während die Jahresschülerinnen sich damit abfinden, von einem Mann abhängig zu sein, erst der Herr Papa und später der Gatte. Die Damen und Herren vom Vorstand waren alle recht freundlich und interessiert. Jede von uns Schülerinnen musste sich vorstellen, Familie etc. und warum man hier zur Schule gehen will und welche Zukunftspläne man hat.

Sonntag, den 15. Mai 1910. Unter der Woche komme ich nicht dazu, Tagebuch zu schreiben. Die Tage sind so voll und abends bin ich müde. Diese Woche sollten wir neue Rezepte ausprobieren …., Sie werden vielleicht ins Kochbuch des Vereins aufgenommen. Wenn's nach mir geht. könnte man auch das eine oder andere Rezept rausschmeißen: Maisgriesauflauf *mag ich garnicht.*

[…]

Sonntag, den 5. Juni 1910. Letzte Woche war der Photograph in der Schule Er hat uns bei der Arbeit photographiert. Die Schürzen mussten blitzsauber sein und alle Haare ordentlich. Ich bin das Getue ums Photographieren von Mamas Verwandtschaft gewöhnt: eingefrorenes Lächeln. Der Photograph war den ganzen Tag damit beschäftigt, uns im Weg rum zu stehen.

[Monate vergehen]

April 1911. Nun bin ich schon ein ganzes Jahr in Miesbach an der Frauenschule. Die Einheimischen versteh ich mittlerweile recht gut. Auch sonst habe ich viel gelernt. Es war eine gute Entscheidung, hierher zu gehen. Die Tage sind angefüllt mit Unterricht und Pflichten. Ein bisschen mehr Freiheit wäre schon schön. Und manchmal sehne ich mich nach meinem eigenen Zimmer. Die Jahresschülerinnen machen Prüfung und verlassen das Haus, bei uns Seminaristinnen ist Halbzeit. Zuweilen mache ich mir Gedanken über das was danach kommt. Vielleicht werde ich für ein paar Jahre Wanderlehrerin für Kochkurse? Und danach? Die Fluktuation der Lehrkräfte an der Schule ist groß, viele heiraten. Vielleicht bleibe ich an der Schule? Miesbach gefällt mir immer besser. Mama sucht noch nach dem passenden Schwiegersohn. Aber mir steht der Sinn garnicht danach, denn dann dürfte ich nicht gleichzeitig Lehrerin sein. Die müssen ledig sein. Also entweder Mann oder Beruf – beides geht nicht.

Zurück zum Alltag: Nächste Woche müssen die Melonenpflänzchen vereinzelt werden und ins Gewächshaus. Ich bin gespannt, ob das Experiment, Melonen in Miesbach anzubauen, klappt!

Quellen: 20 Jahre Vereinsarbeit [Festschrift, vermutlich 1922]; Censurenbuch der Seminaristinnen; Wirtschaftliche Frauenschule Miesbach [Prospekt ca. 1910]; Miesbacher Frauenschulzeitung (1912) Nr. 3; Röck: Chronik des staatlichen Berufsbildungszentrums für Hauswirtschaft Miesbach (1984); Wörner-Heil: Frauenschulen auf dem Lande (1997); Amtsgericht München (Registergericht), Registerauszug *Verein für die Wirtschaftliche Frauenschule Miesbach* (1932–1939).

Protokoll-Buch der Commission für Wanderkochkurse

Vom Speisezettel zum Kochbuch

Wie entsteht ein Kochbuch? Am Anfang war ein Verein, der sich die Frauenbildung zur Aufgabe gemacht hatte. Er zeugte – um im Bild der Kochbuchbiografie zu bleiben – das spätere Bayerische Kochbuch. Wie es dazu kam, erzählen die staubtrockenen Protokolle der *Commission für Wanderkochkurse* auf den folgenden Seiten. Aber die Protokolle brechen ab und wurden erst im 21. Jahrhundert fortgeschrieben – so wie es gewesen sein kann. An ihrem Ende steht die Geburtsstunde des Kochbuchs.

Quellenfund

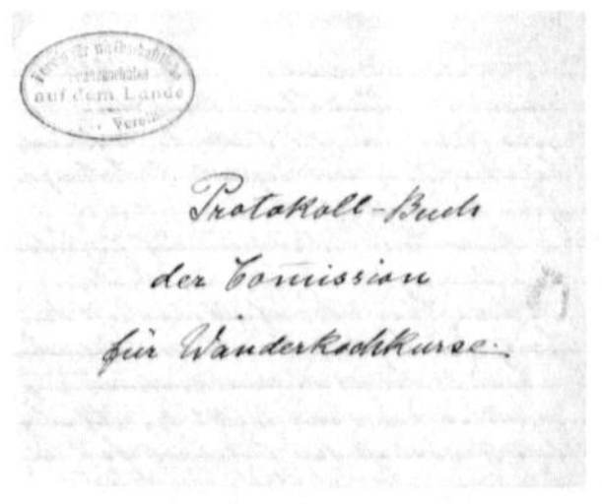

Titelblatt (Ausschnitt)

Im Schularchiv der ehemaligen Wirtschaftlichen Frauenschule auf dem Lande in Miesbach befindet sich eine schwarze Kladde mit handschriftlich protokollierten Sitzungen der *Commission für Wanderkochkurse* der Jahre 1903 bis 1906. Die Commission besteht aus Mitgliedern des Bayerischen Vereins für Wirtschaftliche Frauenschulen auf dem Lande. Wie aus der Schulchronik hervorgeht, gehören *begüterte Münchner Bürger aus der besten Gesellschaft* dem Verein an (Röck [1984], S.7). Die Zusammensetzung der Commision zeigt eine ungewöhnlich hohe Frauenquote. Das Engagement gutsituierter Bürgerinnen für die Frauenbildung aller Gesellschaftsschichten ist zu Beginn des 20. Jahrhunderts nicht außergewöhnlich. Seit 1903 organisierte der Verein Wanderkochkurse (WKK) für die weibliche Landbevölkerung in allen Bezirken Bayerns. Vorbild hierfür waren die Wanderkochkurse in Württemberg, Baden und der Schweiz.

Der Verein gab weniger als zehn Jahre später ein Kochbuch mit dem Untertitel Zur Benutzung in den Wanderkursen heraus. Das Kochbuchvorhaben erscheint noch nicht in den Miesbacher Protokollen, das Bestreben nach Dokumentation wird aber bereits sichtbar.

Im Folgenden sind Auszüge der protokollierten Sitzungen der Commission für Wanderkochkurse nachzulesen; ausgewählt wurden solche Passagen, in denen der Unterrichtsstoff und seine Dokumentation thematisiert werden (*Hervorhebungen* von rf). Bei der Transkription der Kurrentschrift unterstützten mich Christine und Stephan Moser. Die zeitgemäße Rechtschreibung wurde zurückhaltend korrigiert und im Übrigen, ebenso wie Abkürzungen, beibehalten.

Die erste für unsere Fragestellung relevante Sitzung ist auf den 3. Mai 1905 datiert, die letzte protokollierte Sitzung auf den 5. Juli 1906. Der weitere Verlauf der Sitzungen ist *Fiktion*.

Das Ergebnis – die erste Auflage des Kochbuchs des Bayerischen Vereins für Wirtschaftliche Frauenschulen auf dem Lande – ist real.

Der Verein für wirtschaftliche Frauenschulen auf dem Lande

veranstaltet

Koch- und Haushaltungskurse für Bauernmädchen und einfache bürgerliche Verhältnisse in der Dauer von 6 bis 8 Wochen,

Abendkochkurse für Fabrikarbeiterinnen und sonstig erwerbstätige Frauen und Mädchen, von 4 Wochen Dauer,

Einkochkurse, Kochkistenkurse, Kurse für Krankenküche und andere Sonderkurse von 2 bis 6 Tagen Dauer.

Die Herren Vorstände der Bezirksämter, landwirtschaftlichen Winterschulen, Darlehenskassen usw., die hochw. Geistlichkeit und Herren Lehrer, Vereinsvorstände von gemeinnützigen Vereinen, wie Rotes Kreuz, Obstbauvereine, katholischer und evangelischer Frauenbund, Hausfrauenvereinigungen und andere werden hiemit auf diese Kurse aufmerksam gemacht und gebeten, sich nähere Erläuterungen über Einrichtung und Durchführung der Kurse in der Geschäftsstelle des Vereins für wirtschaftliche Frauenschulen auf dem Lande.

München, Prinz Ludwigstraße 6/0

erholen zu wollen.

Bureaustunden: Täglich von 9—12 und 2—4 Uhr, Samstag nur vormittags. Telephon 27242.

Auflage 4/1920

Sitzung vom 3. Mai 1905

Anwesend: Frau Dr. List, Frau Oberamtsrichter Wimmer, Fräulein Buttgereit, Fräulein Meyersberg, Herr Dr. Cohen, Frau Herzog, Frau Dr. Singer, Frl. Kapp, Frl. Flöckher. Verlesung des Protokolls der letzten Sitzung. [...]

Frau Dr. List verliest das Schreiben des Zweigvereins Memmingen vom Roten Kreuz, betreff das Ergebnis des letztabgehaltenen Kurses. Antrag von Frau Dr. Singer: Die *Führung eines Tagebuchs* soll künftig für die Lehrerinnen obligatorisch gemacht werden. [...]

Die Krankenkost hg. vom Bayerischen Frauenverein vom Roten Kreuz, Vorwort: Lilly Gabler, München 1905. Das kleine Buch wird später als Quelle einiger Rezepte im Kapitel *Krankenkost* des Kochbuchs erscheinen. Dort firmiert es unter dem Titel Rotkreuzheftchen.

Betreffend die *Neubearbeitung der Anleitung* erklärt Frau Herzog, daß Herr Dr. Wolff bereits eine solche unternommen habe, welche nach Fertigstellung der Kommission unterbreitet werden wird. [...]

Antrag: Es solle besondere Aufmerksamkeit der Unterweisung in der Zubereitung der Krankenkost geschenkt werden. Buch zur Zubereitung einer geeigneten *Krankenkost von Lilly Gabler Vorsitzende vom Roten Kreuz* besonders zweckmäßig.

Sitzung vom 7. Juni 1905

Anwesend: Frau Herzog, Frau Oberst Banfield, Frau Oberamtsrichter Wimmer, Frl. Elisabeth Meyersburg, Frl. Buttgereit, Frl. Ullerich

Frau Herzog referiert über die im Gange befindlichen und in Aussicht stehenden Kurse, und regt an, daß es in Zukunft tunlichst vermieden werden solle, Lehrerinnen die eben erst ihr wirtschaftliches Examen gemacht haben, gleich mit der Leitung eines Wanderkochkurses zu betreuen; Vielmehr soll denselben Gelegenheit gegeben werden, bei 1 oder 2 Kursen erst als Assistentin weitere Erfahrungen zu sammeln. Frau Oberst Banfield begrüßt die Anregung mit vielem Dank, wirft die Frage auf, wie es in Zukunft gehalten werden solle, wenn die Absolventinnen der Frauenschule Geiselgasteig wie es heuer im Herbst der Fall sein wird, nicht beabsichtigen sich dem Berufe der Wanderkochlehrerin zu widmen, so daß eventuell ein Mangel an geeigneten Lehrkräften eintreten könnte.

[...] Frau Herzog weist auf die Ausschreibungen des Roten Kreuzes hin, und beantragt dieselbe Art der Annonce mit etwas verändertem Wortlaut. Frau Oberst Banfield beantragt in der wirtsch. Frauenschule Geiselgasteig eine besondere Prüfung für Wanderkochlehrerinnen abzuhalten mit vorangehender einjähriger Bildungszeit.

[Ausbildung der Lehrerinnen] Es wird von allen Anwesenden besonders anerkannt, wie außerordentlich günstig es wäre, wenn nur solche Lehrerinnen in einem Kreise wirken würden, die daraus herstammen und mit den Eigentümlichkeiten desselben in Bezug auf Art und Zubereitung der gebräuchlichsten Speisen genau bekannt sind.

In Bezug auf die zu unternehmende Propaganda beantragt Fr. Ob. Banfield es möchte Frl. Deutsch oder Frl. König veranlaßt werden, eventuell einen Teil ihres Sommerurlaubs darauf zu verwenden speziell in Oberbayern durch einschlägige Vorträge im Interesse der Wanderkochkurse zu wirken.

[...] Für Erledigung derselben [= Eingabe] sowie *Anlage eines Speisezettels* wird eine Sitzung auf Donnerstag den 15. Juni anberaumt. Die Änderungen in der neu zu druckenden Anleitung für WKK werden verlesen. Frau Ob. Banfield beantragt einen Zusatz zu § 3 und eine Umnummerierung der Paragraphen. [Die Anwesenden vereinbaren ein Vorkochen der Schülerinnen ...]

Frl. Buttgereit beantragt, daß wie in Augsburg bereits der Fall, *schwarze Tafeln einzuführen auf welche jeden Tag die Speisenfolge incl. Rezepte aufgeschrieben wird.* Allgemeine Zustimmung. [... Abrechnung, Rechnungsführung]

In Vertretung M. Ullerich

Wanderkochkurse.

Seit Jahren hält der Bayerische Verein für wirtschaftliche Frauenschulen auf dem Lande im diesseitigen Bayern für die Frauen und Töchter der Landbevölkerung sowie kleinerer Städte, die nicht Gelegenheit haben, eine Haushaltungsschule zu besuchen, Wanderkochkurse ab. Wie sehr diese Einrichtung einem bestehenden Bedürfnis entgegenkommt, beweist die folgende ziffernmäßige Zusammenstellung. Es wurden abgehalten 1903|04: 19 Kurse; 1904|05: 39 Kurse; 1905|06: 68 Kurse; 1906|07: **86** Kurse.

Zweck dieser Wanderkochkurse ist, namentlich der ländlichen, weiblichen Bevölkerung Gelegenheit zu geben, die Herstellung einer einfachen, gesunden Kost bei billigen Mitteln zu erlernen.

Kochbuch von Frau Dr. Korntheuer (1908, S. [297])

Dass die Wanderkochkurse nachhaltigen Erfolg zeitigten, bestätigt Alois Schlögl in seiner *Bayerischen Agrargeschichte*: »In der Zeit der Anfänge des ländlichen hauswirtschaftlichen Fachschulwesens war der *Wanderunterricht*, wie er in Württemberg, Baden und in der Schweiz schon mit Erfolg durchgeführt wurde, die einzig tragbare, sich rasch verbreitende Möglichkeit, die weibliche Landbevölkerung fachlich zu fördern« (1954, S. 390f).

Sitzung vom 15. Juni 1905

Anwesend die Damen: Fr. Dr. Singer, Fr. Oberst Banfield, Fr. Herzog, Frl. Flöckher, Frl. Kappella, Fr. Oberamtsrichter Wimmer, Frl. Meyersberg, Frl. Kafka, Frl. Ullerich.

In Erledigung des bereits in der letzten Sitzung besprochenen *Speisezettels*, welcher der Regierung zum Versandt zugehen soll, wird der Speisezettel des Kochkurses in Lenggries v. Frl. Wimmer abgehalten, gewählt und zum Drucke bestimmt. Fr. Oberst Banfield beantragt, man solle ein Gesuch an die Regierung stellen, dieselbe wolle gestatten, daß als *Anhang zu diesem Speisezettel ein weiterer gedruckt für ganz einfache Küche, eventuell auch für Fabrikarbeiterinnen; diesem Antrag wird Folge gegeben und wird hizu der Speisezettel des Kochkurses in Möckenau für einfache, bürgerliche Küche für 6 Wochen, so wie für Fabrikarbeiterinnen der 20 Abende umfaßt. Diese 3 Speisezettel werden verlesen und nach kleinen Änderungen für den Druck bestimmt. Die Anleitungen* wird gleichfalls noch einmal verlesen und nach einigen Änderungen genehmigt. [...]

[...] wird die Sitzung um 12 ¼ Uhr geschlossen.

XXIII. Küchenzettel für einen dreitägigen Kochkistenkurs.

I. Tag:

Haferflockensuppe, s. vorne
Pichelsteiner
Geräuchertes im Kraut
Reisfleisch
Grießpudding, 1/2 Stunde ankochen
Dörrobst.

II. Tag:

Sago- oder Grießsuppe
Rindfleisch
Weiß- oder Blaukraut
Eingemachtes Kalbfleisch
Gelbrüben
Bandnudeln
Apfelreis.

Auflage A/[1910], S. 192

Sitzung vom 28. Juli 1905

Anwesend die Damen: Fr. Dr. Singer, Fr. Herzog, Fr. Dr. List, Frl. Flöckher, Fr. Oberamtsrichter Wimmer, Herr Dr. Wolff, Frl. Mooyer, Frl. Ullerich.

[…] Hr. Dr. Wolf berichtet über seine Erfahrungen mit Kochkisten und Körben. Besonders vorteilhaft sind Körbe für die Landbevölkerung. Diese Körbe mit den gekochten Speisen dürfen jeden Tag von einer anderen Schülerin mit nach Hause genommen werden. Kochkisten sind praktischer für das Haus. Der Preis der Körbe stellt sich je nach der Zal der Töpfe auf ca. 2–3 M, der Kisten für die einfachsten ca. 5,50 M. Frl. Mooyer weist darauf hin, wie leicht und billig Kochkisten selbst verfertigt werden können. Es wird beschlossen 3–4 Kochkisten und Körbe anzuschaffen und zur Benutzung bei den einzelnen Kursen zu überlassen.

Fr. Dr. Singer berichtet, es sei an das R. Kreuz das Ersuchen gestellt worden, zur Verteilung bei der Landwirtschaftlichen Ausstellung eine Zusammenstellung der Gerichte, welche sich gut in der Kochkiste zubereiten lassen, dem Verein zu überlassen. Leider ist diese Zusammenstellung erst zu Schlusse der Ausstellung eingetroffen, so daß sie nicht mehr benutzt werden konnte. Herr Dr. Wolff legt eine solche Zusammenstellung vor, die sich sehr gut bewährt haben soll, desgl. ein in Karlsruhe erschienenes Kochbuch, speziell für die Zubereitungen in der Kochkiste.

Frau Dr. List berichtet des näheren über den Kochkurs in Prien, bei welchem der Verein das gesammte Defizit übernimmt. Derselbe beginnt am 20 Sept. Ist also noch nicht beendet, wenn die Abrechnung an die Regierung gesandt werden muß. […]

Herr Dr. Wolff macht den Vorschlag die WKK zu einer ständigen Einrichtung auszubilden, wie es in den Rheinlanden bereits der Fall ist. Für jeden District ist dort eine Lehrerin festangestellt und hält der Reihe nach in den verschiedenen Orten Kurse ab in der Weise, daß jeder alle 2–3 Jahre an die Reihe kommt. Zum Unterhalt dieser Kurse zeichnet jeder District einen gewissen Garantiefond. Frau Herzog teilt mit, daß unser

Bestreben schon lange auf eine solche Einrichtung hinzielt. Teilweise sind mit verschiedenen Orten schon Abkommen getroffen, daß alle 3 Jahre dort ein Kurs stattfindet. Herr Dr. Wolff ist gerne bereit einen diesbezüglichen Entwurf auszuarbeiten welches Anerbieten freudigst angenommen wird.

Frau Dr. Singer stellt den Antrag, ob es nicht zweckmäßig wäre in Verbindung mit der wirtsch. Frauenschule Geiselgasteig eigene Kurse zur Ausbildung von Wanderkochlehrerinnen einzurichten, nach dem Muster Karlsruhes etwa auf 6 Monate ausgedehnt.

Über den Antrag entspinnt sich eine längere Debatte und wird schließlich folgende Resolution gefaßt: Da es nicht angängig [sei, rf] des beschränkten Raumes wegen dieses Unternehmen mit der w. Frauenschule zu verbinden, solange diese im alten Hause sich befindet, soll einstweilen in München eine Kochschule eingerichtet werden. Die Aufnahme ist an folgende Bedingungen geknüpft: Vorbildung: Gute Schulbildung, eventuell Absolvierung eines höherer Töchterschule oder eines gleichwertigen Instituts. Das 19. Jahr ist Bedingung als Altersgrenze nach unten. Nach oben ist keine festgesetzt. Die Ausbildung erstreckt sich auf 10 Monate v. 1. Okt.–31 Juli, 2 Mon. bleibt die Schule geschlossen. Das Schulgeld soll monatlich 20 M betragen, die Pension für Schülerinnen die in der Schule wohnen außerdem 60 M. Die Zal der Schülerinnen 12–15. Als Lokal wäre eventuell die Kochschule des Wohnungsvereins in Sendling, in Verbindung mit ein oder zwei Wohnungen zweckmäßig.

Die nächste Sitzung wird auf Donnerstag 17. Aug festgesetzt. Um 12 ¾ Uhr wird die Sitzung geschlossen.

Sitzung vom 17. August 1905

[Zuschneidekurse in Weißenburg; ...]

Sitzung vom 6. Dezember 1905

Anwesend: Frau Herzog, Frau Oberamtsrichter Wimmer, Fr. Oberst Banfield, Frl. Buttgereit, Herr Dr. Wolff.

Das Protokoll der letzten Sitzung wird verlesen. Herr Dr. Wolff berichtigt den Passus zu Punkt 4. Es soll nicht heißen, daß Wanderkochkurse im Sommer nicht abgehalten werden, sondern daß es wohl noch etwas schwierig, aber sehr leicht möglich und für Fabrikarbeiterinnen sogar sehr günstig ist, wenn im Sommer Wanderkochkurse abgehalten werden.

Frau Herzog verliest den Bericht über die Tätigkeit der Kommission im vergangenen Monat. [...]

Sitzung Mittwoch 7. März 1906

Anwesend: Frau Herzog, Frau Oberamtsrichter Wimmer, Frl. Buchner, Frau Rechtsrat Göpfert, Frau Dr. Singer, Herr Dr. Wolff.

Frau Dr. Singer frägt an, in welcher Weise der in letzter Sitzung eingebrachte Antrag zur Abänderung der Benennung *einfache Kurse* erledicht sei. Frau R.R. Goepfert schlägt vor »*Bürgerliche Küche*« zu wählen, Frau Herzog »*Kurse für einfache bürgerliche Küche*«, welche Bezeichnung als die passendste angenommen wird [...]

Herr Dr. Wolff stellt den Antrag die von der Kommission herausgegebenen *gedruckten Speisezettel nicht mehr wie bisher üblig [sic!], ständig den Drucksachen beizulegen, da dieselben für eine große Zahl von Orten zu teuer sind.* In einzelnen Fällen, besonders für größere Städte können dieselben beibehalten werden. Frl. Buchner hält es für zweckmäßig, daß die Lehrerinnen angehalten werden, regelmäßig nach Schluß ihres Kurses *einen Speisezettel mit Kostenberechnung* einzusenden. Hiezu soll der von H. Dr. Wolff vor einiger Zeit eingereichte Entwurf eines Kostenberechnungsformulars gedruckt werden. [...]

Sitzung 5. Juli 1906

vormittags ½ 10 Uhr im Vereinsbüro

Anwesend: Frau Dr. Singer, Frau Dr. List, Frau Direktor Wolfsheimer, Frau Oberst Banfield, Frau Oberamtsrichter Wimmer, Frau von Staudt.

Tagesordnung: 1) Stellung des Comités zum Verein, 2.) Festsetzung eines Termins für die stattfindenden gemeinsamen Sitzungen der Commission & der Vertretung des Comités. 3.) Finanzielle Fragen 4.) Eingaben & sonstige Propaganda. 5.) Fortsetzung der Kurse im Allgäu; Ablösung des Inventars.

1 Frau Direktor Wolfsheimer wünscht tunlichste Selbständigkeit des Bezirks-Komités [sic!].

Beschluß: Das Comité bildet ein Glied des Vereins für wirtschaftliche Frauenschulen auf dem Lande. Es arbeitet selbständig, bleibt jedoch in steter Fühlung mit der Zentrale und unterrichtet dieselbe über den Fortgang des Unternehmens durch Übersendung der Berichte etc. Das Comité hat halbjährliche Rechnung abzulegen; die Rechnungsablage ist demgemäß einzurichten, da das Geschäftsjahr vom 1. April – 31. März geht. Das Kreiskomité stellt derzeit eine Lehrerin fest an & eine zweite kann als Wanderlehrerin angestellt werden. Antrag: Es soll für alle Zeiten festgesetzt werden, daß man sich bei weiterer Benötigung einer Kraft immer an die Zentrale wenden muß. Dieser Antrag wurde von Seiten sämtlicher Damen einstimmig angenommen.

2 [...]

3 [...] Frau Direktor Wolfsheimer beantragt bei *Neudruck der Anleitung* anstelle des bisher angegebenen Betrags von M 20.- jetzt M 20–30.- zu setzen um den verschiedenen Ansprüchen & Verhältnissen besser Rechnung tragen zu können. Es wird auch beklagt, daß das Inventar nicht ausreichend sei; Es käme zu teuer, alles herumzuschicken, um die Inventarfrage zur Erledigung zu bringen, meine ich, jeder Kreis solle ein gesondertes Inventar anschaffen, das wäre wohl das Allerbeste. In diesem Fall würde selbstverständlich das Leihgeld für das Inventar in die Comité-Casse kommen. Ferner entstehen dem

Comité Spesen durch Porti, Schreibarbeiten etc. Das Comité erhebt daher die gemäß der Anleitung zu entrichtende Gebühr von M 20.– pro Kurs, die bisher an den Verein entrichtet wurden. Das Comité hat dagegen anstelle dieser Gebühr an den Verein, der mit bedeutenden Kosten die Kurse in Gang gesetzt hat, für die Ausbildung der Lehrerinnen Sorge trägt, den Unternehmern bzw. Comités die erforderlichen Drucksachen liefert, ferner durch die Leitung der Geschäfte & die Propaganda im Allgemeinen beträchtliche Ausgaben hat, eine bestimmte Abgabe zur Deckung der Gesamtkosten zu bieten. Frau Direkt. Wolfsheimer schlägt vor, jährlich 25 % des sich nach der Abrechnung ergebenden Überschusses an die Vereinskasse abzuliefern. Die Commission stimmt dem Vorschlag zu. [...]

Das Protokollbuch endet hier. Um 1910 erschien das erste Kochbuch für Wanderkochkurse. Wie es dazu gekommen sein mag, darüber spekulieren die folgenden fiktiven Protokolle.

Sitzung am 5. September 1906

vormittags ½ 10 Uhr im Vereinsbüro

Anwesende: Frau Oberst Banfield, Frau Herzog, Frau Oberamtsrichter Wimmer, Frl. Buchner, Frau Rechtsrat Göpfert, Frau Dr. Singer, Frl. Buttgereit, Herr Dr. Wolff.

Tagesordnung: 1) Verlesung des Protokolls der letzten Sitzung 2) Gedruckte Speisezettel

Fr. Herzog führt an, daß schwarze Tafeln sich nicht bewährt haben, da sie stets neu geschrieben werden müssen und die Schülerinnen die Texte während des Kurses abzuschreiben haben. Dies störe den Fortlauf des Unterrichts ebenso wie das Diktieren der Rezepte. Die gedruckten Speisezettel hingegen seien eine gute Grundlage. Allerdings würden noch bei weitem nicht alle Speisen, die in den verschiedenen Kursen unterrichtet werden, berücksichtigt. Eine Vervollständigung sei wünschenswert. Frl. Buttgereit gibt zu bedenken, daß nicht alle Speisen, die unterrichtet würden, gleichermaßen für ganz Bayern gültig seien. Nicht jedes unterfränkische Rezept verdiene es in Niederbayern nachgekocht zu werden. Die Anwesenden beschließen die Diskussion in der nächsten Sitzung fortzuführen. Frl. Buchner wird gebeten, eine möglichst vollständige Liste aller Speisen, die in den einzelnen WKK von den verschiedenen Lehrerinnen unterrichtet wurden, zu erfragen und bei der nächsten Sitzung am 4. Oktober vorzulegen.

Im Besitz des Bezirksmuseums Dachau befindet sich ein handgeschriebenes Kochbuch von 1911. »Die Kochbucheintragungen beginnen mit dem ***Speisezettel*** *für Mittw. den 8. Nov. 1911*, der Rezepte für eine Eiergerstesuppe und gefüllte Rohrnudeln mit Spinat beinhaltet. Damit wird der Hintergrund für die Entstehung des Kochbuchs greifbar, der in Marie Brandmairs Besuch der Hauswirtschaftsschule Mindelheim liegt [...]. Ein Schwerpunkt der Ausbildung betraf [...] das Erlernen der Nahrungszubereitung in Kochkursen. Die Rezepte für die täglich zubereiteten Speisen wurden von den Schülerinnen anschließend in ein Buch eingetragen. Auf diese Weise wurde zum einen das Erlernte festgehalten, zum andern hatte nach Abschluss des Kurses jede Absolventin ein eigenes Kochbuch in den Händen« (Nauderer 2011, S. 130f).
Ein vergleichbares Exemplar für die Wirtschaftliche Frauenschule auf dem Lande ist ein Desiderat.

Sitzung am 4. Oktober 1906

> Es gibt aber in diesem Hause nicht nur EINE Küche, sondern drei, in denen je nachdem gekocht oder kochen gelehrt wird. In der einen von ihnen wurde gerade ein Wanderkochkurs abgehalten, der angenehme Spuren in Gestalt duftender Kuchen zurückgelassen hatte. Ein paar Jahrzehnte solcher Wanderkochkurse kreuz und quer im Land, — dann wird Bayern seinen fest begründeten Ruf schlechter Küche verlieren und die breitesten Schichten werden lernen, daß es auch bei den bescheidensten Mitteln jenseits von Knödel und Einbrenn sehr bemerkenswerte kulinarische Provinzen gibt.

Wirtschaftliche Frauenschule Miesbach [1910],
Text von Carry Brachvogel, S. [8]

Anwesend: Frau Oberst Banfield, Frau Oberamtsrichter Wimmer, Frau Herzog, Frl. Buchner, Frau Rechtsrat Göpfert, Frau Dr. Singer, Frl. Buttgereit, Herr Dr. Wolff, Frau Dr. List.

Tagesordnung: Rezeptliste der WKK

Verlesung des Protokolls der letzten Sitzung.

Frl. Buchner legt, wie in der Sitzung vom 5. September vereinbart, die Liste der Speisen vor. Diese sei nicht vollständig. Sie berichtet von ihren Bemühungen, Rezeptlisten bei den Lehrerinnen der regionalen WKK zu erfragen. Bisher seien von Oberbayern, Oberpfalz, Schwaben, Mittel-, Ober- und Unterfranken Listen eingereicht worden, eine niederbayerische fehle noch. Ein erster Vergleich habe ergeben, daß es sehr viele Gemeinsamkeiten gebe. Nach einer Schätzung käme man auf über 400 Rezepte. Diese große Zahl verursacht eine Diskussion unter den Anwesenden, wozu eine vollständige Liste der Rezepte denn dienen solle. Herr Dr. Wolff rät die bisherige Praxis der Speisezettel beizubehalten, da die gedruckten Broschüren umfangreichere Lagen gedrucktes Papier nicht fassen können. Auch seien etliche Rezepte nur mündlich überliefert und eine schriftliche Fassung brauche Zeit, wie Frau Oberamtsrichter Wimmer einwendet.

Die Anwesenden beschließen, die Listen vom Vereinssekretariat hektographieren zu lassen und unter die Vorstandsmitglieder zu verteilen, um diesen das Studium bis zur nächsten Sitzung zu ermöglichen.

Sitzung am 7. November 1906

Protokollführung: cc.

Anwesend: Frau Oberst Banfield, Frau Herzog, Frau Dr. List, Frau Oberamtsrichter Wimmer, Frl. Buchner, Frau Rechtsrat Göpfert, Frau Dr. Singer, Frl. Buttgereit, Herr Dr. Wolff.

Verlesung des Protokolls der letzten Sitzung. Beprechung der Speisezettel-Listen

Bis auf Frau Rechtsrat Göpfert haben alle Damen die Listen erhalten und gelesen. Frau Dr. Singer vertritt die Meinung, die Listen sollten zu einer zusammengefasst werden und so eine gesamtbayerische angelegt und auch gelehrt werden. Dazu bedürfe es einheitlicherer und umfangreicherer Speisezettel als die bestehenden. Dagegen wendet sich Frl. Buttgereit, die für knappe Speisezettel eintritt. Die regionalen Besonderheiten seien den bäuerlichen seßhaften Frauen mündlich im Unterricht zu vermitteln.

Diesen Standpunkt teilen die meisten der anwesenden Vereinsmitglieder nicht. Die Frauen seien nicht mehr überwiegend ortsgebunden. Etliche der an WKKen teilnehmenden jungen Frauen seinen angestellt in bäuerlichen oder bürgerlichen Familien oder würden eine solche Anstellung anstreben. Wirtschaftliche Not treibe sie dazu, den angestammten Wohnsitz aufzugeben und in den aufstrebenden Regionen Oberbayern oder Mittelfranken in Stellung zu gehen. Auch an die WKK für Fabrikarbeiterinnen müsse man denken, die recht mobil seien.

Dementsprechend sei es wichtig, Rezepte aus allen bayerischen Regionen zusammenzufassen und gemeinsam zu präsentieren. Man könne Rezepte, die typisch für eine Region seien, mit einem entsprechenden Vermerk versehen. Frau Dr. Singer: Das Unternehmen erfordere die Aufgabe der gedruckten Speisezettel. An ihre Stelle solle der Verein ein Kochbuch stellen. Dieses müsse ganz den Belangen der WKK entsprechen, um den Schülerinnen ein Mitschreiben während des Unterrichts zu ersparen. So sei z. B. Frau Dr. Lists Kochbuch zwar ein hochgeschätztes Werk, das häufig zu Rate gezogen würde, die Ausrichtung des Kochbuchs ziele aber auf die gesunde gutbürgerliche Küche. Dieses gehobene Niveau entspräche nicht dem einfachen der WKK. Anwesende verweisen auf Kochbücher von Haushaltungsschulen, z. B. in Saarbrücken, Leipzig und Ostpreußen.

Es entsteht eine lebhafte Diskussion, ob man sich der Mühe aussetzen wolle, ein Kochbuch herauszugeben, wo doch der Büchermarkt nahezu überschwemmt würde von Kochbüchern und der Verein keine Erfahrung in verlegerischen Tätigkeiten habe, wie die Skeptiker einwenden. Die Befürworter eines eigenen Kochbuchs führen die Nützlichkeit für die WKK an. Zudem könne man in der vereinseigenen Frauenschule die Rezepte erproben und verbessern. Auch sei ein Kochbuch von Nutzen für die Schule selbst und andererseits könnten die Schülerinnen zur Verbreitung eines Kochbuchs beitragen. Gerade in

Olga Mooyer schreibt 1922 in der Festschrift 20 Jahre Vereinsarbeit, dass Schülerinnen zunehmend nicht zurück nach Hause, sondern in Berufe gehen.
Die Bevölkerungsmobilität als Gradmesser der Industrialisierung in Bayern veranschaulicht eine Karte von 1897 in der *Wirtschaftsgeschichte Bayerns* von Dirk Götschmann. »Verursacht wird [die Mobilität] vor allem durch das immer stärker werdende Auseinanderklaffen der Lebens- und Arbeitsbedingungen sowie der Einkommen zwischen Stadt und Land beziehungsweise zwischen den Regionen. [...] Die gesteigerte Mobilität [hatte] bereits Ende des 19. Jahrhunderts längst auch Bayern erfasst. Wenn selbst in stark agrarisch geprägten Regionen zahlreiche Menschen nicht mehr an ihrem Geburtsort lebten, so belegt dies, dass viele hofften, ihre Lebens- und Einkommensverhältnisse durch einen Ortswechsel verbessern zu können« (Götschmann 2010, S. 161).

Kochbuch. Im besonderen für Anhänger der Pfarrer Kneippschen Lebensweise von Dr. Korntheuer, [Christine List, prakt Arztwitwe München], 3., vermehrte und verbesserte Auflage. Donauwörth 1908.
Recepte der Kochschule von E. und A. Popp, hrsg. von Margarette und Emma Doennig, 2., verm. und verb. Auflage Königsberg i. Pr. 1901.
Johanna Gast: Kochbuch für Haushaltungsschulen, 6. Auflage Leipzig/Plagwitz 1905.
Koch- und Haushaltungsbuch für den einfachen Haushalt. Ein Handbuch für die Schülerinnen der Kochkurse, sowie für alle Hausfrauen von Lina Amberg, Clara Rost, Margarete Schubert Vorsteherinnen der St. Johanner Haushaltungsschule Saarbrücken, 5. verb. Auflage Saarbrücken 1906.

den 1-jährigen Kursen bliebe oft wenig Zeit für einen ausführlichen Kochunterricht. Darüberhinaus diene ein Kochbuch der Vereins-Propaganda. Diskussion wird abgebrochen und auf die nächste Sitzung vertagt.

Sitzung am 17. Januar 1907

Protokollführung: cc.

Anwesend: Fr. Oberst Banfield, Fr. Oberamtsrichter Wimmer, Fr. Herzog, Frl. Buchner, Fr. Rechtsrat Göpfert, Fr. Dr. Singer, Frl. Buttgereit, Hr. Dr. Wolff, Fr. Dr. List.

Verlesung des Protokolls der letzten Sitzung

Frau Dr. List meldet sich als Erste zu Wort und spricht sich für die Pläne des Vereins aus, ein eigenes Kochbuch herauszugeben. Sie plane selbst eine 3. überarbeitete Auflage ihres Kochbuchs, doch sehe sie keine Konkurrenz in dem Vorhaben des Vereins. Ihr Kochbuch sei nicht regional auf den bayerischen Raum ausgerichtet und enthalte Rezepte der guten bürgerlichen Küche mit der Ausrichtung auf eine gesunde Lebensweise. Die Bedürfnisse der ländlichen Bevölkerung würde in ihrem Kochbuch wenig berücksichtigt. Frau Dr. Singer dankt Frau Dr. List für diese offenen Worte.

Die Anwesenden kommen überein, daß ein Kochbuch, herausgegeben vom Bayerischen Verein für wirtschaftliche Frauenschulen auf dem Lande, aus folgenen Gründen gutzuheißen ist: 1) um den Schülerinnen der WKK das Mitschreiben während des Unterrichts zu ersparen, 2) es soll als Unterrichtsmaterial auch in der Frauenschule des Vereins dienen, 3) der freie Verkauf ist der Vereinskasse zuträglich, 4) ein Kochbuch ist ein Mittel der Propaganda für den Verein. Das Kochbuch solle sich in erster Linie an den WKK orientieren und eine einfache bürgerliche und regionale Küche enthalten. Unabdingbar sei auch ein Kapitel zu Krankenkost sowie Rezepte der Reformbewegung.

Die Anwesenden beschließen, in der nächsten Sitzung am 20. Februar das weitere Vorgehen zu besprechen.

Sitzung am 20. Februar 1907

$^{1}/_{2}$ 10 Uhr im Vereinsbüro

Anwesend: Frau Oberst Banfield, Frau Oberamtsrichter Wimmer, Frau Herzog, Frl. Buchner, Frau Rechtsrat Göpfert, Frau Dr. Singer, Frl. Buttgereit, Herr Dr. Wolff.

Tagesordnung: 1) Beschlussfassung zum Thema Kochbuch des Vereins, 2) WKK im letzten Quartal 1906, 3) Anschaffungen für das Inventar der WKK

1) Die Anwesenden beschließen einstimmig, daß der Verein ein Kochbuch für die Wanderkurse herausgeben soll. Herr Dr. Wolff schlägt vor, eine Commission für die Gestaltung des geplanten Kochbuchs der wirtschaftliches Frauenschule auf dem Lande zu gründen. Als Arbeitstitel des Kochbuchs wird vorgeschlagen: Kochbuch des Bayerischen Vereins für Wirtschaftliche Frauenschulen auf dem Lande. Zur Benutzung in den Wanderkochkursen.

Die fiktiven Protokolle brechen ab ... In den kommenden Jahren wird der Verein Mitglieder gewinnen, zusammen mit der Schule ein Kochbuch zu schreiben:

Kochbuch des Bayerischen Vereins
für Wirtschaftliche Frauenschulen auf dem Lande.
Zur Benutzung in den Wanderkochkursen
(A/[1910])

Vorwort.

Dieses Kochbüchlein enthält eine Reihe von Rezepten der süddeutschen bürgerlichen Küche mit besonderer Berücksichtigung der in den verschiedenen Kreisen Bayerns ortsüblichen Gerichte. Es ist entstanden aus Erfahrung der Praxis, die in den zahlreichen vom Verein für Wirtschaftliche Frauenschulen veranstalteten Wanderkochkursen gewonnen, erprobt und zusammengestellt wurde in der von demselben Verein gegründeten wirtschaftlichen Frauenschule Miesbach in Oberbayern. Die Rezepte sind kurz gefaßt, um das Büchlein nicht unnötig groß und teuer zu machen, denn es ist für die Hand der Schülerin bestimmt und soll in den Unterrichtskursen die Zeit des Diktierens erspa...

Die überlieferten und fiktiven Protokolle der *Commission für Wanderkochkurse* brechen unvollendet ab, das Vorwort aber wird an dieser Stelle nur unterbrochen – weiter lesen im Kapitel *Am Puls der Zeit. Die Vorworte.*

Ehestandskuchen

Auflage A, [1910], S. 133

5 Eigelb, 140 gr Zucker, Saft $\frac{1}{2}$ Zitrone, 5 Eierschnee, 100 gr Butter, 100 gr geschälte. ger. Mandeln, 650 gr Mehl

Butter wird schaumig gerührt, Eigelb und Zucker dazugeben, Zitronensaft, Mandeln und Mehl. Zuletzt wird der Eierschnee untergemischt und der Kuchen in der Tortenform gebacken.

Fiktives Interview mit Olga Mooyer

Neuland

Wenig weiß man über die ersten Jahre des Kochbuchs.
Damals, als es noch ein Kochbüchlein war, um 1910. Damals, als es in der stolzen Wirtschaftlichen Frauenschule auf dem Lande erprobt und zusammengestellt wurde – aber gedacht war für Wanderkurse, wie es auf dem Titelblatt heißt. Damals, als man noch lernen musste, bibliographische Daten, wie Jahr und Auflage zu nennen.

Es ist ein nasskalter Tag im November. Ich treffe mich in Miesbach mit Olga Mooyer, der ersten Schulleiterin einer bayerischen Wirtschaftlichen Frauenschule auf dem Lande. Wir sitzen im Bureau von Frau Cornelia Taube, der aktuellen Leiterin des Hauses. Vermutlich stand auch Olga Mooyers Schreibtisch in diesem schönen Eckzimmer.

Herkunft und Lebensdaten von Olga Mooyer sind mir nicht bekannt.

Regina Frisch *Sehr geehrte Frau Mooyer ich freue mich, mit Ihnen zu sprechen, und ich darf Sie kurz vorstellen: Von 1903 bis 1916 waren Sie Leiterin der ersten Wirtschaftlichen Frauenschule auf dem Lande in Bayern. [kurzes Innehalten] Aber bevor wir auf Ihr Wirken näher eingehen, möchte ich kurz auf diese Schule und Miesbach heute, Anfang des 21. Jahrhunderts, zu sprechen kommen. Wir sitzen im Bureau Ihrer Nachnachfolgerin, Frau Cornelia Taube, die Stadt Miesbach wird seit Jahren von der Bürgermeisterin Ingrid Pongratz erfolgreich regiert. Der Regierungschef im Land ist ebenfalls eine Frau. Was sagen Sie zu dieser veränderten Welt?*

Olga Mooyer *à la bonne heure! Zu meiner Zeit saß Johann Zimmer und nach ihm Hermann Schröck im Rathaussessel. Um Ihre Frage zu beantworten: Ich gehe mal davon aus, dass auch noch Männer diese Funktionen ausüben können … dann ist die Welt in 20. Jahrhundert offensichtlich gerechter geworden. Ob sie gerecht ist, müssen Sie beurteilen.*

RF *Es gibt noch Baustellen. [Pause] Frau Mooyer, nicht das Jetzt soll unser Gespräch bestimmen, sondern Ihre Vergangenheit. Als erste Leiterin einer Wirtschaftlichen Frauenschule auf dem Lande bauten Sie die Schule in Geiselgasteig auf und zogen mit ihr – als es im Schlossgut zu eng wurde – nach Miesbach um. Schon häufig wurde anlässlich eines 20sten, 25sten, 50sten, 75sten oder 100sten Stiftungsfests die Pionierarbeit beschrieben, die Sie und alle Beteiligten leisteten. Ich versuche mir das Schulleben damals vorzustellen. Wenn man Neuland betritt – wie die Lehrerinnen und Schülerinnen es taten –, dann muss das auch mühsam gewesen sein und nicht immer eitel Sonnenschein. Erzählen Sie mir von der ersten Zeit in Miesbach nach dem Umzug von Geiselgasteig.*

OM *Erlauben Sie mir vorab eine Bemerkung. Ich bin es gewöhnt mit* Fräulein *angesprochen zu werden. Die Missachtung meines Familienstands durch das vereinheitlichende* Frau *ist für mich sehr gewöhnungsbedürftig. Zur Sache: Sie haben völlig Recht. Auf Festreden wird das ruhmreiche Ergebnis beklatscht, der Alltag zählt nicht. Neuland haben wir in Miesbach betreten. Wir haben Land gekauft oder gepachtet und es mit der Hacke urbar gemacht. Neuland haben wir auch im übertragenen Sinn betreten. Die jungen Damen kamen zu uns aus der ersten Gesellschaft mit großen Erwartungen an die*

Zukunft, aufgewachsen mit Personal, das für ihr alltägliches Wohl sorgte. Bei uns war das anders. Die Schülerinnen sollten alle Arbeiten in Haus und Hof lernen. Sei es um später als Hausbeamte oder Hausfrau einen Haushalt zu führen, sei es um als Lehrerin ihr Wissen weiterzugeben. Die jungen Damen fuhren mit dem Chauffeur des Herrn Papa vor und mussten anderntags das Frühstück auf- und abdecken und ihr Bett selber richten. Freilich waren sie alle sehr motiviert. Das Eintrittsalter für die Seminaristinnen war 18 Jahre. Nicht wenige waren älter. Sie kamen alle aus freien Stücken – aber der Alltag war eine andere Sache. Unsere Lehrkräfte waren streng im Unterricht und in der Praxis – selten wurde eine Bestnote vergeben. Jedoch der Zulauf, den unsere Schule all die Jahre hatte, bestätigte unser Linie.

RF *Ich habe die* Censurbücher *der ersten Jahre gelesen und kann die strenge Notengebung bestätigen. Neben den Zensuren wurden in den Büchern auch* Name, Geburtsjahr und Ort, Stand der Eltern *und* Religion *notiert. Die Schülerinnen gehörten – wie Sie sagten – der ersten Gesellschaft an: Ihre Väter waren Professoren, Fabrikbesitzer, Ärzte, königliche Oberamtsrichter. Sie kamen aus Karlsbad, Lukkenwalde, Metz, Windisch-Feistritz – heute Slovenska Bistrica –, Hamburg, München, Magdeburg oder Krumbach nach Miesbach. Ihre Weltanschauung – ob überhaupt und wenn ja, welche Religion oder Konfession sie hatten – spielte offensichtlich keine Rolle: Die jungen Frauen waren evangelisch, katholisch, israelitisch, frei religiös.*

Schulprospekt um 1910 (Ausschnitt)

S. [7]: »Darum haben auch hier, in Miesbach, nicht nur die Lehrerinnen, sondern auch die Schülerinnen ein elegantes, gemeinsames Wohnzimmer und im Speisesaal konnte man mit der ungemütlichen Sitte der langgestreckten Tafel brechen und runde Tische einstellen, an denen in kleinen Kreisen gespeist wird wie in einem fashionablen Hotel.«
Und S. [11]: »Die Bahnverbindung Miesbachs mit München ist sehr vorteilhaft, so daß auch geistige Bedürfnisse höherer Art gestillt, Theater, Konzerte, Galerien, Ausstellungen u. s. w. bequem erreicht werden können.«

OM *Das ist richtig. Die Schülerinnen kamen von weit zu uns. Bayern war damals liberal, nicht preußisch streng. Es war das unausgesprochene Alleinstellungsmerkmal – so würden Sie doch sagen – des Bayerischen Vereins für Wirtschaftliche Frauenschulen, keine konfessionellen oder weltanschaulichen Vorgaben zu machen. Das unterschied den bayerischen Verein vom weitaus größeren preußischen Reifensteiner Verband, der protestantisch geprägt war. Bedenken Sie, dass den wunderschönen Schulprospekt Carry Brachvogel geschrieben hat, die bekannte jüdische Schriftstellerin aus München. Sie starb betagt 1942 in Theresienstadt. Wie Ika Freudenberg und Anita Augspurg war sie Mitglied des Münchner Vereins für Fraueninteressen. So verschieden diese Frauen waren, ihr Bemühen um die Selbstbestimmung ihrer Geschlechtsgenossinnen einte sie.*

RF *Aber – wie ging das zusammen mit dem Schulprotektorat der Prinzessin Maria Gabriele von Bayern?*

OM *In Bayern vor dem Ersten Weltkrieg ging das zusammen. Das Protektorat übernahm die Prinzessin erst 1910. Da hatte sich die Schule bereits sieben Jahre bewährt. Das Ziel war, pathetisch gesagt, das Menschenrecht auf Bildung für Frauen. Dass die Kreise, die es vertraten, nicht Umsturz im Sinn hatten sondern Teilhabe an Rechten und Pflichten, war für aufgeschlossene Geister offensichtlich. Und von diesen gab es damals nicht wenige. Viel ließe sich zu diesem Thema sagen, aber das führt hier zu weit … Tatsächlich* *zog es Anfang des 20. Jahrhunderts nicht nur unsere fortschrittlichen wissbegierigen Schülerinnen und Seminaristinnen ins liberale Bayern. Künstler von überall kamen ins Land des Prinzregenten Luitpold. Wir haben davon bei Ausflügen profitiert.* München leuchtet – *wie Thomas Mann schrieb. Nach einem München-Ausflug gab es immer viel zu erzählen. Die erste Ausstellung des* Blauen Reiter *1911 oder die Eröffnung des Tierparks* Hellabrunn *im selben Jahr waren Ereignisse, über die lebhaft im Speise- und Musiksaal diskutiert wurde. Ich gerate ins Schwärmen – Sie verzeihen: Das waren glückliche Tage.*

RF *Was mich besonders interessiert – im Hinblick auf das spätere* Bayerische Kochbuch – *wie war die Küche an der Schule? Besser: Wie sah der Speisezettel aus?*

OM *Gutbürgerlich, wie man sagt. Allerdings legte Frau Dr. List vom Trägerverein großen Wert auf Reformkost – und sie war nicht die einzige – und so wurde diese Ernährungsweise auch in der Schulküche berücksichtigt. Man könnte sagen, die Basis des Speisezettels war eine moderne gutbürgerliche Küche. Viele Zutaten kamen aus den hauseigenen Gärten und Ställen, alles Weitere wurde geliefert. Die finanzielle Ausstattung der Schule ermöglichte uns bis Kriegsausbruch 1914 eine angemessene Verköstigung.*

RF *Also nicht* Montag Knödeltag, Dienstag Nudeltag, Mittwoch Strudeltag, Donnerstag Fleischtag, Freitag Fasttag *wie es in dem Volkslied heißt?*

OM *[lacht] Nein, beileibe nicht.*

RF *Wissen Sie, welches Kochbuch in der* Küchenabteilung *verwendet wurde?*

OM *Das kann ich Ihnen nicht sagen. Da müssten Sie die Köchin oder die betreffende Lehrkraft fragen. Ich war mit der Verwaltung der Schule beschäftigt. Die Küche war nicht mein Tätigkeitsfeld.*

RF *Im Vorwort des Miesbacher* Kochbuchs *heißt es:* Erprobt und zusammengestellt in der Wirtschaftlichen Frauenschule Miesbach. *Daraus könnte man schließen, dass in Miesbach danach gekocht wurde.*

OM *Das* Kochbuch *war konzipiert für die Wanderkochkurse oder verkürzt auch* Wanderkurse *genannt. Die Zielgruppe, wie Sie sagen würden, war also nicht die Wirtschaftliche Frauenschule. Bei uns wurden die Rezepte ausprobiert, z. T. auch Formulierungsvorschläge vorgebracht und die Auswahl getroffen – freilich in Abstimmung mit dem Vereinsvorstand.*

RF *In einer der ersten Auflagen des* Kochbuchs *gab es im Anhang mehrere Speisezettelvorschläge. Z. B. für* Fasttage *und einen anderen* für 12–14 Personen bei hohen Lebensmittelpreisen, etwa für Industriegebiete oder Städte. *Ich habe sie mal gegenübergestellt, wenn Sie schauen wollen:*

Speisezettel für Fasttage

Suppe mit Butterklößchen, blaugesottener Fisch mit Essig und Oel, Spinat mit Rühreiern oder Ochsenaugen, schwarzer Karpfen mit abgeschmälzten Nudeln, Mandelpudding mit Chadeausauce, gebackene Froschschenkel oder gebackener Fisch mit Salat, Kleinkonfekt, Obst

Speisezettel für Industriegebiete oder Städte

Brotsuppe, Kabeljau, Kartoffeln, Senfsauce

Speisezettel für Fasttage	Speisezettel für Industriegebiete oder Städte
(einfacher) Erbsensuppe, Hecht in Buttersauce mit gerösteten Kartoffeln, Dampfnudeln mit Vanillesauce, gebratene Häringe mit Bohnengemüse, Hefepfannkuchen und Obst	Einlaufsuppe, Scheiterhaufen
(ganz einfach) Panadensuppe, Fischkoteletten mit Salat, Kaiserschmarren, gekochte Zwetschgen	Zusammengekochtes [= Eintopf rf]

OM *Sehr interessant. Also der Miesbacher Speisezettel entsprach der linken Spalte für* Fasttage. *Die Regel war der* einfache, *wenn ich richtig gezählt habe, mit sechs Gängen, der* ganz einfache *galt für Tage, an denen viel Arbeit anstand und keine Zeit zum Essen blieb, wie Erntezeiten oder die Vorbereitung auf Festtage. Sonntags und Feiertags wurde dann üppig getafelt. Der Vergleich mit der rechten Spalte ist doch recht eindrücklich.*

Es gab meines Wissens auch immer wieder Meinungsverschiedenheiten über Rezepte. Manchen waren sie zu üppig im Kochbuch, *anderen zu einfach. Der Krieg und die Not, die er mit sich brachte, machten die Diskussionen gegenstandslos. Es wurde ein* Bayerisches Kriegskochbüchlein *herausgegeben, das wenige sparsame Rezepte enthielt. Nach dem Krieg erschien das ganze* Kochbuch *deutlich abgespeckt.*

RF *Wie Sie schon sagten, ist das* Kochbuch *entstanden, um Teilnehmerinnen von Wanderkochkursen – also einfachen Landfrauen und Fabrikarbeiterinnen – eine Rezeptgrundlage zu bieten. Allerdings hat sich die Zielgruppe mit den Jahren vergrößert. Auch bürgerliche Kreise griffen auf das* Kochbuch *zurück. Woran lag das?*

OM *Das Buch war erfolgreich; der Verein war gezwungen, immer neue Auflagen zu drucken. Die Wanderkochkurse florierten und der gute Ruf der Wirtschaftlichen Frauenschulen in Bayern tat das Übrige. Außerdem war die Welt eine andere – spätestens nach Kriegsende. Das* Kochbuch *galt als einfach und modern. Und modern hieß nach dem Ersten Weltkrieg nicht mehr gutbürgerlich.*

Auflage um 1913

RF *Ich möchte noch einmal zurückkommen auf die Vorkriegszeit und ein anderes Thema anschneiden. Bei meiner Suche nach Exemplaren des* Kochbuchs *fand ich zwei verschiedene ohne Jahr und Auflagenzählung. In ein weiteres ist die Auflage gestempelt:* 2te Auflage, 4. – 9. Tausend. *Die 3. Auflage nennt Jahr und Auflage im Druck. Das eine Exemplar ohne Zählung und Jahr ist seitenidentisch mit der gestempelten 2ten Auflage. Das andere undatierte unterscheidet sich geringfügig von diesen. Die* Erläuterungen *vor dem Rezeptteil fehlen, Rezeptbestand und Anhang sind nicht völlig identisch. Ich will Sie nicht mit zu vielen Details plagen. Vielleicht noch eines: Das Exemplar ohne* Erläuterungen *listet im Anhang zusätzlich neben dem* Speisezettel für Fasttage *einen* Küchenzettel für einen dreitägigen Kochkistenkurs *und einen* Speisezettel für 12–14 Personen bei hohen Lebensmittelpreisen, etwa für Industriegebiete oder Städte. *Können Sie sich einen Reim darauf machen?*

OM *Erwarten Sie bitte nicht zu viel von mir. Also, wenn ich Sie recht verstanden habe, gibt es zwei ungezählte undatierte Exemplare, die sich inhaltlich unterscheiden. Tja. Ich weiß nur, dass der Bayerische Verein für Wirtschaftliche Frauenschulen auf dem Lande keinen Verlag hatte für die Bücher. Es waltete also keine kundige strenge Hand darüber. Die Druckerei J. Schön hielt sich sicher zurück. Ich vermute also, es gab parallel mehrere Auflagen, man druckte neu, wenn die Exemplare verteilt waren, und kümmerte sich nicht um Auflagenzählung und derartiges. Bei der mit dem* Speisezettel für 12–14 Personen bei hohen Lebensmittelpreisen, etwa für Industriegebiete oder Städte *ist der ursprüngliche Zweck deutlich erkennbar. Die Wanderkochkurse wurden von Landfrauen und Arbeiterinnen besucht, die lernen sollten, mit einfachen Mitteln abwechslungsreich zu kochen.*

RF *Das sehe ich auch so. Philologische Detektivarbeit. Auch wenn Manches unklar bleibt. Der Gegenstand wird dadurch umso interessanter. Vielen Dank für dieses Gespräch, Fr...äulein Mooyer!*

Gegenüberstellung der zwei ungezählten Auflagen des Kochbuchs

Zwei Exemplare des Kochbuchs: Die Titelblätter sind identisch. Beide sind undatiert und ohne Auflagenzählung. Doch ein Blick in die Bücher verrät, dass es sich nicht um zwei Exemplare einer Auflage, sondern verschiedene Editionen handelt. Hier und da sucht man ein Rezept des anderen Exemplars vergeblich. Vor allem gegen Ende häufen sich die Unterschiede. Wie ist in einem solchen Fall zu verfahren? Willkürlich eine Auflage zur *Allerersten* vor der gestempelten zweiten zu ernennen? Ich lasse beide ungezählt, nenne Sie *A* und *B* und datiere A auf 1910 und B auf 1911.

Auflage undatiert A	**Auflage undatiert B**
Kochbuch des Bayerischen Vereins für Wirtschaftliche Frauenschulen auf dem Lande. Zur Benutzung in den Wanderkursen	
Rezepte (bis Seite 192)	Rezepte (bis Seite 202)
Küchenzettel für Kochkistenkurs (Seite 194)	–
Speisezettel für Fasttage (Seite 199)	Speisezettel für Fasttage (Seite 206)
Speisezettel für 12–14 Personen (Seite 207)	–
Alphabetisches Register (Seiten I-VIII)	Alphabetisches Register (Seite 214)
–	Notizen für Kochrezepte [22 Seiten]
Inseraten = Anhang [6 Seiten]	Anzeigen [8 Seiten]
Register weist deutliche Sortierfehler auf	Register mit wenig Sortierfehlern
....	....
7 Rezepte, die nur in dieser Auflage belegt sind: Ehestandskuchen und sechs Kochkistenvarianten von Rezepten	19 Rezepte, die in dieser und Auflage 3/1916, aber nicht in A belegt sind; darunter Honiglebkuchen, Mainzer Lebkuchen, Weiße Lebkuchen

Wem gehört ein Rezept?

Die Quellenlage

Rezepte sind Freiwild wie Märchen und Volkslieder. Dass *Die Bürgschaft* eine Ballade von Friedrich Schiller ist, weiß man – aber von wem stammt das Rezept für *Kaiserschmarrn* und wer hat es weitergegeben? In den ersten Auflagen des Kochbuchs stehen tatsächlich Quellenangaben bei einigen Rezepten. Woher kommen diese Rezepte? Was zeichnet sie aus? Und wo bleiben sie?

Wer im WWW nach Rezepten für *Kaiserschmarrn* sucht, erhält unzählige Treffer. In der Regel wird keine Angabe zur Herkunft des Rezepts genannt, allenfalls dient die Verwandtschaft als Referenz, wie bei *Großmutters Kaiserschmarrn*. Auch in Kochbüchern findet man selten Hinweise auf die Quellen. Umso erstaunlicher ist es, dass das Kochbuch des Bayerischen Vereins für Wirtschaftliche Frauenschulen auf dem Lande in den ersten Auflagen einige Rezepte mit Quellenangaben versieht. Was sind das für Quellen? Woher kommen die Rezepte?

Die zwölf nebenstehenden Rezepte stammen aus Frau Dr. List's Kochbuch. Den Zusatz Rotkreuzheftchen tragen die beiden Rezepte Auflauf ohne Butter und Eierkäse süß. Aus dem Regensburger Kochbuch sind Eischwerschnitten belegt. Zwei Rezepte geben nur einen Namen als Quelle an: Davidis (Kuchen zu Wein und Tee) und Hedwig Heyl (Fischkotelettes).

Bayerischer Kuchen
Eierhaber
Grahamkuchen
Hafermehlflammeri
Holsteinische Klöße
Kürbissuppe
Polenta
Reistörtchen
Sauerkrautsuppe
Sauerrahmauflauf
Selleriegemüse
Vegetarisches Ragout

Ein Kochbuch als Quelle wird also zweimal im Titel angegeben. Im einen Fall ist es einfach zu bestimmen. Das Regensburger Kochbuch ist ein umfangreiches Werk aus der Mitte den 19. Jahrhunderts, das auch heute noch weithin bekannt ist. Wofür aber steht Frau Dr. List's Kochbuch? Eine handgeschriebene Kladde oder ein gedrucktes Buch? Frau Dr. List ist den Aufmerksamen bereits bekannt aus dem Protokollbuch der Commission für Wanderkochkurse. Sie war Mitglied der Commission und somit auch des Bayerischen Vereins für Wirtschaftliche Frauenschulen auf dem Lande. Bei der Suche nach ihrem Kochbuch stoße ich auf den familienstandbedingten Namenswechsel der Autorin. Der vollständige Titel der fraglichen Quelle lautet: *Kochbuch. Im besonderen für Anhänger der Pfarrer Kneippschen Lebensweise. Bearbeitet von Frau Dr. Korntheuer (Christine List, praktische Arztenswitwe, München).* Frau Dr. Korntheuer = Christine List = Frau Dr. List, und als solche ist sie namengebend für den Kurztitel im Miesbacher Kochbuch. Wer jetzt noch zweifeln sollte, den verweise ich auf den Anhang des Kochbuchs von [Frau Dr.] Korntheuer/List, in dem die Autorin die Wanderkochkurse des Vereins ausgiebig darstellt und lobt (zitiert im Kapitel *Protokoll-Buch der Commission für Wanderkochkurse*).

»Antrag: Es solle besondere Aufmerksamkeit der Unterweisung in der Zubereitung der Krankenkost geschenkt werden. Buch zur Zubereitung einer geeigneten *Krankenkost von Lilly Gabler Vorsitzende vom Roten Kreuz* besonders zweckmäßig.«

Wie lässt sich die Identität des Rotkreuzheftchens bestimmen? Wieder hilft das bereits erwähnte Protokollbuch der WKK-Commission. Der Eintrag vom 3. Mai 1905 protokolliert in staubtrockener Sprache den Vorschlag der Commission. Die Suche nach einem Buch, das zum einen vom Roten Kreuz herausgegeben wurde und an dem zum andern Lilly Gabler mitgewirkt hat, ist erfolgreich. Der korrekte Titel des zitierten Rotkreuzheftchen lautet: *Die Krankenkost*, hg. vom Bayerischen Frauenverein vom Roten Kreuz, München 1905, Vorwort: Lilly Gabler.

Die beiden Namen Davidis und Hedwig Heyl sind weithin bekannt. Henriette Davidis (1801–1876) war eine namhafte Kochbuchautorin des 19. Jahrhunderts. Ihr *Praktisches Kochbuch für die gewöhnliche und feinere Küche* (1849) wurde häufig neu aufgelegt und überarbeitet. Manchen gilt sie als Wegbereiterin des modernen Kochbuchs. Hedwig Heyl (1850–1934) war Frauenrechtlerin, Sozialreformerin, Kolonialistin und glühende Hitlerverehrerin. Auch sie hat Frauenschulen gegründet und außerdem schrieb sie Kochbücher. Am erfolgreichsten war das *Volks-Kochbuch*.

Abgesehen vom *Regensburger Kochbuch* und dem von Davidis handelt es sich bei den angegebenen Quellen um zeitgenössische. Mehr noch – es werden drei Frauen zitiert, die aus dem eigenen Umfeld stammen. Frau Dr. List ist Vereins- und Commisionsmitglied, Lilly Gabler vom Bayerischen Frauenverein vom Roten Kreuz unterstützt den Bayerischen Verein für Wirtschaftliche Frauenschulen auf dem Lande in Sachen Wanderkochkurse organisatorisch und an Hedwig Heyl kam man in diesen frauenbewegten Zeiten eh nicht vorbei. Mit den Angaben ihrer Quellen erweisen die Kochbuchautorinnen diesen auch ihre Referenz.

Die Suche nach den Quellen war spannend und am Ende erfolgreich. Nun aber zurück zum Kochbuch. Was sind das für Rezepte, denen eine Quellenangabe ein besonderes Gewicht verleiht? Auffällig ist, dass sie mit Ausnahme der Kuchenrezepte (Bayerischer Kuchen, Eischwerschnitten und Kuchen zu Wein und Tee) auf den letzten Seiten des Kochbuchs belegt sind. Dort wo die Kapitel stehen, die nicht zur Standardküche gehören: Krankenküche und Vegetarische Gerichte. In Letzterem finden sich bis auf eine Ausnahme alle zitierten Rezepte aus Frau Dr. List's Kochbuch, die beiden Rotkreuzheftchen-Rezepte und das eine von Hedwig Heyl in der Krankenküche. Warum diese Ballung am Ende des Kochbuchs? Es gab vermutlich eine große Schnittmenge zwischen den Verantwortlichen der Anfangszeit des Kochbuchs und den Commissionsmitgliedern. Und alle zusammen waren sicher fortschrittlich und am Puls der Zeit. Der ernährungsbewusste Zeitgeist predigte bereits vor 100 Jahren eine Küche, die gesund zu sein hatte, und das hieß damals schon häufig vegetarisch. Kranke sollen sich gesund ernähren und auf diesem Wege finden die ernährungsbewussten Rezepte aus der Fan-Gemeinde um Pfarrer Kneipp (Frau Dr. List), Lilly Gabler und Hedwig Heyl ihren Weg in die Kapitel Krankenküche und Vegetarische Gerichte.

Die Verweise auf das *Regensburger Kochbuch* und das von *Davidis* haben andere Ursachen. Fast scheint es, als wollte man sagen: *Wir kennen die Tradition!* Vergeblich habe ich nach der Vorlage für Kuchen zu Wein und Tee im Davidis-Kochbuch gesucht. Dieses Zitat besteht nur aus der Quellenangabe, der Rest ist eine Schimäre. Es kam offensichtlich nur darauf an, den Namen der großen Autorität im Kochbuch zu erwähnen – klassisches name dropping, wie wir das heute nennen. Die anderen Ursprungsrezepte im Kochbuch von Frau Dr. List und dem Buch von Frau Gabler habe ich gefunden. Das Originalrezept aus dem *Regensburger Kochbuch* und die Version im Kochbuch A/[1910] kann man hier vergleichen.

Regensburger Kochbuch von Marie Schandri, (33. Auflage Regensburg 1895, S. 369)	Kochbuch (A/[1910], S. 128)
Eischwerschnitten. Bedarf: 4 Eischwer Zucker, 2 Eischwer Mehl, 1 Eischwer Butter, ½ Citrone, 4 Eier, Weinbeeren, Citronat.	**Eischwerschnitten (Regensburger Kochb.).** 4 Eischwer Zucker 2 Eischwer Mehl 1 Eischwer Butter Zitronensaft und Schale 50 gr Weinbeeren 4 Eier
Man nimmt vier Eischwer fein gestoßenen Zucker, zwei Eischwer Mehl, ein Eischwer Butter. Die Butter läßt man in einer Schüssel zerschleichen, reibt die Schale einer halben Citrone hinein, schlägt ein Ei dazu und rührt es gut ab. Dann gibt man den Zucker hinzu und rührt es, bis es dick und schaumig ist, schlägt die anderen drei Eier, eines nach dem anderen daran, rührt es gut ab, zuletzt verrührt man auch das Mehl gut mit dem Übrigen, und gibt drei Loth (52 Gr.) kleine Weinbeeren und zwei Loth (35 Gr.) fein geschnittenes Citronat dazu. – Den Teig gibt man in eine lange mit Butter ausgestrichene und ausgebröselte Form und bäckt ihn bei mäßiger Hitze. Nachdem er ausgekühlt, kann man ihn mit Punsch- (Nr. 910) oder Chokoladeguß (Nr. 912) überziehen; kalt geworden, wird er dann in dünne Schnitten aufgeschnitten.	Zucker und Eier werden schaumig gerührt, die zerlassene Butter wird dazu gegeben, Zitronengeschmack und Weinbeeren. Man bäckt den Kuchen in einer flachen Kastenform.

Die Frage ist: Was zeichnet ein Rezeptzitat aus? Um eine Antwort zu finden, muss zuerst geklärt werden, was ein Rezept ausmacht. Es trägt einen Titel, der zugleich das Konzept ist. Weiter gehören zu einem Rezept Zutaten und Zubereitung. Das sind seine Strukturelemente. Werden Titel, Zutaten und Zubereitung inhaltlich und wörtlich übernommen, wenn sich das Kochbuch auf eine Quelle beruft? Nein. Den Fall Davidis habe ich schon genannt. Der Verweis allein soll dem Rezept die Aura der Quelle Davidis verleihen. Ob es eine Finte ist, kann ich nicht nachprüfen. Alle anderen Rezepte mit Quellenangabe übernehmen die Titel, z. T. mit kleinen Änderungen. Zum Beispiel heißt der Auflauf ohne Butter im Original *Aufläufe ohne Butter*.

Hedwig Heyl: Volks-Kochbuch, 1905	Kochbuch A/[1910]
Fischkoteletten	**Fischkotelettes (Hedwig Heyl)**
150 g gekochter Fisch oder Fischreste (entgrätet)	1/2 Pfd. entgräteter Fisch
15 g gehackte Zwiebeln	–
15 g Margarine	35 gr Butter
15 g Mehl	1 Semmel ohne Rinde
1/8 l Magermilch	–
1 Prise Salz und Pfeffer	5 gr Salz
–	1 Teel. Liebigs Fleischpepton
–	1 Teel. gewiegte Petersilie
–	1 Teel. Zitronensaft
1 Eigelb	2 Eigelb
5 g Mehl	–
1 Eiweiß	[in der Zubereitung genannt]
20 g geriebene Semmel	20 gr Semmelbrösel
Backfett zum vorübergehenden Gebrauche	–
Bogen Löschpapier	–

Soviel zum Titel. Wie verhält es sich mit den Zutaten? Werden sie 1:1 übernommen? Jein. Im Rezept Eischwerschnitten sind sie nahezu identisch, allein die geschmacktragende Zutat Zitrone wird etwas anders interpretiert. Bei vielen Rezepten kann man beobachten, dass die Zutaten übernommen und fehlende Mengenangaben ergänzt werden. Kleinere geschmackliche Eingriffe glaubt man sich erlauben zu können. Anders ist es bei dem Rezept Fischkotelettes. Hier weicht die Zutatenliste deutlich von der Quelle ab.

Das dritte Strukturelement, die Beschreibung der Zubereitung, ist inhaltlich Vorbild, aber der Text wird ausnahmslos neu im Stil des Kochbuchs formuliert. In der Regel sind die neuen Zubereitungtexte deutlich kürzer als die der Quellen. Der didaktische Hintergrund des Lehrkochbuchs wird deutlich. Knapp und eindeutig formulieren ist der Auftrag. Mitunter verlieren die Rezepte dadurch ein wenig von ihrer gutbürgerlichen Herkunft. Die war in der Zielgruppe der Wanderkochkurse nicht so gefragt.

Bayerischer Kuchen. (Frau Dr. List's Kochbuch.)

1/2 Pfd. Butter	1/2 Pf. Mehl
4 ganze Eier	25 gr Hefe
4 Eidotter	1/4 l Milch
90 gr Zucker	Zucker u. gehackte Mandeln.

Die ausgewaschene Butter wird schaumig gerührt, nach und nach die verschlagenen Eier, Zucker, Mehl und zuletzt die aufgelöste Hefe mit der Milch zugegeben und abgeschlagen. Der Teig wird auf ein vorbereitetes Kuchenblech ausgestrichen. Man läßt ihn aufgehen, bestreut ihn mit Zucker und geschälten, geriebenen Mandeln, streicht Eigelb auf und bäckt ihn bei mäßiger Hitze hellbraun.

Kochbuch A/[1910]

Bayerischer Kuchen.

250 Gramm ausgewaschene, geklärte Butter wird zu Schaum gerührt, nach und nach mit 4 ganzen Eiern und 4 Dotter, 90 Gramm Zucker und 250 Gramm feinem Mehl vermischt, zuletzt 25 Gramm Hefe in 1/4 Liter lauer Milch aufgelöst, hinzugetan und mit der Masse zu einem leichten Teig verarbeitet, den man auf ein mit Butter bestrichenes, mit einem Rand versehenes Kuchenblech ausbreitet, gehörig aufgehen läßt, mit geschlagenem Ei überpinselt, mit Zucker und gehackten Mandeln bestreut und bei mäßiger Hitze hellbraun bäckt.

Kochbuch bearbeitet von Frau Dr. Korntheuer
(= Frau Dr. List's Kochbuch) 1908

Einer Gruppe Zitatrezepte muss mehr Aufmerksamkeit geschenkt werden: den Rezepten aus *Frau Dr. List's Kochbuch*, alias dem *Kochbuch bearbeitet von Frau Dr. Korntheuer*. Zum einen, weil sie zahlreich sind, und zum andern, weil die Autorin des Quellkochbuchs auch Mitglied des Bayerischen Vereins für Wirtschaftliche Frauenschulen auf dem Lande war. Die elf Rezepte machen mehr als ein Viertel der Vegetarischen Gerichte im Kochbuch A/[1910] aus. Im direkten Vergleich von Original und Zitat zeigt sich der moderne und innovative Charakter des Kochbuchs. Die Rezepttitel werden übernommen; während aber im Originalrezept Zutaten und Zubereitung einen zusammenhängenden Text bilden, trennt das Kochbuch sie. Die gelisteten Zutaten halten sich an die Vorlage und wo es nötig scheint, werden die Mengen konkretisiert (aus *ein Stück Butter* wird im Kochbuch 20 gr Butter). Die vergleichsweise genaue Übernahme der Rezepte aus *Frau Dr. List's Kochbuch* erklärt sich durch die persönliche Nähe, da Frau Dr. List sicher Einfluss auf das Kochbuch hatte.

Das bisher Dargestellte war eine Momentaufnahme der allerersten Auflagen. Was ist aus den Rezepten mit Quellenangabe geworden? Wo bleiben die Rezepte, wie geht es weiter? In der ersten Überarbeitung des Kochbuchs mit der Auflage 3/1916 bleiben nur fünf Rezepte mit Quellenangabe an ihrem Platz. Da das Kapitel Vegetarische Gerichte aufgelöst wird, müssen die enthaltenen Rezepte bei anderen Kapiteln Unterschlupf finden: z. B. die Kürbissuppe bei den Suppen und der Bayerische Kuchen beim Gebäck. Das *Davidis*-Rezept Kuchen zu Wein und Tee ist 1916 nicht mehr enthalten. Weitere vier Rezepte aus diesem Kreis überstehen die Bearbeitung zur Auflage 4/1920 nicht und in der vollständig neu bearbeiteten Auflage 10/1927 ist keines der genannten Rezepte mehr zu finden. Das Thema ›Rezepte mit Quellenangaben‹ ist abgeschlossen. Mit einer Ausnahme: Das Schweizer Müsli, Diätspeise (nach Bircher-Benner) wurde in der Auflage 17/[1938] neu aufgenommen und ist auch in der aktuellen Auflage 56/2007 im Bayerischen Kochbuch belegt. Maximilian Oskar Bircher-Benner war ein Schweizer Arzt und Ernährungstheoretiker, dessen Lehre von der Vollwertkost seit den 20er Jahren des letzten Jahrhunderts viele Anhänger fand. Die zurückhaltende Formulierung (nach Bircher-Benner) lässt nicht auf ein Zitat einer konkreten Vorlage schließen und ich erspare mir und Ihnen die Suche nach einer Originalquelle. Dieses letzte verbliebene Rezept mit Quellenangabe belegt die konstant gesundheitsbewusste Ausrichtung des Bayerischen Kochbuchs.

Sulz statt Gelee

Der Erste Weltkrieg wird auch im Kochbuch *ausgetragen*

Um den Grenzverlauf zwischen drinnen und draußen, zwischen dem Eigenen und dem Fremden zu markieren, bedient man sich gerne der Sprache. So auch in der Zeit des Ersten Weltkriegs. Während der Gaumen wie in Friedenszeiten gut essen will, verlangt das Land Patriotismus auch auf dem Teller: 1910 servierte man zum Dessert Apfelsinengelee, 1916 wird als Nachtisch Apfelsinensulz gereicht.

Die 3. Auflage des Kochbuchs erscheint 1916, mitten im Krieg. Es ist die erste Überarbeitung, die das Buch in seiner langen Geschichte erfährt. Das Hauptaugenmerk liegt auf der Korrektur von Fehlern, vor allem in der Gliederung. Inhaltlich ändert sich nicht viel. Ein paar wenige Rezepte werden getilgt, deutlich mehr neu aufgenommen. Wirklich auffällig sind aber die sprachlichen Veränderungen. In den Kochrezeptnamen findet eine Art Sprachsäuberung statt. Die Sauce wird zur Soße und aus Püree wird Brei. Das Apfelsoufflé von A/[1910] heißt nun Aufgezogene Apfelspeise. Wie man sehen kann, sind die beiden Rezepte völlig identisch:

A/[1910]	3/1916
Apfelsinengelee	Apfelsinensulz
Boeuf à la mode	Soßen- oder Brühfleisch
Erbsenkoteletten	Erbsenbrätlinge
Fischsoufflé	Aufgezogener Fischauflauf
Fleischpüree	Fleischbrei
Goulasch	Gulasch
Saures Kartoffelpüree	Saurer Kartoffelbrei
Kümmelsauce	Kümmelsoße
Rinderrouladen	Rinderrollen
Schweinefleischrouladen	Schweinefleischrollen
Kalbsrouladen	Kalbsrollen
Weinchadeau	Geschlagene Weinsoße
Zitronensauce	Zitronensoße

Apfelsoufflé.

3 Aepfel	40 gr Zucker
1/16 l Wasser	ein wenig abger. Zitronenschale
2 Eiweiß	
1 Teel. Zitronensaft	1 Teel. Puderzucker.

Aepfel waschen, schneiden, weich kochen, durchstreichen, mit Zucker und Zitronensaft abschmecken, Schnee unterziehen. Die Speise wird auf einem Schüsselchen lichtgelb überbacken, mit Puderzucker bestreut.

Aufgezogene Apfelspeise.

3 Aepfel	40 gr Zucker
1/16 l Wasser	ein wenig abger. Zitronenschale
2 Eiweiß	
1 Teel. Zitronensaft	1 Teel. Puderzucker.

Aepfel waschen, schneiden, weich kochen, durchstreichen, mit Zucker und Zitronensaft abschmecken, Schnee unterziehen. Die Speise wird auf einem Schüsselchen lichtgelb überbacken, mit Puderzucker bestreut.

Zum Tee bei Maria Hofmann I

Vom Kochfräulein zur Oberregierungs-Landwirtschaftsrätin

Maria Hofmann ist Jahrgang 1904.
Das Kochbuch des Bayerischen Vereins für Wirtschaftliche Frauenschulen auf dem Lande erschien wenige Jahre nach ihrer Geburt zum ersten Mal.
Den Lebensweg der zukünftigen Autorin bis zur ersten von ihr herausgegebenen Ausgabe des Bayerischen Kochbuchs wird sie uns im folgenden fiktiven Interview selbst schildern.

Es ist 17 Uhr. Ich besuche Maria Hofmann in ihrer Wohnung: München, Romanstraße 16. Die Wohnung liegt im ersten Stock der Villa. Wir sitzen im Salon. Das Interieur ist gediegen, die Teppiche weich, den Tee trinken wir aus Tassen von feinstem Nymphenburger Porzellan. Maria Hofmann schenkt ihn ein. Ebenfalls anwesend ist ihre ältere Schwester Elisabeth Hofmann, mit der sie seit Jahrzehnten zusammenwohnt. Elisabeth verbirgt ihre Neugier nicht.

Maria Hofmann trägt Bluse und Rock, das Haar korrekt zu einer klassischen Banane gesteckt. Sie ist eine zierliche Frau, ihre Haltung aufrecht und entspannt zugleich. Sie blickt mich freundlich auffordernd an.

Regina Frisch *Verehrte Frau Hofmann, Ihr Name ist im süddeutschen Raum untrennbar mit dem* Bayerischen Kochbuch *verbunden. Wie sah das Leben der Maria Hofmann vor dem* Bayerischen Kochbuch *aus? Können Sie mir davon erzählen?*

Maria Hofmann *Gerne. Ich bin als viertes von fünf Kindern in Berg bei Landshut im Dezember 1904 geboren. Unser Vater, Hans Georg Hofmann, war ein gebürtiger Oberfranke aus Hof. Nach dem Abitur in Bamberg hat er die Militärkarriere eingeschlagen und war zur Zeit meiner Geburt bereits Oberleutnant im 16. Bayerischen Infantrie Regiment in Landshut. Unsere Mutter, Marie Hofmann, war eine geborene Hell. 1907 zog die Familie nach Ingolstadt, wo unser Vater im 13. Infantrie-Regiment als Hauptmann, später Major diente. In Ingolstadt wuchs ich auf, besuchte die Volksschule und später die Mädchenrealschule, die ich 1921 mit der Mittleren Reife abschloss. Unsere Familie hatte durch Kriegsanleihen im Ersten Weltkrieg ihr Vermögen verloren und die Eltern sorgten sich um die Finanzierung der Ausbildung ihrer fünf Kinder. Ermelinde, die Älteste, konnte im zweiten Anlauf dank einer großzügigen Unterstützung einer Tante im Landschul-*

Maria Hofmann
geboren 10.12.1904 in Berg ob Landshut, Niederbayern
Vater: Hans Georg Hofmann (1873–1942)
Mutter: Marie Hofmann, geb. Hell (1876–1956)
Konfession: röm. katholisch
Geschwister: Ermelinde (1900–1993), Elisabeth (1901–2003), Alarich (1903–1942), Hamilkar (1907–1999)
1907 zieht die Familie nach Ingolstadt
1921 Realschulabschluss, im Anschluss tätig als Kochfräulein
1922–1923 Haushaltungsschülerin in München
1924 Ingolstadt
1925 Hannover
1926 Barsinghausen
1927 Berlin
1928–1930 Ausbildung zur Wirtschaftslehrerin an der Wirtschaftlichen Frauenschule Miesbach
1930 Staatliche Prüfung für Lehrerinnen mit *hervorragendem* Ergebnis abgeschlossen
1930/31 Praktikantin und Aushilfslehrkraft an der Wirtschaftlichen Frauenschule Miesbach und der Ackerbauschule Weidenbach/Triesdorf
1931/32 Fachlehrerin und Angestellte in Miesbach und München
1932–1938 Assistentin, Fachberaterin, Angestellte, Geschäftsführerin beim Verein für Wirtschaftliche Frauenschulen a. d. L. in München

1938–1941 Dozentin der Hans Schemm Hochschule für Lehrerbildung, München-Pasing
1941–1946 Dozentin des Staatsinstitut für den landwirtschaftlichen Unterricht München-Pasing
Spruchkammerverfahren, Entlassung am 30.4.46
16.12.1947 Einstufung als Mitläufer
1947–1969 Dozentin des Staatsinstituts für den landwirtschaftlichen Unterricht München
1955 abgesandt als Prüferin des Münchner Staatsinstituts in Schleswig-Holstein für Examina zur *Lehrerin und Beraterin an Landwirtschaftlichen Schulen*
1974 Verdienstkreuz am Bande des Verdienstordens der Bundesrepublik Deutschland
1982 Landwirtschafts-Staatsmedaille in Silber
gestorben am 15.11.1998 in München
8.12.1998 Beisetzung auf dem Waldfriedhof München in der Familiengrabstätte

(Quellen: Stadtarchive Barsinghausen, Ingolstadt, Landshut, Miesbach, München; Staatsarchiv München Karton SPKA 749.)

heim Schondorf ihr Abitur nachmachen und im Anschluss Medizin studieren …

Elisabeth Hofmann *[unterbricht die Schwester] … und 1927 promovieren. Was damals – bedenken Sie die Zeiten! – für eine Frau noch sehr ungewöhnlich war.*

MH *Ja. Lisa absolvierte eine Schneiderlehre und legte die Meisterprüfung ab und ich arbeitete nach der Mittleren Reife zunächst als* Kochfräulein, *wie man damals sagte. Alarich tat es dem Vater nach und ging zum Militär. Der Jüngste, Hamilkar studierte Recht.*

RF *Wie kam es, dass trotz der schwierigen wirtschaftlichen Familienverhältnisse der jüngste Bruder studieren konnte?*

MH *Hamilkar war Jahrgang 1907. Als er mit der Schule fertig war, hatten sich die Familienfinanzen soweit stabilisiert, dass ihm Mitte der 20er Jahre ein Studium ermöglicht werden konnte. [Hält inne.] Aber sie haben nach meinem Werdegang gefragt: Nach der Schule half ich meiner Mutter bei der Haushaltsführung. Mein Vater engagierte sich neben seiner militärischen Laufbahn zunehmend politisch. Einmal, es muss Anfang der 20er Jahre gewesen sein, gell Lisa?, waren zwei Herren zu Besuch, Hitler und Ludendorff. Meine Mutter servierte einen Schweinsbraten, dem alle tüchtig zusprachen, auch der vermeintliche Vegetarier. Ich selber war nicht politisch interessiert. Nach der Zeit als Kochfräulein zog ich nach München, wo ich 1922 und 1923 u.a. an der Haushaltungsschule Prinzessin Arnulf lernte, 1924–1927 arbeitete ich – heute würde man sagen als Praktikantin – im Anna-Forcke-Stift Barsinghausen, in der städischen Gewerbe- und Hauhaltungsschule Hannover und schließlich in einer ebensolchen Einrichtung – deren Name mir entfallen ist – in Berlin. Ja, das war eine bewegte Zeit für mich. [lächelt schüchtern] Schaun Sie, als junge Frau fiel mir der häufige Stellungswechsel nicht schwer und ich sammelte viel Erfahrung in der Hauswirtschaft. In Barsinghausen und Hannover lernte ich zum Beispiel, wie gut Grünkohl schmecken kann, wenn er richtig zubereitet ist, und auch Rote Grütze zu verfeinern.*

Elisabeth Hofmann *[unterbricht die Schwester] Wie hat der Vater gemurrt, als du ihm Grünkohl serviert hast! [beide lachen]*

MH *Stimmt, Lisa. Zurück zum Thema. Mit den Jahren in der Praxis wuchs in mir der Wunsch, mein Wissen weiterzugeben und Lehrerin zu werden. 1928 begann ich in Miesbach eine zweijährige Ausbildung zur Wirtschaftslehrerin an der renommierten Wirtschaftlichen Frauenschule. Ja, und hier wurde ich mit dem Kochbuch des schultragenden Vereins bekannt, das letztendlich nach einer Namensänderung zu dem von Ihnen schon erwähnten* Bayerischen Kochbuch *wurde.*

RF *Sie sind viel herumgekommen in jungen Jahren. Hat es sie gereizt, Ihren Horizont noch zu erweitern und ins Ausland zu gehen?*

MH *Meine Wanderjahre waren einerseits beschwerlich – weil man sich stets auf neue Verhältnisse und Personen einstellen musste – aber andererseits auch sehr bildend. In der Tat erwog ich ernsthaft in die Vereinigten Staaten auszuwandern; eine Erkrankung und die anschließende langwierige Rekonvaleszenz 1926 und 1927 machte meine Pläne zunichte. Das sind so Flausen, die man als junger Mensch hat. [sinniert kurz] Dass ich mich schließlich im Münchner Raum niederließ, hat zwei Gründe. Zum Einen waren es die beruflichen Möglichkeiten, die sich mir im Anschluss an Miesbach eröffneten, und zum Andern die Bindung an die Eltern und die Geschwister.*

Elisabeth Hofmann *Maria kam, sooft es ihr möglich war, nach Ingolstadt in unser Elternhaus. Dort trafen wir uns alle zu Geburts- und Namenstagen und feierten gemeinsam. Maria war eine Stütze für unsere Mutter, die wegen der politischen Ambitionen unseres Vaters auch im Haushalt immer stärker gefordert war.*

RF *Ihr Vater, Hans Georg Hofmann, war ein früher Anhänger des Nationalsozialismus und gehörte zur braunen Avantgarde, kann man das sagen?*

MH *Ich kenne diesen Begriff nicht. Aber es ist richtig: Nach dem Ende seiner militärischen Laufbahn 1926 widmete unser Vater sich ganz der Politik, Reichstagsabgeordneter der NSDAP, führende Position in der SA in Bayern, Regierungspräsident in Mittel- und Oberfranken, Staatssekretär bei Ritter von Epp. Seine politische Laufbahn ist vielfach publiziert. Dem kann ich nichts hinzufügen. Nur eines vielleicht noch: Er war Nationalsozialist und überzeugter Katholik. Als er von dem Erlass, die Kruzifixe in den öffentlichen Gebäuden zu entfernen, erfuhr, traf ihn der Schlag, wie man so sagt. Er verstarb am Arbeitsplatz an einem Herzinfarkt. [Schaut auf ihre Hände.]*

RF *Kommen wir zurück zu Ihrer beruflichen Laufbahn. 1928 begannen Sie also Ihre Ausbildung in Miesbach.*

MH *Ja, und legte nach zwei Jahren im Juli die Prüfung zur Wirtschaftslehrerin ab.*

Elisabeth Hofmann *Mit dem Resultat* hervorragend*!*

RF *Wie sah Ihr weiterer beruflicher Werdegang aus?*

Wirtschaftliche Frauenschule Miesbach, Seminaristinnenklasse 1928/30, Privatbesitz. Maria Hofmann mit Kreuz markiert.

MH *Meine ersten Arbeitsstellen nach dem Abschluss hatte ich in Miesbach und in der Ackerbauschule Triesdorf. Ich war dort in wechselnden Funktionen – Praktikantin, Angestellte, Aushilfslehrkraft – tätig, bis mich der Verein für Wirtschaftliche Frauenschulen auf dem Lande im Herbst 1931 als Fachlehrerin anstellte, ab 1932 als Fachberaterin und Geschäftsführerin des Vereins in der Münchner Geschäftsstelle. Nebenbei besuchte ich sechs Semester die Hochschule München als Gasthörerin. 1939 löste sich der Verein auf und ich musste mich neu orientieren.*

RF *[unterbricht] Entschuldigen Sie, wenn ich unterbreche: Warum löste sich der Verein auf? Oder wurde er aufgelöst?*

MH *Die Vereinsauflösung war politisch gewünscht. Ich habe die genaueren Umstände nicht im Kopf. Vielleicht existieren noch Unterlagen aus der Zeit, die müsste ich suchen. [hält inne] Wo war ich steh'n geblieben? Ach ja, ich musste mich nach dem Verlust der Arbeitsstelle nach einer neuen umsehen. In München-Pasing wurde zu der Zeit die Hochschule für Lehrerbildung gegründet. Hier erhielt ich eine Stelle als Dozentin. Die Hochschule ging 1941 in das neu zu gründende Staatsinstitut für landwirtschaftlichen Unterricht ein. Ich gehörte zu der Gründungsgeneration der Dozenten und blieb – mit einer kurzen Unterbrechung nach dem Krieg – bis zu meiner Pensionierung 1969 am Institut tätig.*

RF *Ihren beruflichen Werdegang kann man den Titelblättern des* Bayerischen Kochbuchs *entnehmen:* Wirtschaftslehrerin – Lehrerin der landwirtschaftlichen Haushaltungskunde – Dozentin am Staatsinstitut für den landwirtschaftlichen Unterricht München-Pasing – Landwirtschaftsrätin und Dozentin am Staatsinstitut für den landwirtschaftlichen Unterricht in München – *1964* Ober-Landwirtschaftsrätin *und schließlich* Oberregierungs-Landwirtschaftsrätin a. D. *ab 40/1971. Und damit habe ich elegant übergeleitet zu einem weiteren, ich möchte sagen glanzvollen Betätigungsfeld: dem* Bayerischen Kochbuch. *Wie kam es dazu?*

MH *Als Angestellte des Vereins oblag mir u. a. die laufende Überarbeitung der vom Verein herausgegebenen Fachbücher. Insofern gehörte die Aktualisierung des* Kochbuchs *durchaus zu meinen beruflichen Pflichten. Ich habe diese sehr gerne wahrgenommen, da ich die Entwicklungsmöglichkeiten des Kochbuchs deutlich sah. Während meiner Zeit in Hannover hatte ich bereits das Kochbuch der dortigen städtischen Gewerbe- und Haushaltungsschule kennengelernt. Das Miesbacher Kochbuch war dem Hannoveraner durchaus ähnlich. Sie waren in ihrer Entstehungsgeschichte und Zielsetzung vergleichbar. Beide stammten noch aus der Zeit vor dem Ersten Weltkrieg und wollten junge Frauen die einfache bürgerliche Küche lehren. Allerdings entwickelte sich das Miesbacher Kochbuch deutlich schneller als das Hannoveraner. Vermutlich war die Strahlkraft des Vereins und der Schule größer, so dass nicht nur Schülerinnen das Kochbuch erwarben, sondern auch Personen, die nicht zu Schule gehörten. Die erste Auflage, für die ich verantwortlich war, erschien im Winter 1933.*

RF *Das war die 15. Auflage des* Kochbuchs, *das nun als* Bayerisches Kochbuch *die Bühne betrat. Mit neuem Titel und im neuen Gewand. Im Rückblick war das ein entscheidender Schachzug für den Erfolg des Kochbuchs.*

MH *Sie haben Recht. Wir hatten nicht nur eine umfassende inhaltliche Überarbeitung vorgenommen, sondern auch die Propaganda – wie man damals sagte – geändert. Das Kochbuch war in der Zeit nach dem Ersten Weltkrieg ein kleines braunes broschiertes Buch. Nun sollte es wieder auch gebunden erscheinen, in neuen Farben – gelb und* *rot – und unter neuem Namen: Der schlichte Titel* Kochbuch *wurde geändert in* Bayerisches Kochbuch. *Der alte Titel war zu nichtssagend.* Bayerisches Kochbuch *bot sich an. Seit Maria Daisenbergers* Bayrischem Kochbuch *aus der Mitte des 19. Jahrhunderts wurde meines Wissens kein Kochbuch unter diesem Titel verlegt. Wir hatten also keine Konkurrenz und konnten an das im Ersten Weltkrieg erschienene* Bayerische Kriegskochbüchlein *des Vereins anknüpfen. Da wir in unserem Kochbuch mitnichten nur süddeutsche Rezepte veröffentlichten, war der Titel auch als Stellungnahme – Sie würden heute sagen:* Statement *– zu verstehen: Bayern ist nicht hinterwäldlerisch, wie manche glauben wollen.*

RF *Und wie kam es zu dem neuen Design?*

MH *Für die Gestaltung des Buches war die Kunst- und Verlagsdruckerei J. Schön verantwortlich, das heißt für das gesamte Erscheinungsbild – freilich in Absprache mit dem Verein.*

RF *Bemerkenswert ist, dass Emil Preetorius die Titelzeichnung für das* Bayerische Kochbuch *schuf. Er war damals ein über die Grenzen Münchens hinaus bekannter Schriftkünstler und Bühnenbildner, der zu der Zeit bereits mit Heinz Tietjen und später mit Wilhelm Furtwängler die Bayreuther Festspiele künstlerisch prägte. Wie kam der Kontakt mit ihm zustande?*

MH *[blickt auf die Tischdecke, dann zögernd] Das ist alles schon so lange her … da kam eins zum andern … Aber, dass wir Emil Preetorius für die Titelzeichnung gewinnen konnten, war ein großer Glücksfall. Heute ist es wohl die Arbeit von ihm, die am weitesten verbreitet ist – wiewohl nur wenige dessen gewahr sind. Für das* Bayerische Kochbuch *ist die Titelzeichnung von Emil Preetorius eine Art Markenzeichen geworden.*

RF *Frau Hofmann, ich danke Ihnen für dieses Gespräch und hoffe, ich darf ein andermal wiederkommen, um weiteres über das Kochbuch zu erfahren.*

MH *Aber gerne!*

Gefüllte Semmeln

2. Auflage, [1913], S. 91

8 Milchweckerln, 1/8 l Milch, 1/8 l Wasser, 1/4 Pfd. Weinbeeren, 5–6 Eßl. Zucker, 1/2 Teel. Zimt, 1 Ei, 10 Eßl. Fett zum Ausbacken

Die Semmeln werden abgerindelt, halbiert und ausgehöhlt. Dann setzt man die ausgehöhlten Brote in Milch und auch das herausgenommene Weiße. Die Semmeln wendet man fleißig, das Innere drückt man aus und vermischt es mit Zucker, Zimt und Weinbeeren, füllt es wieder in die Semmeln ein. Man legt die Semmeln in eine ausgefettete Bratraine, gibt ein 1 Ei darüber und bäckt sie bei Mittelhitze 1/2 Stunde.

Am Puls der Zeit

Die Vorworte

Um nach einem Kochbuch zu kochen, brauche ich kein Vorwort.
Ein gutes Kochbuch erschließt sich selbst. Wozu also Vorworte?
Sie gehören zum Beiwerk eines Buches, sind Beispiele für jene Textsorte,
die Gerard Genette *Paratexte* nennt und die dafür sorgen, dass ein Text
in Begleitung vor die Öffentlichkeit tritt. Was man in und zwischen den Zeilen
der Vorworte des Bayerischen Kochbuchs lesen kann,
davon handelt das folgende Kapitel.
Vorsicht: Theorie! Aber die Vorworte lohnen es ...

Die Biografie des Bayerischen Kochbuchs muss vieles unberücksichtigt lassen, die Vorworte dürfen es nicht bleiben. Es waren u. a. zwei Vorworte, die mein Interesse an der Geschichte des Bayerischen Kochbuchs geweckt haben: das Vorwort der aktuellen Auflage, weil es mir auf meine Fragen, die bei der Lektüre des neubearbeiteten Kochbuchs entstanden, keine Antworten gab, und das Vorwort von 1938, weil es mir deutlich zeigte, wie der Gebrauchstext Kochbuch eingebunden ist in die Geschehnisse der Zeit. Die mitunter unbeabsichtigte Beredsamkeit der Vorworte ist der Grund für meine Beschäftigung mit ihnen. Die jüngeren literaturwissenschaftlichen Betrachtungen zur Paratextsorte *Vorwort* sind übertragbar auf die Vorworte von Gebrauchsliteratur, wie z. B. Kochbüchern. Sie helfen mir, methodisch und terminologisch die Vorworte des Bayerischen Kochbuchs zu beschreiben. Darum, bevor die Vorworte im einzelnen vorgestellt werden, vorweg einige Anmerkungen zu ihrer Form und Funktion. Ich bitte um Geduld.

Nicht alle Auflagen des Bayerischen Kochbuchs werden von einem Vorwort eingeleitet. Zwei scheren aus: Es sind die ersten beiden Auflagen, die Maria Hofmann unter dem Titel Bayerisches Kochbuch neu bearbeitet hat; sie erscheinen zwischen 1933 und 1936. Das alte Vorwort des Kochbuchs ist obsolet geworden und für ein neues selbstverfasstes auktoriales Vorwort hat die junge Maria Hofmann vermutlich noch nicht die Position im Netzwerk des Vereins. Erst als 1938 zum dritten Mal ihr Name auf dem Titelblatt einer neuen Auflage erscheint, schreibt sie ein Vorwort und setzt ihren Namen darunter.

Allerdings wird nicht für jede der übrigen Auflagen ein neues verfasst. Das erste Vorwort erscheint trotz verschiedener Neubearbeitungen des Kochbuchs 20 Jahre nahezu unverändert. Ähnlich das Vorwort der 27. Auflage 1958, dessen Mehrfachverwendung über viele Auflagen hinweg eine Phase der ruhigen Kontinuität des Kochbuchs dokumentiert. In den ausgehenden 40er und beginnenden 50er Jahre bleibt der Kochbuchtext unverändert, die Vorworte dagegen werden für jede Auflage um- oder ganz neu formuliert. Ähnlich verhält es sich in den 70er bis 90er Jahren. Sieht man von geringfügigen Veränderungen ab, sind über die gesamte Auflagenstrecke 13 verschiedene Vorworttexte belegt. Den Anfang macht das Vorwort der undatierten Auflage des Kochbuchs, es folgen die Auflagen 17, 18erw., 19, 20, 21, 22, 27, 40, 44, 53, 54 und 55. Das aktuelle Vorwort ersetzt das jeweils vorausgehende. Möglich wäre auch eine Staffelung der Vorworte, also alte Vorworttexte chronologisch zu drucken und das jüngste und aktuelle ans Ende zu setzen. Dass das Bayerische Kochbuch hier einen anderen Weg einschlägt, hat seinen Grund. Ich komme darauf zurück.

Alle Vorworte sind überschrieben mit ebendiesem Titel Vorwort und in einem sachlichen Stil gehalten. In der 7. Auflage von 1925/26 werden zum ersten Mal Ort, Zeit und die Verantwortlichen (Adressanten) des Vorworts angegeben: München, Oktober 1928. Verein für Wirtschaftliche Frauenschulen auf dem Lande. Dies bleibt Usus bis zur 27. Auflage. Ab 1958 verzichtet Maria Hofmann auf die Ortsangabe im Vorwort. Während die Autorin erst allein und später zusammen mit Helmut Lydtin als verantwortliche Adressantin zeichnet, sind die intendierten Adressaten der Vorworte – und somit des Kochbuchs – nicht so eindeutig auszumachen. Der bereits erwähnte sachliche Stil erlaubt keine persönliche Anrede der Leserin oder des Lesers. Zu finden sind die Adressaten freilich schon: Es ist für die Hand der Schülerin bestimmt, heißt es im ersten Vorwort, und im aktuellen von 2007: Es ist ein Lehrbuch geblieben für den Anfänger, und weiter: den Könner begleitet es zuverlässig. Die Adressaten der Vorworte sind die des Kochbuchs und dessen Zielgruppe ist groß.

Wozu ist ein Vorwort gut? Lassen Sie es mich pointierter formulieren: Wer liest schon ein Vorwort? In der Regel blättert man in einem Kochbuch, betrachtet die Bilder, liest den Klappentext und vielleicht die Inhaltsangabe. Warum also schreibt Maria Hofmann erst allein, später zusammen mit Helmut Lydtin, neue Vorworte zu neuen Auflagen des Bayerischen Kochbuchs? Der Literaturwissenschaftler Gérard Genette meint: *Meistens erfüllt jedes Vorwort sukzessive oder simultan mehrere Funktionen gleichzeitig* (2001, S. 191).

Die **Proklamation der Einheit** hat Vorrang unter diesen Funktionen. Das Vorwort einer Rezeptsammlung muss eine Einheit behaupten und die Vermutung der Willkür zerstreuen (ebd. S. 195). Das Originalvorwort – also das erste Vorwort der Auflagenreihe – betont die inhaltliche, thematische Einheit des Kochbuchs: süddeutsche bürgerliche und ab Auflage 10/1927 auch ländliche Küche. Die Vorworte späterer Auflagen heben nicht die thematische Einheit der Rezeptsammlung hervor, sondern verweisen auf die Erprobtheit der Rezepte, die sich in den immer neuen Auflagen erweise. Damit proklamiert das Vorwort eine neue Art von Einheit, die über die Auflagen hinweg das Kochbuch als *einen* Text in verschiedenen Varianten erscheinen lässt. Wie das im Einzelnen geschieht, lesen Sie nach meinen theoretischen Ausführungen in den kommentierten Vorworten des Kochbuchs.

Das Originalvorwort kann den Leser über die Geburt des Werkes, über die Umstände seiner Niederschrift und die Etappen seiner Entstehung informieren (ebd. S. 203). Zu dieser Funktion gehört, die chronologische **Entstehungsgeschichte** des Kochbuchs zu erzählen und Quellen und Helferinnen des Kochbuchs sowie berücksichtigte Kritik zu nennen. Diese Funktion der Vorworte dient nicht nur der Information und Dokumentation, sondern auch der Betonung der Einheit des Kochbuchs über die Auflagen hinweg. Dies gilt für alle Vorworte – mit Ausnahme der ersten Nachkriegsauflage von 1947.

Die Funktion der **Instruktion**: *Wie zu lesen sei* (ebd. S. 202), so leitet Genette den Abschnitt zu der *lektüresteuernden Funktion* des Vorworts ein. Die Vorworte instruieren die LeserInnen, wie das Kochbuch zu lesen sei, stets von Neuem und entsprechend dem sich veränderndem Text auch mit neuen Inhalten.

Die bisher genannten Funktionen erschließen sich rasch und werden von den Vorworten, wie wir sehen werden, auf verschiedene Weisen erfüllt. Anders mag es mit der nächsten Funktion der Paratextsorte Vorwort sein, die für die Auflagengeschichte des Bayerischen Kochbuchs von Bedeutung ist. Uwe Wirth spricht unter Berufung auf Jacques Derrida von dem Vorwort als *Protokollon* (Wirth 2004; S. 617 u. 623). Das Wort *Protokoll* hat sich daraus entwickelt. **Protokollon** ist *die bezeichnung des den papyrusrollen vorgeleimten [...] blattes* (DWB Bd. 13, Sp. 2176), das – weil in vertikaler Faserrichtung verklebt – zur Stabilisierung der Rollen diente. Wirth spricht beim *Davorkleben* eines Vorworts von einer *performativen Rahmungsfunktion*. Das kann man beim Lesen der Vorworte der 30er und 50er Jahre besonders gut nachvollziehen: Indem einem vorhandenen Text ein neues Vorwort vorangeklebt wird, über das alte geklebt wird, erhält das bekannte Stück Gebrauchsliteratur einen neuen gesellschaftspolitischen *Rahmen*. Genette spricht in solchen Fällen von einem *Manifest-Vorwort* (S. 221). Um dem Text, dem Kochbuch, einen neuen Rahmen zu geben, muss der alte überklebt, getilgt werden. Dies ist auch der Grund, warum die Vorworte des Bayerischen Kochbuchs nicht gestaffelt aneinandergereiht, sondern durch das jeweils aktuelle ersetzt werden. Die performative Funktion des Protokollon ist manchmal im Hintergrund manchmal im Vordergrund, aber immer gegeben in den Vorworten des Bayerischen Kochbuchs. Sie, die Vorworte, versuchen mit der Proklamation der Einheit eine Kontinuität zu manifestieren und erfinden andererseits das Kochbuch mit jedem Vorwort neu.

Die Vorworte sind bis auf wenige Sperrungen nicht typographisch ausgezeichnet. Die im Folgenden wiedergegebenen Texte bilden die Originalauszeichnungen ab. Fett hervorgehobene Passagen sind Eingriffe von mir.

Vorwort.

ungezählte Auflage A, ohne Jahr [um 1910]

Ein neues Kochbuch herauszugeben ist nicht nur heute, sondern war auch Anfang des 20. Jahrhunderts überflüssig. Auch damals gab es bereits eine Vielzahl von Kochbüchern auf dem Büchermarkt, so dass ein neues Kochbuch einen überzeugenden Grund für seine Existenz vorweisen musste. Den liefert das Kochbuch in mehrfacher Hinsicht. Das Vorwort definiert die Rezeptsammlung als begründete Auswahl überlieferter Koch- und Backrezepte und proklamiert damit die **Einheit** der Sammlung. Die thematische Einheit des Kochbuchs ist abgesteckt: Geographisch erfasst es süddeutsche und kleinräumig regionale Kochrezepte, das Niveau ist bürgerlich und ab Auflage 10/1927 klassifiziert das Vorwort die Rezepte zudem als ländlich, inhaltlich beschränkt auf Koch- und einfache Backrezepte. Die Einheit der Rezepte lässt sich wie folgt zusammenfassen: +süddeutsch, +regional, +bürgerlich, (+ländlich), +erprobt, -Torten.
Die im Vorwort angedeutete **Entstehungsgeschichte** des Kochbuchs liefert eine weiteres Einheitsmoment der Sammlung: Hand in Hand arbeiteten Wanderkochkurse und Schule zusammen am Werden des Kochbuchtextes. Früher mussten die Schülerinnen

Dieses Kochbüchlein enthält eine Reihe von Rezepten der süddeutschen bürgerlichen Küche mit besonderer Berücksichtigung der in den verschiedenen Kreisen Bayerns ortsüblichen Gerichte. Es ist entstanden aus Erfahrung der Praxis, die in den zahlreichen vom Verein für Wirtschaftliche Frauenschulen veranstalteten Wanderkochkursen gewonnen, erprobt und zusammengestellt wurde in der von demselben Verein gegründeten Wirtschaftlichen Frauenschule Miesbach in Oberbayern. Die Rezepte sind kurz gefaßt, um das Büchlein nicht unnötig groß und teuer zu machen, denn es ist für die Hand der Schülerin bestimmt und soll in den Unterrichtskursen die Zeit des Diktierens ersparen. Die Erläuterungen der Lehrerin müssen ergänzend eintreten. Aus demselben Grunde sind feinere Rezepte für Torten etc. nur beschränkt aufgenommen worden, da solche in vielen anderen Kochbüchern zu finden sind.

Die Rezepte sind, wenn nicht besonders vermerkt, für 4 Personen berechnet; die Kosten sind nur bei den Bäckereien angegeben, da die Preise für Obst, Gemüse, Fleisch etc. in den verschiedenen Teilen Bayerns so sehr abweichend sind und außerdem durch die immer steigenden Lebensmittelpreise das Buch zu schnell veralten würde.

Rezepte im Unterricht mitschreiben – nun kann die Lehrerin mit dem Kochbuch lehren und die Schülerinnen brauchen nur Notizen hinzuzufügen: Das Vorwort **instruiert** Lehrende und Lernende im Umgang mit dem Kochbuch. Der Rahmen, den dieses erste Originalvorwort dem Kochbuch gibt, ist knapp und komprimiert. Die Funktionen des Paratextes – Einheit proklamieren, Entstehung darstellen und Handlungsanweisungen für den Gebrauch des Kochbuchs – bilden zusammen den **Rahmen**, das **Protokollon** für das Kochbuch.

Vorwort

17. Auflage 1938

Im deutschen Haushalt sind nach Möglichkeit nur deutsche Erzeugnisse zu verwenden. Das deutsche Volk ringt um seine Nahrungsfreiheit, unsere Landwirtschaft macht die größten Anstrengungen, unserem Boden all die Nahrungsmittel abzuringen, die für die Sicherung der Ernährung unseres Volkes nötig sind. In diesem nationalen Kampf hat auch der Verbraucher seinen Mann zu stellen [sic!] und seine Ernährungsweise den heimatlichen Möglichkeiten anzupassen. In vorderster Front steht hier die deutsche Frau von Land und Stadt, sie muss den Erfordernissen der Verbrauchslenkung Verständnis und freudige Einsatzbereitschaft entgegenbringen.

Es ist vor allen Dingen nötig, den Verbrauch an Fett herabzumindern, denn hier klafft in unserer Selbstversorgung noch die größte Lücke, sie kann auch nicht ohne weiteres geschlossen werden, so daß gerade hier einsichtsvolle Mitarbeit und vernünftiges Sparen seitens der Verbraucher besonders wichtig ist. Die Umstellung der allgemeinen Ernährungswirtschaft soll aber nicht nur zu einer fettärmeren Kost führen, sondern sieht gleichzeitig eine Bevorzugung solch einheimischer pflanzlicher Nahrungsmittel vor, die der deutsche Boden in reichem Maße bringt, z. B. Kartoffeln, Sago, Haferflocken, Graupen, Zucker, deutscher Gemüse und Obstarten an Stelle ausländischer Frühgemüse und Südfrüchte. Außerdem ist eine Steigerung des Verbrauchs von Topfen, entrahmter Milch, Buttermilch, Heringen und Seefischen dringend gewünscht.

Wie ich eingangs schrieb, weckte das Vorwort von 1938 mein Interesse an der Geschichte des Kochbuchs. Es ist in mehrfacher Hinsicht bemerkenswert. Nie wieder wird Maria Hofmann so plakativ politisch sein, nie wieder so konkret Lebensmittel empfehlen oder brandmarken und nie wieder so ungelenk formulieren wie in ihrem ersten auktorialen Vorwort. Die nationalsozialistische Ausrichtung des Textes ist augenscheinlich.

Aus heutiger Sicht überrascht es, welche Rolle die Politik in einem Kochbuch spielen konnte. Dass das Bayerische Kochbuch hier kein Einzelfall ist, zeigen zeitgenössische Vergleichsbeispiele: Das Kochbuch *Häusliches Glück* der Vohenstraußer Haushaltungsschule von 1933 lobt in dem Kapitel *Was die moderne Ernährungslehre (...) lehrt* die aktuelle Ernährungspolitik: »Interessant mag sein, daß der Diktator Italiens, Mussolini, auch auf diesem Gebiete eingreift. Im Frühjahr 1932 hat er auf einem Aerztekonkresse [sic!] betont, daß die italienische Regierung eine *vorbeugende Hygienepolitik* treiben wolle: Unsere Art zu essen müsse reformiert werden, es werde dann weniger Krankheiten geben. Selbst Kardinal Faulhaber hat seine Stimme erhoben und auf einem Verbandstage der Pfarrköchinnen auf die notwendige Umstellung unserer Ernährungsweise hingewiesen und erklärt, daß die nächste Zukunft, nicht die ferne, uns eine große Reform unseres gesamten Nahrungsmittelwesens bringen wird und muß« (S. 103).

Die staatliche Einflussnahme auf den Alltag und die Ernährung in Folge des Ersten Weltkriegs war stark. Die Nationalsozialisten machten sich das zu Nutze. »Die durch den Krieg erzwungene Vorratshaltung und Bewirtschaftung der Nahrungsmittelproduktion durch den Staat ist seitdem nie mehr völlig verschwunden. Notzeiten hinterlassen langfristig Spu-

ren. Auch nach dem Krieg empfahlen Kochbücher Einfachrezepte (zum Beispiel Hafermehl-, Grünkernmehl- und Erbswurstsuppe) und Resteverwertung (zum Beispiel Brottorte ohne Fett). Die Nationalsozialisten sorgten über das Amt für Agrarpolitik in der NSDAP und den Reichsnährstand im Reichsministerium für Ernährung und Landwirtschaft für die Gleichschaltung der gesamten Lebensmittelproduktion und -verarbeitung und kurbelten die *Erzeugungsschlacht* an, um Industrie und Landwirtschaft auf höhere Produktionsleistungen vorzubereiten. Seit dem Vierjahresplan des Parteitags von 1936 galt Selbstversorgung als Ziel. Aus den Erfahrungen des 1. Weltkriegs war klar geworden, daß die Ernährungssituation militärstrategische Bedeutung besaß. Schon vor Kriegsausbruch wurden deshalb Ernährungsämter geschaffen.«
(Bauer/Matt 1994, S. 142).

Die Luft war gesättigt mit Politik in dieser Zeit – auch der Küchendunst. Filippo Tommaso Marinetti schrieb *Die futuristische Küche* (1932), mit der er angesichts der Weltwirtschaftskrise *den Optimismus bei Tisch* verkündete. Das Ergebnis ist eine ernstgemeinte aber nicht zum Nachkochen anregende Rezeptsammlung. In der Praxis bewährt sind dagegen die Kochrezepte in *Die rote Köchin*. Die *Geschichte und Kochrezepte einer spartakistischen Zelle am Bauhaus Weimar* erschienen erst (2012). Die Köchin bleibt anonym.

Die Beispiele belegen die Politisierung aller Lebensbereiche – auch des Kochens – in den 20er und 30er Jahren. Das seriöse und gesetzte Bayerische Kochbuch wirkt durch das **rahmenschaffende** Manifestvorwort von 1938 wie ein nationalsozialistisches Pamphlet. Diese Funktion des Textes überlagert alle anderen. **Einheit** und **Entstehung** des Kochbuchs werden durch einen knappen Verweis auf die erprobten Rezepte und den Wunsch, das Kochbuch möge wie bisher Anleitung und Anregung geben, abgehandelt. Die **Instruktion** zum Gebrauch des Buches beschränkt sich auf einen Seitenverweis (s. S. 124).

Diese Forderungen der Verbrauchslenkung geben die große Linie der einzuschlagenden Marschrichtung an, deren Ziel die Sicherung der Volksernährung ist. Wir dürfen hierin aber nicht nur die Wahrung nationaler und volkswirtschaftlicher Belange sehen, sondern müssen vom volksgesundheitlichen Standpunkt aus anerkennen, daß die gewünschte Umstellung der Ernährung in weitestgehendem Maß die Herstellung gesunder, vollwertiger und gleichzeitig preiswerter Kost ermöglicht. Bisher vielfach verkannte, wertvolle und preiswerte Volksnahrungsmittel sind nunmehr in den Mittelpunkt des Verbrauchs gestellt: Kartoffeln, Topfen, Milch und Milchprodukte, Heringe und Seefische, deutsches Gemüse und Obst. Dabei ist es selbstverständliche Voraussetzung, daß der tägliche Küchenzettel sich dem jahreszeitlich bedingten Angebot weitestgehend anpaßt; es sind immer die Nahrungsmittel zu bevorzugen, die der d e u t s c h e Boden uns jeweils bietet. Damit haben wir es in der Hand, Absatzschwierigkeiten und Verderb kostbaren Nahrungsgutes zu vermeiden, gleichzeitig aber unsere Kost abwechslungsreich und preiswert zu gestalten.

Die Zubereitung muß alle Nähr- und Wertstoffe unserer Nahrungsmittel weitestgehend erhalten. Voraussetzung hierfür ist Sorgfalt und Überlegung beim Kochen, vor allem die richtige Zubereitung von Gemüsen und Salaten (s. S. 124), sparsames Putzen der Gemüse (z. B. Bevorzugung von Schalkartoffeln statt Salzkartoffeln usw.) und bestmögliche Resteverwertung. Wichtig ist weiterhin, daß die Zubereitung der Arbeitslast der Frauen von Land und Stadt Rechnung trägt – es waren deshalb Einfachheit und Zweckmäßigkeit für die Anweisungen in diesem Buch ausschlaggebend.

So möge dieses Buch mit seinen vielfach erprobten Rezepten seine Aufgabe erfüllen und wie bisher Anleitung und Anregung geben zur Herstellung gesunder und zweckmäßiger Kost, die den Forderungen der Zeit Rechnung trägt zum Besten von Volk und Familie.

Warmer Dank sei an dieser Stelle auch allen Mitarbeiterinnen gesagt, insbesondere den Fachlehrerinnen an den Landfrauenschulen Miesbach und Straß-Moos.

München, August 1938.

Maria Hofmann.

Vorwort

18erw. Auflage 1947

Die schwere Zeit wirtschaftlicher Not zwingt uns, die vorhandenen Mittel zur Ernährung verantwortungsbewußt einzusetzen, das heißt, die verfügbaren Lebensmittel so zu verwerten, daß **den Erfordernissen einer gesunden und ausreichenden Kost bestmöglich Rechnung getragen wird. Darüber hinaus wird jeder einzelne bestrebt sein, die täglichen Mahlzeiten trotz der Enge des gezogenen Rahmens nach Möglichkeit den persönlichen Wünschen anzupassen und möglichst abwechslungsreich zu gestalten. Wenn in Zeiten wirtschaftlicher Not die Auswahl an verfügbaren Nahrungsmitteln beschränkt ist, so kommt der Kochkunst der Frau um so größere Bedeutung zu.**

Um die Nahrungsmittel bestmöglichst auszuwerten, müssen die Erkenntnisse wissenschaftlicher Forschung und ärztlicher Erfahrung auf dem Gebiet der Ernährung küchenpraktisch angewandt werden; dazu bedarf es der verantwortungsbewußten, freudigen Mitarbeit aller Frauen und Mädchen in Stadt und Land.

Um sie zu eigenem Denken anzuregen und sie unter Berücksichtigung der Erfordernisse einer gesunden Ernährung baldmöglichst zu einer gewissen Selbständigkeit im Kochen zu führen, ist den einzelnen Abschnitten des Buches ein kurzer Auszug aus der Kochlehre vorangestellt.

Im Hinblick darauf, daß das Buch auch an Berufs- und Fachschulen Verwendung findet, sind Rezepte mitaufgenommen, die zwar der derzeitigen Lebensmittelversorgung nicht entsprechen. Der Lehrzweck an den Schulen kann aber auch heute nicht darauf verzichten. Außerdem erfolgt die Anschaffung eines Kochbuches nicht für den Augenblick, sondern für eine längere Zeitspanne.

Möge dieses Buch seine Aufgabe erfüllen und vielen ein guter Freund werden.

München, Sommer 1947.

Frau Dr. med. E. Lydtin

Nach dem 2. Weltkrieg erscheinen in rascher Folge vier Auflagen des Bayerischen Kochbuchs, 1947: 18. erweiterte, Frühjahr 1949: 19., Herbst 1949: 20. und 1950: 21. Die Vorworte der vier Auflagen bilden eine Reihe und sollen auch zusammen vorgestellt werden. Sie sind auf den nächsten Seiten zu lesen, doch vorher möchte ich sie gemeinsam besprechen im Hinblick auf die Funktionen und die sich rasant verändernde Welt. Zuerst zu den Funktionen, die die vier Vorworte erfüllen. Jedes löst das vorherige auf seiner Position ab und wird über das alte geklebt.
Das Vorwort mit nationalsozialistischem Tonfall von 1938 wird 1947 überklebt von dem neuen **Protokollon**, dessen Aufgabe es ist, die Bewältigung der wirtschaftlichen Not und den Ausblick auf Besserung zu versprechen. Mit den vorhandenen Mitteln kann die Kochkunst der Frau dafür sorgen, dass gesunde und ausreichende Kost vorhanden ist. Auch wenn die derzeitige Lebensmittelversorgung es nicht zulässt, alle im Kochbuch genannten Rezepte zu kochen, versucht das Vorwort, Zuversicht zu verbreiten: die Anschaffung eines Kochbuchs [erfolgt] nicht für den Augenblick, sondern für eine längere Zeitspanne. Im Vorwort vom Januar 1949 heißt es sogar: für eine hoffentlich bessere Zukunft. Zwar ist der neue Rahmen, mit dem das erste Nachkriegsvorwort das Bayerische Kochbuch versieht, der auffälligste der Vorwortreihe, aber die Funktion erfüllen auch die weiteren drei. Man erkennt das sehr gut an dem in abgewandelter Form sich stets wiederholenden Einleitungssatz: Seit der im Sommer 1947 veröffentlichten Auflage ... (Frühjahr 1949) – Seit den Jahren der Not, haben sich ... (Herbst 1949) – Seit der im Herbst 1949 erschienenen 20. Auflage ... (1950).
Jedes Vorwort rahmt das Kochbuch neu – aber meist mit einem expliziten Verweis auf die Vorgängerauflage, und erfüllt damit zwei weitere Funktionen des Paratextes Vorwort: **Einheit** schaffen, indem die fortlaufende **Geschichte** des Kochbuchs dargestellt wird. Das erste Nachkriegsvorwort schert hier aus: Die Kontinuität tritt hinter der Protokollfunktion zurück. Die Vorworte der folgenden Auflagen betonen hingegen den überlieferten Schulbuchcharakter des Bayerischen Kochbuchs und bedanken sich bei den namentlich genannten und anonymen Helferinnen des Kochbuchs. Bei der 20. Auflage wird sogar auf Kritik an der Vorgängerauflage hingewiesen. Offensichtlich hat man sich mehr gutbürgerliche Rezepte von gehobenem Niveau für Familienfeste und Feiertage gewünscht.
Die Aufgabe eines Vorworts, **Leseinstruktionen** zu

geben, lösen alle Vorworte mit dem Hinweis auf die Kapitel zur Kochlehre und ab der 20. Auflage wird zudem auf die Grundrezepte verwiesen: Textbausteine des Kochbuchs, die die Selbständigkeit der BenutzerInnen fördern sollen.

Das sind die Funktionen der Paratextsorte Vorwort, die ich zu Beginn vorgestellt habe. Eine neue belegen die 20. und 21. Auflage: Das **Vorwort als Werbeträger** für weitere Publikationen des Verlags. Im Vorwort von 1949 wird auf das *Einkochbuch* und 1950 zusätzlich noch auf den *Leitfaden für Ernährungs- und Nahrungsmittellehre* hingewiesen.

Lassen Sie uns nun die Inhalte und Hintergründe der vier Vorworte (18erw. bis 21.) näher betrachten. Die Jahre 1947 bis 1950 waren für die Bevölkerung Mitteleuropas in mehrfacher Hinsicht eine Zeit, in der sie sich von einem Ausnahmezustand auf einen (neuen) Normalzustand zubewegte. In den Vorworten wird die aktuelle wirtschaftliche und politische Situation thematisiert. 1947 findet man sich in einer schweren Zeit wirtschaftlicher Not. 1949 haben sich die wirtschaftlichen Verhältnisse in Westdeutschland [...] gebessert. Im Herbst desselben Jahres heißt es weiter: die zugeteilten Lebensmittelmengen sind wesentlich erhöht, und 1950: die wirtschaftlichen Verhältnisse in Westdeutschland [haben sich] weiter gebessert. Die Zwangsbewirtschaftung der Nahrungsmittel hat aufgehört. Diese Zitate zeichnen die Lebensmittelversorgung in Bayern in diesen Jahren nach.

Fast im gleichen Atemzug mit der Schilderung der wirtschaftlichen Lage findet die politische Situierung statt. Nur Ermelinde Lydtin, die Autorin des Vorworts der 18. erw. Auflage von 1947, enthält sich jeder politisch zu interpretierenden Anmerkung. Tatsächlich dient sie als Strohfrau für ihre Schwester, Maria Hofmann. Die Kochbuchautorin hat aufgrund eines anhängigen Spruchkammerverfahrens Publikationsverbot, das 1947 aufgehoben wird. Schon in der nächsten Auflage 1949 beschreibt sie im Vorwort die Situation in **West**deutschland, in dem im Herbst des Jahres auch bereits **Märkte** freie Lebensmittel in großer Auswahl anbieten. Auch in dem letzten Vorwort dieser kleinen Reihe bleibt Westdeutschland der Bezugsrahmen, in den man gehört:

Der Kalte Krieg hat begonnen.

Vorwort

19. Auflage 1949

Seit der im Sommer 1947 veröffentlichten 18. Auflage haben sich die wirtschaftlichen Verhältnisse in Westdeutschland im allgemeinen gebessert. Die Nahrungsmittel unterliegen jedoch wie bisher der Bewirtschaftung und sind weiterhin knapp. Der Großteil der Bevölkerung ist von einer friedensmäßigen Ernährung noch weit entfernt. **Der Kochkunst der Frau, die aus Wenigem etwas Gutes bereiten will, kommt in solchen Zeiten des Mangels ganz besondere Bedeutung zu, um so mehr, als sie aus diesem Wenigen auch eine g e s u n d e Kost herstellen soll.** Diesem Umstand trägt das Bayerische Kochbuch in seinen Rezepten auch weiterhin Rechnung.

Im Hinblick darauf, daß das Buch auch an Berufs- und Fachschulen Verwendung findet, sind auch Rezepte mit aufgenommen, die der derzeitigen Lebensmittelversorgung nicht entsprechen und eine friedensmäßige Bedarfsdeckung zur Grundlage haben. Der Lehrzweck in den Schulen kann aber darauf nicht verzichten. Die möglichen Kürzungen der Mengen sind in den Rezepten jeweils mit angegeben. Schließlich erfolgt die Anschaffung eines Kochbuches nicht nur für den Augenblick, sondern auch für eine hoffentlich bessere Zukunft.

Um alle, auch die weniger erfahrenen Benutzer dieses Kochbuches zu eigenem Denken anzuregen und sie baldmöglichst zu einer gewissen Selbständigkeit im Kochen unter Berücksichtigung aller Erfordernisse einer gesunden Ernährung zu führen, ist den einzelnen Abschnitten des Buches ein kurzer Auszug aus der Kochlehre vorangestellt.

Im Interesse einer gesunden und zweckmäßigen Ernährung sind in dem Kochbuch die Erkenntnisse wissenschaftlicher Forschung und ärztlicher Erfahrung auf dem Gebiet der Ernährung verarbeitet.

Für die Mithilfe bei der Überarbeitung des Buches in dieser Richtung und für die Bearbeitung des Abschnittes »Krankenkost« im besonderen danke ich Frau Dr. med. E. Lydtin, München. Ich danke weiterhin auch allen Mitarbeiterinnen, die mit ihren Anregungen, Erfahrungen und kritischen Äußerungen die Bearbeitung des Buches gefördert haben.

Möge dieses Buch seine Aufgabe erfüllen und vielen ein guter Freund werden.

München, Januar 1949.

Maria Hofmann

Vorwort

20. Auflage 1949

Seit den Jahren der Not, haben sich die wirtschaftlichen Verhältnisse gebessert. Die zugeteilten Lebensmittelmengen sind wesentlich erhöht und daneben bieten die Märkte freie Lebensmittel in großer Auswahl.

Und dennoch steht ein Großteil unseres Volkes vor Schwierigkeiten: die große Geldknappheit verbietet weiten Kreisen eine friedensmäßige Ernährung. **In solchen Zeiten kommt ebenso wie in den Tagen des Mangels den wirtschaftlichen Fähigkeiten und der Kochkunst der Frau besondere Bedeutung zu. Ihre Aufgabe ist es, aus den reichlich verfügbaren und preiswerten Nahrungsmitteln durch sorgsame und liebevolle Zubereitung eine gesunde, schmackhafte und abwechslungsreiche Kost zu bereiten.**

Diese Aufgabe wird häufig dadurch erschwert, daß die Kräfte der Frau übergroßen Belastungen ausgesetzt sind, sei es durch berufliche Tätigkeit neben dem Haushalt in der Stadt, sei es durch weitgehende Mitarbeit in der Außenwirtschaft des bäuerlichen Hofes.

Mehr denn je gilt es deshalb, der Frau in Stadt und Land zuverlässige Rezepte zur Verfügung zu stellen und sie zu zweckmäßiger Arbeitsweise bei der Nahrungszubereitung anzuleiten.

Diesen Anforderungen sucht das Bayerische Kochbuch Rechnung zu tragen. Die Anpassung der Rezepte an die wirtschaftliche Lage des Einzelnen ist jedem möglich durch die Angabe der in Klammer gesetzten erprobten Kürzungen der Zutaten. Wichtige Grundsätze und allgemein gültige Regeln sind jedem Abschnitt vorangestellt; die Rezepte selbst konnten deshalb kurz gehalten werden. Den besonderen Anforderungen der Berufs- und Fachschulen ist Rechnung getragen durch den Aufbau auf Grundrezepten, um dadurch zu eigenem Denken anzuregen und baldmöglichst zu einer gewissen Selbständigkeit zu führen. Der Wunsch nach besonderer Gestaltung des Küchenzettels bei Familienfesten und Feiertagen wurde gleichfalls berücksichtigt.

Der Abschnitt »Krankenkost«, bearbeitet von Frau Dr. med. E. Lydtin, soll jeden befähigen, die im häuslichen Leben oft notwendige Diät verständnisvoll durchzuführen.

Von der Aufnahme der für die Vorratswirtschaft nötigen Einkochrezepte wurde abgesehen – sie sind in einer eigenen Schrift des gleichen Verlages »Einkochbuch« zusammengefaßt.

Allen Mitarbeiterinnen, die seit langen Jahren mit ihren Erfahrungen, Anregungen und kritischen Äußerungen die Bearbeitung des Buches gefördert haben, sage ich herzlichen Dank.

So möge denn dieses Buch auch weiterhin seine Aufgabe erfüllen und vielen ein guter Freund und Helfer werden.

München, Herbst 1949.
Maria Hofmann.

Vorwort

21. Auflage 1950

Seit der im Herbst 1949 erschienenen 20. Auflage des Bayerischen Kochbuches haben sich die wirtschaftlichen Verhältnisse in Westdeutschland weiter verbessert. Die Zwangsbewirtschaftung der Nahrungsmittel hat aufgehört, die Auslagen der Lebensmittelgeschäfte bringen die Versuchung nahe, zu den dicken Kochbüchern aus Großmutters Zeiten zu greifen, in denen das Wort »Man nehme« ganz groß geschrieben und von Sparsamkeit keine Rede war. Diese Zeiten aber sind für uns unwiederbringlich dahin. Die Kosten der Nahrungsmittel einerseits und die Geldknappheit andererseits zwingen die ganze Bevölkerung mit verschwindenden Ausnahmen zu einer ökonomischen Wirtschaft. **Den wirtschaftlichen Fähigkeiten und der Kochkunst der Hausfrau obliegt es, bei geringstem Geldaufwand durch sorgsame und liebevolle Zubereitung**

eine gesunde, schmackhafte und abwechslungsreiche Kost zu bereiten und auch Ausflüge in das Gebiet der Feinschmecker in tragbaren Grenzen zu halten.

Diese Aufgabe der Frau wird häufig dadurch erschwert, daß ihre Kräfte übergroßen Belastungen ausgesetzt sind, sei es durch berufliche Tätigkeit neben dem Haushalt in der Stadt, sei es durch weitgehende Mitarbeit in der Außenwirtschaft des bäuerlichen Hofes. Ihr müssen daher zuverlässige und erprobte Rezepte an die Hand gegeben und die Erfahrungsgrundsätze zweckmäßiger Nahrungszubereitung zugänglich gemacht werden.

Diesen Anforderungen sucht das Bayerische Kochbuch Rechnung zu tragen. Die Anpassung der Rezepte an einen schmalen Geldbeutel ist jedem möglich, da die erprobten Kürzungen der Zutaten in Klammern beigesetzt sind. Wichtige Grundsätze und allgemein gültige Regeln sind jedem Abschnitt vorangestellt; die Rezepte selbst konnten daher kurz gehalten werden. Den besonderen Anforderungen der Berufs- und Fachschulen ist durch den Aufbau auf Grundrezepten Rechnung getragen, um dadurch die Schülerin zu eigenem Denken anzuregen und baldmöglichst zu einer gewissen Selbständigkeit zu führen. Der Wunsch nach besonderer Gestaltung des Küchenzettels bei Familienfesten und Feiertagen wurde gleichfalls berücksichtigt. – Der Abschnitt »Krankenkost«, bearbeitet von Frau Dr. med. E. Lydtin, soll jeden befähigen, die im häuslichen Leben oft notwendige Diät verständnisvoll durchzuführen.

Allen Rezepten liegen die Erkenntnisse der modernen Ernährungsgrundlage zugrunde. Über Bedeutung und Nährwert der einzelnen Nahrungsmittel unterrichtet der »Leitfaden für Ernährungs- und Nahrungsmittellehre« – die für die Vorratswirtschaft nötigen Einkochrezepte wurden in einem eigenen »Einkochbuch« zusammengefaßt – im gleichen Verlag erschienen.

Allen Mitarbeiterinnen, die mit ihren Erfahrungen, Anregungen und kritischen Äußerungen die Bearbeitung des Buches gefördert haben, sagt ich herzlichen Dank. Möge das Bayerische Kochbuch auch weiterhin seine Aufgabe erfüllen und vielen ein treuer Freund und Helfer werden.

München, Sommer 1950.

Maria Hofmann

Vorwort

22. Auflage 1951

Ohne Zweifel bildet das Vorwort der 22. Auflage von 1951 einen Glanzpunkt in der Reihe der Vorworte des Bayerischen Kochbuchs. Der Unterschied im Sprachduktus zu den vorausgehenden Vorworten ist frappant. Maria Hofmann ist 47 Jahre alt und steht im Zenit ihrer Schaffenskraft. Mehr als die Hälfte des Textes verwendet sie darauf, ihre Sicht auf Ernährung, Kochen und Kochbücher zu entwickeln. Ich fasse ihre Gedanken in Stichworten zusammen:

Kochbücher sind Handwerkszeug,
Kochbücher sind Literatur,
Kochen ist Kultur,
Kochen ist Kunst,
Natur fordert Nahrung,
Kochkunst verbindet (Nähr)Wert mit Geschmack

Die Art und Weise, wie Hofmann ihre Gedanken unter Verweis auf den bayerischen Essayisten Josef Hofmiller entwickelt, ist selbstsicher und gewandt. Der Inhalt ist wertkonservativ. Das Vorwort spiegelt das wiedererstarkte Selbstbewusstsein der jungen

Kochbücher bedürfen keiner Rechtfertigung. Sie gehören mit zu den ursprünglichen Notwendigkeiten im Leben, sind ebenso sinnvoll wie jedes einfache Handwerkszeug, das in einem Haushalt zu finden ist. Mit einem Wort: Sie sind selbstverständlich.

So ist es auch kein Wunder, daß ein Kulturkenner wie Josef Hofmiller, der berühmte bayerische Essayist, in seinem geistreichen und tiefgründigen Aufsatz über »Kochkunst und Dichtkunst« sogar soweit geht, zu sagen: »Kochbücher gehören zum wertvollsten literarischen Besitz der Nationen.«

Ebenso wie andere Dinge hat der Mensch auch die Fähigkeit, die Nahrung zuzubereiten, im Laufe der Zeiten immer mehr entwickelt, verbessert und vervollkommnet. So ist aus der ursprünglichen und primitiven Form bloßer Nahrungsaufnahme allmählich eine Fertigkeit geworden, die je nach Völkern und Individuen vielfältige Formen und Abwandlungen erfuhr. Und es ist kein Zufall, daß kulturell und geistig hochstehende Völker gerade auch im Kochen besondere Kenntnisse erlangt und bedeutende Fähigkeiten entwickelt haben.

Das Kochen ist zur Kunst geworden. Und ein gutes Kochbuch ist nicht weniger als eine Lehre von der rechten Anwendung dieser Kunst. Es soll all die Kenntnisse vermitteln, die dazu dienen, dem Menschen seine Nahrung zur Freude zu machen. Dabei muß es ihm aber gleichzeitig immer bewußt machen, daß es Nahrung ist, was er zu sich nimmt, sein tägliches Brot also, und nicht, daß es sich um einen bloßen Genuß handelt. Dies entspricht der Stellung des Menschen in der Schöpfung, denn er bleibt in gleicher Weise der Natur wie der Kultur verhaftet.

Von diesem Grundgedanken einer harmonischen Lebensgestaltung geht das »Bayerische Kochbuch« aus. **Es will all denen helfen, die eine vernunftgemäße Daseinsform anstreben, die den Dingen jeweils den Platz zuzuweisen gedenken, welcher ihnen gemäß ist**. Dabei kommt ja die tägliche Nahrung wahrhaftig nicht an letzter Stelle und sie soll es auch nicht. Mit Absicht wird aber in unserem Kochbuch jene überfeinerte Küche beiseite gelassen, welche lediglich auf Gaumenreiz abgestellt ist und den naturgegebenen Wert einer Speise verfälscht. Schließlich ist es deren erste Aufgabe, uns Kraft und Energie zu spenden, so wie es einem gesunden und natürlichen Lebensrhythmus entspricht.

Andererseits ist hier keineswegs vergessen, daß die Nahrung auch Freude bereiten soll, daß sie immer einem ausgebildeten Geschmacksempfinden sein Recht zu geben hat. In diesem Zusammenklang von Wert und Geschmack zeigt sich ja erst die eigentliche Kunst des Kochens.

Von dem Gedanken ausgehend, daß eine große Anzahl von Rezepten individuelle Abwandlungen eines gleichen Prinzips sind, wurde den G r u n d r e z e p t e n in unserem Buch besondere Aufmerksamkeit zuteil. Auf diese Weise bleibt gerade der eigenen Phantasie und der persönlichen Initiative des Kochenden Spielraum genug, um den Speisezettel nach eigener Geschmacksrichtung und persönlichen Verhältnissen zu gestalten.

Vor allem aber die L e r n e n d e n werden dadurch zu eigenem Denken und zu persönlichen Bemühungen angeregt. Das Kochen wird zu einer produktiven Anstrengung für sie. So vermögen sie auf kürzestem Wege eine weitgehende Selbständigkeit zu erlangen. Im »Bayerischen Kochbuch« ist also auch den Erfordernissen der Berufs- und Fachschulen im weitesten Sinne Rechnung getragen.

Der Abschnitt K r a n k e n k o s t, bearbeitet von Frau Dr. med. E. Lydtin, wurde mit besonderer Sorgfalt behandelt. Dient an sich schon jede Nahrung dazu, dem Körper alle Stoffe zuzuführen, die er für ein gesundes und natürliches Leben benötigt, so muß gerade beim Kranken durch sinnvolle Diät, die auf die gestörten Lebensfunktionen abgestellt ist, seine Abwehrkraft erhöht und seine Genesung gefördert werden.

In diesem Sinne möge dieses Buch auch weiterhin seine Aufgabe erfüllen und vielen ein guter Freund und Helfer sein.

M ü n c h e n, Winter 1951.

M a r i a H o f m a n n

Republik und zugleich deren Bemühen, eine ausgewogene Normalität als Fixpunkt der Gesellschaft zu kreieren. Das Leben soll vernunftgemäß sein und nicht überfeinerten Reizen frönen. Dass Kochen wie heutzutage Unterhaltungswert besitzen kann, ist den beginnenden 50er Jahren noch fremd. Das Vorwort der 22. Auflage zeigt vorbildlich die Funktion des neuen **Rahmens**, den diese Paratextsorte einem vorhanden Text geben kann. Das davorgeklebte **Protokollon** ist hier ein Manifestvorwort par excellence. Zwangsläufig treten bei Vorworten mit Manifestcharakter – die also die Protokollfunktion in den Vordergrund rücken – deren andere Funktionen in den Hintergrund. Wir haben es bereits beim Vorwort von 1938 beobachtet. Ebenso verhält es sich bei diesem von 1951. Welche anderen Funktionen sind zu finden? Die der **Instruktion**, besteht im Hinweis auf den Gebrauch der Grundrezepte. Die Dokumentation der **Entstehungsgeschichte** geschieht im Vorwort nur am Rande mit dem Verweis auf Ermelinde Lydtin. Einzig der Wunsch, das Buch möge seine Aufgabe **weiterhin** erfüllen, weist auf vorausgehende Auflagen hin und damit auf die **Einheit** des Kochbuchs über die Auflagengrenze hinweg. Die verhältnismäßig junge Funktion des Vorworts als Werbeträger fällt ganz weg und wird auch in späteren Auflagen nicht mehr aufgegriffen.

Vorwort

27. Auflage 1958

Es kehrt Ruhe ein im Vorwort. Nach den turbulenten Nachkriegsjahren und dem wiedererstarkenden Selbstbewusstsein wird die Botschaft handwerklich nüchtern.

Die erste wahrgenommene Funktion ist, die **Entstehungsgeschichte** des Buches weiterzuerzählen. Das Vorwort von 1958 dokumentiert knapp die Veränderungen der *Neubearbeitung*, betont den bekannten Lehrbuchcharakter des Werks und dankt wie übliche den Mitwirkenden. Dieser routinierte Verweis auf Bekanntes und Neues in der Chronologie der Auflagen hilft, die **Einheit** des Bayerischen Kochbuchs über alle Auflagen hinweg zu betonen. Glaubt man nun, das Vorwort begnüge sich mit dieser Funktion, täuscht man sich.

Zurückgenommen, aber nicht minder gewichtig, gibt das Vorwort dem Kochbuch einen neuen zeitgemäßen **Rahmen**. Beim aufmerksamen Lesen zeigt sich, dass Maria Hofmann über die nüchternen Daten hinaus noch andere Inhalte transportiert. Wie schon in dem Vorwort der 21. Auflage von 1950 – in dem sie die Kochbücher aus Großmutters Zeiten zum Antiquar trägt – gibt die Autorin zu erkennen, dass sie jeder Sentimentalität abhold ist, theoretische und praktische Neuerungen aufgreift und gleichzeitig bereit ist, Überflüssiges und Überholtes über Bord zu werfen. Diese Rigorosität paart sie mit der Wertschätzung des gemeinsamen Mahls als wesentlichem Band des Familienlebens. D. h. die Erkenntnisse der Naturwissenschaften werden freudig aufgegriffen bei gleichzeitiger Bewahrung eines soziokulturellen Standards. Wieder einmal ist Maria Hofmann damit am Puls der Zeit und macht auch dieses unscheinbare Vorwort zu einem Manifest.

Das Bayerische Kochbuch stellt sich seinen Freunden in einer Neubearbeitung vor. Es wurde dem heute gültigen Wissens- und Erfahrungsstand angepaßt, Überflüssiges und Überholtes wurde entfernt. In seinem Aufbau blieb es ein Lehrbuch, zugleich jedoch auch ein praktischer Führer zu einer richtigen und gesunden Ernährung.

Hausfrau zu sein, ist heute keine leichte Aufgabe. Das technische Zeitalter bietet der Frau für die reine Handarbeit wohl manche Erleichterung an. Jedoch die Sorge und Verantwortung für die körperliche Gesundheit und für das seelische Wohlbefinden ihrer Familie sind ihr in der Gegenwart vielleicht mehr denn je aufgetragen. Das gemeinsame Essen ist ein wesentliches Band des Familienlebens, ist es doch eine der immer seltener werdenden Gelegenheiten, bei denen sich die ganze Familie an einem Tisch vereint. Daß dabei die Gesundheit, aber auch die Freude für den Gaumen und für das Auge zu ihrem Recht kommen ohne den Haushaltetat zu stark zu belasten ist eine wichtige, auch für eine gute Hausfrau schwierige Aufgabe. Bei diesem, von anderen meist so wenig beachteten Bemühen, soll ihr dieses Buch ein guter Ratgeber sein.

Im Laufe der Neubearbeitung wurde mir von vielen Seiten Rat und Hilfe zuteil. An dieser Stelle möchte ich allen, die direkt oder indirekt an der Gestaltung des Buches mitgewirkt haben, herzlich danken. Besonderen Dank schulde ich Frau Dr. med. E. Lydtin, die das Kapitel »Krankenkost« nach dem heutigen Stand der wissenschaftlichen Erkenntnis neu bearbeitet hat.

Möge das Bayerische Kochbuch zu alten Freunden neue gewinnen und ihnen allen Anregung, Hilfe und Freude bringen!

Herbst 1958

Maria Hofmann

Vorwort

40. Auflage 1971

Diese Ausgabe ist eine sorgfältig durchgeführte Neubearbeitung. Verjüngt, modernisiert und in wesentlichen Teilen beträchtlich erweitert bietet das »Bayerische Kochbuch« der Hausfrau neue und interessante Anregungen und beachtenswerte Ratschläge in großer Fülle. Für Anfänger, Lernende und Lehrende will es wie eh und je in besonderer Weise der verläßliche und zielstrebiger Führer sein, der rasch Selbständigkeit und Sicherheit vermittelt und in Bälde zur Beherrschung einer gepflegten einfachen wie auch der feinen Küche führt unter Berücksichtigung der Erkenntnisse der Ernährungswissenschaften.

Die erprobte und bewährte Rezeptsammlung hat an Umfang und Aktualität zugenommen. In der vorliegenden Neuauflage trägt das »Bayerische Kochbuch« dem sehr viel reichhaltiger gewordenen Angebot an Nahrungsmitteln Rechnung. Die Vermittlung wichtiger lebensmittelkundlicher Kenntnisse, die Fortschritte in der modernen Küchentechnik und die veränderten Lebensgewohnheiten unserer Zeit finden darin Berücksichtigung.

Immer eindringlicher weisen Ärzte auf die große Bedeutung der Ernährung für die Gesundheit der Menschen und auf die erschreckende Zunahme ernährungsabhängiger Krankheiten hin. Der Wichtigkeit dieses Komplexes entsprechend wurde der Abschnitt »Krankenernährung« gründlich überarbeitet.

Den Verfassern ist es eine Freude, allen zu danken, die an der Neubearbeitung mitgewirkt haben. Im besonderen Maße gilt dieser Dank den Kolleginnen und Kollegen, die uns mit Rat und Hilfe unterstützt haben. Seit seinem ersten Erscheinen ist das »Bayerische Kochbuch« unzähligen Hausfrauen ein unentbehrlicher Helfer geworden. Möge diese 40. Auflage alte Bindungen vertiefen und neue Freunde in großer Zahl gewinnen.

Juli 1971

MARIA HOFMANN Dr. med. HELMUT LYDTIN

Die Neuauflage von 1971 muss ein Paukenschlag gewesen sein. Man stelle sich heute vor: Die Cremes von *Nivea* oder *Florena* sind nicht mehr in blauen Blechdosen abgefüllt, sondern in gelben Tuben. Die Verwirrung wäre groß. So muss es den Freunden des Bayerischen Kochbuchs ergangen sein. Fast vier Jahrzehnte war das äußere Erscheinungsbild des Bayerischen Kochbuchs konstant gelb und schlank. Nun erschien es im neuen Format: schier quadratisch, mit neuer Farbe: blau, neuem Co-Autor und einer neuen Seitengestaltung. Das Vorwort hat vor diesem Hintergrund die wichtige Aufgabe, Kontinuität zu betonen, das Altbekannte hervorzuheben neben all dem Neuen, um die **Einheit** des Kochbuchs zu wahren. Das geschieht unter Zuhilfenahme der **Geschichte** des Kochbuchs. Der Kernsatz des Vorworts lautet: Die erprobte und bewährte Rezeptsammlung hat an Umfang und Aktualität zugenommen. Dieser Satz sagt, wie auch der Schlusssatz des Vorworts, der einen Bogen spannt von der Erstauflage bis zu aktuellen 40.: »Hab Vertrauen Leserin, du hältst das Bayerische Kochbuch in den Händen, du wirst die Rezepte wiederfinden, die du kennst, und viele neue dazu.« Unweigerlich bildet das Vorwort der 40. Auflage zusammen mit dem neuen Erscheinungsbild des Kochbuchs einen neuen **Rahmen**, dessen Tonfall sich von den vorausgehenden unterscheidet: Er ist nüchterner. Das Vorwort konstatiert z. B., dass das Lebensmittelangebot reichhaltiger geworden ist, die moderne Küchentechnik Fortschritte gemacht hat und die Lebensgewohnheiten sich verändert haben – und das hat das Kochbuch berücksichtigt. Punkt. Der neue Co-Autor Dr. med. Helmut Lydtin, der Neffe von Maria Hofmann, ist vermutlich verantwortlich für diese Nüchternheit, ebenso wie für die Betonung der großen Bedeutung der Ernährung für die Gesundheit der Menschen. Das Vorwort der 40. Auflage, 1971 geschrieben, rückt das Bayerische Kochbuch deutlich näher an unsere Zeit heran. Der Themenkomplex Ernährung und Gesundheit wird fokussiert und damit trifft das Vorwort einen Nerv in den beginnenden 70er Jahren.

Vorwort

44. Auflage 1975

Die 44. Auflage von 1975 wirbt mit dem Erfolg der blauen Neuauflage und belebt damit die Funktion der **Werbung** wieder: Die seit der Neubearbeitung in rascher Folge erschienenen vier Auflagen weisen die Richtigkeit der Zielsetzung und der Methodik des Bayerischen Kochbuches aus. Dies gibt diesem Vorwort auch die Sicherheit, die die Neuauflage von 1971 noch nicht hatte, den **Manifestcharakter** im Nachhinein zu postulieren und Farbe zu bekennen: Leitthema des Buches wurde die Vielfalt der zunehmend aktuellen Wechselbeziehungen zwischen Gesundheit und Ernährung.

Die kommenden Vorworte der Auflagen 1975, 1986 und 1992 variieren die Themen desjenigen von 1971 und fungieren so als stetig neue **Rahmen** eines Kochbuchs, das sich nach dem großen Wurf nun nur in kleinen Details verändert. Die Vorworte der folgenden Auflagen verweisen immer wieder neu auf die 5 Jahrzehnte (53/1986), fast 6 Jahrzehnte (54/1992) in denen das Bayerische Kochbuch erscheint, und wiederholen das Muster **Einheit** auf Grund der **Geschichte** des Kochbuchs. Neu ist der Verweis auf die Quelle Deutsche Gesellschaft für Ernährung (DGE). Eine externe Autorität dient der Stärkung der eigenen. Der **instruktive** Charakter der Vorworte ist gewahrt durch die Verweise auf die Grundrezepte, präzise Mengenangaben, klare Arbeitsanweisungen oder Arbeitsplänen.

Für die 1971 erschienene 40. Auflage wurde das »Bayerische Kochbuch« gründlich überarbeitet, modernisiert und in wesentlichen Teilen beträchtlich erweitert. Die in vielen Jahren erprobte und bewährte Rezeptsammlung wurde vergrößert, Fortschritte in der modernen Küchentechnik und in der Ernährungswissenschaft, die Lebensmittelkunde und die Veränderung der Lebensgewohnheiten wurden berücksichtigt.

Zu einem Leitthema des Buches wurde die Vielfalt der zunehmend aktuellen Wechselbeziehungen zwischen Gesundheit und Ernährung, an die einleitend ein Abriß der der modernen Ernährungslehre heranführt. Dementsprechend wurde auch der Abschnitt »Krankenkost« nach modernen medizinischen Vorstellungen eingehend überarbeitet und ergänzt.

Übersichtlich gegliedert, mit Grundrezepten, präzisen Mengenangaben und klaren Arbeitsanweisungen wendet sich das Buch an den Anfänger ebenso wie den Fortgeschrittenen, an Lernende und Lehrende zugleich. Durch die Anlage als Lehrbuch kann jeder ohne Vorkenntnisse zu kochen beginnen; das Buch führt ihn von einfachen Gerichten bis zur Beherrschung der feinen Küche.

Die seit der Neubearbeitung in rascher Folge erschienenen vier Auflagen weisen die Richtigkeit der Zielsetzung und der Methodik des »Bayerischen Kochbuches« aus. In der vorliegenden 44. Auflage wurde die einführende kurze Ernährungslehre gestrafft und durch aktuelle wissenschaftliche Ergebnisse ergänzt. Hierbei wurde ebenso wie in der speziellen Diätetik und in der Ernährungswerttabelle die bevorstehende Umstellung der Angabe der Energiewerte von Kalorien auf Joule berücksichtigt.

Den Verfassern ist es ein besonderes Anliegen, allen zu danken, die an der Entstehung und der ständigen Verjüngung des »Bayerischen Kochbuches« mitgewirkt haben. Im besonderen Maße richtet sich dieser Dank an die Kolleginnen und Kollegen, die uns durch Anregungen und Kritik unterstützen. Möge das »Bayerische Kochbuch« auch in seiner neuen Auflage freundschaftliche Bindungen festigen und neue Freunde gewinnen.

Mai 1975 MARIA HOFMANN HELMUT LYDTIN

Vorwort zur 55. Auflage

1998

Das ›Bayerische Kochbuch‹ erscheint in der 55. Auflage! Über mehr als 6 Jahrzehnte erhielten sich Ziele und Grundform, wurde es immer wieder verjüngt, verbessert und ergänzt. Es ist ein Lehrbuch geblieben für den Anfänger ohne Vorkenntnisse im Kochen und in der Küchensprache, übersichtlich gegliedert mit einfachen Grundrezepten, bewährten Mengenangaben und klaren Arbeitsplänen. Den Könner begleitet es zuverlässig mit mehr als 1700 millionenfach erprobten Rezepten.

Auch in dieser Neubearbeitung will das ›Bayerische Kochbuch‹ mit Inhalt, Form und Ausstattung seinen Freunden vertraut bleiben und das traditionell günstige Preis-Leistungsverhältnis erhalten. Da Gesundheit und Ernährung eng zusammenhängen, geht dem Rezeptteil ein kurzer Abriß der modernen Ernährungslehre voraus, die neuesten Grundregeln der Deutschen Gesellschaft für Ernährung (DGE) für ›Vollwertiges Essen und Trinken‹ wurden berücksichtigt. Fortgeführt wurden auch der eigenständige Abschnitt mit aktuellen Ratschlägen und Rezepten für die ›Krankenkost‹ und die ›Nährwerttabelle‹, sowie die kleine ›Mikrowellenkunde‹.

Wir danken allen, die dem »Bayerischen Kochbuch« bisher die Treue gehalten haben – ganz besonders den Kolleginnen und Kollegen, die uns durch wertvolle Anregungen halfen, das Buch immer wieder zu modernisieren. Wir wünschen unserem Buch, daß es auch mit seiner 55. Auflage alte Freundschaften festigt und viele neue Freunde gewinnt.

Im Frühjahr 1998

MARIA HOFMANN HELMUT LYDTIN

Das Vorwort zur 55. Auflage ist das letzte, an dem Maria Hofmann mitgeschrieben hat. Sie stirbt im November des Erscheinungsjahres kurz vor ihrem 94. Geburtstag. Die erfolgreiche Kochbuchautorin blickt zurück und zählt: die Auflagen, die Jahrzehnte, die Rezepte, und zählt auch das, was unzählbar ist: wie häufig die Rezepte nachgekocht wurden: millionenfach. Das Vorwort sieht sich nach wie vor in der Pflicht, die **Entstehungsgeschichte** des Lehrbuchs zu dokumentieren, die **Einheit** über die Auflagengeschichte hinweg zu wahren und so die Bedeutung des Kochbuchs zu untermauern. Der letzte **Rahmen**, den Maria Hofmann und Helmut Lydtin dem Kochbuch gemeinsam in diesem Vorwort geben, blickt zurück. Aus der Sicht der greisen Autorin sicher zu Recht. Das Kochbuch selber spricht eine andere Sprache und ist der Gegenwart zugewandt: Der Text ist neu gesetzt, das Register neu sortiert. Das 21. Jahrhundert kann kommen.

Bayern
gesund
Familienfest
Mitarbeiterinnen
Kolleginnen Rezepte
Arbeitsplan
Küche
Freude
Ernährung
Familie Volksernährung Wanderkochkursen
deutsche
erprobt Kochkunst
Können
Kraft
Krankenkost
Küchentechnik
Lernende Frau
Anfänger
Lehrbuch
Ernährungslehre
Selbständigkeit
Kultur
Schule
Grundrezept Frauenschule
Sparsamkeit
Hausfrau Energie
Nahrungsmittel
Schülerin
Kochlehre
Mangel Erfahrung
Haushalt
Familienleben Gesundheit
München
Lehrende

Cluster mit zentralen Begriffen aus den Vorworten

Zum Tee bei Maria Hofmann II

Ein Familienunternehmen

Muss man eine Köchin oder ein Koch sein,
um ein Kochbuch zu schreiben? Soweit ich weiß, war niemand,
der am Kochbuch beteiligt war oder ist, ein Profikoch. Von den Anonymae der
ersten Jahrzehnte weiß ich nichts, dann schreibt und bearbeitet eine
Wirtschaftliche Fachlehrerin das Bayerische Kochbuch,
eine Kinderärztin hilft ihr dabei und ein Internist tritt ihr später an die Seite.
Alle Dilettanten – im besten Sinne des Wortes.

Die Standuhr schlägt viermal. Es ist mein zweiter Besuch in der Romanstraße 16. Wir sitzen wieder im Salon. Diesmal am Esstisch. Wir essen Zwetschgenkuchen mit Schlag und trinken Darjeeling. Auf der Anrichte in Reichweite liegen aufgeschlagene Unterlagen und ein aktuelles Exemplar des Bayerischen Kochbuchs. *Wie beim letzten Mal ist die Schwester Elisabeth Hofmann anwesend.*

Maria Hofmann *[auf die bereitliegenden Unterlagen und das Kochbuch weisend] Wie Sie sehen, habe ich mich vorbereitet. Mit den Jahren verschwimmen viele Details und Daten. Da habe ich ein wenig in alten Ordnern geblättert und kann, für den Fall, dass es notwendig wird, nachschlagen.*

Regina Frisch *Sehr schön, ich freue mich auf unser Gespräch. Verehrte Frau Hofmann, als wir uns das letzte Mal trafen, haben wir über Ihren beruflichen Werdegang und Ihre erste Bearbeitung des* Bayerischen Kochbuchs *gesprochen. Diesmal möchte ich unser Gespräch unter das Motto* Das Bayerische Kochbuch – ein Familienunternehmen *stellen.*

MH *[lacht auf] Eine interessante These. Lassen Sie hören.*

RF *Mit der ersten Nachkriegsauflage scheint ein Name auf, der bis zum heutigen Tag mit dem* Bayerischen Kochbuch *verbunden ist: Lydtin. Kurioserweise geschieht diese erste Nennung an sehr exponierter Stelle: Frau Hofmann, wie kam es dazu, dass die 18. erweiterte Auflage nicht unter Ihrem Namen, sondern dem Ihrer ältesten Schwester Ermelinde Lydtin, geborene Hofmann, erschien?*

Bayerisches Kochbuch
neubearbeitet von
Frau Dr. E. Lydtin
18. erweiterte Auflage
München 1947
Published under Military Government Information Control License Number US-E-117
(Drei Fichten Verlag, München)

MH *Da muss ich ein wenig ausholen. Die dritte von mir überarbeitete Auflage von 1938 fand großen Anklang und musste bereits drei Jahre später nachgedruckt werden. Als auch diese vergriffen war, bemühte man sich um einen weiteren Nachdruck. Das ging Anfang der 40er Jahre nicht so reibungslos vonstatten. Wir hatten mit kriegsbedingter Materialknappheit, regionalen Vorurteilen und Unkenntnis in der Sache zu kämpfen. Ich erinnere mich, dass Anfang 1943 das Bayerische Kultusministerium mit dem zuständigen Reichsministerium in Berlin einen regen Schriftverkehr führte, in dem es um die Bewilligung von Papier für einen Neudruck des* Bayerischen Kochbuchs *ging. Berlin zeigte sich unwillig, da Papier rar sei und wir norddeutsche Kochbücher verwenden sollten und mit landestypischen Anmerkungen versehen. Als Autorin und letzte Geschäftsführerin des 1939 aufgelösten Vereins* *war ich an den Verhandlungen beteiligt und habe die Angelegenheit als sehr unerfreulich in Erinnerung. Letztendlich erfolgte dann doch eine kleine Papierzuweisung sowie die Druckgenehmigung, so dass eine begrenzte Anzahl der Lehrbücher nachgedruckt werden konnte. Während der letzten Kriegsjahre arbeitete ich mit großem Einsatz am Kochbuch. Ich hatte mittlerweile Erfahrungen gesammelt, aus Fehlern gelernt und reichlich Ideen für die Weiterentwicklung des Buches. In gewisser Weise war die Arbeit auch ein Anker, an dem ich mich halten konnte – wo doch um uns herum die Welt in Scherben lag.*

Jaja, ich habe Ihre Frage nicht vergessen. Wie kam es, dass die folgende Auflage unter Ermelindes Namen erschien?

Nach Kriegsende war ich für die Militärregierung eine Dozentin mit Mitgliedschaft in der NSDAP und im NS-Lehrerbund. Das und sicher auch die Tatsache, dass unser 1942 verstorbener Vater Staatssekretär beim Reichsstatthalter von Bayern, Franz von Epp, war, hatte zur Folge, dass ich entlassen und mit Publikationsverbot belegt wurde. Nun müssen Sie sich folgende Situation vorstellen: [zählt mit den Fingern: erster Finger] Ich hatte eine neue gründlich überarbeitete Version des Kochbuchs in der Schublade – konnte aber nicht veröffentlichen. [zweiter Finger] Die Landfrauenschule hatte den Betrieb wieder aufgenommen und brauchte Unterrichtsmaterialien. [dritter Finger] 1946 waren das Bayerische Kochbuch *und weitere Lehrbücher der Schule von der Militärregierung für den Unterricht freigegeben worden. [vierter Finger] Die Papierknappheit war auch kein Problem mehr. [fünfter Finger] Der Verlag hatte die Druckgenehmigung. Alles drängte nun also darauf hin, eine Neuauflage zu drucken. Da lag es nahe, dass ich meine Schwester Ermelinde, die das Kapitel* Krankenkost *überarbeitet hatte, bat, für mich als Autorin einzuspringen. Sie war auch gleich bereit dazu. In diesen Zeiten war kein Raum für persönliche Befindlichkeiten. Diejenigen, die das Buch kannten, wussten, dass nicht die Ärztin Dr. Ermelinde Lydtin für die neubarbeitete Auflage verantwortlich war.*

1.5.1937 Eintritt in die NSDAP laut Fragebogen der Military Government of Germany vom 5.6.1947 (Spk A 749, Protokoll der Spruchkammer)
Die Besatzungsmacht betrieb die Politik, belastete Lehrer zu entlassen. Da fast alle Lehrkräfte in der NSDAP waren und Staatsbeamte, waren sie belastet. Wichtig war das Eintrittsdatum in die Partei (vor 1933, nach 1933 und ab 1.5.1937). Wer vor 1.5.37 beigetreten war, galt als überzeugter Nazi, wer danach beigetreten war, tat es aus beruflichem Zwang (vgl. Müller 1995, S. 70).

Elisabeth Hofmann *… wo doch Ermelinde überhaupt nichts für's Kochen übrig hatte. Und auch später jede Überarbeitung ihres* Krankenkost*kapitels als lästige Pflicht angesehen hat.*

RF *Wie kam es zur Aufhebung des Publikationsverbots und zur Wiedereinstellung im Staatsinstitut?*

MH *Auf die große Entlassungswelle folgte ein großer Lehrer- und Dozentenmangel und zugleich musste das Schulwesen unter den neuen Bedingungen wiederaufgebaut werden. Ich konnte in einem Spruchkammerverfahren zu meiner Person deutlich machen, dass ich nicht politisch aktiv gewesen war. Im Gegenteil, in meiner Funktion als Geschäftsführerin des Vereins für Wirtschaftliche Frauenschulen auf dem Lande habe ich bei der verfügten Vereinsauflösung dafür gestritten, die Miesbacher Schule unter staatliche Hoheit zu stellen. Dieser den zentralistischen Bestrebungen aus Berlin widerständige Akt und meine fachlichen Kompetenzen, die außer Frage standen, bewirkten vermutlich, dass meine Akte bald geschlossen wurde.*

Bayerisches Kochbuch
von **Maria Hofmann**
Landwirtschaftsrätin und Dozentin am Staatsinstitut für den landwirtschaftlichen Unterricht in München
19. Auflage
München 1949
Published under Military Government Information Control License Number US-E-117
(Drei Fichten Verlag, München)

RF *Mit welcher Einstufung wurde sie geschlossen?*

MH *Stufe 4: Mitläufer. Das Kultusministerium bemühte sich unmittelbar danach um eine Wiedereinstellung. Und so konnte ich meine Arbeit an meinem alten Platz im Staatsinstitut wiederaufnehmen und auch wieder publizieren.*

Sie haben eingangs von einem Familienunternehmen Bayerisches Kochbuch *gesprochen. Bis jetzt kam nur die Hilfsbereitschaft meiner Schwester Ermelinde als* Strohfrau *zu fungieren, zur Sprache – ihr anhaltendes Verdienst aber war das Kapitel* Krankenkost, *wie meine Schwester [sie nickt Elisabeth zu] vorhin bemerkte. Als Medizinerin war sie dafür prädestiniert, das Thema kompetent zu bearbeiten. Allerdings war sie Praktikerin und hatte zudem Familie. Die ungewohnte Schreibarbeit war ein großer Kraftaufwand für sie. Sie tat es mir zuliebe und ich wusste das sehr zu schätzen.*

In der Darstellung der Schulpolitik in Bayern in der ersten Zeit nach dem Zweiten Weltkrieg von Winfried Müller heißt es: »Nicht minder zäh lief der Betrieb [nach 1945] im zerstörten Staatsinstitut für den landwirtschaftlichen Unterricht an, für das sich eine Dozentin und eine Sekretärin, die aus dem Institut als einziges Inventarstück eine Schreibmaschine hatten retten können, zunächst um eine Bleibe bemühten. Nach vorübergehender Unterbringung in der Landesanstalt für behinderte Kinder in München-Harlaching wurde das Institut dann ab 1950 im Gebäude des Berufspädagogischen Instituts untergebracht« (1995, S. 241).

RF *Ab der 40. Auflage wird sie abgelöst von einem anderen Träger des Namens Lydtin: Helmut Lydtin – Ermelindes Sohn und Ihrem Neffen. Wie kam es dazu?*

MH *Nun, das war kurios. Nach seinem Medizinstudium zog es Helmut Anfang der 60er Jahre in die Ferne, in die USA. Er verbrachte dort etliche Monate und wurde wohl zunehmend unzufriedener mit der dortigen Küche. Er bat mich, ihm ein Exemplar des* Bayerischen Kochbuchs *zu schicken, damit er sich selber etwas kochen könne. Es schmeckte dann aber nicht nur ihm selber, sondern auch seinen amerikanischen Freunden. Wir Daheimgebliebenen haben uns sehr amüsiert.*

Durch diese ganz praktische Berührung mit dem Kochbuch begann er sich auch theoretisch mit dem Thema zu befassen. Er schlug vor, die Rezepte auf Karteikarten festzuhalten, um sie so besser bearbeiten und sortieren zu können. In der zweiten Hälfte der 60er Jahre begann er mit mir das Kochbuch gründlich zu überarbeiten. Mir war das eine große Hilfe, da mein eigener Elan mit den Jahren doch etwas abgenommen hatte, und er brachte so viel junge frische Ideen mit, die das Kochbuch zeitgemäßer machen sollten. Freilich war auch manches recht ungewohnt für mich.

Elisabeth Hofmann *[lacht] Du hast Dich lange gesträubt, ein Kapitel* Schalen- und Krustentiere *aufzunehmen. Und ich kann mich noch erinnern, wie Du den* Krabbencocktail *mit Bananen nur zögernd probiert hast.*

MH *Jaja, da hatte ich Widerstände. Auch die* Alkoholischen Mischgetränke, *die er aus Amerika mitgebracht hatte. [Sie nimmt das* Bayerische Kochbuch *zur Hand und schlägt es zielsicher auf] Hier* Aperitifs, Cocktails, Cobblers *– damit nicht genug:* Fizzes, Crustas, Flips *und* Sorbettes. *[atmet auf] Aber Helmut wusste das wohl zu begründen: Das sei zeitgemäß, und wenn das Kochbuch nicht rückständig werden sollte, sondern weiterhin ein Standardkochbuch bleiben, könnten wir nicht einen Nachkriegsstandard konservieren, sondern müssten aktuelle Rezepte aufnehmen und lehren. Denn nicht zu vergessen, habe das* Bayerische Kochbuch *den Status eines Schullehrbuchs … undsoweiter. Es waren lange Gespräche. Aber das gemeinsam erarbeitete Ergebnis konnte sich sehen lassen und war ein großer Erfolg.*

RF *Weil Sie die neuen* Alkoholischen Mischgetränke *der 40. Auflage erwähnen – darf ich Sie daran erinnern, dass Sie Anfang der 30er Jahre bei Ihrer ersten Überarbeitung das Rezept für* Erdbeerbowle *ins Kochbuch aufgenommen haben?*

Elisabeth Hofmann *[lacht auf] Zu schön! Was so eine Untersuchung alles zu Tage fördert, Maria! Wunderbar.*

MH *Das gefällt Dir, Lisa. Nein, ich kann mich an solche Details nicht erinnern. Erdbeerbowle ist eine feine Sache. [schmunzelt]*

RF *Frau Hofmann ich danke Ihnen für dieses Gespräch und hoffe, ich darf ein weiteres Mal wiederkommen, um Weiteres über das Kochbuch zu erfahren.*

MH *Nur zu!*

Maria Hofmann 1954, Privatbesitz

Satt oder gesund?

Ernährungslehre im Wandel

Das Kochbuch ist entstanden als Lehrbuch und hat diesen Charakter und die Funktion bis auf den heutigen Tag. Spätestens seit Maria Hofmann das Bayerische Kochbuch herausgibt, gehört zum Lehrbuchcharakter nicht nur die Vermittlung von Kochrezepten, sondern auch von Ernährungslehre. Implizit und explizit vermitteln die Auflagen Fachwissen. Und legen Zeugnis ab, dass auch die Bedeutung von *satt* und *gesund* den Zeitläuften unterworfen ist.

Milch ist für die Jugend wegen ihrer das Wachstum fördernden Eigenschaften ein wesentlicher Teil der Nahrung. Aber auch Erwachsene können die Nährstoffe der Milch zur Erhaltung und Kräftigung ihres Körpers vorzüglich verwerten. Milch enthält gegenüber anderen Nahrungsmitteln recht viel Eiweiß. Das Fett der Milch zeichnet sich durch leichte Verdaulichkeit aus, durch den Eisengehalt wird das Blut bereichert. Milch verbessert und ergänzt die oft fehlerhafte Zusammensetzung unserer Mahlzeiten; für werdende und stillende Mütter ist Milch nahezu unentbehrlich.

Gut drei Liter Milch enthalten bereits 100 Gramm Eiweiß — und diese kosten nur 1 Mark. Das Eiweiß, eines der wichtigsten Nährstoffe, kostet im Fleisch bedeutend mehr. Der Fleischkonsum ist in Deutschland gegenüber der Vorkriegszeit zurückgegangen; warum setzt man an seine Stelle nicht erhöhten Milchkonsum? In Deutschland wird Milch noch viel zu wenig zu allen möglichen Speisen verwandt, Milchgerichte kennt man nur ganz wenige. In anderen Ländern hat man die Vorteile der Milch und deren Preiswürdigkeit schon lange erkannt.

Nährwert der Milch, Auflage 11/1927

Die Theorie

Die Lehre vom richtigen Kochen erstrebt die Herstellung einer gesundheitlich einwandfreien Kost unter bestmöglicher Ausnutzung aller Nähr- und Wirkstoffe unserer Nahrungsmittel. Sie wendet deshalb die Erkenntnisse der modernen Ernährungs- und Nahrungsmittellehre für die Küche praktisch an und sucht die Vorgänge in der Küche auch von der naturwissenschaftlichen Seite her zu erklären und zu begründen … (18erw./1947, S. 5).

Ausschließlich dem titelgebenden Thema ist das Büchlein *Ernährungslehre* gewidmet. Es wird seit den 20er Jahren vom Bayerischen Verein für Wirtschaftliche Frauenschulen auf dem Lande herausgegeben. Ab 1939 bearbeitet es Maria Hofmann, seit den 60er Jahren zusammen mit dem Mediziner Helmut Lydtin.

Dass wissenschaftliche Erkenntnisse relativ sind und stets Gefahr laufen, von neuen abgelöst zu werden, kann man am Umgang mit Auftauwasser von gefrorenem Fleisch ablesen. In den 50er Jahren ging man davon aus, dass es bedenkenlos weiterverwendbar sei. Dem Mediziner Dr. Helmut Lydtin ist es zu verdanken, dass der folgende gesundheitlich bedenkliche Ratschlag aus dem Bayerischen Kochbuch getilgt wurde:

Das Auftauen [von tiefgefrorenem Fleisch] muß sorgfältig, am besten in der Verpackung erfolgen, austretenden Fleischsaft dann zur Soße verwenden. (27/1958, S. 65).

Nebenstehend ist der Anspruch, den Maria Hofmann 1947 an die Lehre vom richtigen Kochen stellt und dem sie selber im Bayerischen Kochbuch zum Glück selten gerecht wird. Die Vorgänge in der Küche werden nur am Rande naturwissenschaftlich erklärt und begründet. Das ist auch gut so, denn sie schreibt ein Kochbuch, wenn auch eines, das an Hauswirtschaftsschulen als Lehrbuch verwendet wird. Maria Hofmann etabliert die Ernährungslehre im Bayerischen Kochbuch. Sie tut das nicht von ungefähr. Bereits die altvorderen Autorinnen des Kochbuchs bewegte dieses Thema. Deutlich wird das an dem redaktionellen illustrierten Text zum Nährwert der Milch. Wie ein Lückenfüller schmückt er die Innenseite des Buchumschlags und enthält doch eine Lektion in Ernährungstheorie.

Die Theorie gewinnt peu à peu an Gewicht im Kochbuch. Das deutet sich im Vorwort der Auflage 17/[1938] bereits an und wird für alle sichtbar mit dem obigen Zitat aus der ersten Nachkriegsauflage 18erw./1947. Maria Hofmann ist ausgebildete Hauswirtschaftslehrerin und hat nach eigenen Angaben sechs Semester als Gasthörerin an der Münchner Hochschule studiert. Am Staatsinstitut in München unterrichtet sie seit den 40er Jahren Ernährungslehre. Ihre Schwester, die Kinderärztin Dr. med. Ermelinde Lydtin, unterstützt sie mit ihrem medizinischen Fachwissen und schreibt das Kapitel Krankenkost für die Auflage 19/1949 neu. Seit Mitte der 60er Jahre übernimmt ihr Neffe, der Internist Dr. med. Helmut Lydtin, diese Aufgabe. Ab 1971 erscheint er als Coautor und steht für den medizinischen Sachverstand im Kochbuch – mit sichtbaren Folgen. Die Ernährungslehre erhält in der *Blauen Auflage* 40/1971 ein eigenes Kapitel unter dem Titel Gesunde Ernährung für jedermann!. Die Voraussetzungen gesunder Ernährung werden darin ausführlich in den Abschnitten erörtert:

Nahrungsbedarf
Kalorie und Kalorienbedarf
Nährstoffe (Eiweiß, Fett, Kohlenhydrate, Zellulose, Mineralstoffe, Vitamine)
Mahlzeiten – ein Fahrplan für die richtige Ernährung (Frühstück, Mittag-, Abendessen, Zwischenmahlzeiten)
Ernährung von Kindern und Jugendlichen
Ernährung älterer Menschen

Bereits vier Auflagen und vier Jahre später werden Gliederung und Inhalt des Kapitels Gesunde Ernährung für jedermann! überarbeitet und aktualisiert. Die Wechselbeziehungen zwischen Gesundheit und Ernährung werden zu einem Leitthema des Buches (44/

1975, Vorwort). Die empfohlenen Richtwerte für Energiebedarf (= Kalorien/Joule), Eiweiß, Fett, Kohlenhydrate etc. entsprechen denen der Deutschen Gesellschaft für Ernährung e.V. (DGE). Diese sind maßgeblich auch für die Aktualisierungen 53/1986 und 55/1998. Dabei ändern sich z.B. bei den Werten für Kohlenhydrate sowohl die Altersgrenzen als auch die empfohlene Menge, allerdings jeweils geringfügig. Seit 1986 werden 18- bis 65-Jährige zusammen veranschlagt, bis dahin wurde eine weitere Grenze bei 35 Jahren angesetzt. Die genannten Werte sind 5–6 g pro Kilogramm Körpergewicht, Mitte der 70er Jahre ist eine Obergrenze bei den 18- bis 35-Jährigen mit 7 g angegeben. Diese Details sollen genügen.

Nicht nur die empfohlenen Nährstoffmengen ändern sich mit den Jahren, sondern auch die Lebensmittel. Im folgenden Beispiel wird der tägliche Eiweißbedarf Anfang der 70er u. a. mit Käse, Wurst, Fleisch und Leber gedeckt und fast 30 Jahre später nahezu vegetarisch mit Kartoffeln und Vollkornbrot.

Täglicher Eiweißbedarf

40/1971, S. 10

½ l Milch, evtl. z.T. als Joghurt oder Buttermilch und
50 g Käse oder magere Wurst oder
2 Eier und
100 g mageres Fleisch, Leber oder Magerquark und
150 g Seefischfilet oder Räucherfisch

55/1998, S. 12

½ l Milch, evtl. z.T. als Joghurt oder Buttermilch und
150 g Seefischfilet oder Räucherfisch
1 Ei und
200 g gekochte Kartoffeln und
3 Scheiben Vollkornbrot

Der Fleischkonsum spielt 1998 eine nachrangige Rolle. Soweit die Theorie der Ernährungslehre. An anderer Stelle wird sie umgesetzt in Handlungsanweisungen. Mehr dazu jetzt.

Wie viel Suppe reicht für 4 Personen?

Angaben von Menge pro Zutat pro Person erfüllen verschiedene Zwecke. Zum einen erfährt man, wie viel man einkaufen und kochen muss, um Hungrige zu sättigen. Zum anderen aber bieten Mengenangaben Rahmendaten für eine gesunde Ernährung. Der erste Grund hilft bei der reibungsfreien Küchenorganisation und dementsprechend werden im Kochbuch die Angaben auch präsentiert. Weiter verbreiten sie auch die aktuelle Ernährungslehre hinsichtlich der Lebensmittelmengen. Seit 1933 sind 4-Personen-Mengenangaben im Bayerischen Kochbuch gelistet: Wie viel Suppe, wie viel Fleisch, wie viel Kartoffeln, wie viel Gemüse braucht man, um vier Personen zu sättigen? Der Erste Weltkrieg und die Weltwirtschaftskrise stecken allen noch in den Knochen und auch in den kommenden Jahrzehnten werden die Gürtel aus den verschiedensten Gründen mehrmals enger und weiter geschnallt. Und was ich nicht erwartet hatte, ist, dass die Mengenangaben davon nahezu unberührt bleiben. Die Veränderungen dokumentiert die folgende Tabelle. Sie fasst alle Zutaten mit Mengenangaben der signifikanten Auflagen zusammen.

Grundmengen für 4 Personen

Lebensmittel	1933	1947	1954	1958	1971	1986	1998
Flüssigkeit zu Suppen	1 1/4–1 1/2 l	**1 1/2–2** l	1 1/2–2 l	**1–1 1/4** l	–	–	
Suppe als Vorgericht	–	–	–	–	1 l	bis 1 l	bis 1 l
Suppe als Hauptgericht	–	–	–	–	2 l	bis 2 l	bis 2 l
Fleisch	500 g	–	–	–	–	–	
Fleisch mit Knochen	–	500–750 g	500–750 g	500–750 g	**600**–750 g	600–750 g	600–750 g
Fleisch ohne Knochen	–	400–500 g	400–500 g	400–500 g	400–**600**g	400–600 g	400–600 g
Fleisch als Steak	–	–	–	–	600 (800)g	600 (800)g	600 (800)g
Hackfleisch	–	–	–	300–500 g	300–500 g	300–500 g	300–500 g
Huhn (gebraten)	–	–	–	–	1000 g	1000 g	**800**–1000 g
Fisch im Ganzen	1000 g	1000 g	1000 g	1000 g	1000 g	1000 g	**800**–1000 g
Fischfilet	–	–	750 g	**600**–750 g	600–750 g	600–750 g	600–750 g
Gemüse	1000 g	1000 g	1000 g	1000 g	**750**–1000 g	750–1000 g	750–1000 g
Gemüse tiefgefroren	–	–	–	–	ca. 600–750 g	ca. 600–750 g	ca. 600–750 g
Gemüse sterilisiert (Füllgut)	–	–	–	–	ca. 600–750 g	ca. 600–750 g	ca. 600–750 g
Gemüse als Rohkost (je nach Gemüseart)	–	–	–	–	ca. 400–600 g	ca. 400–600 g	ca. 400–600 g
Eingelegtes Gemüse (z. B. Sauerkraut)	750 g	–	–	–	–	–	–
Trockengemüse	375 g	**400**g	400 g	–	–	–	–

Grundmengen für 4 Personen (Fortsetzung)

Lebensmittel	1933	1947	1954	1958	1971	1986	1998
Kartoffeln als Beilage	1000 g	1000 g	1000 g	1000 g	**750**–1000 g	750–1000 g	750–1000 g
Teigwaren als Beilage	250 g	250 g	250 g	**300**g	**250**–300 g	**200**–300 g	200–300 g
Teigwaren als Hauptgericht	–	400 g	400 g	400 - **500**g	**300**–400 g	**250**–400 g	250–400 g
Teigwaren als Suppeneinlage	–	–	–	–	60 g	60 g	60 g
Reis	250 g	–	–	–	–	–	–
Reis als Beilage	–	250–300 g	250–300 g	**300**g	**250**–300 g	**200**–300 g	200–300 g
Reis als Hauptgericht	–	400 g	400 g	400 - **500**g	**300**–400 g	**250**–400 g	250–400 g
Reis als Süßspeise	–	250–300 g	250–300 g	**250**g	**200**–250 g	–	–
Reis als Nachspeise	–	–	–	–	–	125–160 g	125–160 g
Reis als Suppeneinlage	–	–	–	–	60 g	60 g	60 g
Soße	½ l	½ - ¾ l	½–¾ l	½ l	½ l	½ l	½ l
Bratensoße	–	–	–	¼ l	⅛ – ¼ l	⅛–¼ l	⅛–¼ l
Obst frisch je nach Art	–	–	–	–	500–1000 g	500–1000 g	500–1000 g
Nachtisch	–	–	–	–	½ l	½ l	½ l
Getränke	1 l	1 l	1 l	1 l	ca. 1 l	ca. 1 l	ca. 1 l

Wie die Tabelle zu lesen ist: Die Anordnung der Zutaten in der linken Spalte entspricht der 55. Auflage von 1998, in der die letzten Änderungen erfolgten. Die Zutaten sind z. T. sprachlich vereinheitlicht und vereinfacht. Die fettgedruckten Ziffern markieren veränderte Mengen.

Die Tabelle macht verschiedene Entwicklungen deutlich: zum einen eine zunehmende Differenzierung und zum andern die spezifischen Mengenveränderungen der Zutaten. Die Differenzierung, z. B. von Fleisch zu Fleisch mit Knochen, ohne Knochen, als Steak, Hackfleisch und Huhn, zeigt ein Bedürfnis nach präzisen Angaben, wie sie dem Lehrbuchcharakter des Bayerischen Kochbuchs entsprechen. Die chronologische Darstellung der Mengenveränderungen kann entlang der vertikalen Spalten oder der horizontalen Reihen gelesen werden. Beginnen wir mit der Vertikalen.

Zwei Spalten zeigen stärkere Veränderungen, was der vermehrte Fettdruck belegt: 1958 und 1971. Sie stehen nebeneinander und verdeutlichen die bewegten Jahre, die sich mit den Stichworten Nachkriegszeit, Wirtschaftswunder und Trimm Dich! über zwei Jahrzehnte erstrecken. 1958 waren die mageren Jahre der zeitbedingten Kürzungen (18erw./1947, S. 6) überstanden. Das Bedürfnis, es sich gut gehen lassen zu dürfen – auch aus Sicht der Ernährungslehre –, kann man an den erhöhten Zahlen für Kohlenhydrate (Teigwaren und Reis) ablesen. Wenn es sich dabei um Beilagen handelt, braucht man freilich auch reichlich schwere Bratensoße, durchschnittlich $^1/_4$ l. Ein Wert, der bei der nächsten Überarbeitung zur maximalen Obergrenze wird. Zusammenfassend kann man sagen, die Vorgaben für eine kohlenhydratreiche Ernährung erreichen 1958 ihren Höhepunkt. Vermindert wird 1958 die Mengenangabe für Fischfilet. Da hatte man in der vorausgehenden Ausgabe 750 g für 4 Personen vorgesehen. Ab 1958 betrachtet man eine Menge zwischen 600 und 750 g für ausreichend. 1971, über 10 Jahre später, gewinnt das zunehmende Gesundheitsbewusstsein an Raum im Bayerischen Kochbuch. Die meisten Mengen werden gekürzt: Gemüse, Kartoffeln, Teigwaren und Reis, z. T. auf den Wert von vor 1958 (Teigwaren und Reis als Beilage) oder mitunter auch noch darunter, wie bei Teigwaren und Reis als (süßes) Hauptgericht. Erhöht wird 1971 der Fleischanteil. Das mag den zeitgemäßen Vorgaben für eine gesunde Ernährung geschuldet sein, sichert aber auch eine beizubehaltende Gesamtmenge, um eine Gruppe von 4 Personen zu sättigen. Der im Laufe der Jahre gesunkene Fleischpreis machte es möglich, dies auch bei einer sparsamen Haushaltsführung zu empfehlen. 1986 werden die kohlenhydrathaltigen Lebensmittel Teigwaren und Reis reduziert und 1998 Huhn und Fisch.

Kommen wir zur Horizontalen. Betrachtet man einzelne Reihen der Tabelle, zeigt sich, dass die Vorgaben von 1933 bis heute gelten. Der Durchschnittswert für Fisch und Gemüse von 1933 ist 1998 die Obergrenze. Bei Fleisch, Teigwaren und Reis bildet der Wert von 1933 auch heute noch das Mittel.

Die qualitativen und quantitativen Veränderungen in der Tabelle kulminieren bei Teigwaren und Reis. Anders ausgedrückt: Nudeln, Reis & Co sind bewegliche Größen im Menüplan der letzten Jahrzehnte. In den ersten Jahren nach dem Zweiten Weltkrieg machen sie vor allem satt, dann dick. Gerichte kommen ein bisschen aus der Mode. So z. B. der Reis als Süßspeise. 1986 wird die Süßspeise umgewidmet zur Nachspeise und erhält damit einen anderen Platz in der Menüfolge. Das dokumentiert den Verlust der Mehlspeis-Tradition. Ein süßes Hauptgericht wird nur noch wenig gekocht und ist fehl am Platz in dieser Tabelle. (Ich vermute, dieser Eingriff fiel den Autoren nicht schwer, hat doch Maria Hofmann bereits in der ersten von ihr herausgegebenen Auflage des

Bayerischen Kochbuchs 15/1933 in der Kochbuchgliederung das Kapitel Mehlspeisen durch Süßspeisen ersetzt; für Manche ein Sakrileg.)

Das sind die Beobachtungen zur Ernährungslehre im Wandel, die man aufgrund der Tabelle machen kann. Wie eingangs erwähnt, sind die Mengenangaben lehrbuchmäßig statisch. Das Bayerische Kochbuch kommentiert die Mengen für 4 Personen stets aufs Neue. Diese kurzen Kommentare enthalten wiederum konkrete Ernährungslehre:

1933 werden nicht die Mengen, sondern die Zutaten kommentiert: Im deutschen Haushalt sind nur deutsche Erzeugnisse zu verwenden, vor allem: Milch, Topfen, Käse, Butter, Butterschmalz, Schweineschmalz, Schweine- und Hammelfleisch, Fische, deutsches Gemüse und Obst, Kartoffeln, Grünkern, Haferflocken (15/1933, S. 6).

1938 entscheiden die Verhältnisse über die Mengen: Zwingen die Verhältnisse zu sparsamster Wirtschaftsführung, so können die Rezepte zum Teil noch verbilligt werden durch Veränderung der Zutaten, z. B. Milch statt Rahm, entrahmte Milch statt Vollmilch, durch Verminderung der Zahl der Eier oder der Fettmenge bei einfachen Gerichten; z. B. kann Hefeteig ohne Eier oder Fett, gekochter Kartoffelteig ohne Ei hergestellt werden, ohne das Gelingen der Gerichte zu gefährden; doch sind etwas Erfahrung und Überlegung im Einzelfall notwendig (17/1938, S. 6).

1947 entscheidet die Versorgungslage über die Mengen; Gegebenenfalls müssen sie gekürzt werden: Obige Nahrungsmittelmengen sind je nach Versorgungslage entsprechend der Zuteilung herabzumindern, z. B. bei Fleisch auf 300–400 g, Fisch 800 g; im allgemeinen ist man bestrebt, dafür einen Ausgleich in erhöhter Kartoffel- und Gemüsemenge zu schaffen, soweit dies möglich ist (18erw./1947, S. 6).

In der *Wirtschaftsgeschichte Bayerns* werden die historischen Hintergründe transparent. Im Laufe des Jahres 1947 mussten »die Rationen für die bayerische Bevölkerung stark reduziert werden. Statt 1000 Gramm Fleisch und 300 Gramm Fett konnten in einer Versorgungsperiode nur noch 400 und 150 Gramm abgegeben werden. Die westdeutsche Lebensmittelproduktion war so gering, dass, obwohl die Amerikaner allein in diesem Jahr fünf Mio. Tonnen Lebensmittel lieferten, die Zuteilung auf nur noch 1550 Kalorien pro Person und Tag gesenkt werden musste« (Götschmann 2010, S. 423).

1958 entscheidet der Nahrungsbedarf über die Mengen. Bei schwerer Arbeit muss man sie erhöhen. Bei knapper Wirtschaftslage sind mehr Kartoffeln und weniger Fleisch zu reichen: Die angegebenen Mengen sind durchschnittliche Richtwerte, sie müssen gegebenenfalls den besonderen Umständen angepaßt werden, z. B. durch Erhöhung bei größerem Nahrungsbedarf in Zeiten schwerer Arbeit. Sie können auch der jeweiligen Wirtschaftslage angepaßt werden, in Notzeiten kann man die angegebenen Mengen für Fleisch, Fisch, Eier oder Fett kürzen und durch Erhöhung der Menge bei Kartoffeln oder Gemüse einen Ausgleich im Rahmen der gesamten Ernährung schaffen (27/1958, S. 9).

1971 entscheiden die Bedürfnisse, ob die Mengen reduziert oder evtl. erhöht werden. Die jeweilige Wirtschaftslage kriegt man durch überlegten Einkauf in den Griff: Die obigen Mengen sind allgemeine Richtwerte, die u. U. besonderen Bedürfnissen anzupassen sind durch Reduzierung oder evtl. auch Erhöhung obiger Durchschnittswerte. Die Berücksichtigung der jeweiligen Wirtschaftslage muß durch überlegten Einkauf unter Beachtung der Marktverhältnisse und preiswerter Marktangebote etc. erfolgen (40/1971, S.64).

1986 entscheiden weiter die Bedürfnisse über die Mengen. Auf den verminderten Energiebedarf wird deutlich hingewiesen: Die obigen Mengen sind allgemeine Richtwerte, die u. U. besonderen Bedürfnissen anzupassen sind durch Reduzierung oder evtl. auch Erhöhung obiger Durchschnittswerte. **Der verminderte Enegiebedarf des Menschen heute (durch Arbeitserleichterung vielfacher Art und Abnahme körperlicher Bewegung) und die Gefahr einer Überernährung machen die niedrigeren Mengenangaben empfehlenswert.** Die Berücksichtigung der jeweiligen Wirtschaftslage muß durch überlegten Einkauf unter Beobachtung der Marktverhältnisse und preiswerter Marktangebote etc. erfolgen (53/1986, S. 64).

Wozu ist die Suppe gut: Soll sie satt machen oder den Appetit anregen?

Im ersten Abschnitt habe ich die explizite Ernährungslehre im Bayerischen Kochbuch vorgestellt, im zweiten die impliziten ernährungstechnischen Vorgaben durch die 4-Personen-Mengen. Im dritten Abschnitt greife ich eine Kochlehre heraus und betrachte sie unter dem Gesichtspunkt der Ernährungslehre. Jedes Kapitel im Kochbuch leitet seit 1947 ein Abschnitt Kochlehre ein, in dem Wissenswertes zum Gegenstand zusammengefasst wird. Im vorliegenden Fall habe ich die Kochlehre zu den Suppen ausgewählt, da sie kompakt ist und doch die ganze Entwicklung der Ernährungslehre über Jahrzehnte spiegelt. Die relevanten Passagen werden zitiert und kommentiert.

Kochlehre

18erw./1947, S. 12

1947 dient alles Kochen nur einem Ziel: satt zu machen. So muss die Suppe auch als Sattmacher fungieren und nicht wie einst als Appetitanreger. Gesundheitliche Aspekte spielen keine Rolle, der Geschmack nur am Rande, stattdessen werden Spartipps gegeben.

Die Suppen sind heute vielfach ein Hauptgericht der Mahlzeit. Sie sind im Gegensatz zu früher, wo sie vorwiegend appetitanregend wirken sollten, nötig zur Sättigung. Bei der Wahl der Suppen ist hinsichtlich der Zusammensetzung der Mahlzeit zu achten:

a) auf den Sättigungswert z. B. Hülsenfruchtsuppe, Kartoffelsuppe vor Mehlspeisen u. ä.,
b) auf den Geschmack z. B. nicht Brennsuppe vor Soßfleisch u. ä.

Eine Erhöhung der Grundmengen unter weitgehender Einsparung von Fett ist oft zweckmäßig. Kartoffel-, Gemüse- und kochfertigen Suppen kommt heute erhöhte Bedeutung zu. Bei Suppen mit Getreideprodukten ist auf vollständiges Ausquellen Wert zu legen, was durch langsames und genügend langes Kochen erreicht wird. Die Verwendung der Kochkiste ist dafür empfehlenswert z. B. für Rollgersten- oder Hülsenfruchtsuppe.

An Stelle von Weizenmehl kann bei einfachen Suppen Roggenmehl verwendet werden, die Mehlmenge erhöht sich dann um ein Viertel.

Zum Dicken und Strecken von einfachen Suppen können statt Mehl gekochte geriebene Kartoffeln, rohe geriebene Kartoffeln oder rohe, in kleine Würfel geschnittene Kartoffeln verwendet werden.

Um Fett einzusparen, kann bei Suppen, die durch Einbrenne oder Stauben gebunden werden, das Mehl bis zur Hälfte als Mehlteiglein zugegeben werden. An Stelle von Einbrenne kann bei vielen Suppen die Verwendung von trocken geröstetem Mehl oder Braunmehl treten ([...] siehe Grundrezept Braunmehlsuppe).

Suppen sind durch frische Petersilie oder Schnittlauch nach Möglichkeit aufzuwerten ...

Kochlehre

23/1953, S. 15

Suppen sind vielfach ein Gericht zur Appetitanregung, oft auch nötig zur Sättigung. Diesem Zweck entsprechend ist die Suppe zu wählen. Hierbei ist immer die Zusammensetzung der Mahlzeit zu beachten in Bezug auf:

a) den Sättigungswert z. B. Hülsenfruchtsuppe, Kartoffelsuppe vor Mehlspeisen, die geringen Sättigungswert haben,

b) den Nährwert: die Suppe soll Mahlzeit ergänzen, nicht einseitig ausrichten, z. B. Gemüsesuppe vor Fleisch-. oder Teigwarenmahlzeit.

c) den Geschmack z. B. nicht Brennsuppe vor Soßfleisch u. ä.

Gemüsesuppen kommt heute erhöhte Bedeutung zu. Bei Suppen mit Getreideprodukten ist auf vollständiges Ausquellen Wert zu legen. was durch langsames und genügend langes Kochen erreicht wird. Die Verwendung der Kochkiste ist dafür empfehlenswert z. B. für Rollgersten- oder Hülsenfruchtsuppe.

An Stelle von Weizenmehl kann bei einfachen Suppen Roggenmehl verwendet werden, die Mehlmenge erhöht sich dann um ein Viertel.

Zum Dicken und Strecken von einfachen Suppen können statt Mehl gekochte geriebene Kartoffeln, rohe geriebene oder rohe in kleine Würfel geschnittenen [sic!] Kartoffeln verwendet werden.

Um Fett einzusparen, kann bei Suppn, die durch Einbrenne oder Stauben gebunden werden, das Mehl bis zur Hälfte als Mehlteiglein zugegeben werden. Dieses stets mit kalter Flüssigkeit anrühren.

Das Aufwerten der Suppen erfolgt durch frische Petersilie oder Schnittlauch, etwas Butter, Milch, Sahne oder Eigelb. Nach dem Aufwerten nicht mehr kochen lassen!

1953 bietet sich eine neue Situation. Die Gewichtung hat sich geändert. Die Suppe dient zuerst der Appetitanregung und in zweiter Hinsicht auch der Sättigung. Damit zieht der Aspekt der gesunden – weil appetitanregenden – Ernährung in die Kochlehre der Suppen ein. Sie müssen nicht mehr alleine satt machen, die anderen Menüteile helfen dabei. Dementsprechend nimmt die Anzahl der Spartipps ab. Im Gegenteil, man hat bereits das Bedürfnis, Suppen geschmacklich aufzuwerten: mit Butter, Milch, Sahne und Eigelb.

Kochlehre

17/1958, S. 30

Die Suppe vor dem Hauptgericht kann ganz verschiedenen Zwecken dienen: Sie **weckt den Appetit** und regt zu reichlicher Absonderung der Verdauungssäfte an **oder** sie kann eine gute Grundlage für die **Sättigung** sein. Je nach dem Zweck ist die entsprechende Suppe zu wählen. Dabei ist immer auf eine harmonische Zusammensetzung der Gesamtmahlzeit zu achten.

Maßgebend sind

der Nährwert …

der Sättigungswert, …

der Geschmack und die Farbe …

Gemüsesuppen, kommt besondere Bedeutung zu, da sie besonders gesund und außerordentlich abwechslungsreich sind …

Das Aufwerten erfolgt durch frische Petersilie, Schnittlauch, etwas Butter, Milch, Rahm oder Eigelb. Nach dem Aufwerten nicht mehr kochen lassen ….

1958: Der Trend hält noch an. Eine Suppe ist gesund, weil appetitanregend. Die Suppe kann auch eine Sättigungsgrundlage sein, damit dient sie der Ergänzung und ist nicht mehr alleiniges Hauptgericht. Der Aspekt der Gesundheit gewinnt die Überhand über dem der Sättigung. Spartipps findet man keine mehr in der Kochlehre.

Kochlehre

55/1998, S. 71f

Ab 1971 steht der Gesundheitsaspekt im Mittelpunkt. Suppe ist appetitanregend und darum gesund und sättigend für
Kinder,
Kranke,
Genesende,
ältere Menschen,
sättigend für Kalorienbewusste.
Bei arbeitsreichen Tagen:
dicke Suppen essen!
Die aktuelle Kochlehre der Suppe unterscheidet sich von der der 40. Auflage nur in kleinen Details, so dass hier die jüngste Version vorgestellt wird.

... Suppe kann sein:

a) **Appetitwecker** durch Anregung der Verdauungsdrüsen zu reichlicher Sekretion. Dies ist wichtig bei älteren Menschen, Kranken und Genesenden. Hierfür muß die Suppe anregende Wirk- und Geschmackstoffe enthalten, sie soll leicht verdaulich und nicht zu kalorienreich sein, so z. B. klare Brühe mit leichter Einlage oder Beilage.
b) **Ergänzung** des Hauptgerichtes bzw. der übrigen Mahlzeit hinsichtlich Nährwert, Sättigung und Geschmack [...].
c) **Hauptgericht** z. B. als *dicke* Suppe muß sie entsprechend reich an Nähr- und Wertstoffen sein und genügend Sättigungswert haben. Menschen mit Übergewicht oder mit bestimmten Herzerkrankungen, mit Hochdruck, unter Umständen auch mit Nierenerkrankungen, sollten sich Suppen vor der Hauptmahlzeit nur sehr schwach gesalzen erlauben.

Klare Suppen (Brühe) mit Einlagen oder Beilagen. [...] Sie wirken wegen ihrer Geschmacks- und Extraktivstoffe besonders appetitanregend und können je nach Wahl der Einlage oder Beilage kalorienarm oder kalorienreich gehalten werden. Sie haben ihren besonderen Platz im Rahmen festlicher Speisenfolgen und in der Krankenkost.

Gebundene Suppen, meist auf der Grundlage von Nährmitteln oder Mehl. [...] Allgemein werden heute die Gemüsesuppen ungebunden oder nur wenig gebunden (kalorienarm) bevorzugt. Sie können jedoch durch Beigabe von etwas Rahm oder Milch und Eigelb [...] aufgewertet und mit Kalorien angereichert werden, was für ältere Menschen, Kranke und Genesende wichtig sein kann.

Schleimsuppen aus Nährmitteln haben bei akuten Magen-Darmstörungen besondere Bedeutung.

Dicke Suppen als Hauptgerichte werden meist auf der Grundlage von Kartoffeln, Hülsenfrüchten, Reis oder Teigwaren hergestellt und haben [...] den Charakter von Eintopfgerichten. Sie sind zu empfehlen an arbeitsreichen Tagen oder als Hauptgericht vor leichten, wenig sättigenden Süß- oder Mehlspeisen.

Süße Suppen haben Milch oder Obst als Grundlage. Milchsuppen sowie Obstsuppen werden in der Ernährung von Kindern und Kranken bevorzugt ...

Bei der Wahl der Suppe ist zu bedenken, daß sie die Mahlzeit sinnvoll und harmonisch im Sinne einer vollwertigen Kost ergänzen soll; im Einzelfall ist deshalb zu beachten:

1. Nährwert und Kaloriengehalt ...
2. Verdaulichkeit ...
3. Sättigungswert ...

Satt und gesund!

Am Ende des Suppenkapitels ergibt sich folgendes Bild. Seit Ernährungslehre zum Kanon des Kochbuchs gehört, also seit 1933, sind die angegebenen Mengen bis heute vergleichsweise konstant. In den Kriegs- und Nachkriegsjahren muss der Mangel verwaltet werden und das einzige Ziel der Ernährungslehre ist, die Tischrunde zu sättigen. Als dieses Ziel Mitte der 50er Jahre erreicht ist, bleiben die Mengenangaben auf einem hohen Niveau und in der Kochlehre taucht ein neues Ziel der Ernährungslehre auf: die gesunde Ernährung. Seit den 70er Jahren des letzten Jahrhunderts ist sie das vorherrschende Ziel. In einem eigenen Ernährungslehrekapitel werden die Positionen aktualisiert und für Laien erläutert. In den Kochlehren werden sie angewandt und umgesetzt. Dort sind sie rezeptnah möglicherweise wirksamer. Am Puls der schnelllebigen und -wechselnden Moden ist das Bayerische Kochbuch nicht. Wer will ihm das verdenken.

Mürbe Platterln (sehr gut)

3. Auflage, 1916, S. 176

½ Pfd. Schweineschmalz, 1 Pfd. Mehl, ½ Pfd. Zucker, Schale einer Zitrone, Zimt 3 Eier

Es wird aus allen Zutaten ein Mürbteig geknetet, die Hälfte desselben ausgerollt und auf ein vorbereitetes Backblech gelegt. Dann Marmelade aufgestrichen, von der zweiten Teighälfte ein Gitter gemacht und darüber gelegt. Der Kuchen wird rasch gebacken, in Stücke geschnitten.

Die nächste Generation

Der Neffe

Qualitätsmanagement ist eine ständige Anforderung
an erfolgreiche Betriebe in unserer Zeit.
Ein Kochbuchunternehmen, das über 100 Jahre besteht, muss sich durch ein
verlässliches Qualitätsmanagement auszeichnen. Ein reibungsloses
Funktionieren der personellen Übergänge ist dabei ein Erfolgsrezept.
Die Kochbuchgeschichte zeugt von wenigen reibungslosen Staffelübergaben.
Lehrerinnen haben das Kochbuch begonnen, eine Schülerin,
die Lehrerin wurde, erfand es als Bayerisches Kochbuch neu,
die Tante entwickelte es mit dem Neffen weiter und
der Neffe bewahrt das Feuer.

Helmut Lydtin
geb. 28.07.1936 in München
1953 Abitur in München
Medizinstudium in München und Freiburg
1959 Dissertation
Auslandaufenthalte in Zürich, London, Augusta (USA)
1968 Habilitation
1973 apl. Professor
1976–2001 Chefarzt am Klinikum Starnberg

Es ist einer der ersten warmen Tage im Jahr. Zusammen mit Professor Dr. med. Helmut Lydtin sitze ich in einem Schwabinger Biergarten. Der »Emeritus« hat den Vormittag über praktiziert und erzählt mir nun Geschichten aus dem Leben eines Kochbuchs. Standbein Medizin, Spielbein Bayerisches Kochbuch – so sind bei ihm seit Jahrzehnten die Gewichte verteilt. Die Mittagsgäste sind gegangen und wir können uns in Ruhe unterhalten.

Regina Frisch Herr Professor Lydtin, im Elternhaus meines Mannes heißt das *Bayerische Kochbuch* nur *Die Hofmann*. Ihnen wurde 2014 die Ehrenbürgerwürde von Starnberg verliehen. Laut einem Zeitungsartikel begann der Starnberger Bürgermeisters seine Rede mit den Worten »Einen *Lydtin* findet man eigentlich in jedem gut sortierten Haushalt«. Aus *Die Hofmann* wird *Der Lydtin*. Sie führen das Werk Ihrer Tante fort. Können Sie mir erzählen, wie es dazu kam?

Helmut Lydtin Aber gerne. Da muss ich bei meiner Mutter, Dr. Ermelinde Lydtin, anfangen. Sie war Kinderärztin und schrieb Ende der 40er Jahre, um ihre Schwester zu unterstützen, das Kapitel Krankenkost für das Bayerische Kochbuch. Das war meine erste Berührung mit dem Bayerischen Kochbuch.

RF Wurde in ihrem Elternhaus nach dem Bayerischen Kochbuch gekocht?

HL Meine Mutter konnte überhaupt nicht kochen! Sie war eine emanzipierte Frau, die bis zu ihrem 88. Lebensjahr als Kinderärztin in München tätig blieb. Langjährige Oberärztin an der Kinderklinik der Universität. Ihr Diätwissen außerhalb der Ernährung von Kleinkindern und Säuglingen kam aus der Literatur. Sie wollte, wie gesagt, ihre Schwester unterstützen. Bei Neuauflagen war unser Familienfrieden über Tage und Wochen gefährdet.

RF Wann nahmen Sie selber Tuchfühlung mit dem Bayerischen Kochbuch und seinen Rezepten auf?

HL Das geschah während meines Aufenthalts in den USA. Es hatte mich von 1961 bis 1963 nach Augusta, Georgia, verschlagen und ich fand wenig Gefallen an der Kost in der

Südstaatenkleinstadt. Um zu überleben, bat ich meine Tante, mir ein Exemplar des *Bayerischen Kochbuchs* zu schicken. Damit habe ich Kochen gelernt.

RF Wie eine Hauswirtschaftsschülerin …

HL Ja, so könnte man sagen. Mein selbst gebackener Apfelstrudel und die Laugenbrezeln öffneten mir die Türen der amerikanischen Nachbarschaft.

RF Davon bin ich überzeugt!

HL Zurück in Europa konzentrierte ich mich zuerst auf meine akademische Laufbahn. 1964 war ich auch Dozent an dem Staatsinstitut für die Ausbildung landwirtschaftlicher Lehrerinnen zusammen mit meinem Doktorvater Prof. Dr. N. Zöllner. 1968 wurde ich habilitiert, den Professorentitel und die erste Professur erhielt ich 1973. In der zweiten Hälfte der 60er Jahre plante meine Tante eine gründliche Überarbeitung des Bayerischen Kochbuchs. Auch kamen mitunter Ernährungsberaterinnen auf sie zu, die eine schlankere Linie des Kochbuchs anmahnten. Diesen Wünschen gegenüber war Maria Hofmann relativ resistent. An Butter und Eiern wurde auch in der *Blauen Ausgabe* nicht gespart! Stattdessen bat sie mich, das Kapitel über die Ernährungslehre zu schreiben. Als das fertig war, haben wir uns gemeinsam das Kochbuch vorgenommen. Wir waren geübt, zusammenzuarbeiten. Schon bei meiner Promotion hatte sie mir bei den Schreibarbeiten geholfen und später habe ich ein Karteikartensystem für die Rezepte des Bayerischen Kochbuchs angeregt. Neu für uns war die inhaltliche Auseinandersetzung. Welche Rezepte neu aufgenommen werden sollten, welche aufgegeben werden mussten und ob es *Topfen* oder *Quark* heißen sollte in einem Bayerischen Kochbuch. Da folgte sie mehr dem Zeitgeist der 50er und 60er Jahre und wollte alles Dialektale aus dem Kochbuch verbannen.

RF Die gemeinsame neue Auflage erschien nicht nur inhaltlich gründlich überarbeitet, sondern auch mit einer neuen Farbe, in einem kräftigen Blau. Sie nannten sie gerade auch die *Blaue Ausgabe*. Bis dato war das Bayerische Kochbuch zweifarbig gelb/orange bzw. grau/rot in der Geschenkausgabe. Wie kam es zu diesem Designwechsel?

HL Den hat mein Freund Eduard Marwitz zu verantworten: das neue Format und die neue blaue Farbe. Auf seine charmante Weise hat er Maria Hofmann von dem neuen Gesicht des Bayerischen Kochbuchs überzeugt. Und der Erfolg gab ihm recht.

RF In der 40. Auflage erschien zum ersten Mal ihr Name als Coautor an der Seite von Maria Hofmann auf dem Titelblatt. Wie gestaltete sich die weitere Zusammenarbeit?

HL Das Alltagsgeschäft erledigte weiter Maria. Das Bayerische Kochbuch war ja ihr Lebenswerk. Meine Tätigkeit als Chefarzt der Starnberger Klinikums ließ mir kaum Zeit für Anderes. Freilich zog sie sich mit zunehmendem Alter zurück und ich wurde der Ansprechpartner in Sachen Kochbuch für die Öffentlichkeit. Zum Beispiel erinnere ich mich an eine kuriose Anekdote. In einer Silvesternacht erhielt ich einen Telefonanruf von einem Unbekannten. Unvermittelt unterstellte er mir Rassismus, weil im Bayerischen Kochbuch ein Getränk namens Türkenblut stünde. Ich war nicht schlecht erstaunt über diesen Rückschluss. Bei der nächsten Überarbeitung nahm ich mir das Rezept vor und nannte die Mischung aus rotem Sekt und Wein um in Tulpenblut. Das muss man wohl unter political correctness verbuchen.

RF Hat Maria Hofmann an der 55. Auflage noch mitgewirkt? Sie erschien ja in ihrem Todesjahr 1998.

HL Nein, sie war 94 Jahre, als sie starb. In den letzten Jahren war es ihr nicht mehr möglich, an die Zukunft des Bayerischen Kochbuchs zu denken. Ich betreue nun das

Kochbuch gerne weiter. Und wenn mir zugetragen wird, dass Joseph Ratzinger, der spätere Papst Benedikt XVI. – damals noch als custos filii – die von ihm geschätzte Nachspeise Versoffene Jungfern nach dem Bayerischen Kochbuch zubereiten lässt, dann ist das ein Grund zur Freude.

RF Eine schöne Geschichte! Und sicher greifen auch in anderen Küchen täglich viele Köchinnen und Köche ins Regal und schlagen im *Lydtin* nach.

Haben Sie vielen Dank für dieses Gespräch!

Prof. Dr. Helmut Lydtin im Gespräch mit Ingrid Pongratz, der 1. Bürgermeisterin von Miesbach, anlässlich der Ausstellungseröffnung *100 Jahre Kochbuchgeschichte* in Miesbach am 13.11.2014.

Blut gibt es nicht in Dosen

Handwerk, Technik und Fertigprodukte im Bayerischen Kochbuch

Die handwerklichen Fertigkeiten der Küchenarbeit verändern sich. Musste man vor 100 Jahren mit Beil, Messer und Kochlöffel umgehen können, kommt man heute kaum ohne Gadgets wie Küchenmaschine und Mikrowelle aus. Das Beil gehört nicht mehr zur Grundausstattung einer Küche. Das Messer sehr wohl – und an ihm klebt in der Küche immer noch Blut. Und nicht nur das der Köchin.

Handwerk

Meine Suche nach augenfälligen Veränderungen im Küchenhandwerk im Bayerischen Kochbuch beginnt ganz blutleer. Ich bleibe am Biskuitteig kleben. Für ihn werden vor 100 Jahren Eier und Zucker geschlagen, bis man mit der Masse schreiben kann (A/[1910]), und erst ein halbes Jahrhundert später kommt dem Koch die Küchenmaschine zu Hilfe (27/1958), die Masse wird prosaisch nur steif geschlagen. Darüber hinaus gibt das Biskuitteigrezept aber nichts zum Thema her. Und überhaupt ist das Bayerische Kochbuch überraschend spröde, was das Thema anbelangt. Man könnte auch sagen: unideologisch pragmatisch und träge. Strudelteig muss mühsam mit der Hand abgeschlagen werden, bis er sich vom Brett löst (3/1916) und Zungen wirft (56/2007), oder wird gekauft und nach Gebrauchsanweisung verarbeitet (56/2007). Das ist der Ton, den ich an dem Kochbuch so mag.

Gansjung mit Blut (3/1916, S. 74)
1 Gansjung, 1/2 l Wasser, 1/2 l Essig, 1 kleine Zwiebel, 1 Eßl. Salz, 3 Pfefferkörner, 1 Lorbeerblatt, Zitronenschale, 4 Eßl. Mehl, 2 Eßl. Fett
Zum Gansjung rechnet man Kopf, Hals, Magen, Flügel, Herz und manchmal auch Leber. Der Schnabel wird weggehackt, die Augen ausgestochen, der Hals wird in 2–3 Teile geschnitten, der Schlund herausgezogen. Das Gansjung legt man in Essigbeize, kocht es nach wenigen Tagen darin weich. Aus 2 Eßl. Fett und 4 Eßl. Mehl und Zwiebel stellt man sich eine Einbrenne her, die man mit der Kochbrühe auffüllt und mit dem Blut aufkochen läßt.

Auch im 21. Jahrhundert werden Kartoffeln und Rüben mit der Hand geschält und noch keine automatischen Schälmaschinen eingesetzt. Spektakulärer denkt man sich die Veränderungen bei Fleisch und Fisch, dort wo Leben genommen wird und Blut fließt. Aber auch ein Vergleich von Rezepten für Rinderrouladen, Hackbraten, Schweinepfeffer, Gansjung, Gebratene Tauben, Hasenbraten und Gesottenen Flußfisch erfüllt die Erwartungen nicht – es ändert sich in den Rezepten überraschend wenig; allein der Fisch wird seit 53/1986 gekocht und heißt jetzt auch so.

Unsere Ausgangssituation ist die Erstauflage, erschienen um 1910. Damals wird das Fleisch für die Rinderrouladen in der Küche fingerdick geschnitten und geklopft, für den Hackbraten wird es gehackt. Der Hasenbraten muss vorbereitet werden: Der Hase wird abgezogen, ausgenommen, dann werden Kopf, Hals, Vorderläufe und Bauchlappen weggenommen. Die Tauben sind nicht kochfertig, sondern wollen gerupft, gesengt und ausgenommen werden. Ebenso ist mit der Gans zu verfahren, bei ihr wird Blut beim

Schlachten aufgefangen. Man braucht es als Zutat für die Soße. Auch der Schweinepfeffer wird mit Schweineblut abgeschmeckt. Die bisherigen Beispiele beschreiben den Umgang mit dem geschlachteten Tier, bei den Fischen gehört das Töten selbst ins Kochbuch. Für den Flußfisch gesotten werden sie durch einen Schlag auf den Kopf und Stich in die Halsgegend an der Wirbelsäule getötet.

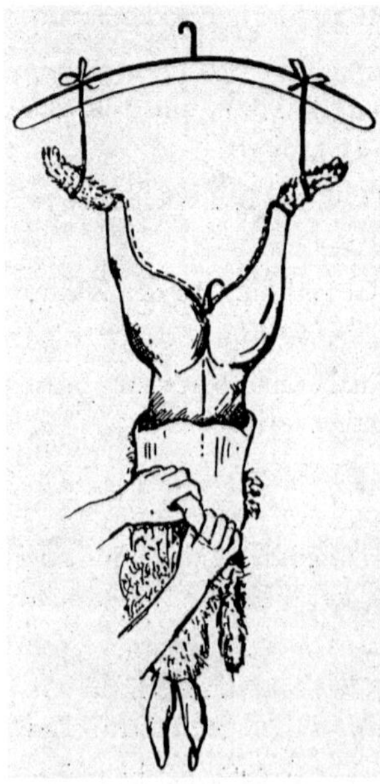

27/1958, S. 126

In den nächsten sechs Jahrzehnten ändert sich an den beschriebenen Zubereitungsweisen zweierlei: Ab der Auflage 10/1927 wird das Fleisch für den Hackbraten nicht mehr gehackt sondern durch die Maschine gegeben und ab Auflage 27/1958 lässt man den Fisch töten. Die gründlich überarbeitete Nachkriegsauflage 18erw./1947 lagert Arbeitsschritte in die Kochlehre aus, um sie dort didaktisch zu beschreiben. Die Abläufe bleiben unverändert.

Mit der Auflage 40/1971 betritt ein Mann die Szene: der Metzger. Fortan kann man von ihm das Hackfleisch frisch durchdrehen lassen oder dünne Fleischscheiben für Rouladen schneiden lassen. Auch die Knochen für die Knochenbrühe werden ab nun beim Metzger zersägt (siehe Kapitel *Knochenbrühe*). Trotz dieser neuen Inanspruchnahme von Dienstleistungen bleibt das Bayerische Kochbuch sich treu und beschreibt alternativ, wie's war ohne Metzger, als man das Fleisch noch selber durch die Fleischmaschine gab. Und auch das Vorrichten eines Hasen und wird stilistisch noch ausführlicher ohne inhaltliche Abstriche formuliert. In der Kochlehre zum Geflügel gehen Maria Hofmann und Helmut Lydtin auch in der aktuellen Auflage von der Möglichkeit der Eigenschlachtung aus und beschreiben die Arbeitsschritte am Geflügel, bis es kochfertig ist. Dass man es auch in diesem kochfertigen Zustand kaufen kann, verschweigen sie allerdings nicht.

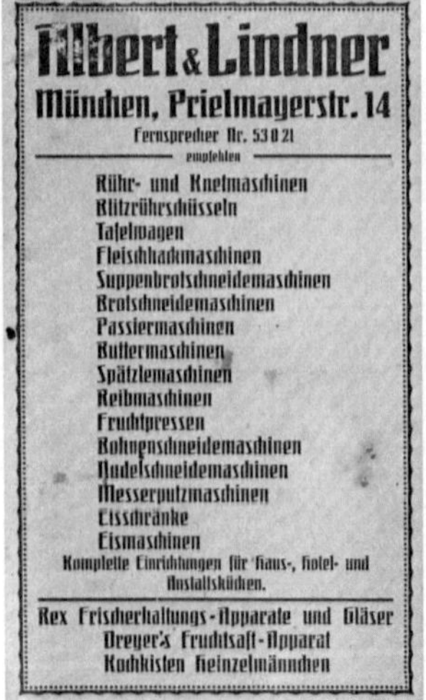

Küchengeräte von Albert und Lindner 3/1916

Technik

Teil der Küchenausstattung ist jahrzehntelang nicht nur das Beil, sondern auch eine Kochkiste. Das zeitgenössische *Meyers Großes Konversationslexikon* (1902–1909) erklärt: »Kochkiste (Selbstkocher), eine mit schlechten Wärmeleitern gepolsterte Kiste, in der Speisen sich lange warm erhalten, auch einmal angekocht in einigen Stunden gar werden. Die K. gewährt im Haushalt großen Vorteil, da es durchaus nicht erforderlich ist, Speisen, die längere Zeit erhitzt werden müssen, beständig auf offenem Feuer zu halten; auch eignet sich die K. für Arbeiter und Fahrbeamte, die nicht in der Lage sind, zur rechten Zeit sich warme Speisen zu verschaffen.« Verwendet wurde die Kochkiste im Kochbuch von der ersten Auflage bis Ende der 60er Jahre z.B. für Eintöpfe wie Rumfordsuppe (A/[1910]) oder Bayerischer Topf (39/1969). Anfangs gab es sogar ein Kapitel mit Menüvorschlägen – Küchenzettel genannt – für einen dreitägigen Kochkistenkurs (A/[1910]). Die Kochkiste spart Energie und auch Zeit, Zeit die man am Herd verbringt. Die Kochkiste trennt das Kochen vom Essen und schafft Unabhängigkeit. Das verbindet sie mit einem neuen Gerät der jüngeren Zeit: der Mikrowelle. Den Umgang mit ihr kann man im Bayerischen Kochbuch ab der Auflage 54/1992 in einem eigenen Kapitel lernen.

Während die Kochkiste für Nachhaltigkeit und Sparsamkeit im Alltag steht, vertritt ein anderes Küchengerät der Anfangsjahre die Leckerei: In der Auflage 6/1924 wird u. a. Vanilleeis mit der Gefrierbüchse oder Eismaschine hergestellt. Ab der Auflage 27/1958 friert man Speiseeis in einer Gefrierzelle des elektrischen Kühlschranks oder einer Tiefgefrieranlage und seit Auflage 40/1971 auch in der Tiefkühltruhe ein.

Das Bayerische Kochbuch ist als Lehrbuch entstanden und wird noch heute als solches gebraucht. Ein Lehrwerk will alte und neue Techniken gleichermaßen vermitteln und erklären. Dies zeigt sich im Nebeneinander von traditioneller Zubereitung und aktueller Küchentechnik. Für den Bohnenkaffee kennt bereits das Kochbuch der Auflage 10/1927 zwei Varianten, in deren erster die Karlsbader Kaffeemaschine zum Einsatz kommt. Ab Auflage 15/[1933] werden die Rezepte getrennt. Im ersten wird der Kaffee nach dem Ziehen durch einen Kaffeesack oder Seiher in die vorgewärmte Kaffeekanne gegossen. Im zweiten Rezept hilft eine Kaffeemaschine bei der Herstellung. Anstelle einer Zubereitung liest man: siehe Gebrauchsanweisung. Mittlerweile werden verschiedene Kaffeemaschinen angeboten, so dass eine Beschreibung der Handhabung möglicherweise in die Irre geführt hätte. Ein Blick in die aktuelle Auflage 56/2007 zeigt: Kaffee wird auch heute wahlweise gefiltert, gebrüht, gekocht oder mit der Kaffeemaschine zubereitet. Was freilich unter einer Kaffeemaschine zu verstehen ist, bestimmt der technische Fortschritt. Die folgende Liste von Küchengeräten orientiert sich nicht am tatsächlichen technischen Fortschritt, sondern allein am ersten Beleg im Bayerischen Kochbuch:

Kochkiste (A/[1910])
Gefrierbüchse oder Eismaschine (6/1924)
Kaffeemaschine (10/1927)
Dampfdrucktopf (18erw./1947)
Gefrierzelle des elektrischen Kühlschranks oder eine Tiefgefrieranlage (27/1958)
elektrische Küchenmaschine (27/1958)
elektrischer Herd (27/1958)
Gasherd (27/1958)
elektrisches Rührgerät (27/1958)
Tiefkühltruhe (40/1971)
elektrische Grillgeräte (40/1971)
Mikrowelle (54/1992)

Besonders augenfällig ist der sprunghafte Anstieg der technischen Haushaltshilfen Ende der 50er Jahre: Gefrierzelle des elektrischen Kühlschranks, Tiefgefrieranlage, elektrische Küchenmaschine, elektrischer Herd, Gasherd und elektrisches Rührgerät treten gemeinsam auf. So hilft das Bayerische Kochbuch mit, das Wirtschaftswunder der Bundesrepublik wahr werden zu lassen. Die sparsame Kochkisten-Hausfrau ist Vergangenheit. Das Gebot der Stunde heißt Energiekonsum.

Fertigprodukte

Eingangs beschäftigten wir uns mit der Verarbeitung unfertiger Zutaten. Dieser Abschnitt fragt: Wie fertig kommt eine Zutat auf den Küchentisch? Oder: Kennt das Bayerische Kochbuch Fertigzutaten oder gar Fertiggerichte. Die Anwort lautet: zweimal ja. Bereits in der ersten Auflage werden u. a. Fischkoteletten mit Liebigs Fleischpepton und Vegetarischer Sud mit Maggi zubereitet. Die im Ersten Weltkrieg erscheinende Auflage 3/1916 empfiehlt Trockeneiweiß als Alternative für das rare Rohprodukt Ei, siehe Eiweißkuchen (3/1916). Seit der Auflage 18erw./1947 kann man bei Zeitdruck auf die Kochfertige Suppe ausweichen. An diesem Namen für das geläufigere Tütensuppe hält das Kochbuch fest. Kakaoliebhaber werden schon 27/1958 auf eine Variante mit dem Fertigprodukt Kaba hingewiesen. Ab der Blauen Auflage trennen sich Kakao und Kakaotrunk. Letzterer wird – wahlweise mit Kaba oder Nesquik nach Gebrauchsanweisung gemischt (40/1971). Auch der Bohnenkaffee, ausführlich nach vier verschiedenen Arten aus gemahlenen Kaffeebohnen zubereitet, kann ab 40/1971 schnell mit Kaffee-Extraktpulver nach Rezept aufgegossen werden, wahlweise mokkastark. Zu den Zutaten des Schweinebratens zählt ab Auflage 40/1971 alternativ auch eine käufliche Gewürzmischung.

Fertigprodukte setzen Konservierung voraus. Traditionelle Konservierungsmethoden basieren auf Kochen oder Fermentieren unter Verwendung von Salz oder Zucker, um Lebensmittel haltbar zu machen. Nachzulesen sind die Methoden u. a. im *Einkochbuch*, das ebenfalls der Verein für Wirtschaftliche Frauenschulen auf dem Lande herausgegeben hat und das nach der Vereinsauflösung von Maria Hofmann bis in die späten 60er Jahre des 20. Jahrhunderts weitergepflegt wurde. Das *Einkochbuch* lehrt das Konservieren von Nahrungsmitteln, das Bayerische Kochbuch lehrt den Umgang mit den Konserven. Am Trockengemüse, das seit der Auflage 15/[1933] seinen Platz im Kochbuch hat, wird deutlich, dass die Konservierung nur die eine Seite einer Medaille ist. Auf die andere Seite weist die aktuelle Auflage hin, die Trockengemüse als Qualitätserzeugnis lobt, das Putz- und Schälarbeit erspart. Dosenkonservierung von Gemüse belegt erstmals die Auflage 18erw./1947. Während anfangs nur der Nährwert von Dosengemüse für die gemüsearmen Winter angepriesen wird, nennt die Kochlehre der Auflage 23/1953 Gemüsekonserven dank ihrer einfachen Zubereitung unentbehrlich in Zeiten von Arbeitsspitzen. In früheren Zeiten war das Lebensmittel je nach Jahreszeit Mangelware und musste haltbar gemacht werden. Zunehmend wird im 20. Jahrhundert die Arbeitszeit Mangelware. Die Arbeitserleichterung läuft der Konservierung den Rang ab. Das Bayerische Kochbuch ist es sich als Lehrkochbuch schuldig,

Den Spagat des Bayerischen Kochbuchs im 21. Jahrhundert zwischen Küchenalltag und – man muss es so nennen – anspruchsvoller Slowfoodküche belegt das Rezept für Milzwurst. Kauft man die Wurst beim Metzger fertig in Scheiben geschnitten und bäckt sie dann – wahlweise paniert – in der Pfanne aus, wird Milzwurst zum Schnellgericht. In den 70er Jahren zieht diese Variante mit der Anmerkung (fertig gekauft*) ins Kochbuch ein.

Deutlich mehr Zeit in Anspruch nimmt die Herstellung von Milzwurst in der eigenen Küche. Auch das wird erklärt. Allein die Zutaten zusammenzustellen, erfordert heutzutage für die meisten von uns Planung: Kalbsmilz, -leber, -bries, -brät hat nicht jede Fleischtheke vorrätig. Seit 18/1943, dem ersten Beleg des Rezepts, haben sich die fleischernen Zutaten – immer vom Kalb – mehrmals geändert. Anfangs waren es Milz, Bries, Hirn und Brät, dann kommt in der Auflage 27/1958 eine zweite Variante hinzu: ohne Hirn und Brät, dafür mit Leber und Muskelfleisch. 40/1971 wird die Zweigleisigkeit wieder aufgegeben. Die Zutaten setzten sich nun aus der oben genannten Mischung beider Rezepte zusammen. Die aufwendige Zubereitung bleibt gleich anspruchsvoll.

den Lesern zu erklären, dass Dose nicht gleich Dose ist. Die einen Dosen sind sterilisierte Vollkonserven und die anderen Dosen pasteurisierte Halbkonserven, auch Präserven genannt. Nachzulesen im Theorieteil des Gemüsekapitels (40/1971). Die jüngste Möglichkeit des Haltbarmachens ist das Tiefkühlen. Diese Form der Fertigkost hält mit der Auflage 27/1958 Einzug im Kochbuch.

Das Bayerische Kochbuch will die auf dem Markt angebotenen Herrichtungsformen von Zutaten – frisch, vergoren, getrocknet, gefroren, konserviert – erklären. Aber beschreibt es auch das Kochen damit? Das traditionelle Kochbuch ist sich nicht zu schade für Dosengemüse. Anfangs verstecken sich die Ratschläge in der Kochlehre, ab Auflage 27/1958 findet man Rezepte für Dosengulasch, Rollen/Rouladen aus Dosen und ab 40/1971 Dosengemüse im Register. Auch die Rouladen erhalten eine Fertigvariante. Die Fertiggerichte stehen im Bayerischen Kochbuch, um verfeinert auf den Tisch zu kommen. Denn neben der Mahnung Rezeptangabe beachten enthalten diese Rezepte Tipps, wie das Fertiggericht schmackhafter zuzubereiten sei.

Man kann sich die Frage stellen, was die Verlagerung von Küchenhandwerk in die Fertigproduktindustrie für ein Gericht bedeutet und auch für das Kochen selber. Aber das ist hier nicht mein Thema. Eines aber ist zu konstatieren: Frische Zutaten sind unersetzbar. In den aktuellen Rezepten für Gänsejung und Schweinepfeffer ist Blut nicht mehr bei den Zutaten gelistet. Allerdings wird es zum Abschmecken der Soße bei Gänsejung noch optional verwendet. Blut als Zutat muss schlachtfrisch sein. Blut gibt es nicht in Dosen.

Bayerische Rüben mit Schweinefleisch

6. Auflage, 1924, S. 15

2 Pfd. Rüben, 1/2 Pfd. Schweinefleisch, 3/4 l Wasser, Salz, 2 Eßl. Fett, 4 Eßl. Mehl, 1 Prise Zucker

Die Rüben werden gewaschen, geschabt und nochmals gewaschen, mit Wasser und Salz zum Kochen aufgesetzt. Wenn die Rüben eine Weile gekocht haben, legt man das vorbereitete Schweinefleisch ein und kocht beides zusammen 1 Stunde. Aus Fett, Mehl und Zucker macht man eine dunkle Einbrenne, löscht sie und gibt sie an die Rüben, läßt sie gut durchkochen. Das Fleisch wird in Stücke geschnitten und auf die angerichteten Rüben gelegt. Zubereitungszeit 2 Stunden.

Messen und Wiegen

Im Lehrbuch: der Stoff zum Abfragen

In den Zeiten, als noch keine Digitalwaage zur Küchenausstattung gehörte und gerne die kleinen hübschen 5 g und 10 g Gewichte der mechanischen Balkenwaagen verschwanden, halfen Hohlmaße oft weiter. Teelöffel, Esslöffel, Tassen dienten und dienen noch heute zum Messen in der Küche. Eine Umrechnungstabelle – hier Gewichtsangabe, dort gängiges Hohlmaß – war deshalb eine nützliche Information im Kochbuch. Wer es genauer wollte, für den standen genormte Messlöffel zur Verfügung. Welche Maße und Ersatzmessmethoden verwendet das Bayerische Kochbuch? Verändern sich im Laufe der Zeit (Ersatz)Maße und Wiegegut? Antworten auf diese Fragen und Mutmaßungen über eine beharrliche Liste im Bayerischen Kochbuch folgen hier.

Maße und Ersatzmaße

Gramm und Pfund sind die **geeichten Gewichte**, mit denen im Kochbuch des Bayerischen Vereins für Wirtschaftliche Frauenschulen auf dem Lande gerechnet wird. Dies gilt auch für größere Mengen, wie z. B. das Rezept für Einfache Plätzchen belegt, in dem 2 ½ Pfd. Mehl verbacken werden (A/[1910], S. 147). Das geeichte Hohlmaß ist der *Liter*.

Mit der 17. Auflage von 1938 des nunmehr Bayerischen Kochbuchs verschwindet das *Pfund* aus den Mengenangaben und wird durch die Einheit *Kilogramm* ersetzt. So sind z. B. die Zutaten der Fettmischung I noch 1936:

> 5 Pfd. ausgelassenes Butterschmalz und 7 Pfd. ausgelassenes Schweineschmalz (16/1936, S. 76).

Zwei Jahre später benötigt man stattdessen:

> 2 ½ kg ausgelassenes Butterschmalz und 3 ½ kg ausgelassenes Schweineschmalz (17/1938, S. 80).

Äußerlich ändert sich in dieser Auflage nichts. Es ist die dritte, die Maria Hofmann verantwortet, die zweite, die in der J. G. Weiß'schen Buchdruckerei hergestellt wird und die letzte herausgegeben vom Verein für Wirtschaftliche Frauenschulen – auch wenn er jetzt anders heißt. Die erste Auflage unter dem neuen Titel mit einem Vorwort. Konsequent wird *Pfund* im Bayerischen Kochbuch durch *Gramm* und *Kilogramm* ersetzt. Warum es jetzt geschieht, darüber kann man nur mutmaßen. Seit der Einführung des dezimalmetrischen System Ende des 19. Jahrhunderts ist das offizielle Messsytem international vereinheitlicht und die Maßeinheit *Pfund* gehört der Vergangenheit an. Freilich hielt sie sich hartnäckig u. a. in Kochbüchern und bis heute im mündlichen Gebrauch. Die Bindung des Bayerischen Vereins für Wirtschaftliche Frauenschulen an den Reifensteiner Verband war seit der Vereinsgründung eng. Im Nationalsozialismus waren beide im Reichsnährstand zusammengefasst. Die Publikationen des Reifensteiner Verbands verwendeten kein *Pfund*. Die Umstellung des Bayerischen Kochbuchs auf *Kilogramm* war eine längst überfällige Anpassung an die gültige Norm.

Bei kleineren Mengen werden die *Pfund*angaben durch *Gramm* ersetzt. So braucht man für Nürnberger Busserln erst 1 ¼ Pfd. Mehl (16/1936, S. 233) und später 625 g Mehl (17/1938, S. 253).

60 Kochbuchjahre später erfolgt eine weitere Systemumstellung der geeichten Maße im Bayerischen Kochbuch. In der 55. Auflage von 1998 löst das Hohlmaß *Milliliter* den *Liter* ab. Im Kapitel Messen und Wiegen findet man eine Umrechnungstabelle und eine Begründung: Da viele der früher gängigen Flüssigkeitsmaße heute nicht mehr leicht abzumessen sind und Flüssigkeitsverpackungsgrößen heute weitgehend in Gramm oder ml angegeben sind, werden Flüssigkeiten in diesem Buch in der Regel mit ml (Milliliter) angegeben. (Gelegentliche Ausnahmen: ¼ l, ⅛ l, ½ l, 1 l und größere Maßeinheiten) (55/1998, S. 69).

Wenden wir uns den **alternativen Messmethoden** des Kochbuchs zu. Mit nur einer Ausnahme – Auflage A/[1910] – ist in allen Auflagen dem Rezeptteil eine Liste vorgeschaltet, der zu entnehmen ist, wie viel Gramm ein *Esslöffel* einer bestimmten Menge wiegt. Die ersten Auflagen belegen Rezepte, die beide Wiegemethoden alternativ verwenden. So rechnet man für eine Milchmehlsuppe: 100 gr Mehl oder 10 Eßl. (A/[1910], S. 9) und für Flocken- und Grützensuppe: 60 gr Melbereiware oder 6 Eßl. (A/[1910], S. 13). 1920 sind diese Alternativen nicht mehr vorhanden: Die Mengen werden nur noch in Gramm angegeben.

Welche Ersatz-Einheiten nennt das Kochbuch? Bei kleinteiligen Zutaten, wie Mehl oder Reis, wird, wie oben zu lesen, ein *Esslöffel* als Einheit verwendet, bei größeren, wie Kartoffeln, die *Stückzahl.* Auf der Suche nach weiteren ungeeichten Hohlmaßen in den Rezepten habe ich wenig gefunden. In den ersten zwei Auflagen ist der Kaufwert für Herz und Leber das Maß. Dort heißt es im Rezept Knochenbrühe: 10 Pfennig Herz und Leber. Doch schon der Auflage 2/[1913] ist diese Angabe zu unsicher. Wer konnte schon garantieren, dass ein Münchner Metzger für 10 Pfennig genauso viel abwog wie einer aus Mellrichstadt. Da sind *Teelöffel* oder *Handvoll* berechenbarer. Fischkotelettes nach Hedwig Heyl werden u. a. mit 1 Teel. Liebigs Fleischpepton, 1 Teel. gewiegte Petersilie, 1 Teel. Zitronensaft zubereitet (B/[1911], S. 180). Zur Sauerkrautsuppe aus Frau Dr. List's Kochbuch braucht man 1 Handvoll geröstetes Schwarzbrot (ebd. S. 194) und für Petersiliensuppe mit Schwemmklößchen (Nürnberger Rezept) 1 Hand voll junge Petersilie (ebd. S. 6). Ich vermute, dass man bei den Rezepten aus Achtung vor dem Originaltext um eine redliche Übernahme bemüht war, nicht nur der Zutaten und der Zubereitung, sondern auch der für das eigene Kochbuch unüblichen Messmethode. Andererseits bieten sich die genannten Zutaten zum Abmessen mit der Hand eher an, als z. B. Mehl oder Zucker. Die Hand als Hohlmaß im Petersilienwurzelsuppenrezept hält sich hartnäckig und wird erst 1971 von der entsprechenden Grammangabe abgelöst. Ein weiteres Hohlmaß ist die *Tasse.* Ihre Verwendung ist selten. 1924 erscheint zum ersten Mal ein Kaffeekuchen, dessen Basiszutaten mit einer Tasse abgemessen werden:

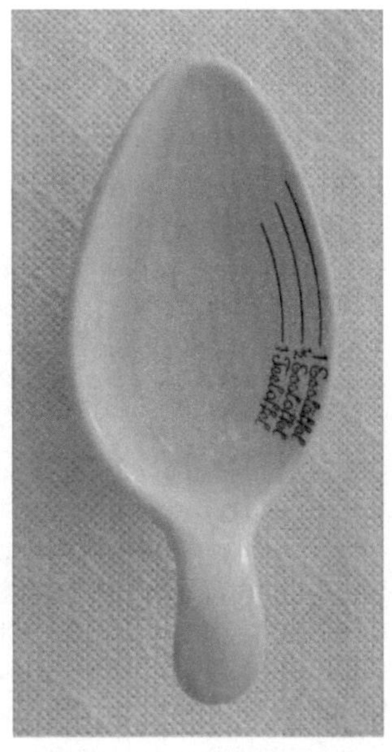

Messlöffel Prozellan, Privatbesitz

1 Tasse Butter
1 Tasse Zucker
2 Tassen Mehl
1 Tasse Kaffee

Das Rezept (6/1924, S. 128) ist, soweit ich sehe, ein Kuriosum im Kochbuch. Fast 10 Jahre später werden die Zutaten des Kaffeekuchens umgerechnet in Gramm. Der Kuchen gehört noch weitere 40 Jahre zum Kanon des Bayerischen Kochbuchs, bis er in der 40. Auflage 1971 im Aus landet. Die Einheit Tasse wird aber 1998 wiederbelebt zusammen mit einem weiteren Hohlmaß, dem *Likörglas*: dazu unten mehr.

Das Wiegegut in den Erläuterungen

Manche Zutaten braucht man beim täglichen Kochen ständig, andere kommen zur selten zum Einsatz. Die, die immer griffbereit sein sollen, müssen es auch rasch in der richtigen Menge sein, und dabei hilft eine unkomplizierte Messmethode. Die Liste mit dem Titel Erläuterungen enthält sieben Zutaten, von denen man annehmen muss, dass sie fast täglich verwendet wurden. Um 1910 waren das:

1 gestrichener Eßlöffel Grieß	10–15 gr
1 gestrichener Eßlöffel Reis	15 gr
1 gestrichener Eßlöffel Gerste	15 gr
1 gestrichener Eßlöffel Mehl	10 gr
1 gestrichener Eßlöffel Zucker	12 gr
1 gestrichener Eßlöffel Fett oder Butter	20 gr
6 Stück mittelgroße rohe Kartoffeln	1 Pfund

Ab der 10. Auflage des Kochbuchs leitet der Satz Statt zu wiegen kann man auch messen (10/1927, S. [4]) die Liste ein. Werden die genannten Zutaten tatsächlich häufig verwendet? Das Register der ersten Auflagen belegt elf Rezepte mit Grieß im Namen, über 20 mit Reis, drei mit Gerste und über 40 mit Kartoffel. Das kann ein Anhaltspunkt sein für die Frequenz der Verwendung der Zutaten. Mehl, Zucker und Fett sind fraglos Lebensmittel, die ständig verwendet werden. Auffällig in dieser Reihe ist die Gerste. Sie ist weder in den Rezeptnamen häufig belegt, noch als Zutat. Mit Gerste wird Rollgerstenschleim (B/[1911], S. 169) und Rollgerstensuppe (ebd. S. 14) gekocht. Trotzdem findet das Getreide Eingang in die vermeintliche Hitliste der häufig verwendeten Zutaten des Kochbuchs. Ein Anhaltspunkt für den Stellenwert im Kochalltag können die Vorratsdosen mit der Aufschrift *Gerste* oder alternativ *Graupen* aus dem ersten Viertel des 20. Jahrhunderts sein. Man findet sie bei Auktionen ebenso oft wie die mit *Reis* und *Grieß*.

Die konstante Liste wird 1933 erweitert um Salz und Rahm (15/1933, S. [6]) und 1936 um Stärkemehl. Fett wird jetzt im zerlassenen Zustand gemessen (16/1936, S. [6]):

1 Eßlöffel Salz	12 Gramm
1 Eßlöffel Zucker	15 Gramm
1 Eßlöffel Grieß	12 Gramm
1 Eßlöffel Reis	15 Gramm
1 Eßlöffel Gerste	15 Gramm
1 Eßlöffel Mehl	10 Gramm
1 Eßlöffel Stärkemehl (Kartoffelmehl)	15 Gramm
1 Teelöffel Stärkemehl (Kartoffelmehl)	5 Gramm
1 Eßlöffel Fett zerlassen	10 Gramm
1 Liter Mehl	1 Pfund
6 Stück mittelgroße rohe Kartoffeln	1 Pfund
6 Eßlöffel Rahm	$^{1}/_{8}$ Liter
3 Eßlöffel Rahm	1/16 Liter

Der nächste Eingriff findet 1958 statt. Inhaltlich gibt es einen Listenzugang: Ebenso wie Kartoffeln kann man Äpfel zählen statt wiegen (5–6 Äpfel = 500 g) und einen Ersatz: Rahm wird zu Flüssigkeit. Darüber hinaus wird umstrukturiert: Die Reihenfolge der zu messenden Zutaten verändert sich und Gleichgewichtiges wird zusammengefasst: 1 Eßlöffel gestrichener Zucker, Reis, Rollgerste oder Stärkemehl 15 g (27/1958, S. 10). Letzteres macht die erste blaue Ausgabe 1971 wieder rückgängig. Im Übrigen geschieht bei dieser sonst deutlich überarbeiteten Auflage nur wenig: Haferflocken und Backpulver werden neu in den Kanon aufgenommen, zur Gerste, die seit 1938 Rollgerste heißt, gesellt sich die sprachliche Variante Graupen (40/1971, S. 65). Damit ist der aktuelle Stand der Messen-statt-Wiegen-Liste erreicht. 1998 wird sie zwar neu strukturiert, durchgehend Esslöffel- und Teelöffelmengen gewogen und die Hohlmaße Likörglas und Tasse (wieder) eingeführt, aber keine inhaltlichen Veränderungen am Wiegegut vorgenommen (55/1998, S. 69):

	1 gestrichener Teelöffel sind etwa:	1 gestrichener Eßlöffel sind etwa:
Öl oder Fett zerlassen	4 g	10 g
Mehl	3–4 g	10 g
Stärkemehl bzw. Speisestärke	5 g	15 g
Salz	5 g	12 g
Zucker	5 g	15 g
Grieß	4 g	12 g
Reis	5 g	15 g
Haferflocken		10 g
Rollgerste, Graupen		15 g
Backpulver	3 g	10 g
5–6 mittelgroße Äpfel		ca. 500 g
5–6 mittelgroße Kartoffeln		ca. 500 g
8 EL Flüssigkeit		ca. 90 ml
4 EL Flüssigkeit		ca. 40 ml
1 Likörglas		ca. 20 ml
1 Tasse		ca. 250 ml = $^{1}/_{4}$ l

Die kleine Liste Messen statt Wiegen ist ein Dauerbrenner im Bayerischen Kochbuch. Sie ist seit den ersten Auflagen Teil der einleitenden Paratexte. An ihrem Inhalt ändert sich wenig. Die Zutaten Fett oder Butter, Gerste, Grieß, Mehl, Reis und Zucker sind über alle Auflagen hinweg Bestandteil des Kanons, Salz, Stärkemehl, Haferflocken und Backpulver kommen mit den Jahren hinzu. Die Liste bietet einen raschen Zugriff auf Zutaten des alltäglichen Gebrauchs in der gewünschten Menge. Warum ist sie inhaltlich so konstant? Kann man davon ausgehen, dass 2010 mit der gleichen Frequenz wie 1910 bestimmte Zutaten in der Küche gebraucht werden – vorausgesetzt, man kocht mit dem Bayerischen Kochbuch? Vermutlich steht die inhaltliche Kontinuität auch in Zusammenhang mit dem Lehrbuchcharakter des Kochbuchs. Die Liste hat sich nicht nur bewährt, sie eignet sich auch zum Abfragen in Prüfungen: *Wie viel wiegt ein Esslöffel Rollgerste?*

Sultaninenkuchen

8. Auflage, 1926, S. 129

½ Pfd. Butter, ½ Pfd. Zucker, 6 Eier, geriebene Zitronenschale, ¾ Pfd. Mehl, ¾ Pfd. Sultaninen, etwas Backpulver

Butter wird schaumig gerührt, die ganzen Eier und Zucker abwechselnd dazu geben, dann etwas Zitronenschale, Mehl und Backpulver, zuletzt die Sultaninen. Der Kuchen wird in einer vorbereiteten Kastenform 1 ½ Stunden gebacken.

Milzwurst …

Das Bayerische Kochbuch *ist ein Regionalkochbuch*

… und Saure Nieren, Gansbraten, Lammbraten, Kalbskopf, Schuxen, Brätknödel, Hopfenspargelsalat, Kuheuter, Faschingskrapfen, Anislaiberln, Kaspressknödel, Meerrettichgemüse, Weckschnitten, Semmelknödel, Ischler Plätzchen, Pichelsteiner, Kalbshaxe, Schweinebraten, Tellerfleisch: hier eine kleine Rezeptauswahl aus 100 Jahren Bayerisches Kochbuch, darunter ein Neuzugang um 1933, zwei 1998, alle anderen Rezepte sind von Anfang an dabei.

Unter einem Regionalkochbuch kann sich jeder etwas vorstellen. Dieser Kochbuchtyp hat Konjunktur. Ist das Bayerische Kochbuch ein solches? Nun – die Farben des Einbands sind zumindest Weiß und Blau wie der Himmel über dem Freistaat. Was alles ist bayerisch am Bayerischen Kochbuch?

Beim Versuch, auf die Frage zu antworten, stolpere ich über meine eigenen Füße. Ich schaue nicht über den Tellerrand des Bayerischen Kochbuchs, kann also wenig über das sagen, was jenseits von ihm liegt. Ich könnte behaupten, im Bayerischen Kochbuch steht bayerische Küche. Basta. Maria Hofmann klatscht dazu keinen Beifall. Also: Was lässt sich sicher sagen? Das Kochbuch ist in München und Miesbach gewachsen. Die Rezepte werden laut dem ersten Vorwort des Kochbuchs in Miesbach erprobt und zusammengestellt und danach in München gedruckt und herausgegeben. Diese Zusammenarbeit besteht bis 1939 – solange der Bayerische Verein für Wirtschaftliche Frauenschulen auf dem Lande das Kochbuch herausgibt. Als der sich auflösen muss, übernimmt Maria Hofmann die Verantwortung. Auch sie wohnt in München bis zu ihrem Tode, ihr Neffe Helmut Lydtin keine 30 km entfernt. Das Bayerische Kochbuch ist in Oberbayern groß geworden.

Was erproben und schreiben die Verantwortlichen in Miesbach und München? Schon um 1910, als noch schlicht Kochbuch auf dem Titelblatt steht, positioniert es sich als Regionalkochbuch. Dieses Kochbüchlein enthält eine Reihe von Rezepten der süddeutschen bürgerlichen Küche mit besonderer Berücksichtigung der in den verschiedenen Kreisen Bayerns ortsüblichen Gerichte. Und so liest man in den ersten Auflagen des Kochbuchs etliche Kochrezepte, die bayerischen Regierungsbezirken zugeschrieben werden: Franken, Schwaben, Oberpfalz, Niederbayern und jeweils

Volkslied
Was is heut für a Tag,
heut is Montag,
heut is Knödltag.
Wann alle Tag
Montag Knödltag wär,
dann wär'n ma lust'ge Leut.
Was is heut für a Tag,
heut is Dienstag,
heut is Nudeltag.
Wann alle Tag
Montag Knödltag,
Dienstag Nudeltag wär,
dann wär'n ma lust'ge Leut
Was is heut für a Tag,
heut is Mittwoch,
heut ist Strudeltag.
Wann alle Tag
Montag Knödeltag
Dienstag Nudeltag,
Mittwoch Strudeltag wär,
dann wär'n ma lust'ge Leut.
Was is heut für a Tag,
heut is Donnerstag,
heut is Fleischtag.
Wann alle Tag
Montag Knödeltag,
Dienstag Nudeltag,
Mittwoch Strudeltag,
Donnerstag Fleischtag wär,
dann wär'n ma lust'ge Leut.
Was is heut für a Tag,
Heut is Freitag,
heut is Fasttag.
Wann alle Tag
Montag Knödeltag,
Dienstag Nudeltag,
Mittwoch Strudeltag,
Donnerstag Fleischtag,

Freitag Fasttag wär,
dann wär'n ma lust'ge Leut.
Was is heut für a Tag,
heut is Samstag,
heut is Zahltag.
Wann alle Tag
Montag Knödeltag,
Dienstag Nudeltag,
Mittwoch Strudeltag,
Donnerstag Fleischtag,
Freitag Fasttag,
Samstag Zahltag wär,
dann wär'n ma lust'ge Leut.
Was is heut für a Tag,
heut is Sonntag,
heut is Lump'ntag.
Wann alle Tag
Montag Knödeltag,
Dienstag Nudeltag,
Mittwoch Strudeltag,
Donnerstag Fleischtag,
Freitag Fasttag,
Samstag Zahltag,
Sonntag Lump'ntag wär,
dann wär ma lust'ge Leut.

(traditionelles Volkslied)

eines aus der Pfalz und Oberbayern. Warum die Pfalz dabei ist, können Sie im Kapitel *Saures Kartoffelgemüse* lesen. Dass nur Geriebener Teigschmarrn als explizit oberbayerisch ausgewiesen ist, überrascht nicht. Die ober- oder vielleicht besser altbayerischen Rezepte werden ohne Angabe der Region aufgenommen. Vertrautes wird nicht markiert, es ist das Unmarkierte und Normale. Mit den Jahren verlieren die Rezepte häufig ihre regionalen Angaben, einige Gerichte fallen weg, andere kommen hinzu. Die inhaltiche Ausrichtung bleibt unverändert.

Anfang der 30er Jahre bekommt das Kochbuch seinen neuen Namen. Es heißt nun Bayerisches Kochbuch. Nun weiß jeder gleich, welche regionale Küche es vertritt. Die Rezepte im Kochbuch, die diesen Zusatz tragen, sind allerdings rar. Im Register der Auflage A/[1910] findet man Bayerische Rüben und Bayerischen Kuchen. In der Auflage 4/1920 kommt der Bayerische Topf dazu und 1927 mit der 10. Auflage erhält Weißkraut den Namenszusatz Bayerisch Kraut. Allerdings verabschiedet man sich in dieser Auflage auch von den Bayerischen Rüben und dem Bayerischen Kuchen. Lange stagniert die kleine Rezeptgruppe. Der jüngste Zugang ist die Bayerische Creme in der Auflage 55/1998. Bairisch kommt auch die Sprache daher im Bayerischen Kochbuch. Mehr dazu im Kapitel *Ausgezogene*.

Es liegt nahe, Rezepte, die das Regionale im Namen tragen, auch so zu verorten. Vieles und viel Kluges ist in den letzten Jahren zum zerbrechlichen und doch so selbstbewussten Konzept kultureller Identität und regionaler Küche geschrieben worden, wie schwer man sie greifen kann und wie veränderbar sie ist. Was typisch bayerische Rezepte 1910 waren und heute sind, kann ich nicht sagen, zu unsicher ist der Grund kulinarischer Bodenständigkeit. Ich habe einen ganz persönlichen Zugang zu dem, was bayerische Küche ist: All das, was in dem preußischen Haushalt meiner Eltern nicht auf den Tisch kam und ich bei den Nachbarn oder später in der Gastwirtschaft lieben gelernt habe, also alle Arten von Mehlspeisen wie Dampfnudeln, Ausgezogene und Nudeln, Klöße, Saures Lüngerl, fette Braten – das ist für mich bayerische Küche. Da ich nicht über den Tellerrand des Bayerischen Kochbuchs schaue, muss ich mich daran orientieren, was andere zu dem Thema sagen. Laut Ulrike Zischka schätzt die bayerische Küche Suppen mit Einlagen, Rindfleisch, kocht *Nose to Tail* seit altersher – lange bevor das in der Gourmetküche in Mode kam – und liebt Mehlspeisen und Schmalzgebackenes. Rezepte dafür finden Sie im Bayerischen Kochbuch zuhauf. Kartoffelgerichte sind zwar vorhanden im Kochbuch, haben aber anfangs einen schweren Stand gegenüber den Mehlspeisen. Das ändert sich im Laufe der Jahrzehnte. Im Bayerischen Kochbuch gilt der Spruch, dass man in Bayern die Kartoffel erst zu schätzen weiß, wenn sie den Magen eines Schweins passiert hat, nach dem Zweiten Weltkrieg nicht mehr. Wie es in den Küchen wirklich aussah, wer weiß? Ein konkreter Anhaltspunkt für historische regionale Küche ist die Verwendung von Fett in den Rezepten. Zwar ist das erste Rezept im Kochbuch bis zur Auflage 6/1924 die Buttermehlsuppe, aber in der Zubereitung heißt es dann schon zurücknehmend: man dämpft

Mehl in Fett oder Butter durch. Butter spielt im Vergleich zum Fett eine untergeordnete Rolle. Fett auslassen ist ein Rezept der ersten Stunde im Kochbuch, bald wächst es sich aus zum eigenen Kapitel Fett auslassen, Fettmischungen (10/1927) und ist auch in der aktuellen Auflage verlässlich im Kapitel Verschiedenes zu finden. Dieser Befund spricht für die typische Verteilung: norddeutsche *Butterbemme* und süddeutsches *Schmalzgebackenes*.

Außer nach der Herkunft, der Sprache und den Rezepten kann man noch nach der Zielgruppe des Bayerischen Kochbuchs fragen. In den ersten Auflagen stand die auf dem Titelblatt: Zur Benutzung in den Wanderkursen. Der Bayerische Verein für Wirtschaftliche Frauenschulen auf dem Lande organisierte Wanderkochkurse in Bayern. Die Landfrauen und später auch die Fabrikarbeiterinnen in Bayern waren die Zielgruppe des Kochbuchs. Um 1910 hat die Schriftstellerin Carry Brachvogel die Aufgabe der Kochkurse in einem Prospekt für die Wirtschaftliche Frauenschule auf dem Lande in Miesbach beschrieben »... Es gibt in diesem Hause nicht nur EINE Küche, sondern drei, in denen je nachdem gekocht oder kochen gelernt wird. In der einen von ihnen wurde gerade ein Wanderkochkurs abgehalten, der angenehme Spuren in Gestalt duftender Kuchen zurückgelassen hatte. Ein paar Jahrzehnte solcher Wanderkochkurse kreuz und quer im Land, – dann wird Bayern seinen fest begründeten Ruf schlechter Küche verlieren und auch die breitesten Schichten werden lernen, daß es auch jenseits von Knödel und Einbrenne sehr bemerkenswerte kulinarische Provinzen gibt.« Dass die bayerische Küche heute einen guten Ruf genießt, verdankt sie u.a. dem Ball, den der Bayerische Verein mit den Wanderkochkursen, den Wirtschaftlichen Frauenschulen auf dem Lande und dem Bayerischen Kochbuch ins Rollen gebracht hat.

»Das Kochbuch des *Vereins für Wirtschaftliche Frauenschulen auf dem Lande* besticht durch die Eingängigkeit seiner Rezepte und den hohen Grad an regionalen Speisen. Die im Vorwort genannten Ziele erscheinen durch Aufbau, Rezeptauswahl und Gestaltung des Buches erreicht. Zudem liefert es wertvolle Erkenntnisse der Vorstellungen von bayerischer Regionalkost und der Ernährung in ländlichen Gebieten Bayerns. Die Autorinnen gingen auch hier von einem festen Fundus an Gerichten aus, der aber durch die Aufnahme regionaler Spezialitäten eine beträchtliche Erweiterung erfahren hat. Es hat wohl in der Vorstellung der Kochbuchautorinnen so etwas wie einen festen Stamm an Gerichten gegeben, die in allen Regionen gekocht und verzehrt wurden. Je nach Region kommen mehr oder weniger *heimische* Spezialitäten hinzu, die das Werk komplettieren.« (Lesniczak 2003, S. 148f).

Zubereitung

Knochenbrühe

Ausschnitt – Aus der Küchensprache

Jedes Handwerk, jede Wissenschaft neigt dazu, eine Fachsprache zu entwickeln. Sie hilft, Dinge oder Tätigkeiten knapp und eindeutig zu benennen. Auch beim Kochen ist es nützlich, wenn man auf definierte Fachwörter zurückgreifen kann. Manche dieser Wörter sind Allgemeingut der Standardsprache, andere exklusiv. Ein so breites Thema wie *Fachsprache in der Küche* auch nur anzureißen, nehme ich mir nicht vor. Das Rezept für die Knochenbrühe ist aber ein schöner Stichwortgeber für ausgewählte Beispiele von Küchensprache im Bayerischen Kochbuch.

Nur eine Kochbuchauflage kommt ohne Worterklärungen aus: A/[1910]. Schon die nächste beginnt mit einer kleinen Wortliste, die anfangs nur zwei Einträge enthält (B/[1911], S. [4]):

Suppengrün = Sellerie, gelbe Rüben, Petersilie, Lauch oder Porree
1 Gewürzdosis = 2 Pfefferkörner, 2 Gewürzkörner, 1 Nelke und event. 1 Stückchen Lorbeerblatt

Beide Einträge fassen eine Gruppe von Zutaten zusammen, die häufig zusammen verkocht werden. Um sie nicht wieder und wieder von Neuem aufzählen zu müssen, prägt man eine Gruppenbezeichnung. Suppengrün wird im *Deutschem Wörterbuch* 1899 (DWB, Bd. 20, Sp. 1237) mit *grünzeug, kräuter zur suppenbereitung* erklärt und davor auch von älteren Kochbüchern belegt. Den Ausdruck Gewürzdosis finde ich nicht im *Deutschen Wörterbuch*, aber in dem von Hedwig Heyl verfassten *Volks-Kochbuch* (1905) wird er in der gleichen Bedeutung verwendet. Kein Wunder, denn Hedwig Heyl trat wie der Bayerische Verein für Wirtschaftliche Frauenschulen auf dem Lande für Frauenrechte ein und wird auch als Quelle für Rezepte im Kochbuch genannt.

Die vollständig neubearbeitete Auflage 10/1927 greift auch in die kleine Wortliste ein: Suppengrün wird ab jetzt Wurzelwerk genannt und als drittes Stichwort kommt der Ausschnitt hinzu. Damit ist ein kleines Stückchen Leber, Milz, Herz gemeint (10/1927, S. [4]). Ausschnitt und Suppengrün sind Zutaten des unten stehenden Rezepts für Knochenbrühe.

In der 15. und 18. erweiterten Auflage des nunmehr Bayerischen Kochbuchs wird die Wortliste erweitert um Bratzutaten: ganz grob geschnittenes Wurzelwerk, Zwiebel und nach Belieben Schwarzbrotrinde (15/[1933], S. 6) und Beizzutaten: Essig, Salz, Wurzelwerk, $^1/_2$–1 Zwiebel, 1 Gewürzdosis, 4–6 Wacholderbeeren (18erw./1947, S. 7). 1933 erklärt die Liste erstmals auch einen Arbeitsvorgang, panieren: erst in Ei, dann in Semmelbröseln wenden. Überraschenderweise ist panieren 1947 nicht mehr dort zu finden. Das klärt sich schnell auf. Seit dieser Auflage gibt es zwei Glossare: das bekannte titellose für Zutatengruppen und ein zweites für Kochbegriffe. Letzteres enthält erklärungsbedürftige Arbeitsschritte, und hier steht jetzt panieren (18erw./1947, S. 10). Die beiden Listen werden bis Ende der 60er Jahre weiter gepflegt und erst in der 40. Auflage zusammengeführt. Unter dem Titel Aus der Küchensprache werden künftig Zutaten und Arbeitsvorgänge erläutert: von Abbrennen, über Ausschnitt, Wurzelwerk und Ziehen lassen bis Zuckercouleur. Die Liste der Stichwörter ist identisch mit der der aktuellen Auflage von 2007.

Am Ende dieses Streifzugs durch die Küchensprache des Bayerischen Kochbuchs gönne ich mir einen sprachwissenschaftlichen Exkurs und kehre zurück zu den Zutatengruppen. Den Gruppencharakter zeigt bei Brat- und Beizzutaten der Plural an. Suppengrün, Wurzelwerk, Gewürzdosis, Ausschnitt stehen im Singular, sind aber ihrer Bedeutung nach Kollektiva, d.h. Wörter, die auf *Mengen oder Gruppen von Personen oder Objekten* verweisen. Die oben zitierten Erklärungen zeigen das deutlich. Mit Ausnahme von Wurzel-werk beruht die kollektive Bedeutung nicht auf einem Wortbildungsmorphem, wie z.B. *Ge-* in *Gefieder, Gestühl* oder *-schaft* in *Elternschaft, Arbeiterschaft*. Vielmehr tragen die Basismorpheme Grün und Dosis bereits die kollektive Bedeutung der Komposita Suppengrün und Gewürzdosis. Sie lassen sich mehr oder weniger gut paraphrasieren mit ›das Grün(zeug) für die Suppe‹ und ›die Dosis an Gewürzen‹ (*Ge-*!).

Anders verhält es sich beim Ausschnitt. Die beschriebene Bedeutung kann man nicht aus der Bildung erschließen. Es handelt sich um eine Bedeutungserweiterung einer Substantivableitung von *ausschneiden*: ›das, was ausgeschnitten ist‹, wie z.B. ein *Zeitungsausschnitt*. Aus der Wortbildungsbeschreibung kann man bei unserem Ausschnitt aber nicht die Wortbedeutung erschließen. Benannt wird etwas bestimmtes Ausgeschnittenes, nämlich eine Reihe von Innereien (Leber, Milz und Herz), aus denen etwas ausgeschnitten wird. In eben dieser Bedeutung verwendet ein weiteres Kochbuch *Ausschnitt*. Das in München 1905 erschienene *Die gute Hausmannskost* zählt zu den Zutaten der *Fleischsuppe* u.a. *1 Pfund Rindfleisch, Ausschnitt, Suppengrün*. Was sagen die Wörterbücher? Das *Deutsche Wörterbuch* von Jacob und Wilhelm Grimm kennt das Wort u.a. als ›ausschnitt ... der waare ... beim verkauf‹ (DWB Bd. 1, Sp. 959). In unserer gesuchten Bedeutung handelt es sich um eine konkrete ausgeschnittene Ware. Meine Suche in Dialektwörterbüchern ist erfolgreicher. Im *Südhessischen Wörterbuch* ist *Ausschnitt* belegt in der Bedeutung *Fleisch im Ausschnitt kaufen* (Bd. 1, Sp. 489) und laut *Thüringischem Wörterbuch* bezeichnet man damit *die Eingeweide des geschlachteten Schweins* (Bd. 1, Sp. 455).

Das Bayerische Kochbuch verwendet mit Ausschnitt einen seltenen, aber belegten fachsprachlichen Ausdruck. Umso erfreulicher ist es, dass es ihm die Treue hält.

Welche Wörter erklärungsbedürftig sind und welche nicht – das ist freilich eine schwierige Frage. Ich bin einst über die Anweisung zu Schmarrn zerstechen im Mehlschmarrn-Rezept gestolpert – ich wusste nicht, was ein Schmarrn ist. Und ebenfalls ratlos las ich die Anweisung im Grundrezept für Schweinebraten Bratgeräte in eigenes Gefäß, nicht den Sammellöffeltopf! (27/1958). Was aber war ein Sammellöffeltopf? Hier fehlte mir die erklärende Lehrkraft hinter dem strengen Ausrufezeichen. Lektüretage später und etliche Auflagen früher stoße ich wieder auf den Sammellöffeltopf. Diesmal in der ersten Nachkriegsausgabe des Bayerischen Kochbuchs (18erw./1947), dort heißt es am Ende der Kochlehre: Die Bratengeräte wie Löffel, Gabel nach jeweiligem Gebrauch stets in ein kleines Gefäß mit kochender Flüssigkeit geben, die Flüssigkeit kann zum Aufgießen der Soße verwendet werden (deshalb nicht in den Sammellöffeltopf). Kein Tropfen Bratengeschmack darf verloren gehen – das war die Sparsamkeit der Kriegs- und Nachkriegsgeneration. Ich vermute, der Sammellöffeltopf sollte für Ordnung und Sauberkeit unter den Kochlöffeln sorgen. Heute suche ich den Sammellöffeltopf vergebens im Kochbuch und auch kein Googeln hilft. Die Kochlöffel werden sich selbst überlassen.

Die Textvarianten des ursprünglichen Rezepts sind chronologisch wiedergegeben. Verändert sich die Mengenangabe einer Zutat oder kommt eine neue Zutat hinzu, ist dies durch Fettdruck hervorgehoben. Das gilt für alle kommenden Rezepte im Teil *Zubereitung*. Dieses Basisrezept ist in allen Auflagen des Kochbuchs zu finden. Anfangs heißt es Knochensuppe ansetzen, ab der 10. Auflage Knochenbrühe. Die verbale Namensergänzung ansetzen lässt darauf schließen, dass die Suppe nicht als eigenständiges Gericht verstanden wird, sondern zur Weiterverwendung gedacht ist: Dies ist ein erster Hinweis auf den späteren Status der Knochenbrühe als Grundrezept. Interessant machen das Rezept die überschaubaren einfachen Zutaten und deren fachsprachliche Anmutung sowie eine Besonderheit des Zubereitungstextes. Sieht man von den Gewürzkräutern ab (15/[1933]), stehen die Zutaten der Knochenbrühe von Beginn an fest. Alle anderen Veränderungen betreffen die vorhandenen Zutaten. Aus Knochen und Fleischabfällen, Herz und Leber werden Knochen und Ausschnitt, dann Rinderknochen und Ausschnitt, weiter Rinderknochen und Markknochen. Lohnend wäre es auszuprobieren, welche Auswirkungen auf Geschmack und Farbe der Brühe sich ergeben, wenn man den Ausschnitt dazunimmt oder weglässt. Der Unterschied, ob die Brühe mit oder ohne Liebstöckel und Selleriegrün zubereitet wird, liegt auf der Hand. Der Zubereitungstext muss mit der Aufgabe, zwei alternative Zubereitungen in einem Text zu erklären, fertig werden. Das ist die Ausgangssituation, die in der Erstauflage von 1910 lapidar gelöst wird. Die zweite Variante wird hier nur angedeutet (Wenn man die Zutaten anbräunt …) und man vertraut offensichtlich auf die

Knochensuppe ansetzen.

Auflage A, [1910], S. 12, Kapitel Suppen

1 Pfund Knochen und Fleischabfälle, 10 Pfennig Herz und Leber, 2 Eßl. Fett zum Andünsten, 1 Päckchen feingeschnittenes Suppengrün und Zwiebel, 1½ l kaltes Wasser, Salz (**ab der Auflage 3/1916 wird** 10 Pfennig Herz und Leber **ersetzt durch** je ein Stückchen Herz und Leber)

Die Fleischteile und Knochen werden gewaschen, zerschnitten und zerhackt. Im Fett dünstet man Suppengrün und Zwiebel, dann die Knochen und das Fleisch an, man gießt es mit kaltem Wasser auf, salzt und kocht die Brühe sehr gut verschlossen. Wenn man die Zutaten anbräunt, bekommt man eine dunkle Suppe. Zubereitungszeit 2–3 Stunden.

Knochenbrühe

10. Auflage, 1927, S. 16, Nr. 41, Kapitel Suppen

½–1 **Pfund Knochen, Ausschnitt**, 2 Eßl Fett, **Wurzelwerk**, Zwiebel **mit der Schale, 2 l** Wasser, Salz

Knochen und Ausschnitt waschen, zerkleinern, Wurzelwerk schneiden, Zwiebel halbieren, Fett erhitzen, alle Zutaten darin bräunen, kalt aufgießen, salzen, zugedeckt 2 Stunden kochen.

Knochenbrühe

15. Auflage, [1933], S. 7, Nr. 2, Kapitel Suppen

½–1 Pfund **Rinderknochen**, Ausschnitt, Wurzelwerk, Zwiebel mit der Schale, **20 g** Fett, 2 l Wasser, Salz, **Liebstöckel, Selleriegrün**

Knochen und Ausschnitt waschen, zerkleinern, Wurzelwerk schneiden, Zwiebel halbieren, Fett erhitzen, alle Zutaten darin bräunen, kalt aufgießen, **Gewürzkräuter zugeben**, salzen, zugedeckt 2 Stunden kochen, **abseihen, abschmecken**.

Knochenbrühe

18. erweiterte Auflage, 1947, S. 11, Nr. 2, Kapitel Suppen

250–500 g Rinderknochen, Ausschnitt, Wurzelwerk, Zwiebel mit der Schale, 20 g **(10 g)** Fett **nach Belieben**, 2 l Wasser, Salz, Liebstöckel, Selleriegrün

Knochen und Ausschnitt waschen, zerkleinern, Wurzelwerk schneiden, Zwiebel halbieren, **kalt zusetzen oder** Fett erhitzen, alle Zutaten darin bräunen, kalt aufgießen, Gewürzkräuter zugeben, salzen, zugedeckt 2 Stunden kochen, abseihen, abschmecken.

Knochenbrühe (Grundrezept)

23. Auflage, 1953, S. 16, Nr. 2, Kapitel Suppen

250–500 g Rinderknochen, Ausschnitt, Wurzelwerk, Zwiebel mit der Schale, 20 g (10 g) Fett nach Belieben, 2 l Wasser, Salz, Liebstöckel, Selleriegrün

Knochen und Ausschnitt waschen, zerkleinern, Wurzelwerk, **waschen, putzen, grob** schneiden, Zwiebel halbieren, **auf Herdplatte bräunen, alles** kalt zusetzen. Oder Fett erhitzen, alle Zutaten darin bräunen, kalt aufgießen, Gewürzkräuter zugeben, salzen, zugedeckt 2 Stunden kochen, abseihen, abschmecken.

Knochenbrühe (Grundrezept)

27. Auflage, 1958, S. 31, Nr. 2, Kapitel Suppen

250–500 g Rinderknochen, Ausschnitt, Wurzelwerk, Zwiebel mit der Schale, 20 g (10 g) Fett nach Belieben, **1 ½**–2 l Wasser, Salz, Liebstöckel, Selleriegrün

Knochen und Ausschnitt waschen, zerkleinern, Wurzelwerk, waschen, putzen, grob schneiden, Zwiebel halbieren, auf Herdplatte bräunen, alles kalt zusetzen, **salzen**. Oder Fett erhitzen, alle Zutaten darin bräunen, kalt aufgießen, **Salz und** Gewürzkräuter zugeben, zugedeckt **1**–2 Stunden kochen, abseihen, abschmecken.

im Vorwort angekündigten ergänzenden Erläuterungen der Lehrerinnen. In der 10. Auflage von 1927 lässt man die alternative Zubereitung weg und hat ein Problem weniger. Damit gibt sich Maria Hofmann nicht zufrieden. In der Auflage 18erw./1947 nimmt sie die kalte Alternative wieder auf und steht wiederum vor dem Problem, den Text eindeutig und rationell zu verfassen. So dauert es einige Auflagen, bis das Salzen zu ihrer Zufriedenheit platziert ist.
Aus volkskundlicher Sicht sind zwei Küchenutensilien an dem Knochenbrüherezept bemerkenswert: Das erste wird nicht genannt, aber verwendet: Zum Zerhacken oder Zerkleinern von Knochen braucht man ein Beil. Dieses gehört wohl erst 1971 nicht mehr zur Grundausstattung einer Küche, so dass der Metzger diese Arbeit übernehmen muss. Das zweite Utensil ist der Dampfdrucktopf, der ab der 40. Auflage 1971 für die Zubereitung empfohlen wird. Im Kapitel *Blut gibt es nicht in Dosen* ist mehr darüber zu erfahren.

Knochenbrühe (Grundrezept)

40. Auflage, 1971, S. 70, Nr. 3, Kapitel Suppen

Adieu Ausschnitt! Ab nun braucht man dich nur noch für das Grundrezept Gekochtes Ochsenfleisch.

In der aktuellen Auflage 56/2007 sind die Vorbereitungsarbeiten ersetzt durch das weniger sperrige Vorbereitung und in der Zutatenliste sind die Markknochen BSE-geschuldet in Klammern gesetzt.

500 g Rinderknochen, ein Teil davon Markknochen, Wurzelwerk, **1** Zwiebel mit der Schale, **10–20 g Fett (nach Belieben)**, 1 ½–2 l Wasser, Salz, **etwas** Liebstöckel, **etwas** Selleriegrün

Arbeitsweise:

1. Vorbereitungsarbeiten: Vom Metzger etwas klein gehackte Knochen waschen, Wurzelwerk waschen, putzen, nochmals waschen, grob schneiden, Zwiebel mit der Schale halbieren, nach Belieben mit der Schnittfläche auf heißer Herdplatte bräunen, Liebstöckel und Selleriegrün gut waschen.
2. Zubereitung: Knochen und Wurzelwerk entweder in heißem Fett leicht anrösten, kalt aufgießen, Salz und Gewürzkräuter zugeben und zugedeckt leise kochen lassen oder vorbereitete Zutaten ohne anzurösten in kaltem Wasser zusetzen und ebenso kochen. Dampfdrucktopf verwenden.
3. Kochzeit: 2 Stunden, im Dampfdrucktopf 20 Minuten.
4. Tischfertig machen: Brühe abseihen, bei Bedarf entfetten, abschmecken. Knochen können zweimal für Brühe verwendet werden, auch Knochen von Braten sind dafür gut geeignet – jedoch jeweils frisches Wurzelwerk verwenden. Kalbsknochen ergeben trübe Brühe!

Verwendung: Wie Fleischbrühe, auch zu allen eingestreuten und gebundenen Suppen.

Spaghettifeingericht

Rezeptzugänge im Bayerischen Kochbuch

Warum Rezepte in das Bayerische Kochbuch aufgenommen oder aus ihm gestrichen werden, liegt häufig im Dunkeln. Nur selten findet man Hinweise wie z. B. im Vorwort der Auflage 21/1950, dass Rezepte für Familienfeste und Feiertage mit berücksichtigt wurden, oder in der Auflage 55/1998, dass auf Grund der BSE-Erkrankungen Hirnrezepte aus dem Kochbuch gestrichen wurden. Auch wenn die konkreten Gründe für die Aufnahme eines Rezepts nicht genannt sind, kann man doch Schlüsse ziehen. Häufig ist das Motiv ein zeitgeschichtliches und im kulturellen, politischen oder wirtschaftlichen Kontext der jeweiligen Auflage zu suchen. Im folgenden Kapitel wird Maria Hofmann mir helfen, Gründe zu finden.

Romanstraße 16, 1. Stock, 16 Uhr, der Termin ist kurzfristig vereinbart worden. Auf dem Tisch zwei Teetassen, eine Teekanne mit duftendem Jasmintee und eine Zuckerdose.

Regina Frisch *Haben Sie vielen Dank, Frau Hofmann, dass Sie Zeit für ein Gespräch gefunden haben. [räuspert sich] Ich hatte letztens Gelegenheit auf der Fraueninsel im Chiemsee ehemalige Schülerinnen von Ihnen zu treffen. Ihr Wirken hallt nach.*

Maria Hofmann *Soso. Es war eine gute Zeit. – Ja, die Fraueninsel: ein herrlicher Fleck Erde.*

RF *Wie wahr. – Eine Ihrer Schülerinnen beschrieb Sie als temperamentvoll …*

MH *ach …*

RF *… und das brachte mich auf die Idee, eine Art Spiel mit Ihnen zu spielen.*

MH *Sie machen mir Angst.*

RF *Ich nenne eine Auswahl von Rezepten, die im Laufe der Auflagengeschichte neu in das Repertoire aufgenommen wurden. Wenn Ihnen zu einem Rezeptnamen etwas einfällt, wenn Sie etwas assoziieren, bitte ich Sie, STOPP zu sagen oder die Hand zu heben und mir Ihre Assoziationen mitzuteilen. Die Reihenfolge ist chronologisch. Ich beginne mit Zugängen der 3. Auflage von 1916. Die haben Sie zwar noch nicht zu verantworten, aber vielleicht erlauben Sie sich den einen oder anderen Kommentar.*

MH *Gut, Frau Kulenkampff, fangen Sie an.*

RF *Wie gesagt: Zugänge von 1916:*

Blumenkohlkoteletten

Krautkoteletten

Maisgrießauflauf

Maisgrießpudding

Maismehlnocken

Pichelsteiner ohne Fleisch

MH *Stopp. Wir haben es hier mit typischen Sparrezepten aus dem Ersten Weltkrieg zu tun. Man musste zwangsweise fleischlos kochen und die Beilagen standen notgedrungen im Zentrum.*

RF *Es geht weiter mit Auflage 4/1920:*

Bayerischer Topf

Grießpudding mit Topfen

Kunsthonigrolle

MH *Stopp. Wie gehabt. Schmalhans ist Küchenmeister.*

RF *Auflage 6/1924:*

Flammerie

Fruchteis

Kaffee-Creme

Mürbteigrolle

Tutti-Frutti

MH *[hebt die Hand]: Offensichtlich war da ein Liebhaber von Süßspeisen verantwortlich im Verein der Frauenschule.* Fruchteis *und* Tutti-Frutti *galten damals als schick und durften dann wohl auch im* Kochbuch *des Vereins nicht fehlen.*

RF *In der Auflage 10/1927 gab es eine Vielzahl von Ab- und Zugängen. Ich nenne einige Zugänge mit Anfangsbuchstaben* H *aus dem Register:*

Haferbrei

Hammelfleisch mit Weißkraut und Kartoffeln

Haselnußtorte

Hasenöhrln, fein

Hefezopf

Herz, gedünstet

Hirn, gebackenes

Hollerkücheln

Holzerschmarrn

Huhn, gebraten

Husarenkrapfeln

Hutzelbrot

MH *Rezepte der einfachen ländlichen Küche. Damals gab es wohl Nachholbedarf.*

RF *Das deckt sich mit dem Zusatz des Vorworts dieser Auflage. Dort heißt es ab 10/1927, man berücksichtige Rezepte* der süddeutschen bürgerlichen **und ländlichen** Küche. *Ich komme zur Auflage 12/1928. Hier gibt es einen eigenwilligen Zugang, mit dem ich anfangs gar nichts anzufangen wusste, den*

Hindhedesalat.

MH *Jaja, der* Hindhedesalat, *ein Salat aus gekochtem Gemüse. Namengebend war der dänische Arzt Mikkel Hindhede. Er hat eine fleischarme Kost propagiert, aus Kosten- und Gesundheitsgründen. Im Ersten Weltkrieg hatte er einen Ministerposten in Danemark inne und konnte seine Ernährungslehre in die Tat umsetzen. Die Dänen blieben so von einer Hungersnot verschont – anders als die Deutschen, deren Landwirtschaft vorrangig auf Fleischproduktion eingestellt war. Im Bayerischen Verein für Wirtschaftliche Frauenschulen gab es sicher Ende der 20er Jahre aufgeschlossene Damen, die aktuelle Rezepte im* Kochbuch *berücksichtigt wissen wollten. Ich erinnere mich an eine Schrift Hindhedes, die in der Miesbacher Schulbibliothek stand.*

RF *Ich überspringe weitere Zugänge des* Kochbuchs *und komme zur ersten Auflage, die Sie verantworteten: der 15/[1933]. Das* Kochbuch *heißt ab da* Bayerisches Kochbuch.

Nicht nur der Titel ändert sich, auch der Rezeptbestand wird einer gründlichen Prüfung unterzogen und erweitert. Ich greife einige Zugänge heraus:

Bayerisch Kraut

Hopfenspargelsalat

Schuxen

MH *Ja freilich mussten wir regionale Rezepte pflegen …*

RF *Umso interessanter erscheinen mir die folgenden neuen Gerichte im* Bayerischen Kochbuch*:*

Frankfurter Pudding

Englischer Pudding

Haferflocken auf englische Art (Porridge)

Indian, gebraten

Spaghettifeingericht

Käsespaghetti

Leber, italienisch

MH *Nun, provinziell sollte das Kochbuch nicht werden! [Mit Nachdruck] Natürlich müssen internationale Standardgerichte auch berücksichtigt werden. Das war und ist mein Credo. Die bayerische und auch die reichsdeutsche Grenze waren schließlich keine kulinarischen Grenzen … und bei der Beliebtheit der Makkaroni war es absehbar, dass es auch die Spaghetti würden. Wir waren eines der ersten Kochbücher nördlich der Alpen mit Spaghettirezepten!*

RF *Ein weiterer Zugang verbunden mit einem Abgang ist mir ebenfalls in der Auflage 15/[1933] aufgefallen:* Grahambrot *ist nicht mehr zu finden, aber das*

Schrotbrot

wird neu aufgenommen. Beide Brote werden aus Schrotmehl *gebacken. Wie kam es dazu? Können Sie sich erinnern?*

MH *Sie fragen Sachen.* Grahambrot, Grahamkuchen *waren nicht mehr zeitgemäß. Man sagte eben jetzt* Schrotbrot *oder auch* Vollkornbrot *…*

RF *… ein Wort, das im Register des* Bayerischen Kochbuchs *erst in 55/1998 belegt ist.*

MH *Ist das wichtig?*

RF *Nun ja, es war die Zeit der gesunden Volksernährung mit Vollkorn. 1939 wurde der* Reichsvollkornbrotausschuss *gegründet. Da war es nahezu ein Akt des Widerstands, außer* Schrotbrot *keine weiteren Vollkornrezepte im Kochbuch aufzunehmen.*

MH *Hm. Wenn Sie das so sehen. Es geschah vor allem aus Gründen des Geschmacks. Ich mag kein Vollkornbrot.*

RF *Bei den Eintöpfen dagegen waren Sie ganz auf Linie.*

MH *Wie meinen?*

RF *In der Auflage 15/[1933] benennen Sie das Kapitel* Zusammengekochte Gerichte *um in* Eintopfgerichte*. Das entsprach der Vorgabe der Nationalsozialisten, die 1933 den* Eintopfsonntag *einführten. Jeden ersten Sonntag im Monat sollte Eintopf gegessen werden und das angeblich Ersparte wurde zwangsweise eingesammelt. Das* Bayerische Kochbuch *lieferte in der Auflage 16/[1936] auch neue Rezepte für den verordneten Sonntags-Eintopf:*

Hamburger Fischgericht

Hammelpilaw

Russische Krautsuppe

MH *Wollen Sie mir auf Grund der Auswahl der Rezepte eine politische Haltung unterstellen?*

RF *Nein – ich dokumentiere die Zugänge im* Bayerischen Kochbuch *und setze sie in einen zeitgeschichtlichen Kontext. So ist es in meinen Augen z. B. auch bemerkenswert, dass in der ersten Auflage nach der Befreiung vom Nationalsozialismus der*

Bercheszopf

– ein jüdisches Festtagsgebäck – ins Bayerische Kochbuch *aufgenommen wird. Kann man das als Akt der Entnazifizierung des* Bayerischen Kochbuchs *werten?*

MH *Es war ein traditionelles Gebäck, das im Kochbuch fehlt und darum habe ich es berücksichtigt.*

RF *Verzeihen Sie, Frau Hofmann, ich habe zu viel geredet, dabei wollte ich Sie befragen. Weiter mit einigen Neuzugängen der Auflage 27/1958:*

Pommes frites

Borschtsch

Leber gebraten mit Äpfeln und Zwiebeln

roher Blumenkohlsalat

und andere Salate von rohem Gemüse. Daneben sind Veränderungen von Rezeptnamen zu beobachten – wie beim Spaghettifeingericht, *das nun auch*

Pasta asciutta

heißt, und Reis nach Risottoart *ist im Register jetzt auch unter*

Risotto

zu finden.

MH *Wenn ich das richtig sehe, sprechen Sie mit Ihrer Auswahl an Neuzugängen zwei Themen an: Zum Einen die Vermeidung von Provinzialität. Wie schon erwähnt, war es mir ein Anliegen, nicht nur regionale Gerichte im* Bayerischen Kochbuch *zu pflegen, sondern das abzubilden, was aktuell gerne gegessen wurde, bzw. anzuregen über den eigenen Tellerrand zu schauen, westwärts und ostwärts. Die Jugend war ganz vernarrt in* Pommes frites, *und herzhaftsüße Gerichte wie die genannte Leber und auch* Borschtsch *waren gefragt. Das hieß andererseits dann auch Farbe bekennen und z. B. italienische Gerichte mit dem landestypischen Namen führen. Zum Zweiten: die aktuelle Ernährungslehre. Die Rohkostgerichte kamen in den 50er Jahren in Mode. Auf der Basis der wissenschaftlich fundierten Ernährungslehre wurde ihr Verzehr empfohlen und dementsprechend fanden sie Eingang in das* Bayerische Kochbuch. *Damals waren sie für viele neu und gewöhnungsbedürftig – heute sind sie alltäglich.*

RF *Nach der 27. Auflage 1958 wurde das Kochbuch mehr als ein Jahrzehnt nicht verändert, um so gründlicher war die Überarbeitung der Auflage 40/1971. Hier eine kleine Auswahl:*

Curryreis

Gin-Fizz

Hawaii-Toast

Hollywood-Cocktail

Hummer

Irish Stew

Käsefondue

Pizza

Tomaten-Chutney

MH *Stopp! All diese Gerichte hat mein Neffe, Prof. Helmut Lydtin, ins Kochbuch eingebracht. Sie können sich vielleicht vorstellen, dass ich, damals gerade pensioniert, nicht so aufgeschlossen gegenüber neuen Rezepten war wie er. Aber im Nachhinein muss ich ihm Recht geben. Er brachte die neue Zeit ins* Bayerische Kochbuch *und eröffnete uns damit neue Leser- und Käuferschichten … die nächste Generation für das Kochbuch. Das Kochbuch bekam damals ein neues Gesicht und auch neue Inhalte, zusätzlich zu den alten.*

RF *Die Zugänge in der aktuellen Überarbeitung sind deutlich weniger und setzen wieder einen anderen Akzent. Hören Sie aus der Auflage 56/2007:*

Dinkelküchlein

Kaspressknödel

Kronfleisch

Spinatspätzle

Tellerfleisch

MH *Interessant. Mit dieser Überarbeitung war ich nicht mehr befasst. Sie geschah übrigens schon 1998 zur 55. Auflage, in meinem Todesjahr. Ich schließe aus den von Ihnen genannten Rezepten, dass das* Bayerische Kochbuch *den regionalen Aspekt wieder mehr betont.* Kaspressknödel *kenne ich nicht …*

RF *Frau Hofmann ich danke Ihnen sehr für diese Einschätzungen der Neuzugänge über nahezu 100 Jahre hinweg. Auf ihre Weise bilden sie dieses Jahrhundert ab. Gestatten Sie mir eine Bemerkung zum Schluss: Dem* Spaghettifeingericht, *einem Zugang Ihrer ersten Bearbeitung 1933, werden wir noch einmal begegnen, es ist auch ein Abgang in Auflage 55/1998. Es ist quasi Ihr Rezept-Alter-Ego. Ein gutes Rezept, wenn ich mir die Bemerkung erlauben darf. – Ich danke Ihnen für dieses Gespäch und freue mich auf unser nächstes.*

MH *Bitte, bitte. Ich bin gespannt, welches Thema Sie dann mitbringen – vermutlich die Abgänge …*

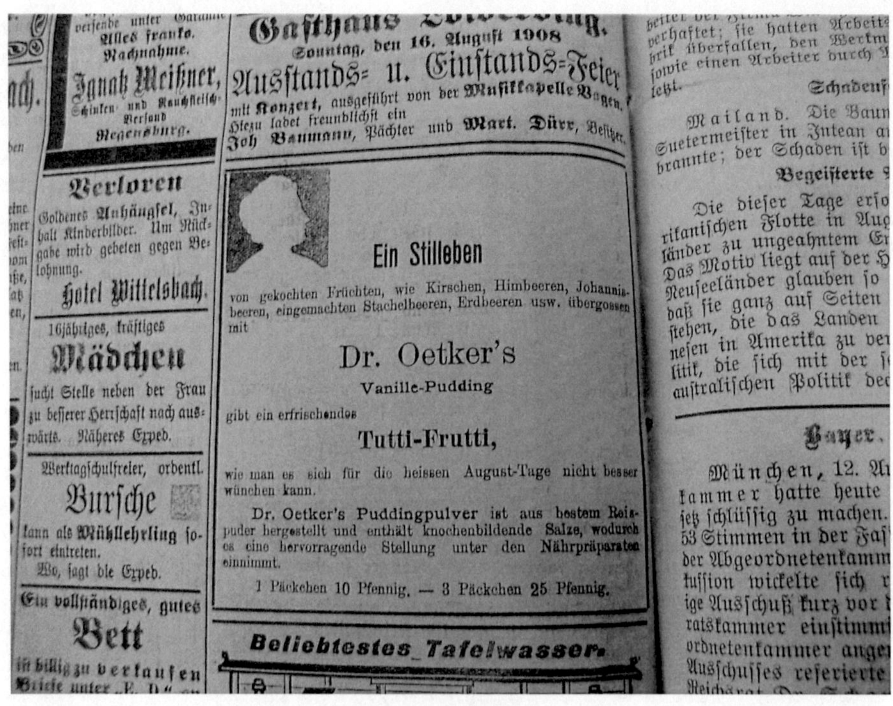

versende unter Garantie
Alles franko.
Nachnahme.
Ignatz Meißner,
Schinken- und Rauchfleisch-Versand
Regensburg.

Gasthaus
Sonntag, den 16. August 1908
Ausstands- u. Einstands-Feier
mit Konzert, ausgeführt von der Musikkapelle ...
Hiezu ladet freundlichst ein
Joh Baumann, Pächter und Mart. Dürr, Besitzer.

Verloren
Goldenes Anhängsel, Inhalt Kinderbilder. Um Rückgabe wird gebeten gegen Belohnung.
Hotel Wittelsbach.

16jähriges, kräftiges
Mädchen
sucht Stelle neben der Frau zu besserer Herrschaft nach auswärts. Näheres Exped.

Werktagschulfreier, ordentl.
Bursche
kann als Mühllehrling sofort eintreten.
Wo, sagt die Exped.

Ein vollständiges, gutes
Bett
ist billig zu verkaufen

Ein Stilleben
von gekochten Früchten, wie Kirschen, Himbeeren, Johannisbeeren, eingemachten Stachelbeeren, Erdbeeren usw. übergossen mit
Dr. Oetker's
Vanille-Pudding
gibt ein erfrischendes
Tutti-Frutti,
wie man es sich für die heissen August-Tage nicht besser wünschen kann.
Dr. Oetker's Puddingpulver ist aus bestem Reispuder hergestellt und enthält knochenbildende Salze, wodurch es eine hervorragende Stellung unter den Nährpräparaten einnimmt.
1 Päckchen 10 Pfennig. — 3 Päckchen 25 Pfennig.

Beliebtestes Tafelwasser.

Miesbacher Anzeiger
13. August 1908

Spaghettifeingericht

15. Auflage, [1933], S. 92, Kapitel Eintopfgerichte

100 g Butter, 3 Zwiebeln, 2 Sellerieknollen, reichlich Tomatenmark, ¾ Pfund Rinderhackfleisch, ¼ Pfund Schweinehackfleisch, Salz, Paprika, ¼ l Flüssigkeit, 1 Eßlöffel gewiegte Petersilie, 1 Pfund Spaghetti, Salzwasser, 20 g Käse

Fett erhitzen, fein gewiegten Sellerie andünsten, Zwiebel, Paprika, Hackfleisch und Tomatenmark zugeben, andünsten, Flüssigkeit zugeben, salzen, ½–¾ Stunden garkochen. Spaghetti weichkochen, kalt überbrausen, zum Fleisch geben, mit Petersilie und Salz abschmecken, mit Käse bestreut anrichten.

Spaghettifeingericht **(6–8 Personen)**

17. Auflage, [1938], S. 102, Nr. 282, Kapitel Eintopfgerichte

60–100 g Butter, 3 Zwiebeln, 2 **(250 g)** Sellerieknollen, reichlich Tomatenmark, **375 g** Rinderhackfleisch, **125 g** Schweinehackfleisch, Salz, Paprika, ½l Flüssigkeit, 1 Eßlöffel gewiegte Petersilie, **500 g** Spaghetti, Salzwasser, 20 g Käse

Fett erhitzen, fein gewiegten Sellerie andünsten, Zwiebel, Paprika, Hackfleisch und Tomatenmark zugeben, andünsten, Flüssigkeit zugeben, salzen, ½–¾ Stunden garkochen. Spaghetti weichkochen, kalt überbrausen, zum Fleisch geben, mit Petersilie und Salz abschmecken, mit Käse bestreut anrichten.

Spaghettifeingericht (6–8 Personen)

18 erweiterte Auflage, 1947, S. 113, Nr. 415, Kapitel Eintopfgerichte

30–60 g Butter, 3 Zwiebeln, 2 (250 g) Sellerieknollen, reichlich Tomatenmark, **250-**375 g **Rind- und Schweinehackfleisch**, Salz, Paprika, ¼l Flüssigkeit, 1 Eßlöffel gewiegte Petersilie, 500 g Spaghetti, Salzwasser, 20 g Käse **nach Belieben**

Fett erhitzen, fein gewiegten Sellerie andünsten, Zwiebel, Paprika, Hackfleisch und Tomatenmark zugeben, andünsten, Flüssigkeit zugeben, salzen, ½–¾ Stunden garkochen. Spaghetti weichkochen, kalt überbrausen, zum Fleisch geben, mit Petersilie und Salz abschmecken, mit Käse bestreut anrichten.

Das Spaghettifeingericht gehörte von 15/[1933] bis 54/1992 zum festen Repertoire im Bayerischen Kochbuch. Das entspricht dem Zeitraum der aktiven Kochbuchtätigkeit von Maria Hofmann. Mit ihrem Wirken kam und ging dieses Rezept.
Die Liste der Zutaten steht von Anfang an nahezu fest und wird erst 40/1971 leicht variiert (Öl statt Butter, Brühe statt Flüssigkeit) und um eine Zutat erweitert: **Tomatenketchup**. Alle anderen Veränderungen der Zutatenliste betreffen einzelne Mengenangaben. Die Butter zum Andünsten der Zutaten wird stetig vermindert. Die zuzugebende Flüssigkeitsmenge ist – bis auf eine kurze Phase der Verwässerung – von Beginn an konstant. Die Zwiebelmenge erhöht sich in der letzten Bearbeitung: da heißt es **große** Zwiebeln. Einen weiteren – wenn auch undefinierten – Mengenzuwachs erfährt der Käse: von 20 g auf reichlich. Diese vage Angabe schließt eine Erhöhung der Käsemenge um 500 % nicht aus. Interessant ist die Fleischmenge und -qualität. Seit der 18erw./1947 werden die Fleischsorten (Rind und Schwein) nicht mehr getrennt gelistet, sondern zusammengefasst zu einer Gesamtmenge. Gleichzeitig vermindert sich diese deutlich: von 500 g zu 250–375 g. Diese Fleischmenge bleibt bis zum letzten Erscheinen des Rezepts bestehen. Berücksichtigt werden muss bei diesem Rezept allerdings auch die Personenzahl. Dazu komme ich gleich.
Die zentrale Zutat des Gerichts sind die namengebenden Spaghetti. Vergleicht man die Spaghettiangaben mit den genannten Portionen, zeigt sich eine auffällige Mengenverschiebung. 17/[1938] sollen 500 g Spaghetti für 6–8 Personen reichen. Rechnet man mit 8 Personen, heißt das 62,5 g Spaghetti pro Person. 27/1958 verändern sich beide Werte,

die Spaghettimenge und die Personenzahl. 400 g müssen jetzt 6 Personen sättigen: 66,6 g für jeden. Die letzte Mengenänderung erfährt das Rezept 40/1971. Die erweitere Personenzahl fällt weg, wir müssen demnach mit 4 Personen rechnen, der Standardmenge der Gerichte im Kochbuch. Bei einer Spaghettimenge von jetzt 300 g heißt das 75 g pro Person. Wählt man die optional angegebenen 400 g für 4 Personen, sogar 100 g pro Person. Dieser stetige Anstieg der Spaghettimenge bei gleichbleibender Fleischmenge spiegelt die Beliebtheit des Gerichts. Vor allem junge und ganz junge Menschen können enorme Spaghettimengen bewältigen, mit viel geriebenem Käse.

Bis zur Auflage 40/1971 verändert sich der Zubereitungstext nur unwesentlich. 1971 wird er neu formuliert. Auf zwei Veränderungen im Text möchte ich hinweisen. Zum Einen wird der Sellerie nun nicht mehr gewiegt, sondern feingeschnitten oder geraspelt. Die Bedeutung des schwachen Verbs ***wiegen*** *mit einem Wiegemesser zerkleinern* (Duden 2001, S. 1813) ist heute nur noch Wenigen geläufig. Die Autoren passen den Text dem aktuellen Sprachgebrauch an. Die andere bemerkenswerte Veränderung des Textes betrifft die Fertigstellung und das Anrichten. Im Gegensatz zu den vorangegangenen Auflagen sieht das Rezept sowohl das gemeinsame Anrichten von Spaghetti und Soße als auch das getrennte vor.

Spaghettifeingericht »**pasta asciutta**« (**4–6 Personen**)

27. Auflage, 1958, S. 173, Nr. 312, Kapitel Eintopfgerichte

30–60 g Butter, 3 Zwiebeln, 2 (250 g) Sellerieknollen, reichlich Tomatenmark, 250–375 g Rind- und Schweinehackfleisch, Salz, Paprika, 1/4 l Flüssigkeit, 1 Eßlöffel gewiegte Petersilie, **400** g Spaghetti, Salzwasser, **Petersiliengrün**, 20 g **geriebener** Käse nach Belieben

Fett erhitzen, fein gewiegten Sellerie andünsten, Zwiebel, Paprika, Hackfleisch und Tomatenmark zugeben, andünsten, Flüssigkeit zugeben, salzen, 1/2–3/4 Stunden gar kochen. Spaghetti weichkochen, kalt überbrausen, zum Fleisch geben, **mit Salz abschmecken, mit Käse und Petersilie bestreut anrichten.**

Spaghettifeingericht »**Pasta asciutta**«

40. Auflage, 1971, S. 303, Nr. 568, Kapitel Eintöpfe

4–5 Eßlöffel Öl, 250 g Sellerie, 3 **große** Zwiebeln, 250–375 g **gemischtes Hackfleisch**, Paprika, reichl. Tomatenmark, 1/4 l **Brühe**, Salz, **etwas Tomatenketchup, 300** (400)g Spaghetti, Salzwasser, zum Anrichten: **reichlich** geriebener Käse, Petersilie

In heißem Öl feingeschnittenen oder geraspelten Sellerie andünsten, feingeschnittene Zwiebel, Hackfleisch, Paprika und Tomatenmark zugeben, gut andünsten, mit Brühe aufgießen, salzen, zugedeckt etwa eine 1/2 Stunde leise garen lassen. In der Zwischenzeit Spaghetti in reichlich kochendem Salzwasser weich kochen, kalt überbrausen, gut abtropfen lassen, zur Fleischsoße geben, mit Salz und Tomatenketchup abschmekken, gut heiß werden lassen, mit reichlich geriebenem Käse und evtl. mit Petersilie bestreut anrichten. Man kann Spaghetti auch in wenig heißer Butter schwenken, auf heißer Platte mit dicker Fleischsoße in der Mitte anrichten, mit reichlich Käse und etwas Petersilie bestreuen.

Rübenkraut

Alte und neue Gemüsesorten

Das Bayerische Kochbuch ist kein Kochbuch
für Vegetarier und Veganer.
Was nicht heißt, dass Gemüse in ihm keine Rolle spielen.
Es ist das Kapitel mit den größten Zuwächsen im Laufe der Jahre.
Welche Sorten von Gemüse kennt das Bayerische Kochbuch?
Welche kommen mit den Jahren hinzu?
Fallen andere weg?

Zu der Entstehungszeit des Kochbuchs, Anfang des 20. Jahrhunderts, war man sich nicht einig über den Ernährungswert von Gemüse. Die gängige Lehre vertrat die Ansicht, dass Gemüse eine *brauchbare Zugabe zu Fleisch* sei und für das nötige Sättigungsvolumen zu sorgen habe. Dagegen hielt der dänische Arzt und Ernährungsreformer Mikkel Hindhede (1862–1945) den Ernährungswert von Fleisch für überbewertet und empfahl, stattdessen mehr Gemüse zu essen. Die beiden nebenstehenden Zitate veranschaulichen die unterschiedlichen Positionen.

Die Wirtschaftliche Frauenschule Miesbach hat nicht nur bildungspolitisch eine Vorreiterrolle eingenommen, sondern auch in der Ernährungstheorie und der Praxis. Zum Bestand der Schulbibliothek gehört das zitierte Buch von Mikkel Hindhede, und schon 1910 sind im Kochbuch Tomaten-Rezepte vertreten – zu einer Zeit, in der mein in Berlin lebender Großvater diese in Deutschland erst seit kurzem bekannten Früchte noch verächtlich *Schweinefutter* nannte. Gartenbau ist Teil der Ausbildung an der Miesbacher Frauenschule, und dort hat man nicht nur Radieschen und Kraut angebaut, sondern auch Tomaten und Melonen gezüchtet: Die Wirtschaftliche Frauenschule Miesbach hatte ihren Anteil an der Einführung des Tomatenanbaus in Bayern in der ersten Hälfte des 20. Jahrhunderts.

Züchtung und Anbau ist eine Sache – was in den bäuerlichen Familien auf dem Teller liegt, eine andere. In den 30er Jahren sah sich die Wirtschaftliche Frauenschule in Miesbach genötigt, Gemüse den Köchinnen und Bekochten schmackhaft zu machen, und hielt eigens Gemüsekochkurse ab, wie ein Artikel im *Miesbacher Anzeiger* dokumentiert.

Aus dem Artikel *Gemüse* in *Meyers Großes Konversationslexikon* (Bd. 6, S. 542):
Die G[emüse] müssen im jungen, zarten Zustand genossen werden, sie sind dann brauchbare Zugaben zu Fleisch und andrer nahrhafter Kost; allein genossen sind sie ein geringwertiges Nahrungsmittel. [...] Die G[emüse] geben der Nahrung, wenn sie aus sehr nährstoffreichen, wenig voluminösen Mitteln besteht, das nötige Volumen, welches erst das Gefühl der Sättigung hervorruft.

Mikkel Hindhede, *Mein Ernährungssystem* (1911, S. 17 u. 19):
Früher war man auch der Meinung, daß Pflanzeneiweiß schwer verdaulich sei, deshalb müsse ungefähr die Hälfte des Eiweißgehaltes der Nahrung aus tierischem Eiweiß bestehen, wobei man in erster Linie an Fleisch, Milch und Eier dachte. Ich meine gezeigt zu haben, daß diese Behauptung auf Fehlschlüssen beruht: das Pflanzeneiweiß ist genauso leicht verdaulich wie das tierische. [...] Im übrigen können wir, die wir besonders auf Pflanzennahrung großen Wert legen, ohne aber diese als ausschließliche Nahrung vorschreiben zu wollen, ruhig abwarten, bis der unabwendbare Zwang der Notwendigkeit unser System zum Siege führen wird. Denn wenn sich Menschen in den

nächsten Jahrzehnten ebenso wie in den vergangenen vermehren, wird die ständig zunehmende Fleischnot der erfolgreichste Reformator unserer Ernährungsmethode werden. Es ist ein außerordentlich kostspieliger Umweg, erst die Tiere mit den Erzeugnissen der Erde zu füttern und dann die Menschen die Tiere verzehren zu lassen.

Miesbacher Anzeiger vom 12.8.1931:
»Am 5. und 6. August wurden an der Wirtschaftlichen Frauenschule Miesbach Gemüsekochkurse abgehalten. [...] Am ersten Tage fanden sich hauptsächlich Bäuerinnen ein, und am zweiten Tage setzten sich die Teilnehmerinnen größtenteils aus den ›Ehemaligen‹ der landwirtschaftlichen Haushaltskurse zusammen. Nach einer ausführlichen Besprechung über den großen gesundheitlichen Wert der Gemüsekost und der richtigen Zubereitung der Gemüse, die darin besteht, die wertvollen Bestandteile und den Eigengeschmack zu erhalten, wurden von den Teilnehmerinnen verschiedene Mahlzeiten für den oberbayerischen Haushalt passend zubereitet. Es waren dabei alle Gemüse, die zur jetzigen Jahreszeit in unserer Gegend geerntet werden können, in den gebräuchlichsten Zubereitungsarten vertreten. Die einzelnen Gerichte wurden von jeder Teilnehmerin verkostet und der Beschluss gefaßt, reichlich Gemüse auch im Bauernhaushalt einzuführen. Dieser Vorsatz wurde noch bestärkt durch Ausführung einer Rentabilitätsberechnung, die ergab, daß durch reichliche Verwendung von Gemüse der bäuerliche Speisezettel unserer Gegend nicht allein gesünder und abwechslungsreicher, sondern auch billiger wird [...].«

Heute ist der Ernährungswert von Gemüse nicht mehr umstritten. Das zeigt sich z. B. an der Anzahl der Gemüsegerichte im Bayerischen Kochbuch. Die Rezepte in den Kapiteln Gemüsespeisen und Salate haben sich in den letzten 100 Jahren nahezu verdreifacht. Mit ihrem Image kämpfen die Gemüsespeisen aber weiterhin, was sich an wenig einladenden Wortbildungen wie Kochgemüse und Dünstgemüse (56/2007, S. 360f.) zeigt.

Nach der Theorie folgt nun die Praxis. Welche Gemüse verwendet das Bayerische Kochbuch, welche kommen im Laufe der Zeit hinzu und gehen andere verloren?

Mit den Jahren kommen folgende Gemüse und Salate hinzu:

10/1927	Kresse, Rapunzelsalat/Feldsalat, Schnittsalat
15/1933	Mangold
17/1938	Kürbis, Petersilienwurzeln, Sauerampfer
18erw./1947	Wildkräuter, Zichorie (ab 27/1958 Chicorée genannt)
23/1953	Paprika
27/1958	Zucchini/Zucchetti
40/1971	Artischocken, Auberginen/Eierfrüchte/Melanzane, Chinakohl, Eissalat, Fenchel, Maiskolben, Teltower Rübchen

Die Zusammenschau der Gemüse und Salate zeigt, dass herkömmliche Gemüsesorten gepflegt und neue Sorten eingepflegt werden; das Spektrum erweitert sich wie in keinem anderen Kapitel des Kochbuchs. Ende der 30er Jahre und in der Zeit unmittelbar nach dem Zweiten Weltkrieg kommen Sauerampfer und Wildkräuter hinzu: 1947 zwingt die Not die Hungernden, auf den Wiesen nach Essbarem zu suchen. Bemerkenswert ist, dass die Rezepte die satten Wirtschaftswunderjahre überdauert haben und das Kochbuch heute wieder trendig machen. 1958 und vor allem 1971 erweitert das Kochbuch seinen Horizont deutlich, diesmal vor allem nach Süden, mit Artischocken & Co.

Nur eine Gemüsesorte geht im Laufe der Jahre verloren: Die Dotschen, auch Erdkohlrabi oder andernorts Steckrüben genannt, fehlen ab der 27. Auflage 1958 im Bayerischen Kochbuch. Warum wurde dieses Gemüse aus dem Kanon der Zutaten gestrichen? Vermutlich weil es in den Jahren des Wirtschaftswunders allzu sehr nach *Hunger* schmeckte und an die Notzeiten der Nachkriegsjahre erinnerte, in denen Dotschen zu den wenigen verfügbaren Gemüsen gehörten. Dotschen oder Erdkohlrabi müssen unbelastete Generationen neu entdecken.

Warum heißt dieses Kapitel Rübenkraut? Das gleichnamige Rezept ist seit der Erstauflage bis zur aktuellen belegt. Es handelt sich nicht um Zuckerrübensirup, der auch Rübenkraut genannt wird, sondern um eine Gemüsebeilage aus geraffelten Weißen Rüben, milchsauer eingelegt. Die weitgehend vergessene Rübe ist mit den Teltower Rübchen verwandt und wird auf den Märkten des 21. Jahrhunderts wieder neu entdeckt. Sie war früher auch unter dem Namen *Bayerische Rübe* bekannt und vielerorts so dominant, dass *Rübe* für Weiße Rübe stand. Ein Zeichen für das leise Verschwinden dieser einst geschätzten Feldfrucht, ist das Fehlen des vormals belegten Rezepts Bayerische Rüben im Kochbuch ab der Auflage 10/1927.

Die Rezepte Weiße Rüben und Rübenkraut gehören fortwährend zum Kochbuchbestand. Bis in die erste Hälfte des 20. Jahrhunderts war gesäuertes Rübenkraut – ebenso wie Sauerkraut – Teil einer traditionellen Vorratshaltung. Heute hat man Mühe, Weiße Rüben milchsauer fermentiert zu finden. Auf dem Würzburger Markt ist es mir gelungen. Ob dieses Rezept in einer Kochbuchnische vergessen wurde oder man ihm aus Sentimentalität und Weitsicht die Treue hält? In jedem Fall wird das Bayerische Kochbuch seiner ihm zugewachsenen Aufgabe gerecht, tradierte Rezepte zu dokumentieren. Das Rezept steht für 100 Jahre Kontinuität.

In der Auflage A/[1910] belegte Gemüse- und Salatsorten:
Blaukraut
Blumenkohl
Bohnen
Dotschen, Erdkohlrabi
Endivien
Erbsen
Gelbe Rüben
Gurken
Hopfenspargel
Kohlrabi
Kopfsalat
Lauch
Linsen
Meerrettich
Pilze, Schwammerl
Rettich
Rosenkohl
Rote Rüben
Schwarzwurzeln
Sellerie
Spargel
Spinat
Tomaten
Weiße Bohnen
Weiße Rüben
Weißkraut
Winterkohl, Grünkohl, Krauskohl
Wirsing

Rübenkraut

Auflage A, [1910], S. 23, Kapitel Gemüse

1 ½ Pfd. Rübenkraut, 1 Eßl. Fett, ¼ l Wasser, 1 Eßl. Mehl zum Stauben, etwas Wein oder Essig

Das Rübenkraut wird wie Sauerkraut gedünstet in Fett und Wasser, dann gestaubt und etwas nachgewürzt. Zubereitungszeit 2 Stunden.

Rübenkraut

Auflage B, [1911], S. 25, Kapitel Gemüse

1 ½ Pfd. Rübenkraut, 1 Eßl. Fett, ¼ l Wasser, 1 Eßl. Mehl zum Stauben, etwas Wein oder Essig

Das Rübenkraut wird wie Sauerkraut gedünstet in Fett und Wasser, dann gestaubt und etwas nachgewürzt. Zubereitungszeit 2 Stunden. **Kochkiste 10 Minuten ankochen.**

Das Rübenkraut ist ununterbrochen in allen Auflagen belegt. In den ersten Überarbeitungen werden die ursprünglichen Zutaten geringfügig ergänzt: 10/1927 ersetzt man Wasser durch Flüssigkeit, Zwiebel und Salz kommen hinzu. 1933 nimmt die Säure des Gerichts ab: Wein (Essig) fällt weg, Zucker ist neu – der letzte Zugang unter den Zutaten. Von nun an ändern sich nur noch die Mengen. 1947 muss die Hausfrau sparsam wirtschaften (wenig Fett) und das Essen sättigen (viel Mehl). 1958 darf das Essen wieder etwas fetter sein. In den schlanken Jahren ab 1970 wird das Mehl optional.
Die beiden Kochbuchexemplare ohne Auflagenzählung und Jahr der Sammlung unterscheiden sich

im Zubereitungstext dieses Rezepts: Der Text des Exemplars B besitzt einen Hinweis auf die Zubereitung in der Kochkiste. Ich nehme an, diese Auflage ist jünger als die ohne diesen Zusatz. In einer neuen Auflage kommt erfahrungsgemäß etwas hinzu, Streichungen sind seltener. So hilft dieser praktische Hinweis nicht nur beim Kochen, sondern auch bei der Bestimmung der Auflagenfolge. Vergleicht man die Zubereitungstexte weiter, kann man etwas Erstaunliches entdecken: den Triumph der Kochkunst über die Einbrenne. In der Zubereitung der Erstausgabe 1910 wird das Rübenkraut gedünstet und am Ende gestaubt. Das ändert sich 1927 mit der 10. Auflage: Jetzt wird das Kraut in Wasser gekocht und separat eine mittelfarbene Einbrenne hergestellt, die dann zum gekochten Gemüse gegeben wird. In den Nachkriegsjahren fördert weiteres Mehl die sättigende Wirkung dieser Zubereitungsweise. Erst Auflage 27/1958 greift die Zubereitung der Erstausgabe, ohne Einbrenne, wieder als Alternative auf. Ab 40/1971 wird Mehl optional (nach Belieben). In der letzten Überarbeitung 1998 ist die erste Zubereitungsvariante ungebunden. Die Einbrenne ist im Bayerischen Kochbuch auf dem Rückzug.

Rübenkraut

10. Auflage, 1927, S. 71, Nr. 214, Kapitel Gemüse und Gemüsespeisen

1 Pfd. Rübenkraut, **40 gr** Fett, 1/4 l **Flüssigkeit**, 1/2 **Teelöffel Zwiebel**, **20 gr** Mehl, Wein oder Essig, **Salz**

Das Kraut in Wasser weichkochen, mittelfarbene Einbrenne herstellen aus Fett, Zwiebel und Mehl, mit der Flüssigkeit des Krautes auffüllen, zum Rübenkraut geben, aufgießen, fertigkochen, abschmecken.

Rübenkraut

15. Auflage, [1933], S. 118, Nr. 347, Kapitel Gemüsespeisen

1 1/2 Pfd. Rübenkraut, 1/4 l Flüssigkeit, 40 g Fett, **10 g Zucker**, 1/2 Teelöffel Zwiebel, 20 g Mehl, Salz

Das Kraut mit **Flüssigkeit** weichkochen, mittelfarbene **Zucker**einbrenne herstellen, mit der **Koch**flüssigkeit auffüllen, zum Rübenkraut geben, **nach Bedarf noch** aufgießen, fertigkochen, abschmecken. **Garzeit 1 1/2–2 Stunden.**

Rübenkraut

18. erweiterte Auflage, 1947, S. 45, Nr. 146, Kapitel Gemüsespeisen

3/4 kg Rübenkraut, 1/4 l Flüssigkeit, **30 (20) g** Fett, 10 g Zucker, 1/2 Teelöffel Zwiebel, **30 (40) g** Mehl, Salz

Das Kraut mit Flüssigkeit weichkochen, mittelfarbene Zuckereinbrenne herstellen, mit der Kochflüssigkeit auffüllen, zum Rübenkraut geben, nach Bedarf noch aufgießen, fertigkochen, abschmecken. Garzeit 1 1/2–2 Stunden.

Rübenkraut

27. Auflage, 1958, S. 225, Nr. 469, Kapitel Gemüsespeisen

3/4 kg Rübenkraut, 1/4 l Flüssigkeit, **30 g** Fett, 10 g Zucker, 1/2 Teelöffel Zwiebel, 30 (40) g Mehl, Salz

Das Kraut mit Flüssigkeit weichkochen, mittelfarbene Zuckereinbrenne herstellen, mit der Kochflüssigkeit auffüllen, **aufkochen lassen**, zum Rübenkraut geben, nach Bedarf noch aufgießen, **fertigkochen**, abschmecken. Garzeit 1 1/2–2 Stunden.

Oder: Zucker in Fett leicht bräunen, Rübenkraut und Zwiebel zugeben, durchdünsten, aufgießen, gardünsten, mit Mehl binden, abschmecken.

Rübenkraut

40. Auflage, 1971, S. 380, Nr. 759, Kapitel Gemüsespeisen

3/4 kg Rübenkraut, **zum Dünsten**: 30 g Fett, **1–2 Eßl.** Zucker, 1/2 Zwiebel **nach Belieben**, 1/4 l Flüssigkeit, Salz, **nach Belieben zum Binden 10–20 g** Mehl

Zucker in Fett leicht bräunen, feingeschnittene Zwiebel und Rübenkraut zugeben, durchdünsten, etwas aufgießen, salzen, in geschlossenem Topf bei mäßiger Hitze gar dünsten, bei Bedarf etwas Flüssigkeit beifügen, nach Belieben kurz vor Ende der Garzeit mit wenig Mehl binden, aufkochen lassen, abschmecken. Garzeit etwa 3/4 Stunde.

Oder: Rübenkraut mit wenig Flüssigkeit weich kochen, mittelfarbene Zuckereinbrenne mit 20 g Mehl herstellen, mit der Kochbrühe aufgießen, aufkochen lassen, zum Rübenkraut geben, durchziehen lassen, abschmecken.

Rübenkraut

56. Auflage, 2007, S. 386, Nr. 756, Kapitel Gemüsespeisen

3/4 kg Rübenkraut, zum Dünsten: 30 g Fett, **2 Eßl.** Zucker, 1/2 Zwiebel **nach Belieben**, **250 ml** Flüssigkeit, Salz, nach Belieben zum Binden: **10 g** Mehl

Zucker in Fett leicht bräunen, feingeschnittene Zwiebel und Rübenkraut zugeben, durchdünsten, etwas aufgießen, salzen, in geschlossenem Topf bei mäßiger Hitze gar dünsten, bei Bedarf etwas Flüssigkeit beifügen, abschmecken. Garzeit etwa 3/4 Stunde.

Oder: Rübenkraut mit wenig Flüssigkeit weich kochen, mittelfarbene Zuckereinbrenne mit 20 g Mehl herstellen, mit der Kochbrühe aufgießen, aufkochen lassen, zum Rübenkraut geben, durchziehen lassen, abschmecken.

Saures Kartoffelgemüse

Regionalproporz im Kochbuch

Was mich veranlasst hat, das Saure Kartoffelgemüse für ein typisch fränkisches Gericht zu halten – ich weiß es nicht mehr. Das unterfränkische Gasthaus, in dem ich es gerne esse? Die fränkische Herkunft der Freundin, die davon schwärmte? Die Zuordnung geschah ganz unwillkürlich. Später wurde ich eines Besseren belehrt: Das Gericht ist in ganz Bayern zu Hause und auch unter dem Namen *Hochzeitsgemüse* bekannt. Das Bayerische Kochbuch kennt es seit der ersten Auflage, ohne regionale Zuweisung. Andere Rezepte haben sehr wohl eine solche. Darum geht's hier.

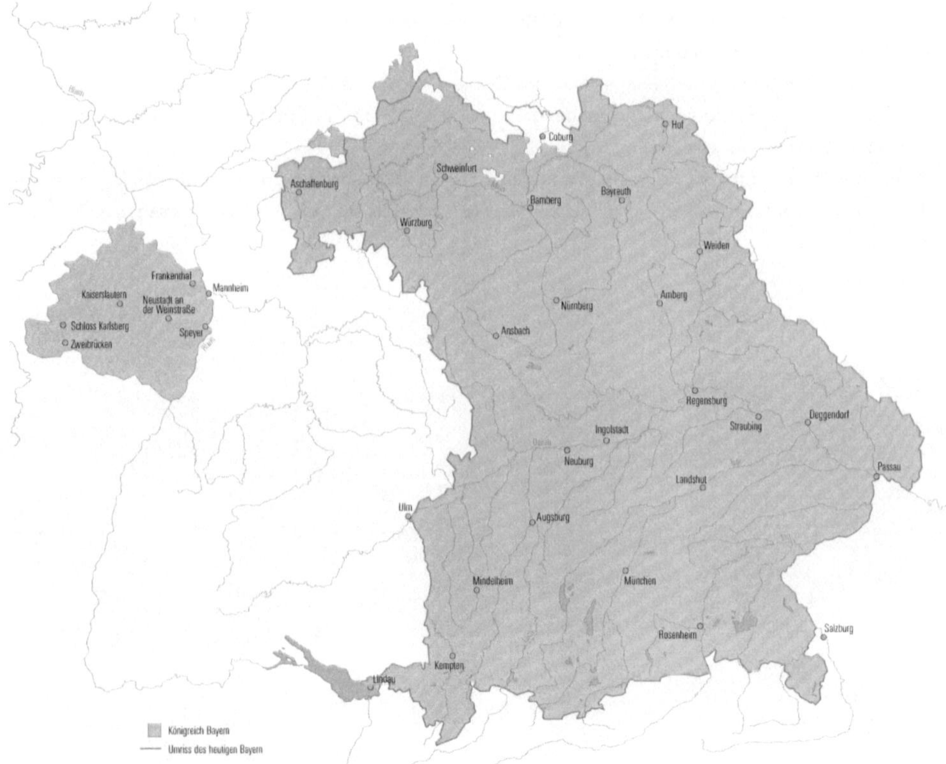

Bayern nach dem Wiener Kongress 1815. Quelle: Haus der Bayerischen Geschichte, Augsburg (Entwurf: Andreas Th. Jell, Grafik: Thoener von Wolffersdorff, Augsburg)

Das Vorwort der ersten Auflagen beginnt mit den Worten: Dieses Kochbüchlein enthält eine Reihe von Rezepten der süddeutschen bürgerlichen Küche mit besonderer Berücksichtigung der in den verschiedenen Kreisen Bayerns ortsüblichen Gerichte. Die Suche nach ortsüblichen Gerichten und ihrer Markierung ist bereits beim ersten Umblättern erfolgreich: die Selleriesuppe (fränkisch). Groß ist die Ausbeute auf den knapp 200 Rezeptseiten allerdings nicht. Ein Grund mag in dem zweifelhaften Besitzanspruch einer Region auf ein Rezept liegen – siehe die Vermutungen zum vermeintlich fränkischen Sauren Kartoffelgemüse. Auflage B/[1911] nennt folgende Rezepte mit regionaler Herkunft:

Franken	Eierplätzchen (fränkisch)
	Feine Mehlklöße (fränkisch)
	Grießklöße (fränkisch)
	Kirschenmännchen (fränkisch)
	Petersiliensuppe mit Schwemmklößchen (Nürnberger Rezept)
	Selleriesuppe (fränkisch)
	Zwiebelplatz oder Kuchen (Franken)
Schwaben	Brätknödel (schwäbisch)
	Eierwürsteln (schwäbisch)
	Gefüllter Wirsing (schwäbisch)
	Kässpatzen (Algäu)[sic!]
	Kleiennudeln (schwäbisch)
	Krautkrapfen (schwäbisch)
Oberpfalz	Eischwerschnitten (Regensburger Kochbuch)
	Gestutzte Nudeln (Oberpfalz)
	Kartoffeldatschi oder Puffer (oberpfälzisch)
Österreich	Germstriezel (österreichisch)
	Topfenknödel (österreichisch)
Niederbayern	Fingernudeln (niederbayerisch)
Oberbayern	Geriebener Teigschmarrn (oberbayerisch)
Pfalz	Weiße Rüben als Brei (pfälzisch)

Die Anordnung der Listen richtet sich nach der Häufigkeit der genannten Region. Fränkisch markierte Rezepte sind am häufigsten belegt und stehen darum an erster Stelle. Die regionale Angabe (österreichisch) ist im Kochbuch nicht unterscheidbar von den anderen. Streng genommen hat sie hier nichts zu suchen, denn bei den Angaben handelt es sich nicht um vage landschaftliche Regionen, sondern um Regierungsbezirke, also Verwaltungseinheiten des Königreichs Bayern. Und zu denen gehörte Österreich sicher nicht. Zu erklären ist diese Ungenauigkeit mit der kulinarischen und regionalen Nachbarschaft. Dass die regionalen Angaben Verwaltungseinheiten bedeuten, zeigt das Rezept für Weiße Rüben als Brei (pfälzisch). Mit pfälzisch ist nicht oberpfälzisch gemeint. Die linksrheinische Pfalz war bis Ende des Zweiten Weltkriegs ein Teil Bayerns. Da die Wanderkochkurse für Landfrauen, die der Bayerische Verein für Wirtschaftliche Frauenschulen auf dem Lande organisierte, ganz Bayern erfassen müssen, gehört auch mindestens ein Pfälzer ortsübliches Gericht in das vom Verein herausgegebene Kochbuch. Regionalproporz ist keine Erfindung unserer Zeit. Unter diesem Gesichtspunkt wirkt Oberbayern etwas vernachlässigt: Nur ein Rezept trägt diese Angabe.

10/1927 gestrichen:
Eierplätzchen
Eierwürsteln
Eischwerschnitten
Feine Mehlklöße
Gefüllter Wirsing
Geriebener Teigschmarrn
Germstrizel
Kleiennudeln
Topfenknödel
Weiße Rüben als Brei
10/1927 neu:
Aufgeschmalzene Kartoffelsuppe (oberpfälzisch)
Brotsuppe (oberfränkisch, oberpfälzisch)
Grießnockerlsuppe (niederbayerisch, oberfränkisch)
Leberspätzlesuppe (schwäbisch)
Zwiebelsuppe (oberfränkisch)
ab 10/1927 Angabe der Region gestrichen:
Gestutzte Nudeln ~~oberpfälzisch~~
Kirschenmännchen ~~fränkisch~~
Selleriesuppe ~~fränkisch~~
15/[1933] neu:
Brätspätzle (schwäbisch)
Fischsuppe mit Fischklößchen (pfälzisch)
Scheitenküchein (Bayerischer Wald)
Schuxen (Niederbayern)
Speckkuchen (fränkisch)
15/[1933] wiederbelebt:
Eierwürsteln (schwäbisch)
Feine Mehlklöße (fränkisch)
Topfenknödel (östereichisch)

Unter den gelisteten Rezepten ist ein Titelzusatz doppeldeutig: Regensburger Kochbuch. Soll hier allein auf das bekannte Kochbuch, aus dem das Rezept stammt, hingewiesen werden oder auch auf die regionale Herkunft des Gerichts? Rezepte mit Quellenangaben werden im Kapitel *Wem gehört ein Rezept?* beschrieben. Die Eischwerschnitten (Regensburger Kochbuch) behandle ich hier und dort. Auch Gerichte wie z. B. Griechisches Beefsteak, Königsberger Knödel oder Ischler Plätzchen tragen ihre regionale Herkunft im Namen. Sie weisen aber nicht notwendig auf ortsübliche Gerichte hin, sondern auf den weiten kulinarischen Horizont des Kochbuchs.

Was passiert nun in den folgenden Jahrzehnten mit den Rezepten ausgewiesener regionaler Herkunft? Manchen von ihnen ist kein Verbleib im Kochbuch gegönnt. Besonders die Auflage 10/1927 ist auch in dieser Hinsicht radikal. Zehn regional ausgewiesene Rezepte fallen der Überarbeitung zum Opfer. Fünf neue regionale Rezepte kommen hinzu – allesamt Suppenrezepte. Andere bis dahin regional ausgezeichnete Rezepte verlieren diese Information.

Der ersten Bearbeitung von Maria Hofmann (15/[1933]) verdankt das nunmehr Bayerische Kochbuch neue regionale Rezepte und interessanterweise auch vormals gestrichene, jetzt wiederbelebte Rezepte früherer Auflagen. Sie hat wohl in alten Ausgaben gestöbert. Ein Zufallsfund zeigt, dass auch Küchentipps Regionen zugeschrieben werden: Unter Nummer 319 Knödelresteverwendung kann man in der Auflage zum ersten Mal eine Variante zum landläufigen Rösten lesen: … Oder Knödelreste in Scheiben schneiden, mit Salatmischung anmachen und kurze Zeit durchziehen lassen (oberbayerisch). Bis Auflage 39/1969 kann man diese regionale Knödelrestevariante mit Vinaigrette im Bayerischen Kochbuch finden.

Wie hält es die aktuelle Auflage mit der Markierung regionaler Rezepte? Da diese Namensergänzungen von Rezepten nicht einheitlich im Register erfasst werden, ist angesichts der vielen Rezepte eine umfassende Aussage hierzu nicht möglich. Was sich aber nachprüfen lässt, ist der Verbleib der oben aufgezählten regionalen Rezepte. Nicht mehr finden kann ich die Brotsuppe (oberfränkisch, oberpfälzisch) und die Petersiliensuppe mit Schwemmklößchen (Nürnberger Rezept). Andere Rezepte haben ihre Herkunftsangabe im Laufe der Jahre verloren. Neue regionale Gerichte wie z. B. die Kaspressknödel kommen ohne die meist verfängliche Angabe der Region aus.

Die Frage, ob das Bayerische Kochbuch ein Regionalkochbuch ist, wurde in diesem Kapitel nicht gestellt. Hier ging es mir ausschließlich um die Markierung von Rezepten. Diskussionsstoff für die an anderer Stelle behandelte Frage brachte es freilich schon.

Saures Kartoffelgemüse

Auflage A, [1910], S. 37, Kapitel Kartoffelgerichte

2 Pfd. Kartoffeln, Salz und Wasser zum Kochen, 2 Eßl. Fett, 4 Eßl. Mehl, 1 kleine Zwiebel i. Ganzen, 1 Nelke, 1 Lorbeerblatt, ½–¾ l Suppe, 1–2 Eßl. Essig, Salz

Kartoffeln werden vorbereitet wie zu Milchkartoffeln. [»Die gewaschenen Kartoffeln werden in der Schale gekocht, geschält, in Scheiben geschnitten« (S. 39)] Man läßt Mehl im Fett dämpfen, steckt die Nelke in die Zwiebel und legt sie in die Einbrenne. Wenn dieselbe dunkel geworden ist, füllt man auf, gibt Lorbeerblatt, Essig und entsprechend Salz dazu. Die Sauce kocht ¾ Stunden ein, die Zwiebel wird herausgefischt und die Kartoffeln werden hineingegeben. Zubereitungzeit 1–1 ½ Stunden.

Saures Kartoffelgemüse

Auflage B, [1911], S. 40, Kapitel Kartoffelgerichte

2 Pfd. Kartoffeln, Salz und Wasser zum Kochen, 2 Eßl. Fett, 4 Eßl. Mehl, 1 kleine Zwiebel i. Ganzen, 1 Nelke, 1 Lorbeerblatt, **½ l** Suppe, 1–2 Eßl. Essig, Salz

Kartoffeln werden vorbereitet wie zu Milchkartoffeln. [»Die gewaschenen Kartoffeln werden in der Schale gekocht, geschält, in Scheiben geschnitten« (S. 39)] Man läßt Mehl im Fett dämpfen, steckt die Nelke in die Zwiebel und legt sie in die Einbrenne. Wenn dieselbe dunkel geworden ist, füllt man auf, gibt Lorbeerblatt, Essig und entsprechend Salz dazu. Die Sauce kocht ¾ Stunden ein, die Zwiebel wird herausgefischt und die Kartoffeln werden hineingegeben. Zubereitungzeit 1–1 ½ Stunden.

Saures Kartoffelgemüse

10. Auflage, 1927, Nr. 291, S. 97, Kapitel Kartoffelspeisen

2 Pfd. Kartoffeln, **Salzwasser, 20 g Fett, 40 g Mehl, 1 Teel**. Zwiebel, ½ l **Flüssigkeit**, 1 Nelke, Salz, 1 Lorbeerblatt, **2–3** Eßl. Essig

Kartoffeln vorbereiten wie bei Nr. 289 [Kartoffeln waschen, kochen, schälen, in Scheiben schneiden], aus Fett, Mehl und Zwiebel dunkle Einbrenne herstellen, auffüllen, würzen, ¾ Stunden kochen lassen, Kartoffelscheiben zugeben, mit Essig abschmecken, aufkochen lassen, Nelke und Lorbeerblatt vor dem Anrichten herausnehmen.

Will man 100 Jahre Saures Kartoffelgemüse beschreiben, lassen sich die Veränderungen in den Antworten auf drei Fragen zusammenfassen. 1. Was gehört ins Rezept? 2. Wie viel Soße braucht das Kartoffelgemüse? 3. Womit und wie wird gewürzt?

Wir beginnen mit der ersten Frage und dem Zustand der Kartoffeln: roh oder gekocht? In den ersten Auflagen ist man unentschieden: Die rohen Kartoffeln und die Zutaten für die Zubereitung werden gelistet (Salz und Wasser), im Text wird aber auf ein anderes Rezept verwiesen (Milchkartoffeln). In Auflage 4/1920 lagert man auch die Zutaten und die Zubereitung der Einbrennsoße aus, 1 mal mittelbraune Einbrennsoße verlangt die Zutatenliste. Die Auflage 10/1927 nimmt das wieder zurück. Der aktuelle Status quo wird in der Auflage 15/[1933] von Maria Hofmann festgelegt: Das Rezept setzt gekochte oder gedämpfte Kartoffeln voraus. Dagegen sind die Zutaten der Einbrenne und ihre Zubereitung Teil des Rezepts. Somit ist die erste Frage bereits in der Auflage 15/[1933] geklärt.

Die Klärung der Frage, in wie viel Soße die Kartoffeln schwimmen sollen, zieht sich. Die Mengenverhältnisse von Fett – Mehl – Flüssigkeit der Auflage A/[1910] ähneln denen der aktuellen Auflage: 20 g Fett, 40 g Mehl, ½ l Flüssigkeit damals und 30 g Fett, 30 g Mehl, 500(-750) ml Flüssigkeit 56/2007. Dazwischen liegen Notzeiten, in denen das Fett knapp ist (18erw./1947: 30 g Fett, 40–60 g, Mehl ¾ l Flüssigkeit), und üppige Wohlstandsjahre, in denen man vor allem gerne viel aß (27/1958: 40 g Fett, 60 g Mehl, ¾–1 l Flüssigkeit).

Offen ist die letzte Frage, die nach den Gewürzen. Für das Saure Kartoffelgemüse eine wichtige Frage, denn die würzenden Zutaten verleihen dem einfachen Rezept Tiefe. Zwiebel, Nelke, Lorbeer, Essig, Salz sind in allen Rezepten dabei. In der Auflage 15/[1933] kommt Liebstöckel hinzu und 40/1971 folgen Gewürzgurken.

Das Würzen im Rezept veranschaulicht die stete Arbeit am Text: In den ersten Auflagen fischt man die mit der Nelke gespickte Zwiebel nach dem Kochen heraus. Ab Auflage 10/1927 verbleiben die kleingeschnittenen Zwiebelwürfel in der Soße, aber Nelke und Lorbeerblatt werden nun herausgenommen. Seit Auflage 40/1971 werden Nelke, Lorbeer und Liebstöckel nach dem Kochen entfernt. Wir lernen: Die Gewürze geben ihren Geschmack ab, werden aber nicht mitgegessen und deswegen aus der Soße gefischt – herausgenommen – entfernt. Die Küchensprache schüttelt den umgangssprachlichen Ton ab und wird sachlicher.

Saures Kartoffelgemüse

15. Auflage, 1933], Nr. 418, S. 137, Kapitel Beilagen zu Fleisch- und Gemüsespeisen

2 Pfd. **gekochte** Kartoffeln, **40** g Fett, 40 g Mehl, 1 Teel. Zwiebel, 3/4 l Flüssigkeit, **Salz, 2–3 Eßl. Essig, nach Belieben**: 1 Nelke, 1 Lorbeerblatt, **etwas Liebstöckel**

Die gekochten Kartoffeln schälen, in Scheiben schneiden; dunkle Einbrenne herstellen, auffüllen, würzen, 3/4 Stunden kochen lassen, **Nelke und Lorbeerblatt herausnehmen**, Kartoffelscheiben zugeben, abschmecken, aufkochen lassen.

Saures Kartoffelgemüse

18. erweiterte Auflage, 1947, Nr. 102, S. 34, Kapitel Kartoffelgerichte

1 kg gekochte Kartoffeln, **30** g Fett, **40–60** g Mehl, 1 Teel. Zwiebel, 3/4 l Flüssigkeit, Salz, 2–3 Eßl. Essig, nach Belieben: 1 Nelke, 1 Lorbeerblatt, etwas Liebstöckel

Die gekochten Kartoffeln schälen, in Scheiben schneiden; dunkle Einbrenne herstellen, auffüllen, würzen, 3/4 Stunden kochen lassen, Nelke und Lorbeerblatt herausnehmen, Kartoffelscheiben zugeben, abschmecken, aufkochen lassen.

Saures Kartoffelgemüse

27. Auflage,1958, Nr. 556, S. 256, Kapitel Beilagen zu Fleisch-, Fisch- und Gemüsespeisen

1 kg gekochte Kartoffeln, **40** g Fett, [40 g bereits seit 23/1953] **60** g Mehl, **1–2** Zwiebeln, 3/4–1 l Flüssigkeit, Salz, 2–3 Eßl. Essig, nach Belieben: 1 Nelke, 1 Lorbeerblatt, etwas Liebstöckel

Die gekochten [ab 29/1960 Gekochte] Kartoffeln schälen, in Scheiben schneiden; dunkle Einbrenne herstellen **(Zwiebel erst zugeben, wenn Mehl mittelbraun ist, dann weiter rösten bis Mehl dunkelbraun)**, auffüllen, würzen, etwa 1/2 Stunde kochen lassen, Nelke und Lorbeerblatt herausnehmen, Kartoffelscheiben zugeben, abschmecken, aufkochen lassen.

Saures Kartoffelgemüse

40. Auflage, 1971, Nr. 888, S. 424, Kapitel Beilagen

3/4–1 kg **gedämpfte** Kartoffeln, **zur Soße**: 30 g Fett, **40** g Mehl, **2** Zwiebeln, 1/2–3/4 l **Brühe**, Salz, 2–3 Eßl. Essig, 1 Nelke, 1 Lorbeerblatt, etwas Liebstöckel, **1–2 Gewürzgurken**

Frisch gedämpfte Kartoffeln schälen, in Scheiben schneiden; **mittelfarbene oder** dunkle Einbrenne herstellen **wie bei Grundrezept Nr. 57 bzw. 58 angegeben, Würzzutaten beifügen, etwa 20–30 Minuten leise** kochen lassen, **dann** Nelke, Lorbeerblatt **und Liebstöckel entfernen, Soße gut abschmecken, nach Belieben gewürfelte Gewürzgurken zugeben, mit noch heißen Kartoffelscheiben locker und vorsichtig mengen, einmal**, aufkochen lassen **nochmal abschmecken**.

Saures Kartoffelgemüse

56. Auflage, 2007, Nr. 886, S. 431, Kapitel Beilagen

3/4–1 kg gedämpfte Kartoffeln, zur Soße: 30 g Fett, **30** g Mehl, 2 Zwiebeln, **500 (–750) ml** Brühe, Salz, 2 (–3) Eßl. Essig, 1 Nelke, 1 Lorbeerblatt, etwas Liebstöckel, 1–2 Gewürzgurken

Frisch gedämpfte Kartoffeln schälen, in Scheiben schneiden; mittelfarbene oder dunkle Einbrenne herstellen wie bei Grundrezept Nr. 57 bzw. 58 angegeben, Würzzutaten beifügen, etwa 20–30 Minuten leise kochen lassen, dann Nelke, Lorbeer und Liebstöckel entfernen, Soße gut abschmecken, nach Belieben gewürfelte Gewürzgurken zugeben, mit noch heißen Kartoffelscheiben locker und vorsichtig mengen, einmal aufkochen lassen, nochmal abschmecken.

Krebssuppe

Rezeptabgänge vom Bayerischen Kochbuch

Bis 1920 zählen Krebse zum Kanon des Kochbuchs.
Dann findet man plötzlich keine Krebse mehr im Register. Warum?
Was sind die Gründe, Rezepte aufzugeben?
Ein fiktives Interview mit Maria Hofmann gibt Auskunft. –
Übrigens: Die Krebse kommen wieder!

Romanstraße 16, 1. Stock, 16 Uhr. Frau Hofmann im vertrauten Look, Bluse und Rock. Es ist warm. Ein Fenster zum Garten ist offen. Auf einem Beistelltisch wie üblich schwarzer Tee, Sahne, kein Zucker und selbstgemachtes Teegebäck.

Maria Hofmann *Ich freue mich, Sie wiederzusehen. Bitte greifen Sie zu! Übrigens soll ich Sie herzlich von meiner Schwester Lisa grüßen, sie ist verhindert, sonst hätte sie sich zu uns gesetzt. Sie nimmt regen Anteil an Ihren Besuchen und fragt mich immer aus.*

Regina Frisch *Vielen Dank! Grüßen Sie bitte zurück. Die Freude ist ganz meinerseits, Frau Hofmann, und wie Sie bei unserem letzten Treffen schon mutmaßten, habe ich heute eine Liste von Rezept-Abgängen mitgebracht, über die ich mich mit Ihnen gerne unterhalten möchte. Ich beginne mit der Auflage 4/1920. Kurz zur Erklärung: Ich rede von einem Abgang einer bestimmten Auflage, wenn ein Rezept in der vorausgehenden Auflage belegt war und in dieser nicht mehr zu finden ist. Also: Die Abgänge der Auflage 4/1920 sind zahlreich, viel zahlreicher als die Zugänge, die Sie mit* Schmalhans ist Küchenmeister *charakterisierten. Ich habe versucht, sie zu sortieren … es fällt auf, dass unter den knapp 80 Abgängen fast ein Viertel Backwaren sind, dann fünf Kloß- bzw Knödelrezepte, wie z. B.*

Kartoffelknödel von rohen Kartoffeln
Feine Mehlklöße
Holsteinische Klöße

und auch der so beliebte

Kaiserschmarrn

fällt in dieser Überarbeitung dem Rotstift zum Opfer.

MH *Also: Sie sagen viele Abgänge, wenig neue Rezepte und die genannten Beispiele sind allesamt Rezepte, die über den Küchenalltag hinausreichen … Wir sprechen von den Jahren nach dem Ersten Weltkrieg! Da hatte man nicht die Mittel, um groß aufzukochen, und die Verantwortlichen im Bayerischen Verein für Wirtschaftliche Frauenschulen passten das* Kochbuch *dieser Notlage an. Schließlich hatte man in Krieg auch ein* Bayerisches Kriegskochbüchlein *aufgelegt.*

RF *Man spart also nicht nur an den Zutaten, sondern auch an den Rezepten. Die Verantwortlichen zu der Zeit waren jedenfalls rigoros. Auf zwei Abgänge möchte ich kurz eingehen:*

Krebssuppe
Krebse kochen

Geschah das auch aus Gründen der Sparsamkeit oder war die Zutat, die Flusskrebse, die auf dem Land früher reichlich zu finden waren, nicht mehr da, weil die Verschmutzung der Gewässer bereits so zugenommen hatte?

MH *Soweit ich weiß, war nicht die zunehmende Gewässerverschmutzung schuld, sondern eine Krankheit, die sogenannte Krebspest, die die Bestände radikal und nachhaltig dezimierte.*

RF *Danke für diesen Hinweis! So waren es also handfeste Gründe, die die Krebse von der Speisekarte des Kochbuchs nahmen. Kommen wir zur nächsten überarbeiteten Auflage: Vier Jahre später werden deutlich weniger Rezepte aus dem Kochbuch entfernt. In der Auflage 6/1924 bleiben auf der Strecke:*

Bittermandelkuchen

Braunschweigerkuchen

Englisch Biskuit

Muzenmandeln

Wormser Brezeln

MH *Der Wegfall dieser Rezepte zeugt von einem starken bayerisch-regionalen Schwenk, den die Verantwortlichen im* Kochbuch *durchsetzten. In den Anfangsjahren der Schule – ich habe mich später als Geschäftsführerin des Vereins mit seiner Geschichte beschäftigt –, also in der Zeit vor und während dem Ersten Weltkrieg, bestimmte ein großbürgerlicher liberaler Geist das Klima der Schule. Viele Maiden, so wurden die Schülerinnen genannt, kamen aus dem ganzen Deutschen Reich, um in Miesbach die Schule zu besuchen. Nach dem Krieg veränderte sich das, die Maiden und die Rezepte wurden provinzieller – wenn ich das so vereinfachend sagen darf.*

RF *Das verstärkt sich dann noch deutlich mit der nächsten Auflage 10/1927, deren Zugänge Sie bei unserem letzten Treffen bereits* ländlich *genannt hatten. Ich nenne hier einige Beispiele aus dem Register mit dem Buchstaben* B. *Es fallen weg:*

Bayerische Rüben

Bayerischer Kuchen

Beefsteak, deutsches

Birnenkompott in eingebrannter Soße

Blitzkuchen

Blumenkohlkoteletten

Bohnen in saurer Soße

Braunes Ragout

Ländliche *Küche heißt für die Verantwortlichen wohl weniger regionale Küche im heutigen Sinn, als vielmehr einfache. Alles, was zuviel erschien, wurde gestrichen, und da hatte man auch keine Bedenken, Rezepte mit dem Attribut* bayerisch *zu streichen.*

MH *Ich muss gestehn, es fällt mir schwer hier Motive zu erkennen, die Liste scheint doch recht unbegründet. Vielleicht waren es mitunter persönliche Vorlieben und Antipathien, die das eine Rezept drin ließen und das andere rauswarfen.*

RF *Die vielen Veränderungen im Rezeptbestand dieser Auflage 10/1927 lassen auch größere personelle Veränderungen im Verein vermuten. Leider habe ich dazu keine Quellen gefunden. Wissen Sie mehr, Frau Hofmann?*

MH *Nein. Das war vor meiner Zeit in Miesbach. Konkretes weiß ich nicht darüber.*

RF *Kommen wir zu den Auflagen des* Bayerischen Kochbuchs, *für die Sie verantwortlich sind. Ich habe gehört, dass Sie zusammen mit einer weiteren Miesbacher Lehrerin die*

Überarbeitung des Kochbuchs *begonnen haben. Darf ich nach dem Namen der Kollegin fragen?*

MH *Ja. Stimmt. In der Anfangsphase waren wir zu zweit. Aber den Namen, nein, an den erinnere ich mich nicht. Das war auch, wie gesagt, nur in der ersten Zeit, bald war ich federführend. Das Kochbuch sollte gründlich modernisiert werden und auch ein neues Gesicht erhalten. In München roch die Luft nach Aufbruch, und dem konnten auch wir uns nicht entziehen. Dabei blieb das eine oder andere Gericht auf der Strecke.*

RF *Auf der Strecke blieben bei der Auflage 15/[1933] unter anderen:*

Falsche Faschingskrapfen

Falscher Linzerkuchen

Falsche Wurstsuppe

MH *[Fällt ins Wort] Erwarten Sie jetzt bitte nicht, dass ich Ihnen Gründe nennen kann, warum diese Rezepte gestrichen wurden. Nein. Wir wollten Platz schaffen, Platz für neue Rezepte.*

RF *Noch ein Versuch: Das alte* Kochbuch *kennt zwei Rezepte für's*

Fleischpökeln.

MH *Ja, in der Tat, dazu kann ich etwas sagen. Der Verein für Wirtschaftliche Frauenschulen gab nicht nur ein Kochbuch heraus, sondern noch weitere Bücher, u. a.* Bäuerliche Schlachtrezepte. *Um die Zuständigkeiten der Publikationen sauber zu trennen, sollten im* Bayerischen Kochbuch *keine Schlachtrezepte vorkommen und übrigens auch keine Marmeladenrezepte. Da wäre man dem vereinseigenen* Einkochbuch *in die Quere gekommen.*

RF *Sie sprachen eben von Platz schaffen im Kochbuch. Aus meiner Sicht überwiegen in Ihrer ersten Auflage die Zugänge die Abgänge bei Weitem. Und mit etwas Abstand, von heute aus betrachtet, kann man sagen, dass 1933 das* Bayerische Kochbuch, *wie wir es heute kennen, bereits in seinen Grundfesten steht. Der Überhang an Zugängen wird zu einem Charakteristikum des Kochbuchs, und so werde ich Sie nur noch mit vereinzelten Abgängen konfrontieren. Die Auflagen 16/[1936] und 17/[1938] belegen Zugänge, aber keine Abgänge. Erst nach dem Krieg werden wieder Rezepte von Ihnen aus dem Inventar gestrichen. Ich nenne Beispiele:*

Aprikosenauflauf

Suppe mit Eierwürstchen

Kalter Fruchtreis

Makkaroniküchlein, auch Vegetarisches Hirn genannt

Ringkuchen

Topfenhörnchen mit Käse.

Sagen Ihnen diese Rezepte etwas?

MH *Hm, spontan: nein. Sollten sie?*

RF *Es sind Rezepte mit einer sehr kurzen Verweildauer im* Bayerischen Kochbuch. *Sie sind mit der 15. Auflage, Ihrer ersten Neubearbeitung, ins Kochbuch aufgenommen worden. Der* Ringkuchen *hat sogar nur zwei Auflagen überstanden: die 17/[1938] und 18/[1943].*

MH *Interessant, dann haben sie sich wohl nicht bewährt. Aber es ist schon so lange her, helfen Sie mir – haben Sie eine Vermutung?*

RF *Einen gemeinsamen Grund, kann ich nicht erkennen, auch finde ich es im Fall der* Suppe mit Eierwürstchen *regelrecht schade. Aber beim* Vegetarischen Hirn *und dem* Ringkuchen *bin ich ganz mit der Streichung d'accord. Das* Veggie Hirn *– so würde man wohl heute sagen – wird aus gekochten und dann durch den Fleischwolf gedrehten Makkaroni zubereitet. Die Zubereitung ist aufwändig und das Ergebnis eher dürftig. Die Basis des* Ringkuchens *ist ein Rührteig ohne Fett – da schmeckt ein Butterbrot mit Marmelade sicher besser. In diesen Fällen wurden offensichtlich Sparrezepte aufgegeben. Und das vermute ich, war auch die Ursache bei Abgängen der Auflagen 23/1953 und 27/1958.*

Braunmehl, -soße, -suppe

Dotschen

Erbsenbrätlinge

Hefeaufstrich

Kuttelfleck

Sirupschnitten

Senf

MH *Was die* Sirupschnitten, Braunmehlsuppe *und den* Hefeaufstrich *– ich erinnere mich mit Grauen an den Geschmack auf der Zunge – anbelangt, bin ich ganz Ihrer Meinung; auch die Steckrüben, im Kochbuch unter dem bairischen Namen* Dotschen, *in Unterfranken sagen Sie wohl* Erdkohlrabi, *nun diese Feldfrucht wollte man nach den Hungerjahren nicht mehr essen. Ich habe ja bereits die Steckrübenwinter des Ersten Weltkriegs miterlebt. Man hatte einen regelrechten Widerwillen entwickelt. Warum die Kutteln wegfielen? Ich weiß es nicht mehr … Aber … dass der Senf aus dem* Bayerischen Kochbuch *gestrichen wurde, lag an der langwierigen Zubereitung, die man nicht mehr leisten wollte, zumal das Endprodukt fertig in den Läden für wenig Geld zu haben war.*

RF *Man könnte also zusammenfassend sagen, der zunehmende Wohlstand in den 50er Jahren des letzten Jahrhunderts zeigt sich an den Abgängen im* Bayerischen Kochbuch. *Frau Hofmann, wir machen einen großen Sprung und kommen zur Auflage 40/1971, die erste Überarbeitung nach über zehn Jahren und die erste Auflage, die sie gemeinsam mit Ihrem Neffen, Helmut Lydtin, herausgegeben haben. Die Anzahl der Abgänge ist verschwindend im Vergleich zu den vielen Zugängen. Wie beim Senf wird der Aufwand der Herstellung in Relation zum fertigen käuflichen Produkt Ursache der folgenden zwei Abgänge sein:*

Siruph erstellung

Orangeat- und Zitronatherstellung

… aber ich frage mich, warum wurden folgende Rezepte aufgegeben?

Fingernudeln

Tatschnudeln

Laugenbrezeln

Netzbraten

MH *Ach ja, die* Laugenbrezeln *… Helmut hat mir später leise Vorhaltungen gemacht, in einem bayerischen Kochbuch müsse ein Laugenbrezenrezept zu finden sein. Aber wissen Sie, das Bayerische hat man in diesen Jahren nicht so betont. Wer diese regionalen Gerichte essen wollte, konnte die Großmutter fragen oder ins Gasthaus gehen. In den 70er Jahren war ich darauf bedacht, das* Bayerische Kochbuch *als allgemeingültiges Standardwerk zu etablieren. Aus heutiger Sicht war die Aufgabe dieser regionalen Spezialitäten vielleicht ein Irrweg … Ich erinnere mich, dass wir auch kuriose Haferflockenrezepte rausgenommen haben …*

RF *… ja, z. B.*

Haferflockenpfannkuchen

Fruchttopfen mit Flocken

MH *… genau. Das waren Moden der 50er Jahre, die haben sich nicht gehalten. Dann muss man auch beherzt eingreifen können.*

RF *Bevor wir zur letzten Überarbeitung kommen, möchte ich noch ein aufgegebenes Rezept erwähnen, das*

Rhabarber-Apfelmischgetränk

– als ich die Zubereitung las, musste ich unwillkürlich an ein Modegetränk der letzten Jahre denken –, das Sie, verehrte Frau Hofmann, nicht mehr kennengelernt haben: das Smoothie. Eine trinkbare Fruchtsuppe. Im Bayerischen Kochbuch *stand in den Auflagen 27/1958 bis 39/1969 ein vergleichbares Rezept! Das* Bayerische Kochbuch *als Trendsetter …. Kommen wir, wie versprochen, zur aktuellen Überarbeitung, die in den Auflagen 55/1998 und 56/2007 zu finden ist. Es ist eine sanfte Überarbeitung, die aber einen deutlichen Eingriff aufweist: Sämtliche Hirnrezepte sind getilgt. Der Grund hierfür wird auch genannt: BSE-verdächtige Fleischteile.* Das früher gern verwendete Hirn (vom Rind) sollte nach neuesten Erkenntnissen wegen der BSE-Gefahr nicht mehr verwendet werden. Auf diesbezügliche Rezepte wurde daher verzichtet *(2007, S.169). Im* Bayerischen Kochbuch *findet man zur Zeit kein*

Hirn, eingemacht oder in heller Soße

Hirn, gebacken

Hirn, gedünstet (mit Champignons)

Hirn, gratiniert

Hirn mit Ei

Hirn, überbacken

Hirnbavesen, -schnitten

Hirnschöberlsuppe

Hirnsuppe

Bedauern Sie das, Frau Hofmann?

MH *Bedauern, bedauern … Es ist ein Lehrkochbuch, immer noch, und in einem solchen sollten keine Rezepte mit dem Hinweis* Vorsicht, gesundheitsgefährdend! *stehen.*

RF *Wobei die wissenschaftlichen Erkenntnisse oft rasch überholt sind, also auch eine Halbwertszeit haben.*

MH *Dieses Thema ist ein weites Feld.*

RF *Als letzten Abgang nenne ich das*

Spaghettifeingericht.

Sie erinnern sich, wir haben bei einer anderen Gelegenheit drüber gesprochen. Das Rezept ist Ihr Alter Ego im Kochbuch, es kam mit Ihnen und es geht mit Ihnen. Jetzt muss man auf vergleichbare Rezepte wie Sugo *und* Spaghettisoße *zurückgreifen – deren Klang die Poesie des* Spaghettifeingerichts *fehlt. Frau Hofmann, ich danke Ihnen für dieses Gespräch!*

MH *Gern geschehn. Ich nehme an, wir sehen uns wieder.*

Krebssuppe

Auflage A, [1910], S. 18, Kapitel Suppen

8–10 Stück Krebse, Wasser, Salz, Kümmel zum Kochen, 2–3 Eßl. zerl. Butter, 2–3 Eßl. Mehl, 1 Gelberübe, 1 Stück Sellerie, 1 Stück Zwiebel, Pfeffer, Gewürzkörner, Salz, 1 ¼–1 ½ l Wasser

Man kocht die Krebse nach Vorschrift mit Salz und Kümmel, dann löst man Scheren und Schweif aus und trocknet die Schalen und stößt sie fein. In der Butter dünstet man die Krebsschalen mit dem Suppengrün und gibt dann Mehl zu, läßt es durchrösten, füllt die Suppe auf und kocht sie mit den Gewürzen 1 Stunde durch. Sie wird mit Semmelknöderln und Krebsfleisch als Einlage angerichtet, vorher geseiht.

Krebssuppe

Auflage B, [1911], S. 20, Kapitel Suppen

8–10 Stück Krebse, Wasser, Salz, Kümmel zum Kochen, 2–3 Eßl. zerl. Butter, 2–3 Eßl. Mehl, 1 Gelberübe, 1 Stück Sellerie, 1 Stück Zwiebel, Pfeffer, Gewürzkörner, Salz, 1 ¼–1 ½ l Wasser

Man kocht die Krebse mit Salz und Kümmel, dann löst man Scheren und Schweif aus und trocknet die Schalen und stößt sie fein. In der Butter dünstet man die Krebsschalen mit dem Suppengrün und gibt dann Mehl zu, läßt es durchrösten, füllt die Suppe auf und kocht sie mit den Gewürzen 1 Stunde durch. Sie wird mit Semmelknöderln und Krebsfleisch als Einlage angerichtet, vorher geseiht.

Krebse kochen.

Auflagen A, [1910], S. 81 und B, [1911], S. 86, Kapitel Fischspeisen

Man faßt sie immer an der Mitte des Rückens an, weil sie so nicht zwicken können. Dann zieht man bei der mittleren Schwanzflosse an und entfernt so den Darm, wirft sie dann sofort in kochendes Salzwasser mit Kümmel und siedet sie rot. Schalen können zu Suppe genommen werden.

Die Krebsrezepte sind ab der Auflage 4/1920 vermutlich nicht weiter gepflegt worden, weil die Zutat für die ländliche Bevölkerung nicht mehr zur Verfügung stand. Die früher heimischen Krebse, fielen einer Krankheit zum Opfer: »Die Krebspest kann alle europäischen Krebsarten befallen. Sie wurde aus Nordamerika um 1860 mit Krebsimporten in die Lombardei und von dort aus nach Mitteleuropa eingeschleppt und hat sich rasant ausgebreitet [...]. Die Krankheit ist hochgradig infektiös, denn befallene Populationen von heimischen Edel-, Stein und Dohlenkrebsen werden meist zu 100% ausgelöscht. [...] Die Krebspest wird durch den Pilz Alphanomyces astaci ausgelöst« (Baur, Bräuer, Rapp 2010, S. 180).

Die beiden Rezepte Krebssuppe und Krebse kochen sind im Kochbuch der Frauenschule bis 1916 belegt. Das erste, die Krebssuppe, weist in dieser Zeit eine Änderung auf: Der Hinweis, die Krebse nach Vorschrift zu kochen, fällt ab Auflage B/[1911] weg. Dieser kochbuchinterne Verweis auf das Rezept Krebse kochen schien den Verantwortlichen – aus welchem Grund auch immer – weglassbar. Zwei weitere Auflagen später waren das dann beide Gerichte! Erst mehr als ein halbes Jahrhundert später werden wieder Krebse im Bayerischen Kochbuch gekocht. Nun handelt es sich um eine spezielle Delikatesse, wie es in der Kochlehre zu den Krusten- und Schalentieren heißt. Die Rezepte besitzen keine gemeinsame Textgeschichte und stehen für sich. Bemerkenswert an ihnen ist eines: 1916 wurde der Darm der lebenden Krebse *vor* dem Töten durch Kochen entfernt – 1971 geschah dies erst danach.

Kochen von Krebsen

40. Auflage, 1971, S.298, Nr. 558,
Kapitel Krusten- und Schalentiere

Für Krebsesser rechnet man pro Kopf 4–6 große Edelkrebse (Bach- od. Steinkrebse); zum Sud: reichlich Salzwasser, Wurzelwerk nach Belieben, reichlich Dill oder Petersilie, einige Zitronenscheiben

Lebende Krebse mit kräftigen Lebensreaktionen gründlich waschen: Tiere mit der linken Hand am Rücken fassen, in kaltem fließendem Wasser gründlich bürsten, dann am Schwanz fassen und nacheinander mit dem Kopf nach unten in stark sprudelnden, abgeschmeckten Sud werfen, damit Tiere sofort getötet sind, zugedeckt rasch wieder zum Sprudeln bringen, 10–15 Minuten leise kochen und etwa 5–10 Minuten ziehen lassen. Nur diejenigen Krebse, deren Schwanz nach dem Kochen nach vorne eingezogen ist, sind genießbar; solche, deren Schwanz langgestreckt bleibt, waren vorher schon tot und sind deshalb ungenießbar, da sie sehr rasch dem Verderb unterliegen. Gekochte Krebse am besten in einer Terrine mit Sud anrichten, um rasches Abkühlen der Krebse zu verhüten. Dazu Butter und Weißbrot reichen; oder etwas Butter mit wenig Krebsbrühe aufkochen, eigens als Soße reichen. Beim Essen der Krebse erst die Scheren ausbrechen und auslösen, dann Krebsschwanz ausbrechen, in der Mitte der Rückenseite aufschneiden, Darm ablösen, Fleisch auslösen.

Krebsbutter: Krebsschalen fein stoßen (Holzgerät!) mit Butter solange rösten, bis Butter rötlich wird, mit Wasser aufgießen und etwa 1/2 Stunde kochen lassen, dann kalt stellen, damit sich Krebsbutter oben absetzen kann. Diese für Krebssoße oder Krebssuppe verwenden. Konserviertes Krebsfleisch aus Dosen wird gerne (nach kaltem Überbrausen) in heißer Dillsoße gereicht, dazu Reis.

Schweinebraten

Ein Grundrezept entsteht

Ich kann viele Grundrezepte auswendig, da wir sie in der Schule lernen mussten zur Prüfung!
Grundrezepte im Allgemeinen sind das Wichtigste.
Ich verwende das Kochbuch vor allem wegen der vielen Grundrezepte.
Für mich sind die Grundrezepte bis heute eine gute Gedächtnishilfe.
Das sind Antworten ehemaliger Hauswirtschaftsschülerinnen, die ich zum Bayerischen Kochbuch befragt habe.
Nun fragt die Chronistin: Seit wann gibt es Grundrezepte im Kochbuch?
Wie entstehen sie?
Und was macht ein Rezept zu einem Grundrezept?

Die Idee *Grundrezept* hat viele Mütter. Angeblich stritten sich Anfang der 30er Jahre Cornelia Kopp (*Grundrezepte als Schlüssel zur Kochkunst* 1931) und Luise Haarer (*Kochen und Backen nach Grundrezepten* 1932) um die Mutterschaft. Derweil adelt das Kochbuch der Wirtschaftlichen Frauenschule Miesbach bereits 1927 Rezepte mit dem Titel Grundrezept. Die Idee der Rationalisierung lag damals in der Luft. 1944 wird ein Kochbuch von Luise Senff erscheinen, das nur aus tabellarischen *Grundrezepten der Reifensteiner Schulen* besteht. Das Bayerische Kochbuch feilt über die kommenden Jahre am Grundrezeptkonzept, inhaltlich und auch an der Präsentation. Jedes Grundrezept wird in wechselnden Stilen als solches ausgewiesen: Schweinebraten + Grundrezept. Ende der 60er Jahre wurde nicht nur in der Politik viel theoretisiert. Der Zeitgeist spiegelt sich auch in dem neuen Kapitel Rationalisierung der Küchenarbeit. Bedeutung der Grundrezepte der überarbeiteten Blauen Ausgabe von 1971. Hier wird nun das Warum und Wie eines Grundrezepts geklärt. Dort wird auch seine Struktur erklärt: Grundzutaten, Verbesserungszutaten, Geschmackszutaten, Grundregeln für die Vor- und Zubereitung. In der letzten Überarbeitung 1998 wird der nebenstehende Inhalt weniger hölzern formuliert: Z.B. heißt Denkleistung jetzt Nachdenken und aus Aus dieser Auffassung wird schlicht Daher. Genug Theorie auch hier. Wir wollen die Praxis und Genese eines Grundrezepts am Beispiel des Schweinebratens kennenlernen.

aus: Rationalisierung der Küchenarbeit. Bedeutung der Grundrezepte (40/1971, S. 62):
Erhöhte Rationalisierung erfordert erhöhte Denkleistung. Diese beginnt zweckmäßig immer wieder bei der eigenen kritischen Arbeitskontrolle und Arbeitsverbesserung. Aus dieser Auffassung hat das Bayerische Kochbuch schon immer eine Vereinfachung und Vereinheitlichung einer Vielzahl von Rezepten erstrebt, hat nach einer Ordnung gemäß innerer Zusammengehörigkeit gesucht: *Grundrezepte waren und sind das Gerüst dieses Lehrbuches. Grundrezepte geben die notwendigen Zutaten und ihre Mengen im richtigen Verhältnis zueinander an; sie führen durch Grundregeln für die Vor- und Zubereitung zu richtigem Arbeitsablauf und gewährleisten dadurch ein sicheres und gutes Gelingen.*

Im Rückblick kann man bereits in der Auflage 4/1920 die Anfänge der Grundrezepte erkennen. Nicht der Schweinebraten, sondern der Hefeteig geht voran, genauer der Einfache Hefeteig. Das Rezept besteht nicht nur aus Zutaten und Zubereitung, es endet mit einem Verwendungshinweis: Aus diesem ziemlich festen Hefeteig kann man alle Arten

Anfang der 50er Jahre wurde in Miesbach die Theorie der Grundrezepte gelehrt. Aus der Unterrichtsmitschrift einer Studentin, früher hieß es *Seminaristin*, 1952 in der Wirtschaftlichen Frauenschule Miesbach: ***Das Kochen nach Grundrezepten*** *Die meisten Kochbücher geben für jedes Gericht ein eigenes Rezept.* ***Durch Grundrezepte wird das Kochen leicht und übersichtlich gemacht.*** *Die Zusammenhänge werden gefunden und ausgenützt.* ***Das Grundrezept ist der Schlüssel zu den verschiedenen Gerichten*** *einfacher bis feinster Art. Sie unterscheiden sich entweder durch die verschiedenartige Geschmackszutat oder in Farbe und Form, außerdem können sie eine veränderte Zubereitung haben.* ***Grundrezept kann nur ein vielseitig verwendbares Rezept sein,*** *sonst sprechen wir von Grundregeln. Z. B. Grundrezept: Helle Einbrenne, daraus kann man nach Flüssigkeitsmenge und Geschmackszutat vielerlei Suppen herstellen: z. B. helle Mehlsuppe, Tomaten- und Kräutersuppe und vielerlei Suppen* [sic!]*; z. B. Zwiebel; Meerettich-, Kräuter- und Tomatentunken. Aus dem Grundrezept Hefeteig kann man die verschiedenen Hefeteiggerichte, aus Pfannkuchenteig die verschiedenen gefüllten Pfannkuchen und Suppeneinlagen herstellen.* ***Alle Grundrezepte und Grundmengen sind für 4 Personen.***

einfache Kuchen, Rohrnudeln, Schmalznudeln, Blechkuchen (Obstkuchen), Hörnchen, Schnecken usw. machen. […] (Siehe die Angaben bei den verschiedenen Rezepten.) Womit das zentrale Kriterium eines Grundrezepts bereits genannt ist: Es ist ein variables Basisrezept, auf dem andere Rezepte aufbauen. Es wird zum Anker eines Verweissystems. Das Schweinebraten-Rezept ist in den ersten neun Auflagen noch kein Grundrezept. Das sieht nach der nächsten Überarbeitung des Kochbuchs 10/1927 anders aus. Der Rezeptname erhält nun die Erweiterung (Grundrezept für alle Fettbraten). Der neue Status Grundrezept ist fortan am Titel erkennbar. Die Bearbeiterinnen der Auflage 10/1927 formulieren die Zubereitung neu, aber nicht anders. Der Braten brät wie gehabt. Allerdings kommt etwas Wichtiges hinzu: die Schwarte, ein entscheidendes Detail für alle Schweinebratenliebhaber. Und die Zubereitungszeit fällt weg – warum? Ich habe keine Erklärung.

Was weiter zeichnet ein Grundrezept aus? In der Auflage 15/[1933] beginnt Maria Hofmann die Zutaten zu gliedern in Bratzutaten und optionale Zutaten zum Würzen und Binden nach Belieben. Die **Gliederung** der Zutaten und der Zubereitung wird ein markantes Merkmal eines Grundrezepts. Dass der gegliederte Bratvorgang die einzelnen Schritte auch differenzierter beschreibt, ergibt sich fast von selbst – bis hin zum Erreichen einer knusprigen Schwarte. Die fallengelassene Zeitangabe wird wieder aufgegriffen, diesmal nicht mehr vage als Zubereitungszeit, sondern als konkrete Garzeit. Ein weiteres Kriterium eines Grundrezepts führt die erste Nachkriegsauflage beim Schweinebraten ein: Das **Anwendungsgebiet** eines Grundrezepts muss angegeben werden. Zwar heißt es seit der Auflage 10/1927 Grundrezept für alle Fettbraten, aber nun wird darüber hinaus explizit auf fettes Hammelfleisch als Alternative zum Schwein hingewiesen. Ab Auflage 27/1958 gilt das auch für Wassergeflügel. Die nächste Überarbeitung 40/1971 ersetzt Wassergeflügel durch fettes Geflügel wie Enten und Gänse, eine für den Laien verständlichere Wortwahl. Ein nächstes Merkmal von Grundrezepten wird deutlich sichtbar: Die **Begründung** von Handlungsabläufen fließt in den Text ein, z. B. mit der Schwartenseite nach unten zugedeckt dämpfen, damit die Schwarte weich wird und Fett austreten kann. Die gründlich überarbeitete Auflage 27/1958 feilt weiter an der **Differenzierung und Gliederung** der Zutaten und der Zubereitung: Der Schweinebraten will nicht nur fertig gebraten, er muss auch tranchiert und angerichtet werden. Damit die länger werdende Gliederung lesbar bleibt, beginnt man sie auch optisch ins Bild zu setzen. Ab der Auflage 40/1971 werden die einzelnen Arbeitsschritte eines Grundrezeptes zu einer nummerierten Liste 1., 2., 3.,. Eine hilfreiche Orientierung in der Hitze der Küche. Die aktuelle Auflage pflegt das über Jahre entwickelte Grundrezept weiter und ergänzt es um einen erklärenden Exkurs zur Garprobe.

Grundrezepte folgen zwar einem Konzept, passen sich aber an das jeweils thematisierte Rezept an. So liest man beim Schweinebraten seit Ende der 50er Jahre Anmerkungen zum Tranchieren, Anrichten, zu Beilagen; für die Suppen-Grundrezepte gibt es Vergleichbares nicht. Das Grundrezept ist kein Formular, sondern eine papiergewordene Lehrerin. Die Textsorte *Grundrezept* erzählt vom schulischen Kontext, in dem das Kochbuch entstanden ist, und belegt das didaktische Geschick der schreibenden Lehrkräfte. Im Vorwort des Kochbuchs der Wirtschaftlichen Frauenschule heißt es: Die Erläuterungen der Lehrerin müssen ergänzend eintreten. Da das Kochbuch mit den Jahren mehr und mehr auch außerhalb des schulischen Kontexts verwendet wird, ist die erwähnte Lehrerin nicht mehr selbstverständlich. Ihre Funktion übernehmen u. a. die Textsorten Grundrezept und Kochlehre. Wie wichtig Maria Hofmann Grundrezepte waren, zeigt das Grundrezepte-Register, das sie in den Auflagen 27/1958 bis 39/1969 gepflegt hat. Die Grundrezepte sind zum Kochbuch im Kochbuch geworden. Um sie stets griffbereit zu haben, scheut manche Benutzerin keine Mühe, wie das Exemplar mit den angeklebten Reitern belegt.

wird. Nach dem Backen auf etwa
lassen, lauwarmes Gebäck luft-
und sofort tiefgefrieren; mög-
r für trockene Kuchen 4–6 Mo-
ıchen 2–3 Monate. Vor Verwen-
ertemperatur auftauen lassen (je
Kuchens 2–4 Stunden) oder in
verpackt bei etwa 160–180° C
ten aufbacken. Für Backpulver-
ıs Aufbacken in Folie günstig.

Grundrezept

80 g Butter oder gute Margarine, 80 g Zucker
1–2 Eier, 1 Prise Salz
Zitronenschale oder Vanille
1–4 Eßl. Milch nach Bedarf (je nach Eimenge)
200 g Mehl
1½ Teel. Backpulver
zum Blech: Butter und Mehl

3 x Grundrezept reicht aus für 2 Obsttortenböden

mittelfest (Rührteig)

599

Auflage 48/1980, Privatbesitz

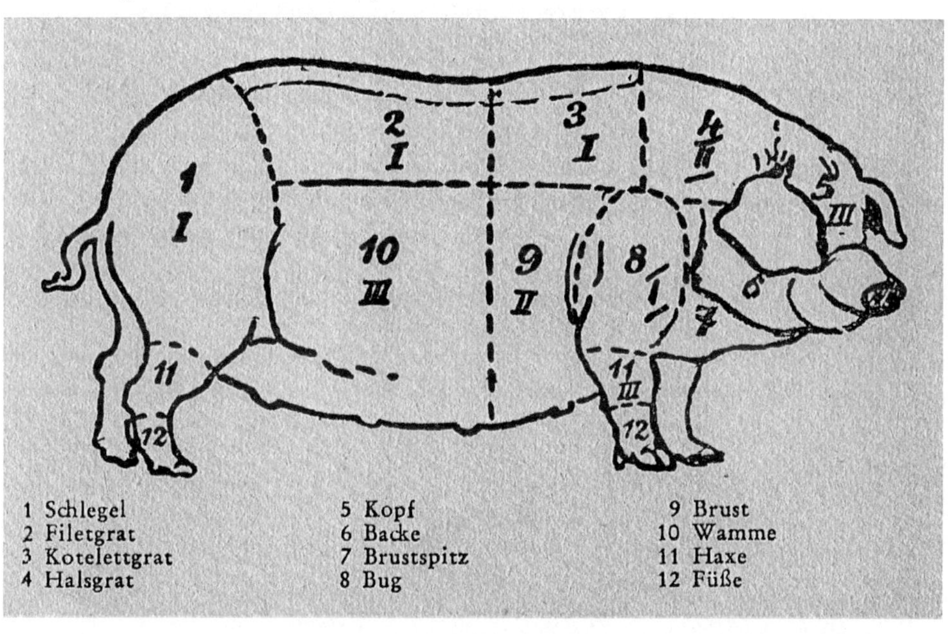

Auflage 26/1956

Die Textvarianten des ursprünglichen Rezepts sind chronologisch wiedergegeben. Verändert sich die Mengenangabe einer Zutat oder kommt eine neue Zutat hinzu, ist dies durch Fettdruck hervorgehoben.

Fleischmenge und -art sind entscheidend für einen Braten. Beim Schweinebraten steigt die Menge erst an, fällt dann ab, um erneut wieder zu steigen. In Gramm heißt das:
500 g (A/[1910])
1000 g (3/1916)
750 g (10/1927)
500–750 g (18erw./1947)
750 g (40/1971)

Ungeachtet dieser Ausschläge liegt die Schweinebratengröße immer am obersten Rand der empfohlenen Menge für vier Personen (vgl. das Kapitel zur Ernährungslehre *Satt oder gesund*). Mag sein, dass hier das Gewicht der Schwarte draufgeschlagen wird – womit ich zur nächsten Frage komme: Welches Teilstück eines Schweins wird verbraten? Der Schlegel ist immer dabei, die weiteren Teile aber variieren: Schlegel, Bug, Kamm (A/[1910]), Schlegel, Rippenstück, Halsstück (15/[1933]), Schlegel, Bug, Kotelettengrat, Filetgrat, Halsgrat (40/1971), Schlegel, Bug, Kotelettengrat (56/2007).

Auffällig ist, dass der Filetgrat nur ein Gastspiel im Rezept gibt. Ich mutmaße, dass ihm Fett und Schwarte für einen typischen Schweinebraten fehlen. Beiläufig zeigen die Teilstückbenennungen, dass eine einheitliche Nomenklatur erst gefunden werden will: Kamm, Halsstück, Halsgrat bedeuten dasselbe. Das Bayerische Kochbuch ist sich dieser Vielfalt bewusst und erleichtert ab der Auflage 23/1953 mit beschrifteten Zeichnungen das Bestimmen der Teilstücke eines Schlachttiers.

Neben dem Fleisch gibt es eine wichtige Zutatengruppe die im

Schweinebraten

Auflage A, [1910], S. 47, Kapitel Fleischspeisen

1 Pfd. Schweineschlegel, Bug oder Kamm, Salz und Zwiebel, etwas Brotrinde, Pfeffer und Kümmel, 1/4 l Wasser zum Begießen, 1/4 l Wasser zum Nachgießen

Fleisch wird gewaschen, geklopft und gesalzen. Man legt den Braten mit Brotrinde, Zwiebel und Kümmel in die Bratraine, gießt kochendes Wasser darüber und läßt den Braten im eigenen Fett bräunen; dann gießt man Flüssigkeit nach, um Sauce zu bekommen. Wenn der Braten fertig ist, entfettet man die Sauce, würzt sie nach. Zubereitungszeit 1 1/2 Stunden.

Schweinebraten

Auflage B, [1911], S. 50, Kapitel Fleischspeisen

1 Pfd. Schweineschlegel, Bug oder Kamm, Salz und Zwiebel, etwas Brotrinde, **1 gelbe Rübe**, Pfeffer und Kümmel, 1/4 l Wasser zum Begießen, 1/4 l Wasser zum Nachgießen

Fleisch wird gewaschen, geklopft und gesalzen. Man legt den Braten mit Brotrinde, Zwiebel, **gelbe Rübe** und Kümmel in die Bratraine, gießt kochendes Wasser darüber und läßt den Braten im eigenen Fett bräunen; dann gießt man Flüssigkeit nach, um Sauce zu bekommen. Wenn der Braten fertig ist, entfettet man die Sauce, würzt sie nach. Zubereitungszeit 1 1/2 Stunden.

Schweinebraten

3. Auflage, 1916, S. 60, Kapitel Fleischspeisen

2 Pfd. Schweineschlegel, Bug oder Kamm, Salz und Zwiebel, etwas Brotrinde, 1 gelbe Rübe, Pfeffer und Kümmel, 1/4 l Wasser zum Begießen, 1/4 l Wasser zum Nachgießen

Fleisch wird gewaschen, geklopft und gesalzen. Man legt den Braten mit Brotrinde, Zwiebel, gelber Rübe und Kümmel in die Bratraine, gießt kochendes Wasser darüber und läßt den Braten im eigenen Fett bräunen; dann gießt man Flüssigkeit nach, um Sauce zu bekommen. Wenn der Braten fertig ist, entfettet man die **Soße**, würzt sie nach. Zubereitungszeit **2** Stunden.

Schweinebraten (Grundrezept für alle Fettbraten)

10. Auflage, 1927, S. 26, Nr. 74, Kapitel Fleischspeisen

1 1/2 Pfd. Schweineschlegel, Salz, 1 gelbe Rübe, 1 Zwiebel, Brotrinde, 1/4 l Flüssigkeit, 10 g Mehl od. Stärkemehl

Fleisch waschen, klopfen, salzen, mit gelber Rübe, Zwiebel und Brotrinde in eine Raine geben, mit kochendem Wasser übergießen, ca. 1/4 Stunde mit Schwartenseite nach unten anbraten lassen, dann Schwarte einschneiden und weiterbraten. Soße entfetten, mit Mehl binden. Fleisch schneiden und anrichten.

Schweinebraten (Grundrezept für alle Fettbraten)

15. Auflage, [1933], S. 31, Nr. 87, Kapitel Fleischspeisen

1 1/2 Pfd. Schweine**fleisch (Schlegel, Rippenstück, Halsstück)**, Salz, **Bratzutaten**: 1 Zwiebel, **Wurzelwerk**, Brotrinde, **nach Belieben: Kümmel, 1 Zehe Knoblauch, Majoran oder Basilikum**, 1/2–3/4 l Flüssigkeit, **nach Belieben**: 10 g Mehl oder **5 g** Stärkemehl

Fleisch waschen, klopfen, salzen, mit **Bratzutaten und Gewürzen in die** Raine geben, mit **wenig** kochendem Wasser übergießen, **scharf anbraten, etwa** 1/4 Stunde mit **der** Schwartenseite nach unten braten, dann **wenden,** Schwarte einschneiden und **unter allmählicher Zugabe der Flüssigkeit** weiterbraten. **Garzeit 1 1/2 Stunden. Um knusprige Schwarte zu bekommen, den fertigen Braten mit kaltem Wasser bestreichen und noch 5 Minuten in die Röhre geben. Die** Soße entfetten, nach Belieben binden, durchseihen, abschmecken.

Schweinebraten (Grundrezept für alle Fettbraten)

16. Auflage, [1936], S. 31, Nr. 87, Kapitel Fleischspeisen

1 1/2 Pfd. Schweinefleisch (Schlegel, Rippenstück, Halsstück), Salz, Bratzutaten: 1 Zwiebel, Wurzelwerk, Brotrinde, nach Belieben: Kümmel, **1/2** Zehe Knoblauch, Majoran oder Basilikum, 1/2–3/4 l Flüssigkeit, nach Belieben: 1/2 **Eßlöffel** Mehl oder **1 Teelöffel** Stärkemehl.

Fleisch waschen, klopfen, salzen, mit Bratzutaten und Gewürzen in die Raine geben, mit wenig kochendem Wasser übergießen, scharf anbraten, etwa 1/4 Stunde mit der Schwartenseite nach unten braten, dann wenden, Schwarte einschneiden und unter allmählicher Zugabe der Flüssigkeit weiterbraten. Garzeit 1 1/2 Stunden. Um knusprige Schwarte zu bekommen, den fertigen Braten mit kaltem Wasser bestreichen und noch 5 Minuten in die Röhre geben. Die Soße entfetten, nach Belieben binden, durchseihen, abschmecken.

Laufe der Jahrzehnte in Bewegung ist: die Gewürze und Kräuter. Salz ist immer dabei, Pfeffer und Kümmel bis auf die Zeit zwischen den Auflagen 10/1927 und 15/[1933] auch. Ab der 15. Auflage kann man nach Belieben auch mit Knoblauch, Majoran und Basilikum würzen. Der letzte Zugang ist der Rosmarin (56/2007). Ob Ingwer wohl in der nächsten Auflage dazugehört? Alternativ wird der Braten ab der Auflage 40/1971 auch mit einer Gewürzmischung zubereitet. (Welche Gewürze die enthält, weiß die Mischmaschine – und das Etikett.) Die Mengen der Gewürze sind dem Gefühl der Köchin überlassen – außer beim Knoblauch, ihn zu dosieren ist heikel und die Angaben ändern sich fast mit jeder Überarbeitung minimal. Fehlt noch die für die Bratensoße unabdingbare Zutat: Bis auf das Bier für die Kruste (40/1971) bleibt sie eine unbestimmte Flüssigkeit – zum Dämpfen, zum Braten, zum Bestreichen – und nur Menge und Temperatur werden genannt.

Schweinebraten (Grundrezept für alle Fettbraten)

18. erweiterte Auflage, 1947, S. 72, Nr. 260, Kapitel Fleischspeisen

$^1/_2$–$^3/_4$ **kg** Schweinefleisch (Schlegel, Rippenstück, Halsstück), Salz, $^1/_8$ **l kochendes Wasser**, Bratzutaten: 1 Zwiebel, Wurzelwerk, Brotrinde, nach Belieben: Kümmel, **eine Spur** Knoblauch, Majoran oder Basilikum, $^1/_2$–$^3/_4$ l Flüssigkeit, nach Belieben: **1** Eßlöffel Mehl oder **2** Teelöffel Stärkemehl.

Fleisch waschen, klopfen, salzen, mit Bratzutaten und Gewürzen in die Raine geben, mit wenig kochendem Wasser übergießen, scharf anbraten, etwa $^1/_4$ Stunde mit der Schwartenseite nach unten **zugedeckt** braten, dann wenden, Schwarte einschneiden und unter allmählicher Zugabe der Flüssigkeit weiterbraten. Garzeit 1 $^1/_2$ Stunden. Um knusprige Schwarte zu bekommen, den fertigen Braten mit kaltem Wasser bestreichen und noch 5 Minuten in die Röhre geben. Die Soße entfetten, nach Belieben binden, durchseihen, abschmecken. **Sehr fettes Hammelfleisch kann auch als Fettbraten behandelt werden.**

Schweinebraten (Grundrezept für alle Fettbraten)

23. Auflage, 1953, S. 59, Nr. 125, Kapitel Fleischspeisen

$^1/_2$–$^3/_4$ kg Schweinefleisch (Schlegel, Rippenstück, Halsstück), Salz, $^1/_8$ l kochendes Wasser, Bratzutaten: 1 Zwiebel, Wurzelwerk, Brotrinde, nach Belieben: Kümmel, eine Spur Knoblauch, Majoran oder Basilikum, $^1/_2$–$^3/_4$ l Flüssigkeit, nach Belieben: 1 Eßlöffel Mehl oder 2 Teelöffel Stärkemehl.

Fleisch waschen, klopfen, salzen, mit Gewürzen in die Raine geben, mit wenig kochendem Wasser übergießen, etwa $^1/_4$ Stunde mit der Schwartenseite nach unten zugedeckt **dämpfen, damit die Schwarte weich wird und Fett austreten kann,** dann wenden, Schwarte einschneiden, **Bratzutaten zugeben, und bei guter Hitze offen braten, damit Fett zum Braten austritt. Erst wenn Braten sich bräunt, etwas heiße Flüssigkeit seitlich zugießen und unter öfterem Begießen und unter allmählicher Zugabe der Flüssigkeit offen weiterbraten, bis Fleisch schön braun und knusprig ist.** Garzeit 1 $^1/_2$ Stunden. Um knusprige Schwarte zu bekommen, den fertigen Braten mit kaltem Wasser bestreichen und noch 5 Minuten in die Röhre geben. Die Soße entfetten, nach Belieben binden, durchseihen, abschmecken. Sehr fettes Hammelfleisch kann auch als Fettbraten behandelt werden.

Fettbraten, Schweinebraten (Grundrezept)

27. Auflage, 1958, S. 82, Nr. 129, Kapitel Fleischspeisen

$^1/_2$–$^3/_4$ kg Schweinefleisch (Schlegel, Rippenstück, Halsstück), Salz, nach Belieben: Kümmel, eine Spur Knoblauch, Majoran oder Basilikum, $^1/_8$ l kochendes Wasser, Bratzutaten: 1 Zwiebel, Wurzelwerk, Brotrinde, **zum Aufgießen**: $^1/_2$–$^3/_4$ l Flüssigkeit, **zum Binden**: 1 Eßlöffel Mehl oder 2 Teelöffel Stärkemehl.

Fleisch waschen, klopfen, salzen, **evtl.** mit Gewürzen **einreiben**, in die **Brat**raine geben **(Schwartenseite nach unten)**, mit wenig kochendem Wasser übergießen **und** etwa $^1/_4$ Stunde zugedeckt **in der Röhre** dämpfen, damit die Schwarte **etwas** weich wird, **wenden, Schwarte einschneiden**, damit Fett austreten kann. Bratzutaten **und die kleingehackten Knochen** zugeben, **in der Röhre** bei guter Hitze offen braten, **mit dem austretenden Fett öfter begießen. Wenn Braten und Bratzutaten sich bräunen, wenig kochende** Flüssigkeit seitlich zugießen und **bei Mittelhitze unter fleißigem Begießen mit Bratensaft und allmählichem seitlichen Aufgießen** offen weiterbraten, bis das Fleisch **gar**, schön braun und knusprig ist. Garzeit 1 $^1/_2$ Stunden. Um **eine** knusprige Schwarte zu **erhalten**, den **garen** Braten mit kaltem Wasser bestreichen und **ihn** noch **einmal einige** Minuten in die **heiße** Röhre geben. **Dann den Braten herausnehmen, warmstellen.**

Soße fertig machen: Bratenansatz lösen und in der Soße aufkochen, Soße entfetten, nach Belieben binden, durchseihen, abschmecken. Wird bei Fettbraten klare, glänzende Soße gewünscht, dann mit Kartoffelstärkemehl binden.

Tranchieren und Anrichten wie bei Magerbraten Nr. 128.

Als Beilagen sind geeignet: Kartoffelbrei, Kartoffelknödel von rohen oder gekochten Kartoffeln, Semmelknödel, sowie Wirsing, Sauerkraut, Blaukraut.

Zu Fettbraten gehört alles sehr fette Fleisch wie Schweinefleisch (außer Jungschweinebraten), Hammel und Wassergeflügel.

Bratgeräte in eigenes Gefäß, nicht in Sammellöffeltopf!

Fettbraten, Schweinebraten (Grundrezept)

40. Auflage, 1971, S. 132, Nr. 174, Kapitel Fleischspeisen

$^3/_4$ kg Schweinefleisch (Schlegel, Bug, Kotelettengrat, Filetgrat, Halsgrat), Salz, wenig Pfeffer, nach Belieben: Kümmel, etwas Knoblauch, Majoran oder Basilikum, käufliche Gewürzmischung, zum Dämpfen: $^1/_8$ l kochendes Wasser, zum Braten: Bratzutaten: 1–2 Zwiebeln, Wurzelwerk grob geschnitten, 1 Stück Brotrinde, evtl. Knochen, $^3/_8$–$^1/_2$ l kochende Flüssigkeit, zum Binden nach Belieben: 1 Teelöffel Stärkemehl, zum Bestreichen: etwas Bier oder Wasser

Arbeitsweise:

1. Vorbereiten: Fleisch rasch waschen, klopfen evtl. Knochen auslösen, Fleisch mit Salz und Gewürzen einreiben (Knoblauch mit wenig Salz zerdrücken); Bratzutaten vorbereiten, Knochen waschen. Bratröhre evtl. auf 220° C vorheizen. Fettbraten kann man auch in kalter Röhre zusetzen, damit Fett gut ausbrät, Bratzeit aber entsprechend verlängern.

2. Dämpfen: Vorbereitetes Fleisch mit der Fett- bzw. Schwartenseite nach unten in Bräter, Bratraine, Fettpfanne oder auf den Rost auf Fettpfanne legen, mit wenig kochendem Wasser zugedeckt etwa $^1/_4$ Stunde dämpfen; dadurch soll das Ausschmelzen des Fettes erleichtert und Schwarte etwas weich werden. Schwarte dann etwa $^1/_2$ cm tief karoförmig einschneiden (sofern nicht vom Metzger bereits besorgt), damit Fett gut ausbraten kann, Bratzutaten und Knochen zugeben.

3. Braten: Fleisch offen bei guter Hitze in der Röhre braten, mit ausgebratenem Fett öfter begießen. Sobald Fleisch und Bratzutaten schöne Farbe haben, wenig kochende Flüssigkeit seitlich zugießen, bei guter Mittelhitze unter öfterem Begießen mit Bratensaft braten, bis Braten braun, knusprig und gar ist; bei Bedarf jeweils wenig kochende Flüssigkeit zugießen. Größere Braten während des Bratens einmal wenden. Bei sehr fetten Braten ausgebratenes Fett abschöpfen. Um knusprige Schwarte zu erhalten, diese unmittelbar vor Ende der Garzeit mehrmals mit kaltem Wasser oder Bier bestreichen und kurz in heißer Röhre überbraten.

4. Bratentemperatur und Garzeit: Kleinere Braten bei 230–220° C, größere Fettbraten bei 220–200° C braten. Garprobe wie bei Magerbraten Nr. 173. Schweinebraten wird immer völlig durchgegart. Bratzeit je nach Fleischqualität und Dicke des Bratenstücks; bis 1 kg Fleisch 1 $^1/_2$–2 Stunden, große Braten länger.

5. Bratgeräte wie bei Magerbraten Nr. 173.

6. Fertigstellen: Garen Braten aus der Soße nehmen, zugedeckt heißstellen und 5–10 Minuten ruhen lassen, damit Fleischsaft beim Tranchieren nicht ausfließt. Soße fertigstellen: Sehr fette Soße entfetten, Bratenansatz lösen, in der Soße (Bratenfond) aufkochen lassen, falls nötig wenig Brühe zugeben, nach Belieben mit Stärkemehlteiglein wenig binden, seihen, abschmecken.

7. Tranchieren und Anrichten wie Magerbraten Nr. 173.

8. Garnieren je nach Jahreszeit, z. B. mit gedünsteten Tomaten, Rosenkohl, Blaukraut, Kastanien glasiert, Ananaskraut, Bohnen, gebratenen Apfelscheiben, kleinen Bratkartoffeln u. a. m.

Beilagen: Alle mageren Kartoffelgerichte nach Wahl, alle Arten von Knödeln oder Klößen; kräftig schmeckende Gemüse wie Wirsing, Blaukraut (Rotkraut), Sauerkraut, Ananaskraut, Rosenkohl u. ä.

Anwendung der Zubereitung als Fettbraten: Für alles fettreiche Fleisch wie Schweineschlegel, Schweinerücken, Schweinebrust gefüllt, Schweinshaxe, Kassler Rippenspeer, auch fettes Geflügel wie Ente und Gans; mageres Schweinefleisch dagegen wird als Magerbraten zubereitet.

Fettbraten, Schweinebraten (Grundrezept)

56. Auflage, 2007, S. 139, Nr. 176, Kapitel Fleischspeisen

$^{3}/_{4}$ kg Schweinefleisch (Schlegel, Bug, Kotelettengrat), Salz, Pfeffer, nach Belieben: Kümmel, Knoblauch, **Kräuter wie** Majoran, **Rosmarin**, Basilikum oder käufliche Gewürzmischung, zum Braten: Bratzutaten: **2** Zwiebeln **ganz oder halbiert**, Wurzelwerk grob geschnitten, 1 Stück Brotrinde, evtl. Knochen **klein gehackt, $^{1}/_{2}$ l** kochende Flüssigkeit, (zum Binden **nach Belieben: $^{1}/_{2}$–1 Eßl Mehl oder 1–2 TL** Stärkemehl), zum Bestreichen: etwas Bier oder Wasser

Arbeitsweise:

1. Vorbereiten: Fleisch rasch waschen, klopfen evtl. Knochen auslösen, Fleisch mit Salz und Gewürzen einreiben (Knoblauch mit wenig Salz zerdrücken); Bratzutaten vorbereiten, Knochen waschen. Bratröhre evtl. auf 220° C vorheizen. (Fettbraten kann man auch in kalter Röhre zusetzen, damit Fett gut ausbrät, Bratzeit aber entsprechend verlängern.)

2. Dämpfen: Vorbereitetes Fleisch mit der **Fettseite** nach unten in Bräter, Bratraine, Fettpfanne oder auf den Rost auf Fettpfanne legen, mit wenig kochendem Wasser zugedeckt etwa $^{1}/_{4}$ Stunde dämpfen, dadurch **wird** das Ausschmelzen des Fettes erleichtert und Schwarte etwas weich. Schwarte dann etwa $^{1}/_{2}$ cm tief karoförmig einschneiden (sofern nicht vom Metzger bereits besorgt), damit Fett gut ausbraten kann, Bratzutaten und Knochen zugeben. **Sobald alles Wasser verdampft ist, beginnt das Braten.** [neu 41/1972 rf]

3. Braten: Fleisch bei guter Hitze **offen** in der Röhre braten **lassen**, öfter mit ausgebratenem Fett begießen. Sobald Fleisch und Bratzutaten schöne Farbe haben, wenig kochende Flüssigkeit seitlich zugießen, bei guter Mittelhitze unter öfterem Begießen mit Bratensaft braten, bis Braten braun, **gar** und knusprig ist, bei Bedarf jeweils wenig kochende Flüssigkeit zugießen. Größere Braten während des Bratens einmal wenden, **damit beide Seiten gute Bräunung erhalten.** Bei sehr fetten Braten ausgebratenes Fett abschöpfen. Um knusprige Schwarte zu erhalten, diese unmittelbar vor Ende der Garzeit mehrmals mit kaltem Wasser oder Bier bestreichen und kurz in heißer Röhre überbraten.

4. Bratentemperatur und **Bratdauer**: Kleinere Braten bei 230–220° C, größere Fettbraten bei 220–200° C braten. Bratzeit je nach Dicke des Bratenstücks; bis 1 kg Fleisch 1 $^{1}/_{2}$–2 Stunden, große Braten länger. **Garprobe: Mit Löffel auf den Braten drücken: Durchgebratener garer Braten gibt dem Druck nicht mehr nach – halb englisch gebratenes Fleisch, das innen noch rosa ist, gibt dem Druck noch nach. Fleischsaft durchgebratenen Fleisches ist farblos, grau – Fleischsaft halb-englisch gebratenen Fleisches ist rosa, aber klar, englisch gebratenes Fleisch hat roten, blutigen Fleischsaft. Anstechen des Fleisches während des Bratens bedeutet Saftverlust, deshalb vermeiden!** Schweinebraten **soll** immer völlig durchgegart **werden.**

5. Bratgeräte wie bei Magerbraten Nr. **175**.

6. Fertigstellen: Garen Braten aus der Soße nehmen, zugedeckt heißstellen und 5–10 Minuten ruhen lassen, damit **der Saft** beim Tranchieren nicht ausfließt. Soße fertigstellen: Sehr fette Soße entfetten, Bratenansatz lösen, in Soße (Bratenfond) aufkochen lassen, falls nötig wenig Brühe zugeben, nach Belieben mit **Mehlteiglein** wenig binden, **bei Bedarf** seihen, **verbessern,** abschmecken.

7. Tranchieren und Anrichten wie Magerbraten Nr. **175**.

8. Garnieren je nach Jahreszeit, z. B. mit gedünsteten Tomaten, Rosenkohl, Blaukraut, Kastanien glasiert, Ananaskraut, Bohnen, gebratenen Apfelscheiben, kleinen Bratkartoffeln u. a. m.

Beilagen: Alle mageren Kartoffelgerichte nach Wahl, alle Arten von Knödeln oder Klößen; kräftig schmekkende Gemüse wie Wirsing, Blaukraut (Rotkraut), Sauerkraut, Ananaskraut, Rosenkohl u. ä.

Anwendung der Zubereitung als Fettbraten: Für alles fettreiche Fleisch wie Schweineschlegel, Schweinerücken, Schweinebrust gefüllt, Schweinshaxe, Kassler Rippenspeer, auch fettes Geflügel wie Ente und Gans; mageres Schweinefleisch dagegen wird als Magerbraten zubereitet.

Maisgrießauflauf

13. Auflage, 1929, S.122

150 gr Maisgrieß, Salz, 3/4 l Milch, 2 Semmeln, 40 gr Fett, 50–60 gr Zucker, 1–2 Eier (ev. getrennt), 1/4 l Rahm oder Milch, Zitronenschale, 50 gr Sultaninen, Fett und Brösel zur Form

Maisgrieß mit Milch und etwas Salz zu steifem Brei kochen, Semmeln in Würfeln schneiden, in Fett rösten, mit Zucker, Eigelb, Rahm, Zitronenschale, Sultaninen und Brei vermengen, nach Belieben das Eiweiß zu Schnee schlagen und untermengen, in einer vorbereiteten Auflaufform mit Bröseln besiebt 3/4–1 Stunde backen.

Der gleiche Auflauf kann auch salzig unter Weglassen der süßen Zutaten und Zugabe von 50 gr geriebenem Käse hergestellt werden.

Kalbskopf

Fleischgerichte jenseits Güteklasse I

Das Bayerische Kochbuch gehört einer Kochtradition an,
die nicht nur Filet, Steak und Hackfleisch verwendet, sondern
alle essbaren Teile der geschlachteten Tiere.
Rosinenpickerei war einer Wirtschaftlichen Frauenschule auf dem
Lande fremd. Heute belebt die Kochavantgarde diese Tradition unter
dem Stichwort *Nose to Tail* wieder neu.
Freilich erfordert die Zubereitung eines Kalbskopfes mehr
Know How als die eines Putenschnitzels.

In der aktuellen Auflage 56/2007 des Bayerischen Kochbuchs wird Fleisch im Kapitel Fleischspeisen wie folgt definiert: Fleisch im engeren Sinn ist die Skelettmuskulatur warmblütiger Tiere, insbesondere von Schlachttieren, Geflügel, Wild, Kaninchen, einschließlich der genießbaren Innereien. Güteklassen der Fleischstücke hängen jeweils vom Gehalt an hochwertigem Muskeleiweiß, zarten Fleischfasern und vom Anteil an Fett, Knochen und Knorpeln ab und beeinflussen damit die küchentechnischen Verwendungsmöglichkeiten. Der Kalbskopf gehört nach dieser Klassifizierung zu den Fleischteilen geringerer Güteklasse – ihnen gilt im Folgenden meine Aufmerksamkeit.

Kalbskopf und -füße gehören laut Auflage 23/1953 zur Güteklasse IV. Die Auflage führt diese Klassifizierung in das Kochbuch ein und bindet sie an den Verwendungszweck (siehe Farbtafeln 13–15). Güte IV eignet sich beim Kalb zum Kochen: für Sulze oder zum Abbräunen. In der Auflage 27/1958 helfen kolorierte Zeichnungen die Güteklassen auf einen Blick zu erkennen. Die Farben werden Anfang der 70er Jahre kräftiger und verändern ihre Bedeutung: Die Einteilung der Fleischteile bezieht sich nun allein auf den Verwendungszweck, also z. B. Braten, Schmoren oder Kochen, nicht mehr auf die Güteklasse. Auch wird die Unterscheidung von vier Güteklassen auf zwei reduziert: beste und geringere Güteklasse. Fleisch ist mittlerweile so billig geworden, dass nicht mehr die Güte- und die damit verbundene Preisklasse eines Fleischstücks entscheidend ist, sondern allein die Zubereitung. Neu ist, dass neben dem Kopf und den Füßen auch der Kälberschwanz jetzt kräftig pink eingefärbt ist. Ein entsprechendes Rezept, wie beim Ochsenschwanz, habe ich nicht gefunden.

Auffällig an den drei abgebildeten Kälbern ist der abnehmende emotionale Gehalt der Zeichnungen. Dass ein Schlachttier den Betrachter so herzig anblickt wie das Kalb der Auflage 27/1958, ist ab der Auflage 40/1971 nicht mehr gewünscht.

Die Klassifizierung und Zubereitung des Kalbskopfes ändert sich im Laufe der Jahre nicht. Anders verhält es sich z. B. bei den Fleischteilen Filet, Kotelettengrat, Bug und Brust. Der Verwendungszweck Grillen, Kurzbraten in Portionen wird neu eingeführt, der Bug aufgewertet und die Brust ab. Eine eingehende Betrachtung der Fleischteile im Vergleich führte hier zu weit.

Die Anzahl der Rezepte aus Fleisch geringerer Güteklasse ist stets überschaubar. Mit Kälberfüßen werden über alle Auflagen hinweg zwei Gerichte gekocht: Kälberfüße gebacken oder in heller Soße. Kalbskopf kennt das Kochbuch bis Mitte der 40er Jahre nur gebacken, erst ab der Auflage 18erw./1947 wird er auch in Soße gereicht. Den Status eines eigenen Rezepts Kalbskopf in dunkler Soße (en tortue) erhält er allerdings erst mit der Auflage 40/1971. In den Jahren dazwischen fristet er das Dasein einer Randnotiz unter der Kalbshaxe sauer. Einen verhältnismäßig späten Einstieg findet der Ochsenschwanz in das Bayerische Kochbuch: Suppe und Ragout wechseln sich in den Auflagen der 50er Jahre im Register ab und erst seit der Auflage 40/1971 gehören beide zum Inventar bis heute.

Das sogenannte Kleinfleisch (Kochlehre Wild und Wildgeflügel 40/1971) setzt sich zusammen aus Kopf, Hals, Brust, Bauchlappen, Vorderläufen und Herz von Wild und bildet die Zutat z. B. für Hasenjung (bis 14/1931), danach Hasenpfeffer oder -ragout, ebenso das vielbesungene Rehragout ... *Ja, was gibts denn heit auf d'Nacht? Heit gibts a Rehragout, Rehragout, Rehragout*. Hals, Flügel und Kopf werden für Gans- und Entenjung oder -klein verkocht. Sie sind von der ersten bis zur aktuellen Auflage in konstanter Anzahl belegt.

Mein Blick geht von außen nach innen: zu den Innereien. Wo finde ich im Bayerischen Kochbuch Rezepte, die Innereien verwenden? In der Erstauflage blätternd, treffe ich bald auf die Lebersuppe, Milzsuppe und Lungensuppe, später auf die Knochensuppe, die u. a. mit Herz und Leber angesetzt wird. Als Nächstes werde ich fündig bei den Suppeneinlagen mit Lebernockerl und Leberschöberl. Unter dem Kapitel Fleischspeisen steht zwischen Rehragout und Kalbshaxe das Gros der Innereienrezepte. Einige Kalbshirnrezepte bilden den Abschluss in der Krankenküche. In der aktuellen Auflage 56/2007 finde ich neben den beliebten Suppeneinlagen (Leberknödel, Lebernockerl und Leberspätzle) noch immer die Leber- und Milzsuppe. Die Lungensuppe wurde mit der Neuauflage 40/1971 aufgegeben. Keine Sorge: Das verwandte Rezept Saure Lunge – ein bayerisches Traditionsrezept – ist auch 56/2007 drin! Wie gehabt stehen die meisten Rezepte mit Innereien unter den Fleischspeisen, dort seit der Auflage 18erw./1947 im Unterkapitel Eingeweidegerichte. Ab 55/1998 heißt das das Kapitel Innereien. Neu sind die Grillgerichte (40/1971), die einen kleinen Hort von feinen Innereigerichten bergen. Die aktuelle Krankenkost ist innereienfrei.

Welche Innereien werden verkocht? Spitzenreiter ist die Leber. Von der seltenen Bockleber (A/[1910]) zur Kalbs-, Rinder- und Schweineleber reichen die Rezepte über alle Auflagen hinweg. Das Register der Erstauflage belegt elf Leberrezepte, nach einem Einbruch in den 20er Jahren steigt mit der Bearbeitung durch Maria Hofmann die Zahl wieder an. Seit der Auflage 40/1971 enthält das Kochbuch mehr als 25 Lebergerichte. Weiter entnehme ich dem Register A/[1910]: Bries, Euter, Kalbsgekröse, Herz, Hirn, Kutteln, Lunge, Milz, Nieren, Zunge. Unter Gekröse kann ich mir nichts Rechtes vorstellen, aber ein Blick ins Rezept Kalbsgekröse klärt auf – allerdings nur in den ersten beiden Auflagen. Später muss man im *Leitfaden für Ernährungs- und Nahrungsmittellehre* nachschlagen, einer Buchproduktion des Bayerischen Vereins für Wirtschaftliche Frauenschulen. *Gekröse: es ist ein häutiges, fettes Gebilde, das die Därme in ihren Windungen umgibt ... vom Kalb samt Dünn- und Dickdarm, unter dem Namen Gekröse verkauft und zu einem Gericht in heller Tunke verwendet* (1930, S. 55). Die für das Rezept Kuttelfleck verkochten Kutteln werden im Rezepttext erklärt: Die Kuttelflecke sind die Rindermägen, die nach dem Schlachten gereinigt und gebrüht wurden (A/[1910]). Ab der Auflage 15/[1933] wird zusätzlich das Synonym Kaldaunen angegeben. Zwei der genannten Innereien findet man heute nicht mehr im Bayerischen Kochbuch: Kuttelfleck ist in der Auflage

26/1956 und Hirnrezepte sind 54/1992 das letzte Mal im Kochbuch belegt. Warum Kutteltfleck gestrichen wurde und Kuheuter bleiben durfte, bleibt ein Geheimnis. Die BSE-Gefahr hat die Hirnrezepte vertrieben (55/1998).

Gerne würde ich hier fortfahren, doch um den Leser nicht zu ermüden, unterlasse ich es ... Die Kochlehre der aktuellen Auflage dokumentiert die eine oder andere Änderung, die zeigt, dass das Image der Innereien in unseren Tagen gelitten hat. Von den Auflagen 40/1971 bis 54/1992 wurde die Leber besonders geschätzt und Kalbsleber hat einen besonders feinen Geschmack, aber hohen Preis; sie ist sehr geschätzt ... Auch das Kalbsherz wird besonders geschätzt. Die genannten Passagen sucht man in der aktuellen Auflage vergebens. Im Übrigen hat sich das Kapitel Innereien über die Jahre hinweg kaum verändert.

Die Beharrlichkeit des Bayerischen Kochbuchs, alles Essbare eines Tieres zuzubereiten und nicht nur die Filetstücke, ist angesichts der Tradition dieses Lehrbuchs nicht überraschend. In den Anfangsauflagen wurde Nachhaltigkeit im Umgang mit Nutztieren noch konsequenter praktiziert. Rezepte wie Alter Gockel (bis 6/1924), Altes Huhn und Alte Taube (bis 14/1931) belegen das eindrucksvoll. In der aktuellen Auflage darf das Geflügel nicht *alt* sondern allenfalls älter sein und ist dann zum Schmoren und Dünsten geeignet (56/2007, S.121 und 192). Doch es besteht Hoffnung. Die Kochmoden ändern sich. Was gestern noch igitt war, wird heute wieder geschätzt – wie man in zahlreichen Veröffentlichungen zu Innereien der letzten Jahre lesen kann. Und: Einer der raren Rezeptzugänge im aktuellen Bayerischen Kochbuch ist das Kronfleisch, Zwerchfellfleisch vom Rind – kein Stück der ersten Güteklasse.

Der Abgebräunte Kalbskopf gehört von der ersten bis zur aktuellen Auflage zum Kanon des Bayerischen Kochbuchs. Ich vergleiche die Zutaten der ersten Auflagen und mir fällt zweierlei auf: Anfangs beginnt die Zutatenliste mit ½ Kalbskopf mit Hirn. Kalbskopf und Hirn werden getrennt zubereitet und gemeinsam gereicht. Ab der Auflage 10/1927 wird das Hirn kommentarlos gestrichen. Zum Andern ist bemerkenswert, dass trotz dieses Mengenverlusts die Personenangabe (1–2 Personen) mit dieser Auflage wegfällt und fortan das Rezept für vier Personen reichen muss. Präzisierung in den späteren Auflagen tut Not. Betrachten wir nun die ganze Auflagenstrecke von der 1. bis zur 56., so zeigen sich Vor- und Zurückbewegungen: Die Panade wird bis Ausgabe 10/1927 und ab Ausgabe 40/1971 wieder ohne Mehl zubereitet, die Fettmenge

Abgebräunter Kalbskopf (für 1–2 Personen)

Auflage A, [1910], S. 65, Kapitel Fleischspeisen

½ Kalbskopf mit Hirn, Salz, Wasser, Suppengrün zum Kochen, Salz und Pfeffer, Semmelbrösel, 2 Eiweiß, 4–5 Eßl. Fett, Zitronensaft

Der gut gewaschene Kopf wird kalt angesetzt, 1 Stunde weich gekocht. Das Hirn wird herausgenommen, gewässert, gehäutet, im Salzwasser wieder eigens gekocht. Dann mit Salz, Petersilie und fein gewiegter Zwiebel vermischt. Wenn der Kopf weich geworden, füllt man es wieder ein, salzt den Kopf und paniert ihn, bäckt ihn sofort auf der Stielpfanne aus. Alle diese Gerichte dürfen nach dem Kochen nicht ganz auskühlen, weil sie durch das Backen nimmer durchwärmen würden. Der Kalbskopf wird mit Zitronensaft beträufelt nach dem Anrichten.

Man kann auch das Fleisch vom Knochen lösen und die Stücke einzeln backen.

Abgebräunter Kalbskopf (für 1–2 Personen)

3. Auflage, 1916, S. 80, Kapitel Fleischspeisen

½ Kalbskopf mit Hirn, Salz, Wasser, Suppengrün zum Kochen, Salz und Pfeffer, Semmelbrösel, 2 Eiweiß, 4–5 Eßl. Fett, Zitronensaft

Der gut gewaschene Kopf wird kalt angesetzt, 1 Stunde weichgekocht. Das Hirn wird herausgenommen, gewässert, gehäutet, im Salzwasser wieder eigens gekocht. Dann mit Salz, Petersilie und fein gewiegter Zwiebel vermischt. Wenn der Kopf weich geworden, füllt man es wieder ein, salzt den Kopf und paniert ihn, bäckt ihn sofort auf der Stielpfanne aus. Alle diese Gerichte dürfen nach dem Kochen nicht ganz auskühlen, weil sie durch das Backen nimmer durchwärmen würden. Der Kalbskopf wird **nach dem Anrichten mit Zitronensaft beträufelt**.

Man kann auch das Fleisch vom Knochen lösen und die Stücke einzeln backen; **damit spart man viel Fett**.

Kalbskopf, abgebräunt

10. Auflage, 1927, S. 43, Nr. 135, Kapitel Fleischgerichte

$^1/_2$ **Kalbskopf, Salzwasser, Wurzelwerk, z. Bröseln**: 1 Eiweiß **oder Eireste, 6 Eßl. Brösel**, 2 Eßl. Mehl, Fett zum Backen, Zitronen**scheiben**
Wasser mit Zutaten zum Kochen aufsetzen, Kopf gut waschen, kochen, vom Knochen lösen, Stücke teilen, salzen, in Ei und einem Gemisch von Mehl und Semmelbrösel wenden, auf Stielpfanne backen. Mit Zitronenscheiben anrichten.

Kalbskopf, abgebräunt

15. Auflage, [1933], S. 45, Nr. 129

$^1/_2$ Kalbskopf, Salzwasser, Wurzelwerk, **Salz, zum Bröseln**: **3** Eßlöffel Mehl, Ei oder Eireste **mit 1 Eßlöffel Wasser verschlagen**, 6 Eßlöffel **Semmel**brösel, **80 g** Fett, Zitronen**spalten zum Anrichten**

Salzwasser mit Wurzelwerk zum Kochen aufsetzen, Kopf gut waschen, kochen, **dann** vom Knochen lösen, **Fleisch in Portions**stücke teilen, salzen, **erst in Mehl, dann in Ei und Semmelbrösel** wenden, **sofort** auf **der** Stielpfanne goldgelb backen, nach Belieben mit Zitronenspalten anrichten.

Kalbskopf abgebräunt

27. Auflage, 1958, S. 95, Nr. 150, Kapitel Fleischgerichte

$^1/_2$ Kalbskopf, Salzwasser, Wurzelwerk, Salz, **zum Panieren**: **2** Eßlöffel Mehl, Ei oder Eireste mit 1 Eßlöffel Wasser verschlagen, 6 Eßlöffel Semmelbrösel, **zum Backen**: **60–** 80 g Fett, **zum Anrichten**: Zitronenspalten

Salzwasser mit Wurzelwerk zum Kochen aufsetzen, Kopf gut waschen, **weich**kochen, dann vom Knochen lösen, **Fleisch pressen und erkalten lassen**. Fleisch in Portionsstücke teilen, salzen, erst in Mehl, dann in Ei und Semmelbröseln wenden, sofort auf der Stielpfanne goldgelb backen, nach Belieben mit Zitronenspalten anrichten. **Salate dazu reichen**.

zum Ausbacken wird anfangs nicht gemessen, dann schulbuchmäßig angegeben und heute wieder nicht. Stattdessen legt man seit Auflage 40/1971 Wert auf die Fettqualität: wasserfrei. Eine wichtige Änderung des Rezepts ab dieser Auflage ist im Verweis auf den zu verwendenden Sud verborgen. Er enthält fortan neben den bekannten Zutaten auch Essig, Zwiebeln sowie die Gewürze Piment, Pfeffer, Nelken und Lorbeer. Das Gericht erfährt dadurch eine deutlich neue Komponente. Nicht geschmacklich entscheidend, aber schön zu beobachten ist die Art, wie die Zitrone gereicht wird: erst flüssig, dann in Scheiben – die schwer auf dem Teller handhabbar sind – und endlich ab der Auflage 15/[1933] in Spalten.
Mit einer Bemerkung zur Panade will ich überleiten zum Zubereitungsteil. Auflage 10/1927 gliedert die Zutaten nach ihrer Verwendung. Eiweiß, Brösel und Mehl werden zusammengefasst unter dem Verwendungszweck z[um] Bröseln. Ab Auflage 27/1958 wird Bröseln ersetzt durch Panieren. Die Bedeutung *bröseln* ›panieren‹ habe ich in den einschlägigen Wörterbüchern nicht gefunden. Mag sein, dass sie 1927 geprägt wurde, um das Fremdwort *panieren* zu vermeiden.
Ich komme zum Text der Zubereitung. Der Wegfall des Hirns in der Auflage 10/1927 lässt das Rezept ab dieser Auflage deutlich zusammenschrumpfen, weil die aufwendige Anleitung für das Zurichten des Hirns sich erübrigt. Man vergleiche dazu die Textlänge der Auflagen 3/1916 und 10/1927. Mit der ersten Bearbeitung von Maria Hofmann wird der Zubereitungstext präziser, vor allem das Nacheinander der Handlungsabläufe liegt ihr am Herzen: dann, erst … dann, sofort. Interessant ist der konträre Umgang

mit dem gekochten Kalbskopf vor dem Panieren. Im Unterschied zu den ersten Auflagen, wird ab der Auflage 27/1958 empfohlen, den Kalbskopf nach dem Kochen gepresst erkalten zu lassen. Die dadurch entstehende feste Textur ist heute für den Genuss wichtiger als die Temperatur des Gerichts. Die Verfeinerung des bodenständigen Rezepts im Laufe der Jahrzehnte zeigt sich an Zutaten und Zubereitung.

Kalbskopf **gebacken oder** abgebräunt

40. Auflage, 1971, S. 151, Nr. 215, Kapitel Fleischspeisen;
Auflage 56/2007, S.158, Nr.217, Verweise aktualisiert

½ Kalbskopf, **Sud wie Kalbshaxe sauer Nr. 211, Senf nach Belieben**, zum Panieren: **wie Nr. 211 (ohne Mehl), wasserfreies Fett**, Zitronenspalten, **Petersilie**

Kalbskopf vorbereiten und kochen wie bei Nr. 123 beschrieben, dann ablösen, Fleisch pressen und **am besten über Nacht** erkalten lassen. Fleisch in Portionsstücke schneiden, **leicht mit Senf bestreichen, panieren**, sofort **in heißem Fett** auf der Stielpfanne goldgelb backen, **Backzeit 5 Minuten, auf heißer Platte** mit Zitronenspalten **und Petersilie** anrichten. **Beilagen: Gemischte Salate**

Saure Leber

Die Sprache der Kochrezepte

Rezepte sind ganz besondere Texte. Ähnlich dem Wetterbericht, einem Gesetzestext oder einem Liebesbrief folgen sie Regeln. Die Regeln eines Rezepts sind schnell beschrieben. Wie sie sprachlich umgesetzt werden, ist für eine Sprachwissenschaftlerin ziemlich spannend. Mal schauen, was das Bayerischen Kochbuch und seine langjährige Autorin Maria Hofmann zu diesem Thema zu sagen haben.

Die Standuhr schlägt viermal. Zum wiederholten Mal besuche ich Maria Hofmann in der Romanstraße 16. Wir sitzen wieder im Salon. Diesmal am Esstisch. Auf dem Tisch steht ein Teller mit Kleingebäck. So akkurat gebacken und gelegt, als wäre es die Vorlage für das Foto mit weihnachtlichem Gebäck im Bayerischen Kochbuch. *Auf der Anrichte in Reichweite liegen wie bei jedem meiner Besuche Unterlagen und ein aktuelles Exemplar des* Bayerischen Kochbuchs. *Ebenfalls anwesend ist Marias Schwester Elisabeth, genannt Lisa, Hofmann.*

Regina Frisch *Schön Sie wiederzusehen, Frau Hofmann. Ich möchte heute mit Ihnen über Sprache reden. Die Sprache in Rezepten.*

Maria Hofmann *Wieder ein interessantes Thema, das Sie mitgebracht haben …*

RF *… über das Sprachwissenschaftler sich viele Gedanken machen.*

MH *[erstaunt] So? Inwiefern?*

RF *Sehen Sie allein die Struktur eines Rezepts: Aus wie vielen Teilen besteht Ihrer Meinung nach ein Rezept?*

MH *Nun, ich würde sagen aus zwei, einer Zutatenliste und der Beschreibung der Zubereitung.*

RF *Den Titel muss man wohl auch noch dazurechnen, dann wären es drei Strukturelemente. Das war aber nicht immer so. Erst Mitte des 19. Jahrhunderts beginnt man die Zutaten von der Anleitung zu trennen; in früherer Zeit bildeten Zutaten und Zubereitungstext eine Einheit. Das* Kochbuch *der Wirtschaftlichen Frauenschule in Miesbach listet die Zutaten ab der Erstauflage eigens und war hier von Anfang an auf der Höhe seiner Zeit.*

MH *Das wundert mich, ehrlich gesagt, nicht. Ich habe zwar keine der Verantwortlichen aus dieser Gründungsphase kennengelernt, aber ich weiß, dass die Damen alle sehr modern und fortschrittlich waren und nicht an alten Zöpfen hingen, ja sie zum Teil auch selbst abschnitten.*

RF *Darauf würde ich gerne später noch einmal zurückkommen, aber bleiben wir noch kurz bei der Textstruktur. Denn das* Kochbuch *und auch das* Bayerische Kochbuch *zeigen, dass jede Regel gebrochen wird und auch werden darf.*

Hier ist nicht der Ort für einen sprachwissenschaftlichen Diskurs. Trotzdem erlaube ich mir, kurz auf ausgewählte Forschungsliteratur zum Thema hinzuweisen. Die bibliographischen Angaben finden Sie im Literaturverzeichnis. Elvira Glaser hat gezeigt, dass die Trennung von Zutaten und Zubereitung Mitte des 19. Jahrhunderts beginnt und sich Anfang des 20. Jahrhundert durchsetzt. Im bayerischen Raum geschieht das meiner Meinung nach träge, denn zwischen 1900 und 1908 erscheinen mehrere Kochbücher, die eine Zutatenliste nur sporadisch oder gar nicht ausweisen. Das Kochbuch des Bayerischen Vereins für Wirtschaftliche Frauenschulen trennt konsequent von Anfang an.

MH *ach?*

RF *Beim aufmerksamen Lesen stößt man – zugegeben sehr selten – auf Rezepte, die z. B. keine Zutatenliste haben, wie das Kuchenrezept* Gerührter Bund *in den ersten drei Auflagen. Hier wird nur die Zubereitung beschrieben, aber die profunde Kenntnis des* Kochbuchs *weist der Köchin den Weg: Sie blättert zurück zum letzten Grundrezept* Abgerührter Hefeteig *und sucht dort nach den Zutaten. Einen Verweis dorthin gibt es nicht. Ein anderes Beispiel: Jahrzehnte später beschreiben Sie, Frau Hofmann, unter dem Titel* Ostereier färben, *wie man Eier auf natürliche Weise mit Zwiebeln coloriert oder* nach Gebrauchsanweisung *mit künstlichen Farben: Aber eine Zutatenliste mit Eiern, Zwiebeln und Färbetabletten fehlt (27/1958). Noch heute belegt dieses schöne Rezept im Kochbuch, dass in der Küche nicht nur Essen zubereitet wird. Andererseits bin ich auch auf den Fall gestoßen, dass ein Rezept über Jahre hinweg allein aus Titel und Zutaten besteht. Erst nach zehn Jahren im Kochbuch erfährt man, wie aus* gekochten Kartoffeln, Schweine- oder Gänseschmalz, Zwiebel, Salz und Kümmel *die* Gerösteten Kartoffeln *zubereitet werden (10/1927). Als letzten Zufallsfund – denn das sind diese Beispiele – nenne ich das Rezept* Knödelresteverwertung*: eine Zutatenliste mit zwei Zubereitungstexten. Die Knödelreste kann man gebraten oder sauer angemacht reichen (15/[1933] bis 39/1969). Das sind freilich auf Ganze gesehen verschwindend wenige Ausnahmen, aber solche Verstöße – in Anführungszeichen – weisen auf die Regel hin und machen einen Text interessant.*

MH *[lächelnd] Wenn Sie meinen. Ich habe mittlerweile gelernt, dass Ihre Art, das Kochbuch zu lesen, sich von der meinen deutlich unterscheidet …*

RF *Es spricht nur für den Gegenstand, wenn er zu unterschiedlichen Lesarten inspiriert. Kommen wir gleich zum nächsten Punkt, der aus sprachwissenschaftlicher Warte Kochrezepte bemerkenswert macht, zur Syntax. Schauen wir uns die* Saure Leber *der Erstauflage an, dort heißt es:* Leber wird gewaschen, gehäutet, … geschnitten*: Die Handlung wird aus der Sicht der Leber im Passiv beschrieben. Aber auch* Man dünstet die feingeschnittene Zwiebel*: Ein Perspektivwechsel zur Handelnden, realisiert durch* man. *Diese beiden Konstruktionen treten in den Rezepten der ersten Auflagen auf. Es sind syntaktische Varianten, die wohl aus stilistischen Gründen einander abwechseln und gleichzeitig während des Kochens gelesen und verstanden werden können. In der Auflage 10/1927 ist plötzlich alles anders: Der Infinitiv ist vorherrschend:* Leber waschen, häuten, … schneiden, Zwiebel in Fett andünsten. *Ab dieser Auflage bleibt der Satzbau stereotyp beim Infinitiv. Das gilt für alle Rezepte des* Kochbuchs *und ist in gewisser Weise eine Revolution!*

MH *Ja, ich kann mich noch erinnern: Ich bin 1928 in die Wirtschaftliche Frauenschule in Miesbach eingetreten, und kurz vorher war diese überarbeitete Auflage erschienen. Die alte Auflage war auch noch in Gebrauch. Aber sie las sich in unseren Ohren bereits recht altmodisch. Zwar*

Die Verbformen in Kochrezepten stehen im Fokus verschiedener Forschungen. So beschreibt z. B. die Mediävistin Trude Ehlert, dass der Befehlston in Form des Imperativs im Laufe der Jahrhunderte aus den Kochbüchern verschwindet; sie führt dies auf die zunehmende Demokratisierung unserer Gesellschaft zurück. Minna Torttila und Heikki Hakkainen u. a. untersuchen ebenfalls die grammatische Realisierung der Zubereitung. Sie bestimmen u. a. Prädikatsformen in Kochrezepten verschiedener Kochbücher zwischen 1904 und 1987. Nehmen wir an, das Rezept verlangt, eine Zwiebel zu schneiden, dann sind in den untersuchten Texten folgende Verbformen am häufigsten vertreten: *Zwiebel wird geschnitten*, *man schneidet Zwiebel* und *Zwiebel schneiden*. Die Autorinnen beobachten eine zeitliche Verteilung der Belege. »Diese Formen des Prädikats lösen sich in *hieß es dort nicht wie in früheren Zeiten:* Man nehme …, *das hörte sich für uns an wie im Märchen:* Es war einmal…. *So formulierte man keine Kochrezepte. Aber selbst* man nimmt …, *oder wie Sie zitierten:* Man dünstet die Zwiebel … *schien uns nicht mehr zeitgemäß. Die Miesbacher Lehrerinnen waren sehr fortschrittlich, fleißig und konsequent. Und bedenken Sie: Alle Zubereitungen mussten deshalb neu formuliert werden. Welche immense Arbeit! Da schreibt man doch lieber ein neues Rezept, als ein altes umzuformulieren.*

folgender Reihenfolge ab: das werden-Passiv dominiert bis in die 20er Jahre, wird dann von der man-Konstruktion ersetzt, die bis in die 40er dominiert, um dann dem Infinitiv zu weichen. Der Infinitiv ist bis 1930 nahezu nicht vorhanden« (Torttila, Hakkainen, S. 37; vgl. auch Glaser). Die anonymen Bearbeiterinnen des Kochbuchs stellen 10/1927 alle bestehenden Rezepte auf den Infinitiv um. Damit gehört das Kochbuch wieder einmal zur Avantgarde.

Elisabeth Hofmann *Diese Arbeit haben sich die Hannoveraner nicht gemacht …*

RF *Ich verstehe nicht? …*

Elisabeth Hofmann *Meine Schwester hat vor ihrer Ausbildung in Miesbach Praktika in Hannover und Barsinghausen absolviert und ich weiß, Maria, du hast einmal sehr gelästert, weil das Kochbuch der Hannoveraner Haushaltungsschule noch Ende der 30er so altbacken formuliert war.*

MH *Stimmt, Lisa, ich erinnere mich. Ja, in Miesbach gingen wir mit der Zeit.*

RF *[Ich hole ein blassgelbes* Bayerisches Kochbuch *aus meiner Tasche.] Und die Sprache ist für Sie offensichtlich nicht nur eine Formalie, sondern eng verbunden mit dem Inhalt. In Ihrem Vorwort zu der 21. Auflage von 1950 schreiben Sie unter anderem: [ich schlage auf und lese] …* die Auslagen der Lebensmittelgeschäfte bringen die Versuchung nahe, zu den dicken Kochbüchern aus Großmutters Zeiten zu greifen, in denen das Wort »Man nehme« ganz groß geschrieben und von Sparsamkeit keine Rede war. *Hier setzen Sie sich ganz explizit vom ernährungstheoretischen Geist alter Kochbücher ab. Deren verschwenderische Art mit Lebensmitteln umzugehen, zeigt sich Ihrer Meinung nach auch in der Sprache. Bemerkenswert argumentiert.*

Elisabeth Hofmann *[lacht laut] Welches Lob, Maria! Ich wusste immer schon, dass du eine poetische Denkerin bist…*

RF *Ich muss leider zum trockenen Thema, dem Infinitiv, zurück. Es gibt allerdings auch Beispiele, die zeigen, dass die moderne Infinitivkonstruktion nicht alle Kochfragen beantworten kann. Bei dem* Saure-Leber-*Rezept sind es Passagen wie* sofort zu Tisch geben, da die Leber sonst hart wird, *oder* Man kann die geschnittene Leber auch … in Milch einlegen. *Hier handelt es sich um Beispiele, in denen ein Grund für eine Handlung angegeben oder eine Vorgehensvariante genannt wird: Da hilft der bloße Infinitiv syntaktisch nicht weiter. Diese zwei Beispiele aus Ihrer ersten Bearbeitung 15/[1933] finde ich nahezu unverändert auch in der aktuellen Auflage:* sofort zu Tisch geben, da Leber leicht hart wird. *Das heißt, wenn in einem Rezept Ursachen oder zeitliche Abhängigkeiten formuliert werden sollen, kann eine Infinitivkonstruktion diese nur schwer abbilden.*

MH *Sie meinten eingangs, wenn ich Sie recht verstanden habe, das Kochrezept wäre in vielerlei Hinsicht betrachtenswert für die Sprachwissenschaft. Bis jetzt haben wir über die Gliederung Titel – Zutaten – Zubereitung gesprochen und den Satzbau. Was kann sie noch interessieren?*

RF *Oh, eine Menge, z. B.: Wie lang sind die Sätze in den Rezepten? Wie sind die Sätze verknüpft? Wie werden die Zutaten beschrieben, mit welchen Eigenschaften? So wird die Zutat Kartoffeln für das* Saure Kartoffelgemüse *in den ersten Auflagen nicht näher* *beschrieben, und in der Zubereitung erfährt man, wie sie gekocht werden soll. Im aktuellen Rezept von 2007 steht bereits in der Zutatenliste, dass man* gedämpfte Kartoffeln *für das Rezept braucht. Wie ist also die Aufgabenverteilung zwischen Zutaten und Zubereitung? Ein anderes Thema ist der Fachwortschatz: Wird einer verwendet und wenn ja, wie sieht der aus? All das zu besprechen, würde Sie, fürchte ich, ermüden. Aber etwas möchte ich doch gerne noch ansprechen, weil mich Ihre Meinung dazu interessiert: Es gibt verschiedene Positionen über den Handlungscharakter von Rezepten. Sind Rezepte selber Handlungsanweisungen oder Beschreiben sie eine Handlung? Sprachwissenschaftlich gefragt: Welche Illokution haben sie?*

Die traditionelle Wertung von Kochbüchern als Anweisungstexte hinterfragt Thomas Gloning. Anweisungen können befolgt oder ihnen kann widersprochen werden: Dieses alternative Handlungsmuster glaubt er beim Kochen nicht erfüllt. Dem möchte ich entgegenhalten: Die vielen handschriftlichen Vermerke in den Kochbüchern bezeugen, dass die Benutzer sich eine Möglichkeit schaffen, zu widersprechen und Rezepte zu verändern. Kochbücher werden von den Benutzern weitergeschrieben. Sie sind unfeste Texte. Mehr dazu im Kapitel *Gebrauchsspuren*. – Gloning versteht Kochrezepte als Beschreibungstexte, die gleichermaßen dokumentieren und anleiten können. Und – laut Trude Ehlert – auch Unterhaltungswert besitzen.

MH *Nun, ich denke, es handelt sich um Anweisungen. Wir haben es im konkreten Fall des* Bayerischen Kochbuchs *mit einem Lehrbuch zu tun. In und mit ihm werden Schülerinnen angewiesen, wie sie zu kochen haben, um am Ende ein schmackhaftes Gericht servieren zu können.*

RF *Ihr Verweis auf die Lehrsituation spricht für den Anweisungscharakter der Rezepte. Die Lehrerin wird ersetzt durch das Kochbuch – so heißt es ja auch explizit im Vorwort der Erstauflage. Die Lehrerin, respektive der Text des Kochrezepts, gibt die Anweisung. Damit wäre die Anweisende greifbar – denn die braucht es, laut der kommunikationstheoretischen Lehre, für einen solchen Sprechakt. Andererseits ... ich gebe zu bedenken, dass eine andere Funktion gerade des* Bayerischen Kochbuchs *sich neben die des Lehrbuchs schiebt.*

MH *Aha – und welche, wenn ich fragen darf?*

RF *Das* Bayerische Kochbuch *nimmt aufgrund seiner Vielzahl an Rezepten den Charakter einer Dokumentation, eines Nachschlagewerks an. Dort kann ich mich informieren, wie ein bestimmtes, vielleicht vergessenes Gericht gekocht wird, beispielsweise* Kuheuter. *Und das spräche wiederum für den beschreibenden, deskriptiven Charakter der Rezepte.*

MH *Ich verstehe – da hat sich wohl einiges in den letzten Jahren verändert.*

RF *Es ist wahrscheinlich so, dass man beide Positionen vertreten kann. Was aber für den Anweisungscharakter der Rezepte spricht, sind die Ausrufezeichen, die Sie setzen. Regelrecht gestolpert bin ich darüber im* Schweinebraten*rezept:* Bratgeräte in eigenes Gefäß, nicht in Sammellöffeltopf! *in Auflage 27/1958. Mich hat freilich der* Sammellöffeltopf *irritiert, den ich als Nicht-Absolventin einer Hauswirtschaftsschule nicht kannte – das nur nebenbei. Auch in der* Sauren Leber *finde ich das Ausrufezeichen in den Auflagen 23/1953 bis 27/1958:* Leber immer erst nach dem Garmachen salzen und sofort zu Tisch geben! *Dass Ihr Einsatz des Ausrufezeichens aber mit den Auflagen rückläufig ist, mag ja auch für das Vordringen der Handlungsbeschreibung sprechen.*

MH *[rückt vorsichtig den Plätzchenteller in meine Richtung und sagt seufzend] Das Thema ist zwar hochinteressant – aber ich möchte gerne Schluss machen.*

RF *[zugreifend] und ich endlich Ihre Plätzchen probieren – ich wette, sie sind köstlich!*

Saure Leber

Auflage A, [1910], S. 61, Kapitel Fleischspeisen

1 Pfund Leber, Kalbsleber, 2–3 Eßl. Fett, 4 Eßl. Mehl, 1 kleine Zwiebel, Salz, Essig, Fleischbrühe

Leber wird gewaschen, gehäutet, in 1/2 cm dicke nicht zu große Scheiben geschnitten. Man dünstet die feingeschnittene Zwiebel im Fett, dann die Leber. Dann staubt man Mehl darüber, salzt leicht und läßt das Mehl noch etwas andünsten. Die Leber wird mit Fleischbrühe aufgegossen und durchgekocht, bis sie beim Anstechen nimmer blutig ist. Dann würzt man mit wenig Essig und gibt die Leber gleich zu Tisch. Zubereitungszeit 20 Minuten.

Saure Leber

10. Auflage, 1927, S. 38, Nr. 119, Kapitel Fleischspeisen

1 Pfund Kalbs- **oder Schweine**leber, **60 gr** Fett, **20 gr** Mehl, 1 kleine Zwiebel, 1/4 **l Flüssigkeit**, Salz, **zum Verbessern**: 1/8 **l saurer Rahm, Zitronensaft, 1 Prise Zucker**

Leber waschen, häuten, in 1/4 cm dicke Streifen schneiden, Zwiebel in Fett andünsten, Leber zugeben, wenn Leber grau, Mehl darüber stauben, mit anbräunen lassen, aufgießen, 5 Minuten durchkochen lassen, salzen, Soße verbessern, einmal aufkochen. Sofort zu Tisch geben, wird sonst hart.

Saure Leber

15. Auflage, [1933], S. 50, Nr. 147, Kapitel Fleischspeisen

1 1/2 Pfund Kalbs- oder Schweineleber, 60 g Fett, 1 kleine Zwiebel, **20–30 g** Mehl, **3/8** l Flüssigkeit, Salz, zum Verbessern: 1/8 l saurer Rahm, Zitronensaft **oder Essig**, 1 Prise Zucker

Leber waschen, häuten, in 1/4 cm dicke **Scheibchen** schneiden, Zwiebel in Fett andünsten, Leber zugeben, wenn Leber grau, Mehl darüber **streuen**, mit anbräunen lassen, aufgießen, 5 Minuten **zugedeckt** kochen lassen, Soße **abschmecken, nochmal** aufkochen **lassen, salzen,** sofort zu Tisch geben, **da die Leber sonst hart wird. Garzeit 8–10 Minuten. Man kann die geschnittene Leber auch vor dem Andünsten in kalte Milch einlegen.**

Die Saure Leber gehört zum Kanon des Kochbuchs seit der Erstauflage. An der Liste der Zutaten und ihrer Zubereitung lässt sich verfolgen, wie die Autoren sich um das Gelingen eines einfachen Rezepts bemühen.
Zuerst will ich die Zutaten betrachten. Nach der eher vagen Angabe Leber, Kalbsleber der Erstauflage stellt die 10. Auflage uns vor die Wahl: Kalbs- oder Schweineleber. Der Unterschied bedeutet einen kulinarischen Klassenwechsel. Die Schweineleber steht für ein einfaches Gericht, die Kalbsleber ist eine Delikatesse. Das Rezept präsentiert sich de facto in zwei Varianten; das wird noch unterstrichen durch die neue Zutatenrubrik zum Verbessern. Das feine Gericht kann demnach weiter verfeinert werden: mit saurem Rahm, Zitronensaft und Zucker. Dies schließt natürlich nicht aus, dass auch die Schweinelebervariante von der Verbesserung profitiert. In der Nachkriegsauflage von 1947 müssen die Verbesserungszutaten wirtschaftlicher werden: Die günstigere Buttermilch kann man alternativ zum teuren (und raren) sauren Rahm verwenden. 1958 steht die Sparsamkeit schon nicht mehr im Vordergrund und die Buttermilch wird wieder gestrichen. Die Auflagen von 1971 und 1998 verfeinern weiter und experimentieren. Anstelle der unbestimmten Flüssigkeit ist ab 1971 – wie schon 1910 – Brühe zu verwenden und als Verbesserung werden Majoran und Tomatenmark empfohlen. Letzteres fällt 1998 wieder weg, dafür kommt Knoblauch hinzu. Ebenfalls in der Auflage 55/1998 wird die Essigmenge und -art konkretisiert. 2 EL Rotweinessig sind nach Belieben beizugeben. Das war sicher nötig, denn geschmacksintensive Zutaten wie Essig oder Zitronensaft ohne Mengenangabe zu nennen, setzt viel Vertrauen in die Erfahrung

der Köchin voraus. Die Jahre, in denen die Portionen immer größer wurden, sind vorbei: Die Mengenangabe für die Leber wird Ende der 50er Jahre kleiner! Wer Leber gerne isst, weiß, dass bei ihr die Zubereitung, mehr noch als bei manch anderen Lebensmitteln, über die Güte des Gerichts entscheidet. Das Wissen um diese Klippe merkt man den Texten an. Sie versuchen, den Umgang mit dem anspruchsvollen Kochgut Leber, sei sie vom Kalb oder Schwein, von einer überarbeiteten Auflage zur nächsten genauer zu erklären. Doch beim Vergleich der Texte muss ich feststellen: Die Saure Leber hat 1910 sicher besser geschmeckt als die von 1927 und erreicht erst 1971 wieder diese Qualität. Warum? Der Text der Auflage A/[1910] nennt zwar eine großzügige Zubereitungszeit von 20 Minuten, die Kochzeit der Leber wird aber nicht in Minuten angegeben, sondern richtet sich nach dem Kochgut, die beim Anstechen nimmer blutig sein soll. Von dieser klugen Vorgabe entfernt man sich 10/1927 weit (5 Minuten und noch einmal aufkochen). Mit den Jahren verringert Maria Hofmann diese Kochzeit und hat 40/1971 die neue Richtlinie gewählt: bis kein Blut mehr austritt und dann noch etwa 3 Minuten dünsten. Damit hat sie unsicheren Köchen eine Zeit genannt, die ein Ergebnis wie zu Zeiten der Erstauflage verspricht. Will man das Resultat des Rezepts über die Auflagen hinweg mit einer geometrischen Figur beschreiben, so würde ich die Zutatenliste als eine ansteigende Gerade beschreiben und den Zubereitungstext als eine Parabel: auf hohem Niveau beginnend, dann ein Tal und ein Wiederanstieg. – Die Änderungen von Rezept zu Rezept sind wie immer fett markiert.

Saure Leber

18. erweiterte Auflage, 1947, S. 85, Nr. 310, Kapitel Fleischspeisen, *Unterkapitel* Eingeweidegerichte

½–¾ **kg** Kalbs- oder Schweineleber, **40 g** Fett, 1 kleine Zwiebel, 20–30 g Mehl, ⅜ l Flüssigkeit, Salz, zum Verbessern: ⅛ l saurer Rahm **oder Buttermilch** , Zitronensaft oder Essig, 1 Prise Zucker

Leber waschen, häuten, in ¼ cm dicke Scheibchen schneiden, Zwiebel in Fett andünsten, Leber zugeben, wenn Leber grau, Mehl darüber streuen, mit anbräunen lassen, aufgießen, 5 Minuten zugedeckt kochen lassen, Soße abschmecken, nochmal aufkochen lassen, salzen, sofort zu Tisch geben, da die Leber sonst hart wird. Garzeit 8–10 Minuten. Man kann die geschnittene Leber auch vor dem Andünsten in kalte Milch einlegen.

Saure Leber

23. Auflage, 1953, S. 78, Nr. 178, Kapitel Fleischspeisen, *Unterkapitel* Eingeweidegerichte

½–¾ kg Kalbs- oder Schweineleber, 40 g Fett, 1 kleine Zwiebel, 20–30 g Mehl, ⅜ l Flüssigkeit, Salz, zum Verbessern: 2–4 Eßl. saurer Rahm oder Buttermilch, Zitronensaft oder Essig, 1 Prise Zucker

Leber waschen, häuten, in **feine, etwa messerrückendicke Scheiben** schneiden, Zwiebel in Fett andünsten, Leber zugeben, wenn Leber grau, Mehl darüber streuen, mit anbräunen lassen, aufgießen, 5 Minuten zugedeckt **dünsten** lassen, Soße abschmecken, nochmal aufkochen lassen, salzen, sofort zu Tisch geben, da die Leber sonst hart wird. Garzeit 8–10 Minuten. Man kann die geschnittene Leber auch vor dem Andünsten in kalte Milch einlegen. **Leber immer erst nach dem Garmachen salzen und sofort zu Tisch geben!**

Saure Leber

27. Auflage, 1958, S. 108, Nr. 180, Kapitel Fleischspeisen, *Unterkapitel* Eingeweidegerichte

½ kg Kalbs- oder Schweineleber, 40 g Fett, 1 Zwiebel, 20–30 g Mehl, ⅜ l Flüssigkeit, zum Verbessern: 2–4 Eßl. saurer Rahm, Zitronensaft oder Essig, 1 Prise Zucker, Salz.

Leber waschen, häuten, in feine, etwa messerrückendicke Scheiben schneiden, Zwiebel in Fett andünsten, Leber zugeben, wenn Leber grau, Mehl darüber streuen, mit anbräunen lassen, aufgießen, **3** Minuten zugedeckt dünsten lassen, Soße abschmecken, salzen, sofort zu Tisch geben, da die Leber sonst hart wird. Garzeit 8–10 Minuten. Man kann die geschnittene Leber auch vor dem Andünsten in kalte Milch einlegen, **um den bitteren Geschmack zu mildern**. Leber immer erst nach dem Garmachen salzen und sofort zu Tisch geben!

Saure Leber

40. Auflage, 1971, S. 166, Nr. 260, Kapitel Fleischspeisen, *Unterkapitel* Eingeweidegerichte

$^1/_2$ kg Kalbs- oder Schweineleber, **zum Dünsten: 30–40 g Butter oder** Fett, 1 **große** Zwiebel, **1–2 Eßl.** Mehl **nach Belieben** , $^1/_8$–$^1/_4$ l **Brühe, zum Abschmecken**: 4 Eßl. Rahm, Zitronensaft, 1 Prise Zucker, **Majoran, evtl. Tomatenmark**, Salz.

Leber waschen, **Schweinsleber einige Zeit in kalte Milche legen, damit sie bitteren Geschmack verliert**; häuten, in feine, etwa messerrückendicke Scheiben schneiden, **feingeschnittene** Zwiebel in **heißer Butter oder** Fett andünsten, Leber zugeben, **dünsten bis alle Leberscheibchen grau aussehen und kein Blut mehr austritt**, Mehl darüberstreuen, **leicht rösten, mit ungesalzener Brühe** aufgießen, **zugedeckt noch etwa 3 Minuten dünsten, dann** Soße abschmecken, **zuletzt** salzen, sofort zu Tisch geben, da die Leber **leicht** hart wird. Gesamtgarzeit 8–10 Minuten. **Beilagen: Röstkartoffeln, Salzkartoffeln, Kartoffelbrei, Reis; Salate.**

Saure Leber

56. Auflage, 2007, S. 171, Nr. 254, Kapitel Fleischspeisen, *Unterkapitel* Eingeweidegerichte

$^1/_2$ kg Kalbs- oder Schweineleber, zum Dünsten: 30 g Butter oder Fett, 1 große Zwiebel, **nach Belieben Knoblauch**, (1 EL Mehl **nach Belieben), 2 EL Rotweinessig , 125(–250) ml** Brühe, zum Abschmecken: 4 EL Rahm, Zitronensaft, 1 Prise Zucker, Majoran, Salz.

Leber waschen, häuten, Schweinsleber einige Zeit in kalte Milch legen, damit sie bitteren Geschmack verliert; Leber in etwa messerrückendicke kleine Scheiben schneiden. Feingeschnittene Zwiebel in heißer Butter oder Fett andünsten, Leber zugeben, dünsten bis alle Leberscheibchen grau aussehen und kein Blut mehr austritt, **(evtl. leicht mit Mehl stauben)** leicht rösten, mit ungesalzener Brühe aufgießen, zugedeckt noch etwa 3 Minuten dünsten, dann Soße abschmecken, zuletzt salzen, sofort zu Tisch geben, da Leber leicht hart wird. Gesamtgarzeit 8–10 Minuten. Beilagen: Röstkartoffeln, Salzkartoffeln, Kartoffelbrei, Reis; Salate.

Falsches Butterbrot

Feste feiern, wie sie fallen

In Bamberg auf dem Weihnachtsmarkt wurde uns Falsches Butterbrot angeboten. Ich war nicht schlecht erstaunt, hatte ich dieses Weihnachtsgebäck doch bisher noch nirgends gesehen – außer als Rezept im Bayerischen Kochbuch. Wenig später stieß ich erneut darauf: In einer Umfrage unter Landfrauen zum Bayerischen Kochbuch wurde auf die Frage nach Lieblingsrezepten das Falsche Butterbrot genannt.

Am Anfang stand ein Zufallsfund: Gepökelte, gekochte Rinderzunge (sehr gut) lautet der Titel eines Rezepts in der Auflage 10/1927. Wenn die besondere Güte des Gerichts im Titel hervorgehoben wird, empfiehlt es sich für Festtage. Wo findet man derartige Rezepte im Kochbuch? In der Gliederung: Fehlanzeige. Im Register? Hier sind in allen Auflagen Rezepte mit dem Zusatz fein belegt, z. B. Feiner Gugelhupf und Mehlklöße fein. Das Attribut fein lässt auf ein nicht für den Alltag gedachtes Gericht schließen, und jedes Rezept mit diesem Zusatz eignet sich für besondere Anlässe. Ich setze die Registersuche fort, nun nach Rezepten, die ein Fest im Namen tragen. Gleich in der Auflage A/[1910] sind Faschingskrapfen, Kirchweihnudeln und Weihnachtsplätzchen gelistet. Den Faschingskrapfen und den Kirchweihnudeln bleibt das Bayerische Kochbuch treu, die Weihnachtsplätzchen verschwinden in Auflage 10/1927. Mit der Auflage 23/1953 tritt die Variante Kirchweihnudeln fein an die Seite des einfachen Gebäcks. In diesem Fall eine Steigerung der Steigerung: Kirchweih ist bereits ein Festtag, an dem Besonderes gereicht wird, und dieses Gebäck als feine Variante hebt sich zweifach vom Alltag ab. Seit der Auflage 27/1958 hat auch Ostern seinen Platz im Kochbuch: mit dem Rezept für Osterbrot und mit einem bemerkenswerten Ausflug in die jahreszeitliche Dekoration. Das Rezept Ostereier färben beschreibt verschiedene Färbemethoden: mit käuflichen Eierfarben oder Zwiebelschalen.

Dass seitens der Leserschaft ein Bedürfnis nach festlichen Rezepten bestand, belegt eine Bemerkung im Vorwort der Auflage 20/1949: Der Wunsch nach besonderer Gestaltung des Küchenzettels bei Familienfesten und Feiertagen wurde gleichfalls berücksichtigt. Ich muss gestehen, nicht fündig geworden zu sein, wie die Ankündigung 1949 eingelöst wird. Erst die Auflage 27/1958 behandelt im Kapitel Verschiedenes explizit Essen für nicht alltägliche Anlässe. Im Register findet man die Vorschläge gut versteckt unter dem summarischen Rezepttitel Speisezettel für festliche Gelegenheiten und Kaltes Büfett (Beispiele siehe Farbtafel 21). Mit den 70er Jahren kommt Dynamik in das Thema. Jetzt kann man unter Verschiedenes eine ganze Reihe von Vorschlägen für die kalte und warme festliche Küche lesen. Von Mosaikbrötchen über Belegte Brötchen werden wir zu Kalten Platten und Dips geleitet. Wenige Seiten später folgen Vorschläge für Kalte Büfetts und Festliche Essen mit warmer Speisenfolge. Die aktuelle Auflage behält das Kapitel bei, passt sich aber bei einzelnen Menüfolgen dem Zeitgeschmack an: Gekühlte Grapefruits (40/1971) werden abgelöst von Forelle in Aspik, und bei den Vorspeisen und Zwischengerichten werden in der aktuellen Auflage Feines Zungenragout und Briesfrikasse mit Zunge gestrichen.

In den 50er Jahren beginnt Maria Hofmann ein Fest herauszuheben aus dem Kochbuchalltag: Weihnachten. Die eingangs erwähnten Weihnachtsplätzchen waren bereits nach wenigen Auflagen wieder verschwunden, aber jetzt wird ein ganzes Kapitel dem Fest gewidmet. In der Auflage 23/1953 heißt es einleitend zum Kleingebäck: In der Form von Weihnachtsgebäck gibt es [das Kleingebäck] der weihnachtlichen Zeit ein besonderes Gepräge, das jung und alt in seinen Bann zieht. Mit der nächsten überarbeiteten Auflage 27/1958 ist die entsprechende Passage bereits umfangreicher: Backen von Kleingebäck macht besondere Freude – für Kinder hat es immer eine große Anziehungskraft –, der Duft der Weihnachtsbäckerei zieht alt und jung in seinen Bann und gibt der vorweihnachtlichen Zeit ein besonderes Gepräge, das die Menschen zusammenführt zu stiller Besinnlichkeit. Zudem illustrieren in der Geschenkausgabe zwei Fotografien mit weihnachtlichen Motiven das Kapitel (siehe je eine Abbildung aus 27/1958 und 40/1971 auf den Farbtafeln 19 und 20). Mit der Auflage 40/1971 wird das Kapitel umbenannt in Kleingebäck, Weihnachtsgebäck. In der Einleitung – nebenstehend zu lesen – legt Maria Hofmann den sachlichen Kochbuchstil ab und erklärt ausdrucksvoll, fast emotional, verschiedene Bedeutungsebenen des Weihnachtsfestes: die persönliche, die familiäre, die des Brauchtums und die soziale. Wie wichtig es ihr ist, zeigt sich auch darin, dass die eigenen Rezepte zweitrangig werden und sie auf alte, familiengebundene Rezepte jenseits des Bayerischen Kochbuchs hinweist. Im letzten Absatz wird die umsichtige Pädagogin leibhaftig, die vor Arbeitsüberlastung angesichts der Festvorbereitung warnt. Die aktuelle Überarbeitung des Bayerischen Kochbuchs wird wieder nüchterner und kennt keine tüchtigen Hausfrauen mehr. Folgerichtig wird dieser Absatz gestrichen.

Nicht nur die Kochbuchautoren Maria Hofmann und Helmut Lydtin schätzen die Weihnachtszeit. Die Backgewohnheiten der Kochbuchbenutzerinnen zeigen die gleiche Vorliebe. Das belegen die Plätzchenrezepte, die Landfrauen als ihre Lieblingsrezepte im Kochbuch nennen, z. B. Buttergebäck, Spitzbuben, Vanillehörnchen. Auch meine gesammelten Kochbuchexemplare selbst sprechen dafür. In diesen Kapiteln sind überdurchschnittlich häufig Eintragungen, Anmerkungen und Gebrauchsspuren wie Fettflecke zu finden. Last but not least: die vielen handschriftlich eingetragenen Plätzchenrezepte. Sie bestätigen die Beobachtung, dass bei der Weihnachtsbäckerei auf familiengebundene Rezepte zurückgegriffen wird. Diese Rezepte zu erfassen, wäre sicher eine lohnende Arbeit.

Bayerisches Kochbuch 40/1971, S. 699:

Schönes und gutes Kleingebäck aus eigener Herstellung ist immer wieder der Stolz und die Freude tüchtiger Hausfrauen; in besonderer Weise gilt dies für die Weihnachtsbäckerei! Und wer möchte auf diesen besonderen Reiz vorweihnachtlicher Zeit verzichten? Vorweihnachtszeit ist eine besondere Zeit und hat ihr eigenes Gepräge; sie führt mehr als alle anderen Zeiten des Jahres die Menschen – nicht nur des Familien- und Freundeskreises – zusammen und gibt stiller Besinnlichkeit Raum.

Der Duft vorweihnachtlicher Hausbäckerei hat ein wenig Teil an der Besonderheit dieser Wochen. Mit welcher Freude und Hingabe sind Kinder mit am Werk, wenn gebacken wird, und mit welchem Eifer werden alte, familiengebundene Rezepte hervorgeholt, wieviele Erinnerungen aus eigenen Kindertagen werden dabei lebendig! Weihnachtliche Hausbäckerei bedeutet mehr als Backkunst; sie regt uns an, nicht nur dem Kreis der eigenen Familie eine weihnachtliche Atmosphäre zu schaffen, sondern jene, die vielleicht kein rechtes zu Hause mehr haben und der Zuwendung bedürfen, in den Kreis unserer Fürsorge einzubeziehen. In diesem Sinne möge weihnachtliches Backen Ausdruck und Anstoß weihnachtlicher Gesinnung sein und bleiben!
Aber die Vielfältigkeit von Bäckereien verführt manche Hausfrau dazu, dem Wunsch nach einer großen Fülle und dadurch einer Arbeitsüberlastung zu erliegen; dies ist aber nicht der Sinn häuslicher Weihnachtsbäckerei.

Bis zur Auflage 5/1922 erlebt das Rezept zwei inhaltlich unbedeutende, aber dennoch aussagekräftige Eingriffe. In Auflage B/[1911] wird die Präposition über ersetzt durch darauf. Ein Hinweis darauf, dass diese anzunehmende zweite Auflage nicht nur oberflächlich überarbeitet wurde. Im Krieg fallen die Preisangaben der Zutaten ab der Auflage 3/1916 weg. Das muss man als Hinweis auf die mangelnde Preisstabilität der Kriegsjahre lesen. Auffällig ist bei dem Rezept, dass die Zutatenliste in den Anfangsauflagen nicht alle Zutaten enthält. Die für die Glasur, die *Butter* auf dem Brot, werden zusammen mit deren Zubereitung separat genannt. In der Auflage 6/1924 sucht man das Falsche Butterbrot vergeblich: Das Rezept ist gestrichen. Erst Maria Hofmann belebt es wieder (15/[1933]), allerdings deutlich verändert. Die Zutatenliste ist erweitert um Butter, Eigelb und Mehl. Das Falsche Butterbrot wird nicht mehr aus Eiweißteig gebacken, sondern aus Mürbteig. Das Anfang der 30er Jahre im Bayerischen Kochbuch belegte Plätzchenrezept steht nahezu unverändert in der aktuellen Auflage. Nur mit Mühe finde ich erwähnenswerte Veränderungen. In der Auflage 27/1958 werden die Basiszutaten neu sortiert: erst Butter, dann Zucker, dann Eier. Diese Reihenfolge hält sowohl die Zutatenliste als auch die Zubereitung ein. Mit der Auflage 40/1971 werden die Mengenangaben für Schokolade und Mandeln/Nüsse nach oben gerundet, von 240g auf 250g. Der Zubereitungstext wächst, weil er ins Detail geht: Statt der Formulierung die übrigen Zutaten zugeben, werden diese jetzt einzeln aufgeführt. Das geschieht vermutlich aus didaktischen Gründen. Interessant an der Rezeptentwicklung ist das Ringen um die richtige Formulierung für die Stärke der Plätzchen:

Butterbrot

Auflage A, [1910], S. 151, Kapitel Verschiedenes, kleines Backwerk

140 gr ungesch. Mandeln: 0,34 Mark, 140 gr Zucker: 0,08 Mark, 2 Tafeln Schokolade: 0,20 Mark, Zimt und gemahlene Nelken: 0,02 Mark, Schale einer halben Zitrone: 0,02 Mark, 2 Eischnee: 0,08 Mark; Summe: 0,74 Mark

Es werden alle Zutaten zu dem steifgeschlagenen Schnee gemischt auf dem Nudelbrett abgeknetet, eine Wurst geknetet und diese in Scheiben geschnitten, welche man auf einem vorbereiteten Blech überbäckt bei ganz wenig Hitze. Nach dem Auskühlen streicht man Glasur über: 50 gr Zucker läßt man mit 2 Eßl. Wasser spinnen, rührt 50 gr Puderzukker dazu, nimmt die Glasur vom Feuer, schlägt ein Eigelb und etwas Likör dazu und streicht diese Masse auf die Plätzchen.

Butterbrot

Auflage B, [1911], S. 158, Kapitel Verschiedenes, kleines Backwerk

140 gr ungesch. Mandeln: 0,34 Mark, 140 gr Zucker: 0,08 Mark, 2 Tafeln Schokolade: 0,20 Mark, Zimt und gemahlene Nelken: 0,02 Mark, Schale einer halben Zitrone: 0,02 Mark, 2 Eischnee: 0,08 Mark; Summe: 0,74 Mark

Es werden alle Zutaten zu dem steifgeschlagenen Schnee gemischt auf dem Nudelbrett abgeknetet, eine Wurst geknetet und diese in Scheiben geschnitten, welche man auf einem vorbereiteten Blech überbäckt bei ganz wenig Hitze. Nach dem Auskühlen streicht man Glasur **darauf**: 50 gr Zucker läßt man mit 2 Eßl. Wasser spinnen, rührt 50 gr Puderzucker dazu, nimmt die Glasur vom Feuer, schlägt ein Eigelb und etwas Likör dazu und streicht diese Masse auf die Plätzchen.

Falsches Butterbrot

15. Auflage, [1933], S. 236, Nr. 711, Kapitel Kleingebäck

160 g Butter, 2 Eier, 280 g feinen Grießzucker, 240 g geriebene Schokolade, 240 g geschälte, fein geriebene Mandeln oder Nüsse, 250 g Mehl; zur falschen Butter 4 Eidotter, 10–12 Eßlöffel gesiebten Puderzucker

Schaummasse rühren aus Butter, Eiern und Zucker, die übrigen Zutaten zugeben, 2 dünne Rollen formen, kalt stellen; dann mit sehr scharfem Messer 2–3 messerrückendicke Scheiben abschneiden, etwas nachformen, auf ungefettetes Blech setzen, nochmal kalt stellen, bei Mittelhitze backen, erkaltet auf der Unterseite mit falscher Butter bestreichen und in lauwarmem Rohr trocknen lassen. (Halten sich lange frisch.)

Falsche Butter: Eigelb und gesiebten Puderzucker, nach Belieben etwas Vanille, 10 Minuten schaumig schlagen, sofort verwenden.

Falsches Butterbrot

27. Auflage, 1958, S. 520, Nr. 1038, Kleingebäck

160 g Butter, 280 g **feiner** Grießzucker, 2 Eier, 240 g geriebene Schokolade, 240 g geschälte, fein geriebene Mandeln oder Nüsse, 250 g Mehl; zur falschen Butter 4 **Eigelb**, 10–12 Eßlöffel gesiebter Puderzucker

Gerührten Mürbteig herstellen: Schaummasse rühren aus Butter, **Zukker und Eiern**, die übrigen Zutaten zugeben, 2 dünne Rollen formen, kalt stellen; dann mit sehr scharfem Messer gut messerrückendicke Scheiben abschneiden, etwas nachformen, auf ungefettetes Blech setzen, nochmal kalt stellen, bei Mittelhitze backen, erkaltet auf der Unterseite **nicht zu dünn** mit falscher Butter bestreichen und in lauwarmem Rohr trocknen lassen. (Halten sich lange frisch.)

Falsche Butter: Eigelb, gesiebten Puderzucker und etwas Vanille 10 Minuten schaumig schlagen, sofort verwenden.

15/[1933] 2–3 messerrückendicke
17/[1938] zwei messerrückendicke
23/1953 gut messerrückendicke
40/1971 zweimesserrückendicke
Die einzelnen Stärken nachzubacken, überlasse ich anderen.

Zum Schluss ein Wort zu den Mandeln bzw. deren Zustand in der Zutatenliste. In den Auflage 15/[1933] bis 27/1958 sollen sie geschält und fein gerieben sein. Letzteres fällt ab der Auflage 40/1971 bei den Zutaten weg. Die Zubereitung geht freilich weiter von geriebenen Mandeln oder Nüssen aus. Ist es Absicht oder Versehen? Die sonst so genaue Aufgabenteilung zwischen Zutatenliste und Zubereitung kommt hier ins Schwimmen.

Falsches Butterbrot

40. Auflage, 1971, S. 723, Nr. 1507, Kapitel Kleingebäck, Weihnachtsgebäck

160 g Butter, 280 g feiner Grießzucker, 2 **ganze** Eier, **250 g** geriebene Schokolade, **250 g** geschälte Mandeln oder Nüsse, 250 g Mehl

zur falschen Butter: 4 Eigelb, ½ **Vanillestange**, 10–12 Eßlöffel Puderzucker

Gerührten Mürbteig herstellen: Schaummasse rühren aus Butter, **feinem Grießzucker** und **ganzen** Eiern, geriebene Schokolade und geschälte, feingeriebene Mandeln oder Nüsse sowie Mehl zugeben, **Teig kurz glatt kneten**, 2 dünne Rollen formen, kalt stellen; dann mit sehr scharfem Messer **zweimesserrückendicke** Scheiben abschneiden, etwas nachformen, auf ungefettetes Blech setzen, nochmal kalt stellen, bei Mittelhitze **(ca. 190° C)** backen, erkaltet auf der Unterseite nicht zu dünn mit falscher Butter bestreichen und in lauwarmem Rohr trocknen lassen. (Halten sich lange frisch.)

Falsche Butter: Eigelb, gesiebten Puderzucker und **vorbereitete Vanillestange** 10 Minuten schaumig schlagen, sofort verwenden.

Eiweißkuchen

Resteverwertung

Nachhaltigkeit heißt in der Küchensprache
in erster Linie Resteverwertung.
Resteverwertung gehört auch zum Credo des Bayerischen Kochbuchs: Eine gute
Hausfrau berücksichtigt die Veränderung der Marktlage,
weiß die Reste richtig zu verwerten und überrascht durch abwechslungsreiche
Zubereitungsweise, die mit Sorgfalt die Wertstoffe erhält.
Anregungen hierfür sind in den vorgenannten Rezepten reichlich
enthalten (27/1958, S. 568).
Mehr dazu im Allgemeinen und Besonderen:

Von Anfang an gibt es im Kochbuch ein Kapitel Restverwendung. Die wertvollsten Reste waren Fleischreste, und so handelt es sich um ein Unterkapitel der Fleischspeisen. 100 Jahre später findet man in der aktuellen Auflage am gleichen Platz noch immer ein Kapitel Fleisch- und Wurst-Resteverwertung und auch der Rezeptreigen ist vertraut: Fleischmus oder Haschee, Zwiebelfleisch, Tiroler Geröstel, Rindfleisch mit Ei, Fleischstrudel usw. Die Rezepte des kleinen Kapitels sind über die Jahrzehnte überraschend konstant.

Da die Inhaltsverzeichnisse sich auf die Verwertung von Fleischresten beschränken, suche ich in den Registern nach weiteren Rezepten. Die Ausbeute ist dürftig. Neben dem Verweis auf das erwähnte Unterkapitel belegen nur zwei Auflagen Ende der 30er Jahre den Resteauflauf im Register. Es handelt sich um ein Gericht aus gekochtem Sauerkraut oder Sauerkrautresten, gekochten Kartoffeln oder Resten von Kartoffelbrei und Fleischresten. In der ersten Nachkriegsauflage sucht man den Auflauf vergebens – unter diesem Namen. Denn ein Blick in das Kapitel zeigt, dass das Gericht unter anderem Namen sehr wohl noch vorhanden ist: Es heißt jetzt Kartoffelschichtspeise (18erw./1947). Als solche hat das Gericht bis heute seinen Platz im Bayerischen Kochbuch, sogar in zwei Varianten (56/2007), in der zweiten mit dem Zusatz (Resteverwertung). Der Befund ist offensichtlich: Die gute Hausfrau weiß Reste zu verwerten, aber sie spricht nicht darüber. Die Zutaten eines Rezepts können aus Resten bestehen, aber namengebend sollte das nicht sein. Dementsprechend findet man in den Registern nur wenige Belege, in denen *rest* Bestandteil des Rezeptnamens ist: Käsereste als Brotbelag und Knödelresteverwertung (10/1927). Beide sind Ende der 20er Jahre das erste Mal belegt und verschwinden 1933 (der Belag) und 1971 (die Knödelresteverwertung) wieder aus dem Kochbuch – auch hier wieder nur der Name, denn Geröstete Knödel mit Ei sind auch in der aktuellen Auflage enthalten (56/2007). Zu den Rezepten: Für den Brotbelag reibt man alten Käse und mischt ihn mit Butter: Schmalhans ist Küchenmeister. Der Registereintrag Knödelresteverwertung verweist seit der ersten Auflage als Bayerisches Kochbuch auf zwei Rezepte in einem Text: gebratene Knödelreste und sauer angemachte, eine oberbayerische Variante (15/1933). Diese grundverschiedenen Rezepte unter einem gemeinsamen Titel legen nahe, dass es sich hier nicht um ein namentliches Gericht handelt, sondern um so etwas wie den Ratschlag einer Hauswirtschaftslehrerin: *Wenn ihr vom Vortag Knödel übrig habt, könnt ihr sie so oder so verwerten.* Das deckt sich mit der These, dass man Reste nicht als solche deklariert, wenn man sie auf den Tisch stellt, sondern sie mit einem Euphemismus benennt. Die Resteverwertung ist ein wichtiger Lehrstoff in einer Haushaltungsschule, der aber vorzugsweise mündlich vermittelt wird. Wie es im ersten Vorwort heißt: Die Erläuterungen der Lehrerin müssen ergänzend eintreten (A/[1910]).

Die Texte im Bayerischen Kochbuch, die den mündlichen Erläuterungen der Lehrkräfte am nähesten kommen, sind die Kochlehren. In ihnen wird von 1947 bis heute u.a. der Umgang mit den jeweiligen Speiseresten thematisiert. So liest man z.B. in der Kochlehre zu den Fischspeisen, dass Fischreste am gleichen Tag zu verbrauchen sind, und in der Kochlehre zu den Eierspeisen, wie man Eireste vor dem Eintrocknen schützen kann. Eireste fallen häufig beim Kochen an und leiten über zu dem Rezept, das diesem Kapitel seinen Namen gibt: Eiweißkuchen. Das Rezept gehört seit der Erstauflage – abgesehen von einer kurzen Unterbrechung – zum festen Kanon des Kochbuchs. Eiweißkuchen ist nicht nur schmackhaft, sondern dient auch zur Eiweißresteverwertung. Oftmals braucht man in der feineren Küche nur das Eigelb – dann gilt es das Eiweiß zu sammeln und den Kuchen zu backen:

Eiweißkuchen

Auflage A, [1910], S. 131, Kapitel Verschiedene Kuchen

200 gr Butter, 200 gr Mehl, 375 gr Zucker, etwas Backpulver, 8 Eiweiß, 25 gr süße Mandeln, 15 gr bittere Mandeln

Butter wird schaumig gerührt; Zucker, Schnee wird 1/2 Stunde lang gerührt, dann geschälte geriebene Mandeln, Mehl und Backpulver dazugeben. Der Kuchen wird bei mäßiger Hitze in einer Kastenform gebakken.

Eiweißkuchen

3. Auflage, 1916, S. 156, Kapitel Verschiedene Kuchen

200 gr Butter, 200 gr Mehl, 375 gr Zucker, etwas Backpulver, 8 Eiweiß **(Trockeneiweiß)**, 25 gr süße Mandeln, 15 gr bittere Mandeln

Butter wird schaumig gerührt; **mit dem Zucker und dem Schnee noch** 1/2 Stunde lang gerührt, dann geschälte geriebene Mandeln, Mehl und Backpulver dazugeben. Der Kuchen wird bei mäßiger Hitze in einer Kastenform gebacken. **Man kann hiezu sehr gut aufgelöstes Trockeneiweiß nehmen**.

Eiweißkuchen

10. Auflage, 1927, S. 159, Nr. 477, Kapitel Kuchen

9 Eiweiß, **320 gr Grießzucker**, **160 gr** Butter, 25 gr süße Mandeln, **50 gr** bittere Mandeln, **320 gr** Mehl

Das Rezept für Eiweißkuchen gehört mit einer kurzen Unterbrechung (1947–1951) zum festen Kanon des Bayerischen Kochbuchs. Die Auflagen 16–18 und 23–26 belegen zusätzlich zu dem hier beschriebenen einen alternativen Eiweißkuchen II. Art, der mit der 27. Auflage 1958 wieder verschwindet. Nebenstehend sind die sieben Textvarianten des ursprünglichen Rezepts wiedergegeben. Verändert sich die Mengenangabe einer Zutat oder kommt eine neue Zutat hinzu, ist dies durch Fettdruck hervorgehoben.
Vergleicht man die erste Variante von 1910 mit der letzten von 1971, merkt man zunächst, dass das Rezept an Länge gewonnen hat. Verantwortlich ist vor allem die ausführliche Beschreibung der Zubereitung. Die Zutaten bleiben nahezu konstant, die anfangs verwendeten süßen Mandeln fallen 15/1933 weg, dafür kommen nach Belieben Weinbeeren, Zitronat und Orangeat hinzu. Die Zutaten stehen damit früh fest. Nur die Mengenverhältnisse vor allem von Butter, Zucker und Mehl ändern sich immer wieder, bis sie 27/1958 austariert sind.

Bei der Zusammenschau der Zutaten sind vier bemerkenswert: Trockeneiweiß, Weinbeeren vs. Sultaninen, Zucker und Backpulver. Trockeneiweiß ist ein in wirtschaftlichen Notzeiten gefragtes Ersatzprodukt. Weinbeeren werden in Auflage 40/1971 durch Sultaninen ersetzt – vermutlich, weil das Wort Weinbeeren ungebräuchlich wird. Warum nicht Rosinen gewählt werden, die einfacher zu haben sind, bleibt offen. Zucker ist nicht gleich Zucker: In der aktuellen Auflage des Bayerischen Kochbuchs werden Zucker (z. B. Gestürzter, feiner Apfelkuchen), feiner Zucker und Puderzucker (Eiweißkuchen) unterschieden (56/2007). In der Kochlehre zum Backwerk liest man unter dem Stichwort Zucker: Für feine Teige soll feiner Grießzucker (Raffinade) von sehr feiner Körnung verwendet werden. Es ist also anzunehmen, dass das Kochbuch feiner Grießzucker und feiner Zucker synonym verwendet, vielleicht entsprechend den wechselnden Produktnamen der Zuckeranbieter. Grießzucker sehr feiner Körnung wird häufig als *feinster Zucker* angeboten – eine Steigerung der Feinheit, kurz vor dem Pulver, dem Puderzucker. Nun zum Backpulver. In der 10. Auflage geht es, in der 27. kommt es wieder und in der 55. ist es optional: evtl. Das Lockerungsmittel Backpulver hat einen schweren Stand in diesem Rezept. Mag sein nicht nur in diesem. Ein Zufallsfund zeigt, dass es auch heutzutage nicht wohl gelitten ist: Um den Quark- oder Topfenauflauf schön aufgehen zu lassen, gibt man ihm seit 17/1938 Backpulver bei – in der aktuellen Auflage nicht mehr.

Die Beschreibung der Zubereitung ändert sich in verschiedener Hinsicht. Zunächst merkt man mit den Jahren, dass der Kuchen wohl besser gelingt, wenn man die

Eiweiß und Zucker sehr gut schaumig rühren, die zerlassene Butter, die geriebenen Mandeln und zuletzt das Mehl darunter mischen, Masse in vorbereitete Form füllen, 1 Stunde bei mäßiger Hitze backen.

Eiweißkuchen

15. Auflage, [1933], S. 216, Nr. 653, Kapitel Kuchen, Torten und Bäckereien

9 **(knapp ¼ l)** Eiweiß, 320 g Grießzucker, **200 g** Butter, **10 Stück** bittere Mandeln, 320 g Mehl, **nach Belieben: 50 g Weinbeeren, 30 g Zitronat, 30 g Orangeat, Fett und Mehl für die Form**

Eiweiß und Zucker sehr schaumig rühren, die zerlassene Butter, die **Geschmackszutaten** und zuletzt das Mehl **untermischen**, Masse in vorbereitete Form **geben**, bei mäßiger Hitze backen. **Backzeit 1 Stunde**.

Eiweißkuchen I

23. Auflage, 1953, S. 311, Nr. 822, Kapitel Kuchen, Torten und Bäckereien

5 Eiweiß, **180 g feinen** Grießzucker, **100 g** Butter, **5 Stück** bittere Mandeln, **180 g** Mehl, nach Belieben: **25 g** Weinbeeren, **20 g** Zitronat, **20 g** Orangeat, Fett und Mehl für die Form

Eiweiß und Zucker sehr schaumig **schlagen, Geschmackszutaten und zerlassene Butter lauwarm unterschlagen**, zuletzt das **gesiebte** Mehl untermischen, in vorbereitete **Kastenform** geben, bei mäßiger Hitze **1 Stunde** backen.

Eiweißkuchen

27. Auflage, 1958, S. 440, Nr. 917, Kapitel Backwerk

5 Eiweiß, 180 g **feiner** Grießzucker, 100 g Butter, 5 Stück bittere Mandeln, 180 g Mehl, **1 Messerspitze Backpulver**, nach Belieben: 25 g Weinbeeren, 20 g Zitronat, 20 g Orangeat, **zur Form** Fett und Mehl

Eiweiß zu sehr steifem Schnee schlagen, mit Zucker sehr schaumig schlagen, Geschmacks- und Verbesserungszutaten und zerlassene lauwarme Butter unterschlagen, zuletzt das **mit Backpulver gemischte** Mehl untermischen, in die vorbereitete Kastenform geben, bei mäßiger Hitze 1 Stunde backen.

Eiweißkuchen

40. Auflage, 1971, S. 625, Nr. 1331, Kapitel Backwerk

5 **(Mindestgewicht 145 g)** Eiweiß, 180 g feiner **Zucker, evtl.** 5 Stück bittere Mandeln, 100 g Butter, **zerlassen**, 180 g Mehl, **evtl.** 1 Messerspitze Backpulver **[55/1998 wird Backpulver gestrichen; rf]**, nach Belieben: 25 g **Sultaninen**, 20 g Zitronat, 20 g Orangeat, zur Form: **Butter**, Mehl

Eiweiß zu sehr steifem Schnee schlagen, **Zucker nach und nach unter Schlagen einrieseln lassen, kräftig weiterschlagen, bis Masse sehr steif, schnittfest und glänzend ist. Nach Belieben geschälte, feingeriebene bittere Mandeln, sehr fein geschnittenes Zitronat und Orangeat und gebrühte, gut abgetropfte Sultaninen, mit etwas Mehl bestäubt, zugeben, zerlassene, abgekühlte Butter unterziehen, zuletzt gesiebtes, mit Backpulver gemischtes Mehl unterheben. Teig in gebutterter und gemehlter Kastenform bei mäßiger Hitze (170–180 °C) 1 Stunde backen; Kuchen in der Form kurz abkühlen lassen, dann stürzen, erkaltet leicht mit Puderzucker besieben. Verbesserung: Mehlmenge auf die Hälfte kürzen, dafür 90 g geschälte, fein geriebene Mandeln unter den Teig mengen.**

Butter zu einem späteren Zeitpunkt in lauwarmem flüssigem Zustand beigibt. Das ist eine inhaltliche Veränderung der Zubereitung. Dann erweitert man die Zubereitung um die Angaben zu Backform und Dekor des fertigen Kuchens: Hier handelt es sich um eine inhaltliche Erweiterung des Textes. Und zu guter Letzt werden die Handlungsabläufe immer wieder variierend beschrieben – bis sie hinreichend pädagogisch formuliert sind.

Eine Zutat im Eiweißkuchenrezept macht schließlich auf eine grundsätzliche Frage in Kochrezepten aufmerksam: die Mandeln. Seien sie nun süß oder bitter, ab der 15. Auflage werden sie in der Zutatenliste stückweise angegeben und in der Zubereitung gemahlen verwendet. Die Butter dagegen ist bereits in der Zutatenliste zerlassen aufgeführt. Die Fragestellung lautet für jedes Kochbuch: Was gehört in die Zutatenliste, was in den Text der Zubereitung?

Ausgezogene

Bairisch im Bayerischen Kochbuch

Meine ersten Ausgezogenen aß ich auf dem Viktualienmarkt.
Immer werde ich mich an ihren Geschmack, Geruch,
ihre Farbe und meine klebrigen Finger erinnern.
Im Bayerischen Kochbuch heißt das Schmalzgebäck Ausgezogene Nudeln –
wieso Nudeln? Wer bäckt schon Pasta in Schmalz aus?
Erst andersrum wird ein Schuh draus: Wenn wir Nudeln zu italienischer
Pasta sagen, ist das nur eine spezielle Art von Nudel.
Nudeln sind Teiglinge, alles was aus Teig gebacken oder gesotten wird.
Thema dieses Kapitels ist die regionale Sprache:
Wo finde ich Bairisch im Bayerischen Kochbuch?

Im Bayerischen Kochbuch sollte man eigentlich nicht überrascht sein, Bairisch zu lesen. Tatsächlich ist aber die Haltung des Kochbuchs zur Regionalsprache ambivalent. Sie schwankt ebenso wie die Einstellung zum Dialekt im 20. Jahrhundert außerhalb der Kochbuchwelt. Schriftsprachliche Dialektmerkmale lassen sich im Bayerischen Kochbuch auf morphologischer und lexikalischer Ebene beobachten. Zu den morphologischen zählt die Diminutivbildung, zu den lexikalischen Merkmalen Wortschatz mit regionaler Reichweite, wie z. B. *Rahm* für das standardsprachliche *Sahne*. Schauen wir uns zuerst an, wie es um die Diminutive im Bayerischen Kochbuch steht.

Wer sich über ein bairisches Dialektwort informieren möchte, dem sei das *Bayerische Wörterbuch* von Johann Andreas Schmeller (1872/1877) empfohlen. Dort findet man *Holler* und *Hollerküchel* (Bd. 1, Sp. 1084), *Topfen* (Bd. 1, Sp. 615) und *Ausgezogene Küchel* (Bd. 1, Sp. 1728). Die *Ausgezogenen Küchel* werden in dem Wörterbuchartikel *Nudel* behandelt. Der Artikel ist reich an volkskundlichen und kulinarischen Informationen, er ist lang und wunderbar. »Die Nudel […]. Auf dem platten Lande von Bayern, wo der Getreidebau den Futterbau und die Viehzucht weit hinter sich läßt, und der erstere meistens durch Pferde betrieben wird, wo demnach die Bevölkerung fast ausschließlich auf Mehlspeisen verwiesen ist, spielt die Nudel, und zwar unter manichfaltigen Gestalten, eine vorzügliche Rolle. Obenan steht die (im Unterland laibförmige, im Oberland cylindrische, mit Sauerteig oder Hefen gegohrene, in Schmalz mit Wasser gesottene) Schmalz-Nudel, im O. L. auch lange oder gehefelte Nudel genannt. In einer ordentlichen Bauern-Wirthschaft, z. B. des Landgerichts Dachau, müssen

Ich beginne mit einer regionalen Abgrenzung. Das Kochbuch trägt Merkmale des Bairischen, nicht des Alemannischen oder Fränkischen. Deren Diminutivsuffixe *-le* und *-la* sind im Bayerischen Kochbuch selten belegt, und wenn, dann nur in Rezepten, die auch dort beheimatet sind, wie z. B. Spätzle, Brätknöpfle oder Springerle. Das gilt für alle Auflagen. Einzig Kirschenmännle und Hasenöhrle sind als Zuwachs der 70er Jahre (40/1971) zu verbuchen. Die bairischen Diminutive sind dagegen *-el* und *-erl*. Das diminutive *-el* muss man zwischen all den *Nudeln, Knödeln, Schnitzeln, Streuseln* und *Strudeln* mit der Lupe suchen: Krautschlangel, Weinpflanzel und Küchel (A/[1910]). Letzteres unter anderem in Apfel-, Fenster-, Holler-, Mund- und Natronküchel. Das Küchel ist über die Jahre hinweg beliebt. Erst 40/1971 erhält es Konkurrenz: Das in der süddeutschen Standardsprache übliche Küchlein löst das Küchel weitgehend ab. In der aktuellen Auflage ist -el ganz verschwunden.

Das eigentlich markante bairische Diminutivsuffix im Bayerischen Kochbuch ist das *-erl*. In der Erstauflage sind 23 Bildungen belegt: vom Anis- bis zum Zitronenlaiberl, aber auch Fleischknöderln, Kalbsvögerln, Nürnberger Busserl und Schweinszüngerl. Diese sprachliche und kulinarische Opulenz bricht in der Auflage 10/1927 ein. Nicht einmal die Hälfte der Rezepte mit *erl*-Diminutiv bleibt dem Kochbuch erhalten. So zeigt auch dieser Fokus die drastischen Änderungen dieser Auflage. 15/[1933] belebt mit der Neubearbeitung des Bayerischen Kochbuchs das Suffix wieder: Die Anzahl der *erl*-Rezepte verdoppelt sich. In den 50er Jahren nimmt der prozentuale Anteil der *erl*-Diminutive zwar ab, sie sind aber weiter präsent. Ab Auflage 40/1971 ist ein deutlicher Trend zum *-erl* zu beobachten, der sich in den letzten Jahren weiter verstärkt. Hollerkücheln und Apfelküchlein wechseln 55/1998 das Suffix und heißen nun Hollerkücherl und Apfelkücherl. Die Anzahl der Bildungen hat wieder das Ausgangsniveau der Erstauflage erreicht. Das *erl*-Diminutiv steht für den dialektalen Touch, der im ausgehenden 20. Jahrhundert en vogue ist. Das führt dazu, dass auch standardsprachliches Wortgut, wie zum Beispiel *Quarktasche* via Diminuierung mit *-erl* dem Bairischen einverleibt wird: Quarktascherl.

Das Kochbuch kennt neben den genannten hochdeutschen Diminutiven auch das mittel- und niederdeutsche *-chen*. Interessanterweise belegen schon die ersten undatierten Auflagen ebenso viele Bildungen mit *-chen* wie mit *-erl*, zum Beispiel Kleien- und Pomeranzenbrötchen, Nußhörnchen, Käsekeulchen und Weihnachtsplätzchen. Obwohl der herausgebende Bayerische Verein im Vorwort der Erstauflage die regionale Herkunft der Rezepte betont, zeigt sich am Repertoire der Rezeptnamen, dass jene mitnichten nur regional waren. Verschiedene Regionen und gesellschaftliche Schichten spiegeln sich im Kochbuch wider. Die preußisch-sächsischen Käsekeulchen stehen neben den bairischen Dampfnudeln. Das Kochbuch wurde in der Wirtschaftlichen Frauenschule Miesbach – einer Bildungsstätte von überregionaler Bedeutung – erprobt und geschrieben. Lehrerinnen und Schülerinnen entstammten dem fortschrittlichen Bürgertum des gesamten deutschen Sprachraums. Zielgruppe des Kochbuchs hingegen waren Teilnehmerinnen an Wanderkochkursen in Stadt und Land. Die belegten Diminutive bezeugen die regionale und gesellschaftliche Melange, der das Kochbuch entstammt.

an jedem Samstag Jahr aus Jahr ein solche Schmalz-Nudeln nicht nur auf den Tisch gebracht, sondern auch nach dem Essen noch besonders an das Gesinde vertheilt werden. Der Oberknecht hat 5, der Mittelknecht 4, der Drittler 3, der Stallbueb 2, der Taglöhner 2, die Oberdiern 7–9, die Mitteldiern 5–7, die Drittlerin 2–3 Stück zu bekommen. Ebenso wird es an hohen Festtagen, an den sogenannten drei Rauchnächten und an noch manchem anderen Tage gehalten. Zur Arntezeit nimmt jede Person täglich ihre besondern zwey Schmalz-Nudeln nach dem Essen in Anspruch. [...] Unter den Schmalz-Nudeln selbst ist Königin die in lauter Schmalz gebackene *Kirchtag-Nudel* [...], die aber nur einmal des Jahres erscheint, und auch auf andern als Bauern-Tischen figurieren dürfte. Der Form nach ist aber die unterländische, kugelförmige von der oberländischen *Kirchtagnudel* sehr verschieden; denn diese ist das, was im U. L. sonst ein *ausgezogener Küechel* heißt. Laib- oder kloßförmig und nach der Gährung in Milch gekocht sind: die *aufgegangenen* oder *Dampf-*, die *Milch-*, (O. L.) *Steck-*, die *Rüermilch-*, die *Dempf-*, die *Keßel-* etc. *Nudeln*. In sogenannter *Krautsolzen*, *Zwetschgen-Nudeln* etc. Aus ungegohrenem, in kleine Cylinder zertheiltem und in Schmalz gekochtem Teige bestehen: die *Finger-*, die *gestutzten*, *geschutzten*, die *gedähten* etc. *Nudeln*. Die *Topfen-*, *Erdäpfel-*, etc. *Nudeln* sind Nudeln dieser Art, mit Topfen, Kartoffeln, etc. versetzt. *Geschnittene Nudeln* [...] bestehen aus ungegohrnem, zu Riemchen oder Fäden geschnittenem, in Milch oder Fleischbrühe gekochtem Teig. Die *Ror-Nudeln*, *Rören-Nudeln*, *Rein-Nudeln* werden aus feinem gegohrnen Teig in einer Rein'n mit Schmalz in Ofenrohr gebacken. Die *Laibel-Nudel* ist ein kleiner Laib von weißem Teig, wie Brod gebacken. Unter *Nürnberger Nudeln* versteht man im Werdenfelsischen *Maccaroni.«* (Schmeller 1, 1728f)

Die nichtbayerischen Lehrer- und Schülerinnen nehmen in den folgenden Jahrzehnten ab, aber die Anzahl der *-chen*-Diminutive wächst weiter im Kochbuch. Langsam, ohne Einbrüche, steigt sie bis zu den aktuellen über 70 Registereinträgen. Meist handelt es sich um Rezepte ohne bodenständig-ländliche Herkunft wie zum Beispiel Käsepastetchen, Hildatörtchen, Fischpastetchen. Mit Hilfe des *-chen* werden die Gerichte der Kategorie *für besondere Anlässe* zugeschrieben – als kleine feine Speise. Das *-chen* kann auch dazu dienen, in wirtschaftlichen Notzeiten ein Rezept euphemistisch zu verpacken, wie bei Roggenschrotknusperchen (18a/1947). Ob das freilich immer gelang, ist eine andere Frage. Heute muss das Roggenschrotgebäck nicht sprachlich aufgehübscht werden, da aus der einstigen Bedürftigkeit Modernität geworden ist.

Wortschatz mit regionaler Reichweite ist im Bayerischen Kochbuch allenthalben zu finden – aber nicht ausschließlich und nicht konstant. Von Holler in Hollerkücherl war bereits die Rede. Im Register der Auflage 56/2007 folgt es auf Hollerkompott und wird nur durch Hollywood-Cocktail getrennt von der standardsprachlichen Variante Holunder in Holunderkaltschale, Holunderkompott und Holundersuppe. Auffällig ist, dass nur das Kompott in beiden Varianten einen Registereintrag hat. Der Gebrauch von Holler hier und Holunder da verweist auf die verschiedene regionale Herkunft der Rezepte: süddeutsche Hollerkücherl versus norddeutsche Holunderkaltschale, -suppe.

Das oben erwähnte Quarktascherl heißt im Rezeptteil in voll Länge: Quark-(Topfen)-tascherl oder -krapferl. 56/2007 ist der Topfen zur eingeklammerten Variante von Quark geworden. Bis einschließlich der Auflage 39/1969 kennt das Bayerische Kochbuch keinen Quark, nur Topfen. Ein kurzes Intermezzo im Register der Auflagen 16/[1936] bis 18/[1943] hat der Weiße Käse, der auf das Rezept Topfen als Brotaufstrich verweist. Quark tritt erstmals in der Auflage 40/1971 in Erscheinung und drängt Topfen in die Enge. Neue Rezepte werden mit der standardsprachlichen Variante benannt, herkömmliche Rezepte in beiden: Topfenreis / Quarkreis, Topfenschmarrn / Quarkschmarrn, Topfenstrudel / Quarkstrudel versus Quarkmayonnaise, Quarkpudding, Quarkstollen. Die Auflage 56/2007 belegt über 70 mal Quark im Register und keine 15 mal Topfen. Maria Hofmann und Helmut Lydtin waren sich der Problematik der Topfen-Quark-Frage sehr wohl bewusst. Nicht nur persönliche Aussagen bezeugen das, sondern auch der einzige explizite Verweis im aktuellen Register von Quark auf Topfen und umgekehrt. Vergleichbar ist die Beleglage von Rahm und Sahne. Bis Auflage 40/1971 wird ausschließlich mit Rahm gekocht. Erst ab dieser Auflage zieht die Sahne ins Kochbuch ein, kann aber Rahm nicht verdrängen.

Der Gemüsewortschatz im Bayerischen Kochbuch verweigert sich einer einheitlichen Tendenz . Rote Beete sucht man hier so vergeblich, wie einen *Schreiner* in einem Berliner Telefonbuch. Das Wurzelgemuse heißt im Bayerischen Kochbuch Rote Rübe. Anders verhält es sich mit dem Blaukraut. Es wird ab 10/1927 vier Auflagen lang auch Rotkohl genannt, dann aber erst wieder 40/1971. Gelbe Rüben ist die in allen Auflagen übliche Bezeichnung für die gleichfarbigen Feldfrüchte. Ab der Auflage 27/1958 wird das Synonym Karotten im Register gelistet, während die ebenfalls standardsprachliche Variante Möhren bis heute dort keinen Platz erobern konnte.

Auch Neuzugänge im Bayerischen Kochbuch können in (regionalen) Varianten erscheinen, so z. B. die Aubergine. Sie tritt zum ersten mal in der Auflage 40/1971 auf – zusammen mit der italienisch-österreichischen Variante Melanzane und als Eierfrucht.

Die bisherigen Befunde thematisieren Rezepttitel. Wie aber steht es um die Sprache der Zutaten und Zubereitungstexte? Dieser pragmatischen Fragestellung kann nur in Ansätzen nachgegangen werden, da die Texte der Kochbücher zu umfangreich für eine verlässliche Korpusanalyse – mit meinen Mitteln – sind. Ausgangspunkt sind Rezepte, die im bairischen Titel eine Zutat mitführen, wie Kalbszüngerl und Hollerkücherl. Werden die Gerichte auch mit Kalbszüngerln oder Hollerblüten zubereitet? Ein Blick in die Auflagen zeigt die zunehmende Präzisierung des Kochbuchs einerseits und wachsende Vorbehalte dem Dialekt gegenüber andererseits. Die Hollerkücheln erscheinen in der Auflage 12/1928 im Kochbuch. Sie werden aus Hollerblüten gebacken. Acht Jahre später präzisiert die Auflage 16/[1936] die Zutat zu Hollerblütendolden. In den 50er Jahren wird der dialektale Wortschatz nicht mehr als gegeben hingenommen und die überregionale Standardsprache gilt zunehmend als Norm. Ab 23/1953 verwendet man für die Hollerkücheln Holunderblütendolden.

Als zweite Stichprobe dient Kalbs- oder Schweinszüngerl. Das Rezept (es handelt sich um ein Gericht mit Soße, dementsprechend nenne ich es das *Soßenrezept*) steht in allen Auflagen, ebenso wie eines für Kalbszunge, gebacken. Schauen wir uns zuerst die Rezeptnamen an. Die gebackene Variante nennt sich immer *Zunge* und nicht *Züngerl*. Im anderen Fall wechseln die Rezeptnamen. Die Auflagen 10/1927 bis 15/[1933] betiteln das Rezept Kalbs- oder Schweinszunge. Ab der Auflage 16/[1936] verweisen Kalbs- oder Schweinszüngerl und Kalbs- oder Schweinszunge im Register auf ein und dasselbe Rezept. Bis auf kurze Lücken seitens der nicht diminuierten Variante bleibt das so bis 39/1969. Ab der Auflage 40/1971 ist die Benamsung eindeutig: Das Rezept für gebakkene Zunge vom Kalb oder Schwein wird nicht diminuiert, das Soßenrezept schon. Nun kommen wir zu den Zutaten. In den Anfangsauflagen bis einschließlich 3/1916 braucht man für das Soßenrezept 2 Züngerln und für das gebackene 2 Zungen. Ab der Auflage 4/1920 fällt das Diminutiv in den Zutaten. Nun verlangen beide Rezepte Zunge. Die Entwicklung der Zunge zu verfolgen ist mühsam. Der Befund zeigt aber eindrucksvoll die Verdrängung des Dialekts im eigentlichen Rezepttext.

Seit der ersten Auflage ist im Kochbuch ein Rezept für Gelberübensuppe belegt, zu deren Zutaten das gleichlautende Gemüse zählt. Ab der Auflage 40/1971 steht in Klammern erläuternd (Möhren). Der Hindhede-Salat, ein Gemüsesalat, benannt nach dem dänischen Arzt Mikkel Hindhede (1862–1945), wurde 1927 aufgenommen. Für ihn benötigt man anfangs u. a. Karotten, seit der Auflage 15/[1933] Karotten oder gelbe Rüben und mit Auflage 40/1971 werden auch die Möhren wiederum in Klammern aufgenommen. Im Falle der Gelberübensuppe wird die regionale oberdeutsche gelbe Rübe in den 70er Jahren mit dem standardsprachlichen Synonym versehen. Beim Hindhede-Salat brauchen in den 30er Jahren die bairisch sprechenden Benutzer eine Übersetzungshilfe, bevor die Öffnung zur Standardsprache erfolgt. Die Gelbe Rübe ist in beiden Rezepten die längste Zeit belegt und muss als die heimische Variante angesehen werden. Der Hindhede-Salat zeigt aber, dass mit den Rezepten aus dem außerbayerischen Sprachraum auch deren Wortschatz aufgenommen wird.

Hollerkücherl, Züngerl, Gelberübensuppe und Hindhede-Salat veranschaulichen die unterschiedliche Verwendung des Dialekts im Rezepttitel einerseits und bei den Zutaten bzw. der Zubereitung andererseits. Im Titel wurde und wird der Dialekt bewusst verwendet. Anders dagegen bei den Zutaten. Sofern die Rezeptautoren sich der Dialektalität eines Wortes bewusst werden, streichen sie den Dialekt und ersetzen ihn durch die überregionale Standardsprache.

Einen weiteren Fund, der das Schwinden des Dialektwortschatzes im Kochbuch verdeutlicht, zeigt das Kapitel Griebenverwendung. Bis Auflage 40/1971 ergänzen die in Klammern gesetzten Dialektvarianten Gremmeln, Grammeln, Kremmeln den Kapiteltitel. Seit der blauen Auflage fällt dies weg. Das standardsprachliche Grieben muss nicht mehr in den Dialekt übersetzt werden. Man kann davon ausgehen, dass jeder den Standard versteht bzw. dass der Dialekt nicht mehr verstanden wird. Die zweite Interpretation wird durch ein weiteres Beispiel gestützt. Aus Hutzeln bereitet man seit der Auflage 10/1927 Hutzelbrot zu und seit 15/[1933] auch Kletzenbrot. Bis in die Mitte der 50er Jahre geschieht das unkommentiert im Bayerischen Kochbuch. Ab der Auflage 27/1958 bedürfen Hutzeln einer Erläuterung: (ungeschälte, getrocknete Birnen) steht ergänzend in der Zutatenliste.

Die *Mehlschwitze* sucht man viele Jahrzehnte vergeblich im Bayerischen Kochbuch. Die Buttermehlsoßenbasis – in der Küchenreferenzsprache Französisch *roux* genannt – heißt dort Einbrenne. Erst seit 40/1971 verweist ein Registereintrag auf Mehlschwitze im Kapitel Küchensprache. Hier wird das Wort erklärt – gebraucht in den Rezepten wird es nie. In ihnen kocht man weiterhin die vertraute Einbrenne.

Was lässt sich daraus und aus den bisherigen Ergebnissen schließen? Sie bestätigen die Eingangsbehauptung, dass das Verhältnis des Bayerischen Kochbuchs zum Dialekt ambivalent sei. Anders gesagt, es gibt nicht **eine** Haltung zu diesem Thema. In der Anfangsphase des Kochbuchs wurde schriftsprachlicher Dialekt ungeniert verwendet. Sobald man sich seiner bewusst wurde, strich man ihn mehr oder weniger konsquent aus den Rezeptnamen und vor allem aus den Zutatenlisten. Am rigorosen Ersatz von Topfen durch Quark zeigt sich das Selbstbewusstsein eines Standardkochbuchs, das sein dialektales Erbe abschütteln will (40/1971). Dialekt ist keine adäquate Sprache, in der ein Kochbuch geschrieben wird. In jüngerer Zeit gewinnt er allerdings wieder Oberwasser und wird in den Rezeptnamen gepflegt als Element bayerischer Selbstvergewisserung. Bemerkenswert ist, dass in der ersten Auflage, die der erklärte Dialektfürsprecher Helmut Lydtin mitverantwortet, seine Tante Maria Hofmann die Neubearbeitung nutzt, um die zeittypischen Vorbehalte der 60er Jahre gegenüber dem Dialekt durchzusetzen. Das Verdienst Helmut Lydtins ist es, die dialektale Nische in den Rezeptnamen gesichert und ausgebaut zu haben.

Die Ausgezogenen gehören seit der Erstauflage zum Kanon des Bayerischen Kochbuchs. Die auffälligste Veränderung des Rezepts im Laufe der Jahrzehnte betrifft die Mengen: Zu Beginn reichen sie für 12 Stück, dann für 24, dann wieder 12. In den ersten 15 Auflagen wechseln die Mengen dreimal. Bis zur Auflage 27/1958 reichen die Zutaten für 24, dann

Ausgezogene Nudeln

Auflage A, [1910], S. 110, Kapitel Hefeteigbäckereien

1 Pfd. Mehl: 0,22 Mk [= Mark], 3/8 l Milch, Salz: 0,06 Mk, 2 Eßl Zucker: 0,01 Mk, 10 gr Hefe 0,04 Mk, Fettverbrauch: 0,40 Mk. [Summe:] 0,73 Mk.

Es wird ein Dämpferl angesetzt, dann ein Hefeteig geschlagen und zum Gehen aufgestellt. Man sticht Nudeln ab, läßt sie auf einem mit Mehl bestaubten Brett nochmals gehen, zieht sie aus und bäckt sie im schwimmenden Schmalz.

Ausgezogene Nudeln

3. Auflage, 1916, S. 136, Kapitel Hefeteigbäckereien

Es wird ein Dämpferl angesetzt, dann ein Hefeteig geschlagen und zum Gehen aufgestellt. Man sticht Nudeln ab, läßt sie auf einem mit Mehl bestaubten Brett nochmals gehen, zieht sie aus und bäckt sie im schwimmenden Schmalz.

Kücheln (ausgezogene Nudeln, Knienudeln, Fensterküchle)

10. Auflage, 1927, S. 148, Nr. 441, Kapitel Schmalzgebäck

2 Pfd. Mehl, $^1/_2$ l Milch, **30 gr** Hefe, Salz, **2 ganze Eier, 2 Eigelb, 100 gr Butter, 40 gr** Zucker, **Ausbackfett**

Aus Zutaten Hefeteig herstellen wie Nr. 401, runde Nudeln formen, zwischen bemehltes Tuch legen, damit sie keine Kruste bekommen, mit gefetteten Fingerspitzen die Ränder ausziehen, vorsichtig in Fett legen, wenn untere Seite braun, mit dem Kochlöffelstiel wenden, backen. Der innere, dünn ausgezogene Teil muß ganz weiß bleiben, es darf daher beim Wenden, kein Fett in das Küchlein kommen.

Kücheln (ausgezogene Nudeln, Knienudeln, Fensterküchle)

14. Auflage, 1931, S. 154, Nr. 441, Kapitel Schmalzgebäck

1 Pfd. Mehl, $^1/_4$ l Milch, **15 gr** Hefe, Salz, **1** ganzes Ei, **1** Eigelb, **50 gr** Butter, **20 gr** Zucker, Ausbackfett

Aus Zutaten Hefeteig herstellen wie Nr. 401, runde Nudeln formen, zwischen bemehltes Tuch legen, damit sie keine Kruste bekommen, mit gefetteten Fingerspitzen die Ränder ausziehen, vorsichtig in Fett legen, wenn untere Seite braun, mit dem Kochlöffelstiel wenden, backen. Der innere, dünn ausgezogene Teil muß ganz weiß bleiben, es darf daher beim Wenden, kein Fett in das Küchlein kommen.

Kücheln, Fensterkücheln, Knienudeln, ausgezogene Nudeln (etwa 24 Stück)

15. Auflage, [1933], S. 198, Nr. 606, Kapitel Schmalzgebäck

2 Pfd. Mehl, $^3/_8$ l Milch, **1 Prise** Salz, **10 g** Hefe, **4** ganze Eier, **40 g Butterschmalz**, 20 g Zucker, **Butterschmalz zum Ausbacken, Zucker zum Bestreuen.**

Hefeteig herstellen wie zu Rohrnudeln, sehr gut abschlagen; ohne den Teig gehen zu lassen kleine Nudeln abstechen und wie Rohrnudeln formen, dann sofort mit gefetteten Fingern über Knie ausziehen, in das heiße Fett geben, 1–2mal übergießen, so daß die Kücheln auflaufen, aber

werden sie ein letztes Mal halbiert in der Neubearbeitung 40/1971. Die üblichen 4 Personen sind hier wohl nicht ausschlaggebend für die Zutatenmenge, sondern die Zubereitung: Lohnt sich der Aufwand für 12 Stück oder mach' ich gleich 24; jemand wird schon vorbeikommen: Ausgezogene gehören vielerorts zu Festen und besonderen Anlässen. Sieht man von ihrer mehrmaligen Verdoppelung bzw. Halbierung ab, sind die Zutaten seit der Auflage 10/1927 konstant: Mehl, Milch, Hefe, Salz, Eier, Butter, Zucker. In den ersten neun Auflagen schmeckt das Schmalzgebäck auch ohne Eier und Butter im Teig. Die Rezeptur der Auflagen 10/1927 bis 14/1931 ergibt die feinste Variante: viel Eigelb, sparsam Eiweiß und reichlich Butter. Wirtschaftlich üppige und sparsame Zeiten belegt der Butter-, bzw. Butterschmalzanteil: 50 g (10/1927), 10–20 g (16/[1936]), 20 g (27/1958), 50 g (40/1971; jeweils normiert für 12 Stück). Die zeitweilige Verwendung von Butterschmalz (15/[1933] bis 26/1956) hat weniger geschmackliche als konservatorische Gründe: Butterschmalz ist haltbarer.

Die Zutaten für das Rezept sind überschaubar, so dass sie ab Auflage 3/1916 ein Kochbuchjahrzehnt lang als bekannt vorausgesetzt werden. Die Zubereitung hingegen verlangt Aufmerksamkeit bei der Beschreibung und bei der Durchführung. Dieser erhöhte Schwierigkeitsgrad ist wohl das Motiv für so manche exemplarische Besonderheit im Text. Das zutatenlose Rezept der Auflage 3/1916 bereitet einen Hefeteig zu und verweist damit implizit auf ein bekanntes Rezept im Vorfeld. In der Auflage 10/1927 heißt es explizit Hefeteig herstellen wie Nr. 401. Die Rezepte im Kochbuch werden verknüpft, sie verweisen aufeinander. Damit sparen sich die anonymen Autoren die Wiederholung der Wiederholung der Wiederholung der immergleichen Beschreibung eines – hier – Hefeteigs und lehren nebenbei Küchensystematik: Grundkenntnisse sind die Basis des Kochens. In der Überarbeitung 15/[1933] entwickelt Maria Hofmann diese Strategie weiter, indem sie nicht auf eine Rezeptnummer verweist, sondern auf einen Rezeptnamen: Rohrnudeln. Die Namen sind konstant(er) – die Nummern ändern sich häufig von Auflage zu Auflage und ihre Aktualisierung würde sehr viel Sorgfalt und Arbeit kosten. Ab der Auflage 40/1971 beginnt die Zubereitung mit den Worten: Hefeteig von weicher Beschaffenheit. Die Formulierung entspricht dem Titel eines Grundrezepts im Bayerischen Kochbuch.

Nachdem die Zubereitung des Hefeteigs geklärt ist, kann sich der Text ganz der Beschreibung der anspruchsvollen Weiterverarbeitung der Ausgezogenen widmen. Und nun arbeiten sich die verschiedenen Rezepte daran ab, warum die Ausgezogenen auch Knienudeln und Fensterkücheln genannt werden. Namengebend ist jeweils das Entstehen der Form des Schmalzgebäcks: mit gefetteten Fingern über Knie ausziehen, bzw. (wurden früher übers Knie gezogen) – so daß innen ein dünnes Fenster entsteht (15/[1933], 56/2007, 27/1958 u. a.). Bitte lesen Sie die Zubereitungstexte: Volkskunde beim Backen! Warum die Fensterkücheln aber heute Fensterkacheln heißen sollen, will mir nicht einleuchten. Das ist wohl ein Versehen.

nicht hart werden, wenn goldbraun, vorsichtig wenden, damit kein Fett in die Mitte des Küchels kommt, fertig backen. Kücheln müssen innen weiß bleiben. Mit Zucker bestreuen.

Kücheln, Fensterkücheln, Knienudeln, ausgezogene Nudeln (etwa 24 Stück)

16. Auflage, [1936], S. 204, Nr. 619, Kapitel Schmalzgebäck

2 Pfd Mehl, 3/8 l Milch, 1 Prise Salz, 10 g Hefe, 4 ganze Eier, **20–40 g** Butterschmalz, 20 g Zucker, Butterschmalz zum Ausbacken, Zucker zum Bestreuen.

Hefeteig herstellen wie zu Rohrnudeln, sehr gut abschlagen; ohne den Teig gehen zu lassen kleine Nudeln abstechen und wie Rohrnudeln formen, dann sofort mit gefetteten Fingern über Knie ausziehen, in das heiße Fett geben, 1–2mal übergießen, so daß die Kücheln auflaufen, aber nicht hart werden, wenn goldbraun, vorsichtig wenden, damit kein Fett in die Mitte des Küchels kommt, fertig backen. Kücheln müssen innen weiß bleiben. Mit Zucker bestreuen.

Kücheln, Fensterkücheln, Knienudeln, ausgezogene Nudeln (etwa 24 Stück)

18. erweiterte Auflage, 1947, S. 198, Nr. 761, Kapitel Schmalzgebäck

1 kg Mehl, 3/8 l Milch, 1 Prise Salz, 10 g Hefe, **3–4** Eier, 20–40 g Butterschmalz, 20 g Zucker, Butterschmalz zum Ausbacken, Zucker zum Bestreuen.

Hefeteig herstellen wie zu Rohrnudeln, sehr gut abschlagen; ohne den Teig gehen zu lassen, kleine Nudeln abstechen und wie Rohrnudeln formen, dann sofort mit gefetteten Fingern **auf Tuch** über Knie ausziehen, in das heiße Fett geben, 1–2mal übergießen, so daß die Kücheln auflaufen, aber nicht hart werden, wenn goldbraun, vorsichtig wenden, damit kein Fett in die Mitte des Küchels kommt, fertig backen. Kücheln müssen innen weiß bleiben. Mit Zucker bestreuen.

Kücheln, Fensterkücheln, Knienudeln, ausgezogene Nudeln (24 Stück)

23. Auflage, 1953, S. 284, Nr. 768, Kapitel Schmalzgebäck

1 kg Mehl, 3/8 l Milch, 1 Prise Salz, 10 g Hefe, 3–4 Eier, 20–40 g Butterschmalz, 20 g Zucker, Butterschmalz zum Ausbacken, Zucker zum Bestreuen.

Weichen Hefeteig herstellen, sehr gut abschlagen; ohne den Teig gehen zu lassen, kleine Nudeln abstechen und wie Rohrnudeln formen, **zugedeckt**

kurz gehen lassen, dann mit gefetteten Fingern auf Tuch über Knie ausziehen, in das heiße Fett geben, 1–2mal übergießen, so daß die Kücheln auflaufen, aber nicht hart werden, wenn goldbraun, vorsichtig wenden, damit kein Fett in die Mitte des Küchels kommt, fertig backen. Kücheln müssen innen weiß bleiben. Mit Zucker bestreuen.

Beim Ausziehen in der Hand den Teigrand durch die Hand gleiten lassen, so daß innen dünnes Fenster entsteht.

Kücheln, Fensterkücheln, Knienudeln, ausgezogene Nudeln (**12** Stück)

27. Auflage, 1958, S. 406, Nr. 852, Kapitel Schmalzgebäck

500 g Mehl, $^1/_4$–$^3/_8$ **l** Milch **knapp**, 1 Prise Salz, **5–10 g** Hefe, **1–2** Eier, **20 g Butter**, 20 g Zucker, **Ausbackfett**, zum Bestreuen: Zucker

Weichen Hefeteig herstellen, sehr gut abschlagen; ohne den Teig gehen zu lassen kleine Nudeln abstechen und wie Rohrnudeln formen, **leicht mit Fett bestreichen,** zugedeckt kurz gehen lassen, dann mit gefetteten Fingern ausziehen, **indem man den Teigrand durch die Hand gleiten läßt, so daß innen ein dünnes Fenster entsteht,** in das heiße Fett geben, 1–2mal übergießen, so daß die Küch**lein** auflaufen, aber nicht hart werden; wenn goldbraun, vorsichtig wenden, **so daß** kein Fett in die Mitte des Küchels [sic! rf] kommt, fertig backen. Küch**lein** müssen innen weiß bleiben. Mit Zucker bestreuen.

Ausgezogene Nudeln, Fensterkücheln, Knienudeln (**etwa** 12 Stück)

40. Auflage, 1971, S. 592, Nr. 1246, Kapitel Schmalzgebäck

500 g Mehl, 1 Prise Salz, $^1/_4$–$^3/_8$ l Milch, **20 g** Hefe, 1–2 Eier, **50 g** Butter, **20–50 g** Zucker, Ausbackfett, zum Bestreuen: Zucker

Hefeteig von weicher Beschaffenheit herstellen, sehr gut abschlagen, ohne Teig gehen zu lassen kleine Nudeln abstechen, **diese** wie Rohrnudeln formen, leicht mit Fett bestreichen, zugedeckt kurz gehen lassen, dann mit gefetteten Fingern ausziehen, indem man den Teigrand durch die Hand gleiten läßt, so daß innen ein dünnes Fenster entsteht, in heißes Fett legen, 1–2 mal **mit heißem Fett** übergießen, **damit** Küchlein auflaufen, aber nicht hart werden; wenn goldbraun, vorsichtig wenden, so daß kein Fett in die Mitte des Küch**leins** kommt, fertig backen. Küchlein müssen innen **weißes Fenster haben; abtropfen lassen,** mit Zucker bestreut anrichten.

Ausgezogene Nudeln, Fensterk**a**cheln, Knienudeln (etwa 12 Stück)

56. Auflage 2007, S. 600, Nr. 1269, Kapitel Schmalzgebäck

500 g Mehl, 1 Pr. Salz, **gut 250 ml** Milch, 20 g Hefe, 1 **(– 2)** Eier, 50 g Butter, 20 **(– 50 g)** Zucker, Ausbackfett, zum Bestreuen: Zucker

Hefeteig von weicher Beschaffenheit herstellen, sehr gut abschlagen; ohne Teig gehen zu lassen kleine Nudeln abstechen, diese wie Rohrnudeln formen, leicht mit Fett bestreichen, zugedeckt kurz gehen lassen, dann mit gefetteten Fingern ausziehen, indem man den Teigrand durch die Hand gleiten läßt **(wurden früher übers Knie gezogen)**, so daß innen ein dünnes Fenster entsteht, in heißes Fett legen, 1–2 mal mit heißem Fett übergießen, damit Küchlein auflaufen, aber nicht hart werden; wenn goldbraun, vorsichtig wenden, so daß kein Fett in die Mitte des Küch**leins** kommt, fertig backen. Küchlein müssen innen weißes Fenster haben; abtropfen lassen, mit Zucker bestreut anrichten.

Grog

Von der Krankenküche zur Krankenkost

Von Anfang an hat das Kapitel Krankenkost
seinen festen Platz im Kochbuch.
Im 21. Jahrhundert mag das ungewöhnlich sein,
Anfang des 20. Jahrhunderts war es das nicht.
Die Zielgruppe des Kochbuchs – Landfrauen – war angewiesen
auf Hilfestellung im Umgang mit Kranken und Tipps für die Krankenküche.
Glückliche Umstände haben das Kapitel auf ein anderes
Niveau katapultiert. Die aktuelle Diätetik kann
einer Krankenhausküche als Speiseplan dienen und ist für den
privaten Haushalt ein kundiger Ratgeber.

Der Bogen, den das Kapitel Krankenkost im Bayerischen Kochbuch beschreibt, ist groß. In Auflage 10/1927 wird z. B. geraten, Typhuspatienten Reiswasser zur Linderung zu geben. Dank Antibiotika müssen wir heute keine Angst mehr vor Typhus haben, stattdessen plagen uns Zivilisationskrankheiten wie Gicht und Übergewicht. Die entsprechenden Diätpläne nebst einer Nährwerttabelle der Deutschen Gesellschaft für Ernährung e. V. können wir im Bayerischen Kochbuch nachlesen. Die Krankenküche ist Kochbuch und kundiger Ratgeber. Es folgt ein Überblick: mehr würde den Rahmen sprengen.

In den ersten Auflagen enthält das Kapitel Krankenküche nur Rezepte. Die Ordnung folgt – wie das gesamt Kochbuch – dem Menü: beginnend bei Suppen für Kranke und endend mit Getränken. Während die Zutaten der anderen Rezepte für 4 Personen bemessen sind, reichen sie in der Krankenküche nur für eine Person. Krank ist man alleine, eine mögliche Ansteckung gilt es zu vermeiden. Da viele Gerichte sich für Gesunde und Kranke eignen, wird in der Krankenküche auf die Rezepte der Standardküche verwiesen: Gemüse siehe vorne heißt es lapidar A/[1910]. Ab 15/[1933] ist die Vernetzung mittels Verweisnummern deutlich einfacher und besser, z. B. Hirnsuppe Nr. 54.

Die Krankenkostrezepte der ersten Auflagen sind in verschiedener Hinsicht außergewöhnlich. Z. B. haben sie mehr Quellenangaben als die anderen Rezepte. Darüber konnten Sie bereits im Kapitel *Wem gehört ein Rezept? Die Quellenlage* lesen. Ich wiederhole noch einmal kurz. Als Quellen sind Frau Dr. List's Kochbuch und ein Rotkreuzheftchen genannt. Frau Dr. List's Kochbuch ist das *Kochbuch. Im besonderen für Anhänger der Pfarrer Kneippschen Lebensweise. Bearbeitet von Frau Dr. Korntheuer (Christine List, prakt. Arztwitwe, München).* Hinter der Literaturangabe Rotkreuzheftchen verbirgt sich *Die Krankenkost*, herausgegeben vom Bayerischen Frauenverein vom Roten Kreuz, Abteilung V für Landkrankenpflege, mit Vorwort von Lilly Gabler. Die Autorinnen der beiden Werke gehören dem Bayerischen Verein für Wirtschaftliche Frauenschulen auf dem Lande an (Christine List) bzw. stehen ihm nahe (Lilly Gabler). Es versteht sich von selbst, dass ihre Namen im Kochbuch auch genannt werden müssen. Die Quellenangaben veranschaulichen das Netzwerk engagierter Bürgerinnen, das sich um die Wirtschaftliche Frauenschule Miesbach, die Wanderkochkurse und das Kochbuch spann. Soweit die Sachlage aus Sicht der Herausgeber. Für die Leser haben die Quellenangaben bei den Kochrezepten der Krankenküche noch eine weitere Funktion. Sie verleihen ihnen die Aura von Autorität. Es handelt sich nicht um irgendeinen traditionellen Auflauf ohne Butter, sondern um den aus dem Rotkreuzheftchen. Der muss die Kranken stärken.

Daran schließt eine weitere Eigenart des Kapitels Krankenküche an: Die Kochrezepte neigen dazu, sich als Arzneimittel zu präsentieren. Die Rezeptbausteine Titel – Zutaten – Zubereitung werden gelegentlich erweitert um Anwendungsgebiet – Lindernde Wirkung bei Husten (Apfelwasser), Für Darmkranke (Reiswasser) –, Darreichung – heiß gegen Schnupfen, kalt für Fieberkranke (Zitronen- oder Apfelsinen-Limonade) – und Personenkreis – Für Kinder bei Darmkatarrh (Eiweißwasser). Damit erinnern die Texte an Beipackzettel von Medikamenten.

Die Auflage 10/1927 bringt einmal mehr auch beim Thema Krankenküche grundlegende Veränderungen. Es heißt nun statt -küche neu Krankenkost; allerdings nicht konsequent. Den Rezepten wird ein Abschnitt Allgemeines über die Krankenkost vorangestellt, der auch Richtlinien für die Ernährung bei verschiedenen Krankheiten enthält; weiter ändert sich die Binnengliederung – Getränke eröffnen nun die thematischen Rezepte – und im Register werden diese eigens – wenn auch fehlerhaft – gelistet. Die strenge Trennung von Krankenrezepten einerseits und spezieller Diätetik andererseits deutet sich hier bereits an und mit ihr die der pflegerischen und ärztlichen Aufgabenfelder. Die Krankenernährung ist besonders wichtig, da die Gesundung sehr davon abhängt, ob die Ernährung dem Krankheitsfall entspricht. Richtig ausgewählte und zubereitete Kost ist viel ratsamer als die angepriesenen Nährpräparate. Solche sind nur auf Empfehlung des Arztes zu kaufen (10/1927, S. 185).

Die erste Auflage, die Maria Hofmann bearbeitet, beschränkt sich auf die Rezeptsammlung und streicht vorübergehend den jüngst eingeführten Theorieteil. Im Kapitel Krankenkost stehen ausschließlich Rezepte und keine Ernährungsrichtlinien für bestimmte Erkrankungen. Aus den Rezepttexten sind alle Anwendungsgebiete getilgt. Übrig bleiben nur gelegentlich sprechende Rezeptnamen: Hustentee und Brusttee. So schafft diese Auflage tabula rasa für die künftige Neuordnung des Kapitels, denn in der ersten Nachkriegsauflage wird Dr. med. Ermelinde Lydtin, Kinderärztin und Schwester von Maria Hofmann, das Kapitel betreuen.

Ab dieser Auflage 18erw./1947 verantwortet und gestaltet medizinischer Sachverstand das Kapitel bis heute. Es beginnt mit einer Beschreibung der Aufgaben von Krankenernährung – Kräfte erhalten, Abwehr stärken, Organe schonen – und den Grundregeln zur Herstellung von Krankenkost. Im Anschluss entwickelt Ermelinde Lydtin Richtlinien für die Ernährung bei verschiedenen Erkrankungen. Der Rezeptbestand im Kapitel bleibt in dieser und den weiteren Auflagen weitgehend unverändert. Bis zur Auflage 39/1969 ist die Kinderärztin für das Kapitel verantwortlich. Mit der Auflage 40/1971 übernimmt ihr Sohn Prof. Dr. med Helmut Lydtin, Internist und langjähriger Klinikchef, den Staffelstab.

Aufschlussreich sind die Krankheiten, für die die Doktores Ermelinde und Helmut Lydtin in den kommenden Jahrzehnten Diätpläne erstellen. Eine tabellarische Zusammenschau der verschiedenen Krankheiten auf der nächsten Seite erleichtert den Vergleich und gibt Auskunft über Veränderungen und Konstanten typischer Krankheitsbilder. Daneben bietet sie auch ein Stück Wissenschaftsgeschichte der Medizin im 20. Jahrhundert.

10/1927

1. Bei Fiebererkrankung
   1. leichter
   2. Bei hohem Fieber
2. Bei Lungenerkrankung
   1. Bei Tuberkulose (Abzehrung, Schwindsucht)
   2. Bei Lungenblutungen
3. Bei Leberleiden
4. Bei Erkrankungen der Verdauungsorgane
   1. Bei Magenerkrankung (plötzlich – dauernder – Magengeschwüren und Blutungen)
   2. Bei Darmerkrankung (Darmträgheit und -beschleunigung)
5. Bei Nieren- und Blasenleiden (akut – chronisch)
6. Bei Herzerkrankung
7. Bei Zuckerkrankheit
8. Bei Fettsucht

18erw./1947

1. Fieberdiät Fiebererkrankung
2. Diät bei Magen- und Darmstörungen
   1. Diät bei akutem Magen-Darmkatarrh
   2. Diät bei chronischem Darmkatarrh
   3. Diät bei Magen- und Zwölffingerdarmgeschwür
   4. Diät bei Stuhlverstopfung
3. Diät bei Erkrankungen der Leber- und Gallenblase (Gallensteinleiden)
4. Diät bei Nierenerkrankungen
5. Diät bei Zuckerkrankheit
6. Diät bei Herzerkrankungen

27/1958

1. Fieberdiät (akut – chronisch)
2. Diät bei Magen-Darmerkrankungen
3. Diät bei Erkrankung der Gallenwege, Leber
4. Diät bei Herz- und Kreislauferkrankungen – Hochdruck
5. Diät bei Nierenerkrankungen
6. Diät bei Zuckerkrankheit
7. Diät bei Gicht
8. Diät bei Fettsucht

40/1971

1. Allgemeine Schonkost
2. Diät bei Magen-Darmkatarrh (Gastroenteritis)
3. Diät bei Fieber (akut – chronisch)
4. Diät bei Magen- und Zwölffingerdarmgeschwüren
5. Diät bei Erkrankungen der Gallenwege, bei Gallensteinen
6. Diät bei Lebererkrankungen (Hepatitis, Fettleber Lebercirrhose)
7. Diät bei Obstipation (Verstopfung)
8. Diät bei Herzkrankheiten und hohem Blutdruck
9. Diät bei Nierenkrankheiten
10. Diät bei Zuckerkrankheit (Diabetes mellitus)
11. Diät bei Gicht
12. Diät bei Übergewicht
13. Diät bei Lipoid-Stoffwechselstörungen

Die Listen der Krankheiten stimmen in großen Teilen überein. Es handelt sich um Leiden, die durch den Stoffwechsel beeinflussbar sind und bei denen demzufolge eine Diät zu einem günstigen Verlauf der Krankheit beitragen kann. Ab- und Zugänge der Krankheiten legen Zeugnis über die Lebensumstände und den medizinischen Fortschritt ab. Die Veranlagung zur Fettsucht konnte in den unmittelbaren Nachkriegsjahren von kaum jemandem ausgebildet werden. Es gab nur wenig zu essen und so erübrigt sich die Beschreibung der Diät in der Auflage 18erw./1947. In den drei anderen Listen ist sie selbstredend vorhanden. Auch Gicht ist eine Zivilisationskrankheit. In den Anfängen lebte die Zielgruppe des Kochbuchs nicht im Wohlstand. Erst mit den Wirtschaftswunderjahren wurde Gicht (27/1958) zur Volkskrankheit.

In den Jahren seit dem letzten Krieg haben sich die Ernährungsgewohnheiten großer Teile unserer Bevölkerung entscheidend geändert. Die Freude am Essen ist parallel zu Quantität und Genußwert der Kost gewachsen. Damit sehen wir uns heute vielfach weniger mit der Gefahr der Unterernährung als vielmehr der Überernährung konfrontiert. Die Zunahme an Gichtkranken, an Fettsüchtigen und Diabetikern, an Herz- und Gefäßkranken ist ein warnendes Signal (40/1971, S. 9).

Das sind die erkennbaren Veränderungen seitens der Lebenswelt. Auch die Medizin und Diätetik ändert sich, weil die Erkenntnisse fortschreiten. Nach der Auflage 10/1927 werden die Lungenerkrankungen aus der Liste gestrichen. Warum? Weil Vorsorgeuntersuchungen und Antibiotika diese Krankheiten in Mitteleuropa fast verschwinden ließen. Medizinischer Fortschritt macht sich auch im Detail bemerkbar, zum Beispiel bei Gallenschonkost. 18erw./1947 heißt es: Milch in reiner Form wird meist schlecht vertragen, gute zehn Jahre später: Milch und Eier werden in reiner Form meist schlecht, wohl aber in Speisen vertragen (27/1958). Ab Auflage 40/1971 fehlt ein Passus zur Milchverträglichkeit in Zusammenhang mit Gallendiät. Mittlerweile weiß man, dass das Fett in der Milch Probleme verursacht und nicht die Milch selbst. Die Warnung vor fetthaltiger Kost bei Gallenleiden ist in der aktuellen Diätetik so eindeutig wie vormals.

Flüssigkeiten spielen in der Krankenkost eine zentrale Rolle. Suppen und Getränke lindern, stärken, erfrischen oder wärmen. Neben Kraftbrühe und Kräutertee gehören Kognakmilch und Eierbier zum Reigen der empfohlenen Getränke des letzten Jahrhunderts. Alkoholisch angereichert, helfen sie Kranken, das Wichtigste zu finden, den heilenden Schlaf. Das gilt auch für das Grogrezept. Es wird bei beginnender Erkältung empfohlen, gemäß dem Motto *Schlaf dich gesund!*

Zuerst ist Grog nur in der Krankenküche belegt. 1947, in der 18. erweiterten Auflage, kommt auch eine Version für Gesunde hinzu. Diese hat aber einen deutlich geringeren Alkoholanteil. Die beiden Grogrezepte stehen bis zu Auflage 39/1969 nacheinander im Register. Das zweite mit dem Zusatz (Krankenkost). Die überarbeitete 40. Auflage streicht das Rezept aus der Krankenkost und legt die Verabreichung von Schlafmitteln in die Hände eines Arztes.

Grog

10. Auflage, 1927, S. 192, Nr. 578, Kapitel Krankenkost

50–100 g Zucker, 1/8 l Wasser, 1/8 l Rum oder Arak

Zucker und Wasser kochen, Alkohol dazugeben, heiß reichen

Grog

15. Auflage, [1933], S. 258, Nr. 792, Kapitel Krankenkost

1/8 l Wasser, 1/8 l Rum oder Arrak, **Zucker nach Geschmack**

Zucker und Wasser kochen, Arrak oder Rum zugeben, heiß reichen.

Grog

18. erweiterte Auflage, 1947

S. 278, Nr. 990, Kapitel Krankenkost

1/8 l Wasser, 1/8 l Rum oder Arrak, Zucker nach Geschmack, **etwas Zitronensaft nach Geschmack**

Zucker und Wasser kochen, Arrak oder Rum zugeben, heiß reichen.

S. 251, Nr. 951, Kapitel **Getränke**

180 g Würfelzucker, 1/4 l Wasser, Saft von 1 Zitrone, 1/2 l Tee, 1/8–1/4 l Arrak oder Rum

Den Zitronensaft zum Zucker geben, mit kochendem Wasser begießen, wenn der Zucker gelöst ist, den kochend heißen Tee und Arrak oder Rum zugeben, sofort reichen.

Grog

27. Auflage, 1958

S. 615, Nr. 1170, Kapitel Krankenkost

1/8 l Wasser, 1/8 l Rum oder Arrak, Zucker nach Geschmack, etwas Zitronensaft nach Geschmack

Zucker und Wasser kochen, Arrak oder Rum zugeben, heiß reichen.

S. 548, Nr. 1109, Kapitel Getränke

1/4 **l Wasser, 150**–180 g **Zucker,**

1/8–1/4 l Arrak oder Rum

nach Belieben: Saft einer Zitrone

Kochendes Wasser auf den Zucker gießen, wenn **dieser** gelöst, Arrak oder Rum, **nach Belieben Zitronensaft zugeben und** sofort **heiß** reichen. **Günstig bei beginnender Erkältung.**

Grog

40. Auflage, 1971, S. 779, Nr. 1642, Kapitel Heiße alkoholische Getränke

Für 1 Grogglas: 3–4 Stück kl. Würfelzucker, 2 Teile kochendes Wasser, 1–2 Teile Rum, Arrak, Weinbrand oder Whisky, etwas Zitronensaft od. 1–2 Zitronenscheiben

Würfelzucker in Grogglas legen, kochendes Wasser zugießen; sobald sich Zucker gelöst hat, Alkohol nach Wahl und nach Belieben etwas Zitronensaft oder Zitronenscheiben von gewaschenen Früchten zugeben, sofort möglichst heiß reichen. Beliebt bei Erkältung.

Verschiedenes

Der Trendsetter

In vielen Haushalten gibt es einen Platz für neue Rezepte. Ausgerissen oder feinsäuberlich ausgeschnitten, hastig notiert während einer Kochshow, ein Fund im weltweiten Netz – so sammeln sie sich in der Küchenschublade oder als Lesezeichen im Browser. Die Küchenschublade des Bayerischen Kochbuchs heißt Verschiedenes. Während in unseren Schubladen der neuste Asiasalat, ein Cupcake-Rezept oder ein trendiger Cocktail liegen, wechseln sich dort im 20. Jahrhundert Selbstversorgertipps und Dips für kalte Büfetts ab. Dieses inhaltlich nicht definierte Kapitel neigt dazu, Zeitgeist abzubilden. Es ist klein – aber oho!

Alle Rezepte des Kapitels Verschiedenes von 1910

Es ist, als fehle dem Kochbuch noch der Zuckerguss, den Eindruck gewinnt man beim Lesen der Liste. Die erste Ausgabe von Verschiedenes kümmert sich um das Dekor – süße Überzüge – und Resteverwertung. Die Pole Luxus und Sparsamkeit bestimmen das Kapitel.

Zwiebackguß · Weiße Glasur · Weißer Eiweißguß · Schokoladenglasur · Fleischmarmelade auf Brot

Alle Rezepte in der 6. Auflage, 1924

Der Krieg ist vorbei. Die neue Zeit verunsichert viele. Da hilft es manchen, sie sich süßzunaschen. Zucker bietet vergleichsweise billige Kalorien. In der Auflage 6/1924 kommen ausschließlich Nachspeisen zum überarbeiteten Kapitel Verschiedenes hinzu. Die Fleischmarmelade wird umsortiert ins Kapitel Verschiedene Fleischspeisen.

Flammerie · Grießschaum oder falscher Schlagrahm · Gestürzte Creme · Kaffee-Creme · Vanilleäpfel · Früchtereis · Tutti-Frutti · Mürbteigrolle · Waffeln · Topfenbrot · Einfacher Kastenkuchen · Fruchteis · Vanilleeis · Zwiebackguß · Weiße Glasur · Weißer Eiweißguß · Schokoladenglasur

und alle in der 10. Auflage, 1927

Die Auflage 10/1927 macht gründlich Schluss mit dem süßen Leben. Alle Nachspeisen und Glasuren werden aus Verschiedenes verbannt. Letztere erhalten erstmals ein eigenes Kapitel. Vanilleäpfel und Tutti-Frutti findet man in Zukunft unter Fruchtspeisen und Kompotte. Die Eisrezepte schlagen die anonymen Verantwortlichen ein wenig hilflos dem Kapitel Einfache Süßspeisen (Mehlspeisen) zu. Die restlichen

Schwarzbrot · Hutzelbrot · Deutscher Senf · Aufbewahren von Apfelsinen- und Zitronenschalen · Gezuckerte Orangenschalen · Pökelrezepte (Verweise) · Käsereste als Brotbelag · Topfen als Brotaufstrich · Fett reinigen · Vanillezucker auf Vorrat

Süßspeisen werden aus dem Rezeptrepertoire gestrichen. Nun wird sparsam gewirtschaftet. Selbstversorgung auf dem Lande scheint das Motto zu sein, dazu gehört u.a. Brotbacken, Vorratshaltung und Resteverwertung.

... 15. Auflage, [1933]

Schwarzbrot · Schrotbrot · Laugenbrezeln · Früchtebrot · Hutzelbrot = Kletzenbrot · Weißbrot (Knödelbrot) · Deutscher Senf · Zitronenzucker auf Vorrat · Vanillezucker auf Vorrat · Topfen als Brotaufstrich · Kräuterbutter · Senfbutter · Herstellung von Sauermilch und Topfen · Säuglingszwiebackmehl (16/[1936]) · Semmeln (17/1938)

Die erste Auflage unter dem Titel Bayerisches Kochbuch bestätigt den Trend zur Selbstversorgung. Auffällig ist die Zunahme der Brotrezepte, sechs sind es mittlerweile. Laugenbrezeln, Weißbrot (Knödelbrot) und Hutzelbrot stehen für regionale Küche. Aber auch der Zeitgeist hält Einzug ins Kochbuch. Die Nationalsozialisten haben eine Vorliebe für Vollkornbrot, die sich bereits andeutet. Nur noch wenige Jahre sind es bis zum *Reichsvollkornbrotausschuss* von 1939. Trocken wird Brot selten genossen und darum muss für Brotaufstriche gesorgt sein: Topfen und mit Senf oder Kräutern aromatisierte Butter.

Die nächsten Auflagen bringen kaum Neues: Säuglingszwiebackmehl (16/1936) und Semmeln (17/1938).

... 18. erweiterte Auflage, 1947

Schwarzbrot · Schrotbrot · Früchtebrot · Hutzelbrot = Kletzenbrot · Säuglingszwiebackmehl · Deutscher Senf · Zitronenzucker auf Vorrat · Vanillezucker auf Vorrat · Behelfsmäßige Herstellung von Orangeat und Zitronat [modifizierte Wiederaufnahme eines Rezepts vom Kochbuch Auflage 10/1927] · Siruphersteilung · Herstellung von Sauermilch · Topfenherstellung · Kochkäse · Handkäse · Topfen als Brotaufstrich · Kräuterbutter · Senfbutter · Sardellenbutter oder Anchovisbutter · Schaumbutter · Hefeaufstrich · Käseaufstrich · Einlegen von Eiern

Bereits der zweite Weltkrieg des Jahrhunderts ist vorbei. Das Kapitel Verschiedenes wird erweitert, überarbeitet und wiederum sortiert. Laugenbrezeln, Weißbrot und Semmeln wandern ins Kapitel Hefeteigbackwerk. Die zwischen den Kriegen fallengelassene Herstellung von Orangeat und Zitronat wird 1947 wieder notwendig. Neu hinzu kommen weitere Brotaufstriche: Kochkäse, Handkäse, Sardellen- oder Anchovisbutter, Schaumbutter, Hefeaufstrich und Käseaufstrich. Mitten in der Not der ersten Nachkriegsjahre ahnt man bereits die schwer beladenen kalten Büfetts der kommenden Jahrzehnte.

... 27. Auflage, 1958

Topfenherstellung · Topfen salzig, mit verschiedenem Geschmack · Topfen-Käseaufstrich · Kochkäse · Handkäse · Fleischaufstrich (Resteverwertung) · Schaumbutter · Mosaikbrötchen · Holländische Brötchen · Remouladenbrötchen ·

Auch die Wende vom Mangel zum Überfluss in der Nachkriegszeit bringt Verschiedenes auf den Punkt. Ende der 50er Jahre bersten die Tische. 1958 eröffnen die kalten Platten das Kapitel. Den Fettrezepten wurde der vorübergehende Kapitelstatus, den sie seit 10/1927 innehatten, wieder entzogenen und so bilden sie zusammen mit denen für Brot die geschrumpfte Selbstversorgernische im Wirtschaftswunder-Verschiedenes. Selbstversorgung des Landes und der Familie war noch vor Kurzem das gewünschte und erzwungene Ziel. Nun ist Konsum im Trend und er fordert seine Zeit. Schnellgerichte sind jetzt gefragt und Tipps für die Köchin unter Zeitdruck – den ihr Beruf, Familie und Einkauf machen. Unter der Nr. 1165 Schnellgerichte. Wegweiser für alle, die es eilig haben, sind auf dreieinhalb Seiten Rezeptverweise mit Namen und Nummern nach Kapiteln gelistet.

Salzmandeln · Bunte Brötchenplatte · Käseplatte · Zitronen- und Orangenzucker auf Vorrat · Vanillezucker auf Vorrat · Behelfsmäßige Herstellung von Orangeat und Zitronat · Sirupherstellung · Schwarzbrot · Schrotbrot · Hutzel- oder Kletzenbrot · Geflügelfett auslassen · Fettmischungen · Fett reinigen · Einlegen von Eiern · Etwas über den Speisezettel · Speisezettel für festliche Gelegenheiten · Kaltes Büfett · Schnellgerichte. Wegweiser für alle, die es eilig haben

und schließlich alle von der 40. Auflage, 1971

Die Kochbuchüberarbeitung Anfang der 70er Jahre ändert den Charakter des Kapitels nicht. Es hat seinen Stil und seine Aufgabe gefunden. Einzig die Verweise auf die Schnellgerichte sind nicht mehr unter Verschiedenes zu finden. Stattdessen ist jedes dieser Rezepte nun im Register und im Rezeptteil mit einem * versehen. Seit es keinen Bedarf mehr für Kochkistenrezepte gibt, ist diese Markierung frei. Zugang der jüngsten überarbeiteten Auflage und letztes Rezept im Hauptteil ist aktuell Nr. 1749 Marmeladen und Konfitüren. Eine Reminiszenz an die einst selbständige Publikation *Einkochbuch* des Bayerischen Vereins für Wirtschaftliche Frauenschulen auf dem Lande, die der Birken-Verlag bis Ende der 60er Jahre herausgegeben hat.

Mosaikbrötchen · Holländische Käsebrötchen, Pumpernickelbrötchen · Remouladenbrötchen · Belegte Brötchen, bunte Brötchenplatte · Kalte Platten · Käseplatte · Pikante Spießchen, bunte Happen · Dips · Käsedip · Kaltes Büfett · Festliche Essen mit warmer Speisenfolge · Vorspeisen und Zwischengerichte · Herstellung von Sauermilch · Joghurtherstellung im Haushalt · Quarkherstellung im Haushalt · Kochkäse · Vanillezucker · Zitronen- und Orangenzucker · Schwarzbrot · Butter auslassen zu Butterschmalz · Schweinefett auslassen · Geflügelfett auslassen · Fettmischungen · Fett reinigen · Einlegen von Eiern · Marmeladen und Konfitüren [in 55/1998 neu]

Einkochbuch 10. Auflage 1933

Einkochbuch 27. Auflage 1968

Anrichten

Grün – Gelb – Blau

Form Follows Function

Die Funktion bestimmt das Erscheinungsbild.
Ein Kochbuch für den Unterricht sollte klein und handlich sein
und Raum für Notizen lassen.
Auf dem Tisch in der heimischen Küche darf es schon etwas größer sein
und muss vor allem übersichtlich die Rezepte präsentieren.
Die Formatwechsel in 100 Jahren Kochbuchgeschichte
belegen Designgeschichte des 20. Jahrhunderts und Funktionswandel
des Bayerischen Kochbuchs gleichermaßen.

Grün

Die Rezepte sind kurz gefaßt, um das Büchlein nicht unnötig groß und teuer zu machen, denn es ist für die Hand der Schülerin bestimmt und soll in den Unterrichtskursen die Zeit des Diktierens ersparen. So heißt es im Vorwort der Auflage A/[1910]. Das Format ist dementsprechend klein: Oktav (8°, 12,5 × 19 cm). Es ist ganz in Leinen gebunden und jägergrün. Nach dem Ersten Weltkrieg wird die Ausstattung einfacher. Paperback löst die Leinenbindung ab und die Farbe wechselt ins schmutzige Braun (4/1920), in der 5. Auflage 1922 ist sie petrol und dann gleichbleibend braun (siehe Farbtafeln 2–4).

Gelb

Die Auflage 15/[1933] bringt eine neue Kochbuchzeit mit neuem Titel, neuem Inhalt und neuer Form. Das Format ist zwar immer noch Oktav, nun aber 14 × 20 cm, halbleinen gebunden: Der leinene Buchrücken ist von kräftigem Orange, die Buchdeckel leuchten gelb. Den neuen Titel Bayerisches Kochbuch hat Emil Preetorius gezeichnet (siehe Farbtafeln 5 und 6). Die gelben Buchdeckel bleiben fast vier Jahrzehnte. 1947 ist das Gelb ein Hellbraun und der Einband ganz aus Pappe. Erst 1949 hat man wieder Geld für Halbleinen. Das Leinen nun in Blau und das Gelb nicht mehr leuchtend, sondern pastell. Die gründlich überarbeitete 27. Auflage von 1958 greift die kräftigen Farben der 30er Jahre erneut auf. Neben der leuchtend gelborangen Standardausgabe nimmt sich die Geschenkausgabe in grau mit weinrotem Leinenrücken fast unscheinbar aus. Außen neu ist bei ihr das Titelfoto, das auf die Abbildungen im Kochbuch verweist (siehe Farbtafel 7).

Blau

Nach der langen gelben Phase kommt ein Paukenschlag für die Kochbuchgemeinde. Das neue Format der Auflage 40/1971 ist fast quadratisch, 17 × 21 cm, der Umschlag leuchtend blau. Die Pauke schlägt Eduard Marwitz – Graphiker, Bühnenbildner, Verleger und Lebenskünstler. Er ist ein Freund von Helmut Lydtin. Marwitz entwirft das neue, unverwechselbare, moderne Design und überzeugt Maria Hofmann davon. Helmut Lydtin ist ein Jungbrunnen für den Inhalt, Eduard Marwitz für die Form. Der optische Markenkern bleibt erhalten: der Schriftzug von Emil Preetorius. Er sichert die Wiedererkennung bei allem Format- und Farbwechsel. In den kommenden Jahren ändert sich das Titelbild immer wieder. Es steht für den Wechsel der Ernährungslehre in den letzten Jahren (siehe Farbtafeln 9–12).

Parmesanpudding

14. Auflage, 1931, S. 95

60 gr Butter, 3 Eier (Eiweiß zu Schnee), 2 Semmeln, Wasser zum Einweichen, 3 Eßl. Parmesankäse, 1/8 l dicken sauren Rahm, 3 Eßl. Mehl, Salz, Brösel und Fett

Butter und Eigelb schaumig rühren, die abgeriebenen, eingeweichten und fest ausgedrückten Semmeln, Käse, Rahm und Salz zugeben, den Eischnee unterziehen, in gefetteter, ausgebröselter Form kochen (3/4 Stunden), stürzen, mit Häuflein von gehacktem Schinken und in Butter geschwenkten Bohnen garnieren und mit geriebenem Käse bestreuen.

Das Gesicht eines Rezepts

Der Buchsatz

Rezepte schauen uns an. Sie haben ein Gesicht.
Man erkennt es und kann in ihm lesen. Nicht Augen – Nase – Mund heißen
die Bausteine sondern Titel – Zutaten – Zubereitung.
Mit den Jahren ändert sich das Gesicht. Es wird aussagekräftiger.
Und länger, meistens viel länger.

Erst mit den Jahren gewinnt ein Gesicht an Konturen und Ausdrucksstärke. Oder eben nicht, dann bleibt es beliebig. Das Gesicht der Rezepte im Bayerischen Kochbuch entwickelt sich langsam, kontinuierlich und ausdrucksstark. Von Anfang an unterscheidet es die drei Bausteine eines Rezepts graphisch: den Titel, die Zutaten, die Zubereitung. Jeder für sich ist wahrnehmbar und zusammen ergeben sie ein Ganzes.

Zu Beginn ist der Titel zentriert und fett gedruckt. Ab der Auflage 10/1927 geht ihm die Rezeptnummer voraus. Daran wird sich nichts mehr ändern. Aber die Position des nummerierten Rezepttitels wandert mit Auflage 27/1958 von der Mitte nach links.

Um die Zutaten griffig zu listen, werden sie lange Zeit in zwei Spalten gesetzt. Nur kurz, von 1947 bis 1956, sind sie wie der Zubereitungstext im Block gesetzt, allerdings fett. Auflage 23/1953 kehrt wieder zu den Spalten zurück: So kann man sich besser orientieren. Ab der Auflage 40/1971 stehen die Zutaten gut lesbar separat in einer Marginalie.

Das schwierigste an einem Rezept ist der Zubereitungstext. Während sich das Auge in der Zutatenliste meist schnell orientieren kann, wird es bei den manchmal langen Texten schwer. Hier ist in der Hitze der Küche Hilfe von Nöten. Hervorhebungen im Text schaffen Struktur. Ab der Auflage 15/[1933] helfen gesperrte Passagen Wichtiges zu betonen und gleichzeitig den Text optisch zu gliedern. Inhaltlich übernimmt die Hervorhebung mitunter die Funktion des erhobenen Zeigefingers der Lehrkraft: Blech n i c h t fetten! 1971 wird nicht mehr gesperrt, sondern kursiv gesetzt und aktuell übernimmt diese Aufgabe der Fettdruck. Um die Zubereitungstexte leserlicher zu gestalten, reicht es schon, die inhaltliche Gliederung sichtbar zu machen. Das geschieht in den Rezepten seit Auflage 27/1958 durch nummerierte Listen, 1–2–3, ab 40/1971 sind diese hierarchisch: I, 1, a). So werden die einzelnen Arbeitsgänge sichtbar.

Zwei Zäsuren gliedern die Entwicklung des Buchsatzes im Bayerischen Kochbuch. Zum einen ist es die neue Schrift ab Auflage 18erw./1947. Die erste Auflage nach dem Zweiten Weltkrieg will einen optischen Neuanfang. Fraktur ist Vergangenheit. Die gebrochene Schrift ist auf dem Rückzug. Sie war schon den Nazis in ihrer Großmannssucht nach 1941 zu wenig international. Ab nun erscheint das Kochbuch in Antiqua. Die zweite Zäsur bildet die Marginalie, die seit der Auflage 40/1971 die Seiten und Rezepte gliedert. Schon in der vorausgehenden Überarbeitung war sie angedacht, nun wird sie konsequent umgesetzt.

Eh ich's vergesse: Der Mürbteig auf den folgenden Seiten ist ein Grundrezept. Die werden seit ihrer Einführung auch graphisch hervorgehoben. Mal steht Grundrezept in Klammern neben dem Titel, mal drunter, dann drüber, schließlich wieder daneben. Immer gut erkennbar.

Kochbuch A/[1910]

Einfacher Mürbeteig zum Obstkuchen.

200 gr Mehl	1 Ei
150 gr Butter	2 Pfd. Obst (roh)
75 gr Zucker	Zucker zum Bestreuen.

Das Mehl wird auf ein Nudelbrett gesiebt, mit Butter zwischen den Händen verrieben, dann knetet man Zucker und Ei dazu. Wenn der Teig glatt geworden, läßt man ihn im kalten Raum ruhen. Dann rollt man den Teig nicht ganz einen Zentimeter hoch aus, schneidet nach der Tortenform einen Boden. Die Teigabfälle verwendet man zum Rand und Gitter. Man legt den Boden in die vorbereitete Tortenform ein, rollt eine lange Wurst aus, die man als Rand mit Eiweiß auf dem Boden befestigt. Das Obst wird gewaschen und vorbereitet, dann hübsch schuppenförmig aufgelegt. Der Kuchen wird mit einem Gitter belegt, dann gebacken. Noch heiß, wird er tüchtig gezuckert. Bei sehr saftreichem Obst, z. B. Beeren tut man gut, den Boden etwas anzubacken, dann mit Semmelbröseln zu besieben und die Beeren aufzuschütten. Auch dieser Kuchen wird erst hernach gezuckert. Man kann ihn nach dem Backen mit einem Guß aus 4 Eierschnee und 100 gr Zucker überziehen und nochmals auf einem Tiegel stehend überbacken, so daß die Schaummasse sich leicht bräunt. Letzteres Verfahren ist besonders gut bei Beerenkuchen angewandt.

A/[1910], S. 175
Zutaten zweispaltig vor Zubereitung
keine Hervorhebungen im Text
Schrift Fraktur

Kochbuch 10/1927

455. Mürbteig, einfach (Grundrezept).

$^1/_2$ Pfd. Mehl	125 gr Butter
70 gr Zucker	1 Ei
Salz	

Mehl und Zucker mischen, etwas salzen, Butter einschneiden, Masse mit den Händen abbröseln, Ei zugeben, kurz kneten, $^1/_2$ Stunde kalt ruhen lassen, ausrollen, vor dem Backen etwas einstechen (wegen der Blasenbildung), bei guter Hitze backen.

456. Mürbteig, fein (Grundrezept).

Pfd. Mehl	150 gr Butter
70 gr Zucker, Salz	2 Eidotter.

Zubereitung wie Mürbteig einfach, siehe Nr. 455. Ergibt eine große oder zwei kleine Springformen.

abgebildet 12/1928, S. 154
Grundrezept in Klammern neben dem Titel
Zutaten zweispaltig vor Zubereitung
keine Hervorhebungen im Text
Schrift Fraktur

Bayerisches Kochbuch 15/1933

15/1933, S. 206
Grundrezept fett und gesperrt gedruckt als Untertitel
Zutaten zweispaltig vor Zubereitung
Hervorhebungen im Text durch Sperrung
Schrift Fraktur

625. Mürbteig.
Grundrezept.

250 g Mehl
70 g feinen Grießzucker
1 Prise Salz
125—150 g Butter
2 Eigelb oder 1 ganzes Ei.

Mehl mit Zucker und Salz mischen, kalte Butter einschneiden, Masse mit den Händen abbröseln, Ei zugeben und mit Gabel leicht vermengen, Teig kurz kneten, 1/2 Stunde kalt ruhen lassen, ausrollen, vor dem Backen etwas einstechen um Blasenbildung zu vermeiden, bei Mittelhitze hellgelb backen. Blech nicht fetten! Backzeit etwa 1/2 Stunde.

Bayerisches Kochbuch 18erw./1947

18erw./1947, S. 214
Grundrezept fett und gesperrt gedruckt als Untertitel
Zutaten fettgedruckt einspaltig vor Zubereitung
Hervorhebungen im Text durch Sperrung
Schrift Antiqua

811. Mürbteig
Grundrezept

I. Art:

250 g Mehl, 70 g feinen Grießzucker, 1 Prise Salz, 125 g Butter, 2 Eigelb oder 1 ganzes Ei.

II. Art (gestreckt):

200 g Mehl, 100 g Zucker, 60 g Butter, 1 Ei, 1—2 Eßlöffel Milch etwas Zitronenschale. Nach Belieben 1 Teelöffel Essig.

Mehl mit Zucker und Salz mischen, kalte Butter einschneiden, Masse mit den Händen abbröseln, Ei (Milch und Essig) zugeben und mit Gabel leicht vermengen, Teig kurz kneten, 1/2 Stunde kalt ruhen lassen, ausrollen, vor dem Backen etwas einstechen, um Blasenbildung zu vermeiden, bei Mittelhitze hellgelb backen. Blech nicht fetten! Backzeit etwa 1/2 Stunde.

Bayerisches Kochbuch 23/1953

23/1953, S. 311
Grundrezept markiert durch Rahmen
Zutaten zweispaltig kursiv gedruckt vor Zubereitung
Hervorhebungen im Text durch Sperrung
Schrift Antiqua

Grundrezept
824. Mürbteig

250 g Mehl
70 g feinen Grießzucker
1 Prise Salz
125 g Butter
2 Eigelb oder 1 ganzes Ei

nach Belieben:
1/2 Zitronenschale fein gerieben oder
1 Eßlöffel Arrak
Nüsse oder Mandeln gerieben

Rezept kann verbilligt werden: 250 g Mehl, 120 g Zucker, 1 Prise Salz, 80 g Butter, 1 Ei, 1—2 Eßlöffel Milch oder Wasser und 1 Teelöffel Essig, Geschmackszutaten wie oben.

Gebröselter Mürbteig: Gesiebtes Mehl mit Zucker und Salz mischen, kalte Butter einschneiden, Masse mit den Händen abbröseln, Ei (Milch und Essig) zugeben und mit Gabel leicht vermengen, Teig kurz kneten, 1/2 Stunde kalt ruhen lassen, ausrollen, vor dem Backen etwas einstechen, um Blasenbildung zu vermeiden, bei Mittelhitze hellgelb backen. Blech nicht fetten! Backzeit etwa 1/2 Stunde.

Bayerisches Kochbuch 27/1958

Backwerk
Mürbteig

Grundrezept

918. Mürbteig

einfach:

250 g Mehl
1 Prise Salz
125 g Butter
70 g feiner Grießzucker
1 Ei
1 Eßlöffel Wasser, Milch oder Wein
Zitronenschale gerieben
Nach Belieben:
1 Eßlöffel Arrak oder Rum
Mandeln oder Nüsse fein gerieben

verbessert:

250 g Mehl
1 Prise Salz
150 g Butter
50–70 g feiner Grießzucker
2 Eigelb
1–2 Eßlöffel Milch oder Wein
1 Eßlöffel Arrak oder Rum
Zitronenschale gerieben
Nach Belieben:
Mandeln oder Nüsse fein gerieben

Eine kleine Messerspitze Backpulver macht beide Teigarten nach dem Backen bröseliger.

Herstellungsmöglichkeiten:

1. Gebröselter Mürbteig als Knetteig:
   Mehl auf Brett sieben, mit feinem Grießzucker und Salz mischen, kalte Butter einschneiden, Masse mit den Händen abbröseln oder mit großem Messer hacken, Ei bzw. Eigelb und alle anderen Zutaten zugeben, mit Gabel leicht vermengen, Teig kurz kneten, kalt ruhen lassen, auswellen und formen, nochmal kalt stellen, bei Mittelhitze lichtgelb bakken, Blech in der Regel nicht fetten. Backzeit für Kuchenböden etwa 1/2 Stunde; Backtemperatur 200–225° C.
2. Gerührter Mürbteig:
   Schaummasse rühren aus Butter, Zucker und Ei bzw. Eigelb, nach und nach das gesiebte Mehl und die übrigen Zutaten unterrühren, rasch zusammenkneten, kalt stellen, formen, nochmal kalt stellen und wie gebröselten Mürbteig backen.

27/1958, S. 444
Grundrezept schwarz hinterlegt
Zutaten zweispaltig kursiv gedruckt: Rezeptvarianten!
Zubereitung formal gegliedert: 1–2–3
Hervorhebungen im Text durch Sperrung
Schrift Antiqua

Bayerisches Kochbuch 40/1971

Grundrezept

200 g Mehl
1 Messerspitze Backpulver (nach Belieben)
1 Prise Salz
50–60 g feinkörniger Zucker
1/4 Zitronenschale oder Vanillezucker
120–140 (100 g) Butter oder gute Margarine
2 Eigelb (1 ganzes Ei)
1 Eßl. saurer Rahm, Wein Rum, Milch oder Wasser
nach Belieben: Mandeln oder Nüsse, sehr fein gerieben

1335. Mürbteig fein bzw. einfach

Die angegebene Menge ergibt einen Kuchenboden mit kleinem Rand von mittlerer Größe (ø 26 cm); für großen Kuchenboden mit 28 cm ø oder mit hohem Rand benötigt man Teig von 250 g Mehl. *Einfacher Mürbteig* wird mit der in Klammer gesetzten Menge von Butter und ganzem Ei hergestellt, wobei 2 Eigelb statt des ganzen Eies verwendet werden können, wodurch Gebäck mürber und weniger hart wird.

Arbeitsweise:

I. *Gebröselter Mürbteig als Knetteig:*

1. *Alle Zutaten kalt und nach Möglichkeit in kaltem Raum* verarbeiten, Butter oder Margarine vorher kalt stellen.

2. *Knetteig herstellen:*

a) *Mehl* evtl. mit einer Messerspitze *Backpulver mischen, sieben,* mit Salz, feinem Grießzucker, geriebener Zitronenschale oder Vanillezucker und sonstigen *trockenen Zutaten,* z. B. sehr fein geriebenen Mandeln oder Nüssen *mischen.*

b) *Kalte Butter oder Margarine einschneiden,* Masse mit kalten Händen *abbröseln* oder mit großem Messer hacken (gehackter Teig).

c) *Eigelb (bzw. ganzes Ei) und Rahm, Rum, Wein* oder Milch in Mehlgrube geben, mit Gabel *leicht untermengen.*

d) *Rasch zu Teig zusammenarbeiten und kurz kneten,* bis er glatte und gleichmäßige Beschaffenheit hat. Langes Kneten macht Teig weich, brüchig und erschwert das Formen.

3. Teig als Rolle oder Laibchen *vor dem Formen kurz kalt stellen!*

40/1971, S. 628 (Rezeptausschnitt)
Grundrezept in marginaler Spalte mit Rahmen
Rezept ist zweispaltig: schmale Marginale für kursive Zutaten, breite Spalte für Zubereitung
Zubereitung formal gegliedert: I, 1, a)
Hervorhebungen im Text durch Kursivdruck
Schrift Antiqua

Bayerisches Kochbuch 56/2007

56/2007, S. 636 (Rezeptausschnitt)
Grundrezept in marginaler Spalte mit Rahmen
Rezept ist zweispaltig: schmale Marginale für kursive Zutaten, breite Spalte für Zubereitung
Zubereitung formal gegliedert: I, 1, a)
Hervorhebungen im Text durch Fettdruck
Schrift Antiqua

Grundrezept

200 g Mehl
1 Messerspitze Backpulver (nach Belieben)
1 Pr. Salz
50 (- 60) g feinkörniger Zucker
¼ Zitronenschale oder Vanillezucker
120 - 140 (100 g) Butter oder gute Margarine
2 Eigelb (1 ganzes Ei)
1 EL saurer Rahm, Wein Rum, Milch, oder Wasser nach Belieben:
Mandeln oder Nüsse, sehr fein gerieben

1358. Mürbteig fein bzw. einfach

Die angegebene Menge ergibt einen Kuchenboden mit kleinem Rand von mittlerer Größe (ø 26 cm); für großen Kuchenboden mit 28 cm ø oder mit hohem Rand benötigt man Teig von 250 g Mehl.

Einfacher Mürbteig wird mit der in Klammer gesetzten Menge von Butter und ganzem Ei hergestellt, wobei 2 Eigelb statt des ganzen Eies verwendet werden können, dadurch wird Gebäck mürber und weniger hart.

Arbeitsweise:

I. Gebröselter Mürbteig als Knetteig:

1. Alle Zutaten kalt und nach Möglichkeit in kühlem Raum verarbeiten. Butter oder Margarine vorher kalt stellen.

2. Knetteig herstellen:

a) **Mehl** evtl. mit einer Messerspitze Backpulver mischen, sieben, mit Salz, feinem Grießzucker, geriebener Zitronenschale oder Vanillezucker und sonstigen trockenen Zutaten, z.B. sehr fein geriebenen Mandeln oder Nüssen mischen.

b) **Kalte Butter** oder Margarine einschneiden, Masse mit kalten Händen abbröseln oder mit großem Messer hacken (gehackter Teig).

Zusammenschau

Auflage	Grundrezept	Zutaten	Gliederung	Markierung
A/[1910]	–	zweispaltig	–	–
10/1927	(Grundrezept) neben dem Titel	zweispaltig	–	–
15/[1933]	Grundrezept als Untertitel	zweispaltig	–	–
18erw./1947	***Grundrezept*** als Untertitel	einspaltig fett	–	Sperrung
23/1953	gesamtes Rezept mit Rahmen	zweispaltig kursiv	–	Sperrung
27/1958	Grundrezept mit schwarzer Hintergrundfarbe	zweispaltig kursiv, Rezept-varianten!	formal gegliedert, eine Hierarchieebene: 1–2–3	Sperrung
40/1971	Grundrezept in marginaler Spalte mit Rahmen	Marginalie, kursiv	formal gegliedert, drei Hierarchieebenen: I, 1, a)	Kursive
55/1998 56/ 2007	Grundrezept in marginaler Spalte mit Rahmen	Marginalie, kursiv	formal gegliedert, drei Hierarchieebenen: I, 1, a)	Fettdruck

Emil Preetorius und die Umschlagzeichnung

Designgeschichte im Bayerischen Kochbuch

Anfang der 30er Jahre erfährt das Kochbuch
einen Relaunch – wie man heute sagt.
Die Umschlagzeichnung des neuen
Titels Bayerisches Kochbuch gestaltet Emil Preetorius.
Er schafft damit das optische Markenzeichen des Kochbuchs
und wohl das nachhaltigste seiner Werke.
Was brachte das Bayerische Kochbuch und den renommierten Schriftkünstler
und Bühnenbildner Emil Preetorius zusammen?
Das hat mich lange beschäftigt.

Der Künstler

Emil Preetorius, geboren am 21. Juni 1883 in Mainz, starb am 27. 1. 1973 in seiner Wahlheimat München und liegt dort auf dem Bogenhausener Friedhof begraben. Er war ein zierlicher, liebenswürdiger, geselliger Mann, dessen hessischer Zungenschlag zeitlebens hörbar war. Eine Skizze der Person Emil Pretorius muss seinen beruflichen Werdegang, sein persönliches Umfeld und seinen Leumund berücksichtigen.

Nach Kindheit und Schulzeit in Darmstadt studiert er Kunstgeschichte, Natur- und Rechtswissenschaften. Auf Wunsch des Vaters promoviert er im Fach Jura. Danach folgt er seiner Neigung und künstlerischen Begabung. 1907 wird Emil Preetorius mit der Illustration zu *Peter Schlemihl*, einer Erzählung Adelbert von Chamissos, nach eigener Aussage über Nacht berühmt. Zusammen mit Paul Renner, dem späteren Gestalter der Schrift Futura, gründet er 1909 die Münchner Schule für Illustration und Buchgewerbe, 1910 wird er Leiter der Münchner Lehrwerkstätten. Der Graphiker, Schriftkünstler und Illustrator Preetorius gestaltet ab 1923 auch Bühnenbilder, u. a. als szenischer Leiter der Wagnerfestspiele in Bayreuth (1931–1941). Künstlerischer Erfolg und Karriere in der Lehre gehen Hand in Hand. 1926 erhält Emil Preetorius einen Ruf an die Münchner Akademie der Bildenden Künste und leitet die Klassen Buch- und Szenenkunst. 1928 erfolgt die Ernennung zum Professor. Nach dem Krieg wird er Präsident der Bayerischen Akademie der Schönen Künste in München (1948–68). 1951 wird er emeritiert. Emil Preetorius erhält im Laufe seines Lebens viele Auszeichnungen, u. a. die Goethe Medallie für Kunst und Wissenschaft (1943), das Große Bundesverdienstkreuz mit Stern und Schulterband (1953), den Großen Bayerischen Verdienstorden (1959), den Kulturellen Ehrenpreis der Stadt München (1966).

Emil Preetorius ist nicht nur Künstler, er ist auch Kunstsammler. Seit er in München lebt, streift er über Märkte und sammelt asiatische Kunst. Das Ergebnis seiner Leidenschaft ist eine Sammlung ersten Ranges, die heute von der Preetorius-Stiftung betreut wird.

Aus Darmstadt kennt er Karl Wolfskehl, den es wie ihn nach München zieht. Die beiden Freunde sind u. a. auch Mitglieder im Münchner Rotary Club. Für Thomas Mann illustriert er Bücher. In den 20er Jahren verkehrt er – wie auch Hofmannsthal, Rilke, Spengler, Wolfskehl, später Hitler und von Schirach – im Hause des Verlegers Bruckmann. Bruno Walter ist es, der ihn zum Bühnenbild holt. Emil Preetorius gehört zur Münchner Gesellschaft. In den 30er Jahren wird München zur »Hauptstadt der Bewegung« und nimmt in Kauf, dass viele Künstler das Land fliehen – so auch Karl Wolfskehl, Thomas Mann und Bruno Walter. Der als Künstler und Dozent erfolgreiche Paul Renner wird entlassen und zieht sich aufs Land zurück. Der Nationalsozialismus erzwingt Entscheidungen und Haltung. Freunde und Bekannte von Preetorius verlassen das Land. Für ihn gibt es keinen Grund zu gehen und viele zu bleiben.

Emil Preetorius umgab – nach Bruno Walter – die Aura der Zeitlosigkeit. Diese machte es ihm unmöglich, Konsequenzen zu denken und die Gräben zu beweinen und zu respektieren, die sich zwischen den Menschen auftaten.

Emil Preetorius, der Sammler (Heist 1976, S. 55)

Die junge Frau und der Künstler

Nehmen wir an, Maria Hofmann ist das Verbindungsglied zwischen Kochbuch und Künstler. Nehmen wir an, er war ihr zugetan. Wie kam es dazu? Sie ist eine junge Frau, unverheiratet, Ende zwanzig. Er ein erfolgreicher Mann, weit über die Münchner Szene hinaus bekannt und 20 Jahre älter. Sie lebt und arbeitet in Miesbach in der Wirtschaftlichen Frauenschule, damals eine Zugstunde von München entfernt. Sie unterrichtet als Wirtschaftslehrerin und ist mit der Neuauflage des Kochbuchs befasst. Nicht nur der Inhalt wird gründlich überarbeitet, das Kochbuch soll auch ein neues Gesicht bekommen. Ein neues Format, neue Farben und einen neuen Namen: Statt schlicht Kochbuch soll es jetzt *Bayerisches Kochbuch* heißen. Das Erscheinen der 15. Auflage ist für Ende 1932, spätestens Anfang 1933 geplant.

Emil Preetorius schreibt über die Münchner Gesellschaft: »Zwei Gelegenheiten gab es, wo dies Münchnertum als eine verzweigte Familie einhellig sich zusammenfand und selbstvergessen umschlungen hielt, wo alle wechselseitige Feindschaft, alle Schmäh-, Häm- und Eifersucht, wo verstiegener Pathos, überspitzter Geist, hochnäsige Selbstbezogenheit aufgehoben, hingelöst wurden im strömenden Jubel festlich prangender Gemeinschaft: der Fasching und das Oktoberfest« (Münchner Erinnerungen (1945), S. 186).

Die Wochenenden verbringt Maria Hofmann in München. Zusammen mit ihren Schwestern Elisabeth und Ermelinde geht sie auf den Fasching. Nehmen wir an, es war ein Schwabinger Faschingsball am Rosenmontag, dem 8. Februar 1932. Dort trafen sich Münchner aus den besseren gesellschaftlichen Kreisen, Künstler, Studenten, Politiker etc. Auch die Schwestern Hofmann sind dort. Ein ehemaliger Kommilitone von Ermelinde macht sie mit einer Gruppe von Gästen bekannt. Unter ihnen Emil Preetorius. Ein heiterer Mann, mit hessischem Einschlag. Er kommt schnell mit der selbstbewussten zierlichen jungen Maria ins Gespräch. Bei aller Ausgelassenheit wahrt sie die gleiche Distanz wie er. Sie ist nicht auf ein G'spusi aus, sondern unterhält sich mit ihm über seine Arbeit. Sie lobt seine Illustrationen zu Thomas Manns Bekenntnisse des Hochstaplers Felix Krull. *Schnell erkennt Maria Hofmann die Gunst der Stunde und erzählt von ihrer Arbeit, vom Kochbuch, das sie überarbeitet. Und dass es ein neues Gesicht brauche. Sie wisse noch nicht recht, wie es zu gestalten sei. Den Druck übernähme die Münchner Kunst- und Verlagsdruckerei J. Schön. Preetorius ist beeindruckt von der ambitionierten jungen Frau. Als der Abend zu Ende geht, gibt er ihr seine Visitenkarte mit der Atelieradresse. Sie fragt telefonisch an und ein Wochenende später besucht sie am Samstagnachmittag die Werkstatt, zeigt ihm das* Kochbuch *und ihre Manuskripte für das zukünftige* Bayerische Kochbuch. *Die beiden harmonieren in der Art zu arbeiten: schnell, nüchtern und präzise. Jeder hat Respekt für die Arbeit des anderen, die ihm selbst so fremd ist. Ihrer Bitte, den Titel des neuen Kochbuchs zu gestalten, kommt er gerne nach. Wenige Tage später erhält sie Entwürfe für die Titelzeichnung, verbunden mit Vorschlägen für Drucktype, Satzspiegel und Format.*

Der Vater und der Künstler

Emil Preetorius ist das Vorbild für *Sixtus Kridwiß*, eine Figur in Th. Manns Roman *Dr. Faustus* (2007,

Oder war alles ganz anders? Nicht die junge Frau stellte die Verbindung zum *Bayerischen Kochbuch* her, sondern ihr Vater?

Zum Oktoberfest 1931 trifft sich der Literaturbeirat der Stadt München mit Angehörigen des Stadtrats und weiteren Politikern. Thomas Mann und Emil Preetorius gehören dem siebenköpfigen Beirat an. Angesichts der kulturpolitischen Ausrichtung der Stadt in den beginnenden 30er Jahren zieht sich Thomas Mann zunehmend zurück. Preetorius geht gerne auf's Oktoberfest und hat keine Berührungsängste mit der braunen Avantgarde. Und er wird umworben, ist er doch seit diesem Jahr szenischer Leiter der Wagner-Festspiele in Bayreuth. Preetorius kommt neben dem Politiker Hans Georg Hofmann zu sitzen. Der Vater von Maria Hofmann ist zu der Zeit SA-Obergruppenführer. Hans Georg Hofmann kennt Emil Preetorius als Illustrator und Bühnenbildner. Beim gemeinsamen Brathähndl-Essen kommt man sich näher. Hofmann erzählt beiläufig von dem Bayerischen Verein für Wirtschaftliche Frauenschulen. Im Verein seien Bürger und Bürgerinnen der ersten Münchner Gesellschaft engagiert. Der Verein gebe ein Kochbuch heraus, das seine Tochter Maria gerade überarbeite. Ziel sei es, eine größere Leserschaft zu erschließen. Die Mitarbeit des bekannten Schriftkünstlers brächte Prestige. Der Vater versucht zu vermitteln. Preetorius zögert. Er ist viel beschäftigt. Ein Kochbuch? Andererseits will er Hofmann ungern brüskieren und reicht ihm seine Visitenkarte. Maria Hofmann nutzt die vom Vater angebahnte Verbindung, nimmt Kontakt zu Preetorius auf und stellt ihm das Kochbuch vor. Die gemeinsame konzentrierte Arbeit ist schnell beendet und die Umschlagzeichnung für das Bayerische Kochbuch *binnen kurzer Zeit fertig: eine Gefälligkeit von Preetorius, die ihm vielleicht noch nützen kann, und ein Aushängeschild für das nunmehr* Bayerische Kochbuch.

Die Druckerei und der Künstler

Oder der Zufall fand in der Druckerei statt. Seit Jahren druckt die Kunst- und Verlagsdruckerei J. Schön das Kochbuch *der Miesbacher Frauenschule. Der herausgebende Bayerische Verein für Wirtschaftliche Frauenschulen wird, auch ein Vierteljahrhundert nach seiner Gründung 1902, von der besseren Münchner Gesellschaft getragen. Von den eigenen emanzipatorischen Wurzeln will man nicht mehr viel wissen und pflegt die Wirtschaftliche Frauenschule als einen Hort weiblicher Tugenden und Tätigkeiten. Die geplante Neuauflage des* Kochbuchs *wird nach*

S. 525f.): »[…] hatte ich mir vorgenommen, dies alles im Zusammenhang mit jenen abstrakten Zumutungen zu kennzeichnen, denen ich bei den schon kurz berührten Diskussionen in der Wohnung des Herrn Sixtus Kridwiß ausgesetzt war. Waren es doch die Neuigkeitsergebnisse dieser Abende, die mir, zusammen mit der Beteiligung an Adrians einsamem Werk, die seelische Überanstrengung zufügten, in der ich damals lebte, tatsächlich gut vierzehn Pfund meines Körpergewichtes kosteten. Kridwiß, Graphiker, Buchschmuck-Künstler und Sammler ostasiatischer Farbenholzschnitte und Keramik, ein Gebiet, über das er auch, eingeladen von dieser und jener kulturellen Vereinigung, in verschiedenen Städten des Reiches und sogar im Auslande kundige und gescheite Vorträge hielt, war ein kleiner, altersloser Herr von stark rheinhessischer Sprechweise und ungewöhnlicher geistiger Angeregtheit, der ohne feststellbare gesinnungsmäßige Bindung, rein neugierigerweise die Bewegungen der Zeit behorchte und dies und das, was ihm davon zu Ohren kam als »scho' enorm wischtisch« bezeichnete. Er ließ es sich angelegen sein, seine Wohnung in der Schwabinger Martiusstraße, deren Empfangsraum mit reizenden chinesischen Malereien in Tusche und Farbe (aus der Sung-Zeit!) geschmückt war, zu einem Treffpunkt führender oder doch eingeweihter und am geistigen Leben beteiligter Köpfe zu machen, so viele davon die gute Stadt München eben in ihren Mauern barg, und arrangierte dort diskursive Herrenabende, intime Round-table-Sitzungen von nicht mehr als acht bis zehn Persönlichkeiten, zu denen man sich nach dem Abendessen, etwa um neun Uhr einfand, und die […] rein auf das zwanglose Beisammensein, den Gedankenaustausch gestellt waren.«

Kräften von den Vereinsmitgliedern unterstützt. Auch Emil Preetorius arbeitet gelegentlich mit der Druckerei J. Schön zusammen. Als er wieder einmal in ihren Räumen ist, spricht ihn der Prokurist an, ob er Zeit hätte, eine Titelzeichnung für das Kochbuch *der Wirtschaftlichen Frauenschule zu gestalten. Es solle fortan* Bayerisches Kochbuch *heißen. Preetorius ist voll beschäftigt mit Bühnenbildentwürfen. In der kommenden Saison ist er für die Bühne der Bayreuther Wagner-Festspiele verantwortlich. Aber gut, so eine Titelzeichnung ist eine Fingerübung für ihn – und hat er nicht kürzlich gehört, dass Emmy von Meinel, die Erste Vorsitzendende des Vereins, eine chinesischer Zeichnung besäße? Vielleicht können die Fingerübungen sich einmal als hilfreich erweisen.*

Topfenhörnchen mit Käse

18. Auflage, [1943], S. 113

200–250 g Butter, 250 g Topfen durch Sieb gestrichen, 250 g Mehl, 1 Eigelb zum Bestreichen, zur Fülle: 40 g Butter, 40 g geriebener Käse, 2 Eier getrennt, Salz, 1 Prise Paprika.

Mürbteig unter Zugabe des Topfens herstellen, 1/2 Stunde kalt stellen, messerrückendick auswellen, Dreiecke radeln, mit Käsemasse füllen, aufrollen und zu Hörnchen formen, nochmal kalt stellen, mit Eigelb bestreichen und bei guter Hitze backen.

Fülle: Butter schaumig rühren, Eigelb Salz und Käse zugeben, Eischnee unterziehen und abschmecken. Die Hörnchen sind am besten warm zu Gemüse oder Salat.

Ein Kochbuch ist kein Bilderbuch

Illustrationen im Bayerischen Kochbuch

Das Bayerische Kochbuch stammt aus einer Zeit,
in der ein Kochbuch eine Rezeptsammlung war und nicht ein
mit Rezepten garnierter Bildband.
Allerdings tauchen auch im Bayerischen Kochbuch
auf halber Strecke der Auflagengeschichte, Mitte der 50er Jahre,
die ersten Zeichnungen und kurz darauf auch Fotografien auf.
Die Aufgabenteilung ist eindeutig:
Die Zeichnungen erklären Zutaten und Zubereitung,
die Fotografien das Anrichten.
Die Titelbilder haben eine eigene Botschaft.

Die Zeichnungen

Jahrzehntelang kommt das Kochbuch ohne Illustrationen aus. Erstmals in der Auflage 23/1953 wird Schlachtvieh abgebildet: Rind, Kalb, Hammel und Schwein (siehe Farbtafel 13). Die Zeichnungen zeigen Güteklassen und ihre Verwendung. Die Stückelung des Kalbs lautet in der Reihenfolge der Nummerierung: Halsgrat, Schultergrat, Kotelettgrat, Nierenstück, Schloß, Schlegel, Brust, Bug, Brustspitz, Haxen, Füße und Kopf. Das Fleisch wird vier Güteklassen zugeordnet, die wiederum mit vier Verwendungsweisen korrespondieren: I. Güte: Braten, II. Güte: Dünsten und Braten, III. Güte: Dünsten und IV. Güte: Kochen für Sülze oder zum Abbräunen.

Unbeholfen wie eine Kinderzeichnung und schwarzweiß ist das Kalb 1953. Fünf Jahre später schaut es den Betrachter treuherzig und vielfarbig in die Augen: Ab der Auflage 27/1958 sind die Güteklassen farbig markiert (siehe Farbtafel 14). Der fachliche Inhalt und der emotionale Gehalt der Zeichnungen wollen nicht recht zueinander passen. So niedlich schaut das Kälbchen, so lustig kringelt sich der Schwanz des Schweins – dabei geht es um die Verwendung der Fleischstücke in Pfanne und Kochtopf. Dass die Niedlichkeit eines Tieres mit der Essbarkeit des Schlachtviehs bei einer zunehmenden Schar von Betrachtern nicht zusammengehen, ahnen Maria Hofmann und Helmut Lydtin bereits und ersetzen in der überarbeiteten Auflage 40/1971 die Tierzeichnungen durch nüchterne farbintensive Varianten (siehe Farbtafel 15).

Auflage 27/1958, S. 22

Auch der Inhalt der Zeichnungen verändert sich. Die Güteklassen sind auf zwei zusammengestrichen: eine Beste Güteklasse und eine Geringere Güteklasse. In den Tierzeichnungen erscheint die Güteklasse gar nicht mehr. Hier werden die Teilstücke nur noch nach ihrer üblichen Verwendung klassifiziert. Die Güteklasse, die unmittelbar an den Preis eines Fleischstücks gebunden ist, tritt in den Hintergrund. Die Fleischpreise sinken und sind nicht mehr unbedingt kaufentscheidend. Entscheidend ist, welches Teil sich zum Grillen, Kurzbraten, Braten, Dünsten oder Kochen eignet. Dementsprechend ändert sich der farbige Patchworkteppich Kalb im Bayerischen Kochbuch. Kotelettgrat und Nierenstück gehörten bisher zur gleichen Güteklasse, nun da es um die Verwendung geht, werden sie farblich unterscheiden: Kotelettgrat wird häufig portionsweise gegrillt oder kurzgebraten, das Nierenstück gibt einen feinen Braten.

Es ist nicht so, dass nur der Schnitt von Schlachtvieh mit Zeichnungen erklärt wird. Seit der Auflage 27/1958 kann man Küchenkräuter mit dem Kochbuch bestimmen: Dill, Borretsch, Liebstöckel, Bohnenkraut, Beifuß, Estragon, Majoran, Salbei, Thymian, Zitronenmelisse und Basilikum. Für Basilikum hat Maria Hofmann eine Vorliebe. Schon in der Auflage 15/[1933] des Bayerischen Kochbuchs empfiehlt sie es für Fleischspeisen und Salate. Und dabei dachten wir in den 80er Jahren, Basilikum frisch aus Italien mitgebracht zu haben … Weitere Zeichnungen illustrieren ab Auflage 40/1971 u. a. den Aufbau des Getreidekorns und die wichtigsten deutschen Weinbaugebiete.

Die genannten Zeichnungen zum Fleischschnitt etc. ordne ich der Kategorie *Zutaten* zu; es gibt einen weiteren Typ Zeichnungen im Bayerischen Kochbuch, der mit den Zubereitungstexten konkurriert bzw. diese ergänzt. Solche illustrierten Handlungsanweisungen führt die Auflage 27/1958 ein. Anschaulich wird nicht nur mit Worten beschrieben, wie man einen Hasen ab- (siehe Kapitel *Blut gibt es nicht in Dosen*) oder Strudelteig auszieht, und letzteren wieder füllt, wie man Knödel, Spätzle und Spaghetti gart und Torten zaubert. Mit der Schablone eines weihnachtlichen Hexenhauses mutiert das Kochbuch unversehens zum Bastelbuch.

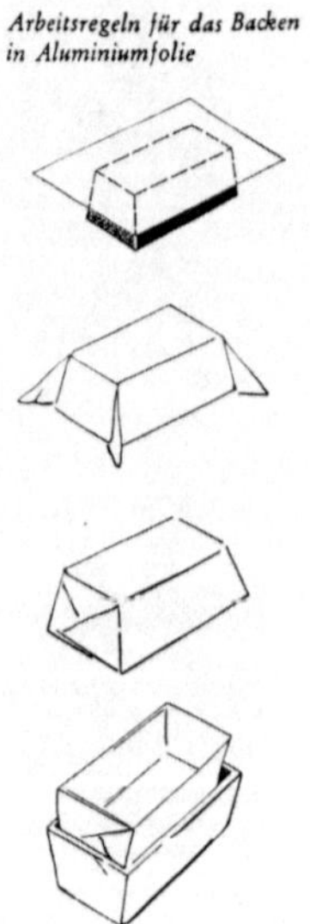

Auflage 40/1971, S. 33

Die *Blaue Ausgabe* 40/1971 entwickelt diesen Typ weiter und veranschaulicht in dem neuen einleitenden Kapitel Aluminium-Haushaltsfolie in der Küche mit vielen Zeichnungen die Handhabung des neuen Küchenhelfers. Im Rezeptteil werden mit gezeichneten Erklärungen neue und alte Rezepte ausgestattet: das Füllen eines Cordon bleu ebenso wie Kochen von einem Serviettenkloß, um nur zwei Beispiele zu nennen. Die Zeichnung vom Abziehen eines Hasen ist in der neuen Fassung nüchterner (ohne Kleiderbügel) und um eine weitere Zeichnung ergänzt. Auch die Kloß-, Nudel- und Tortenzeichnungen bleiben nicht unverändert – ein weites Feld für weitere Forschungen.

Die Zeichnungen veranschaulichen Zutaten und Zubereitung. Das fertige Gericht ist das Motiv der Fotografien. Das Bindeglied zwischen Zeichnungen und Fotografien sind die beiden Lehrtafeln Seefische und Süßwasserfische (siehe Farbtafel 16). Es handelt sich um genaue farbige Zeichnungen, die wie die Fotografien auf glänzendem schwerem Papier gedruckt und ohne Seitenzählung eingebunden sind. Die Fischezeichnungen erklären Zutaten und sind im Buch präsentiert wie Gerichte. Warum das? Anders als das Schlachtvieh, das mit einfachen Zeichnungen zu erfassen ist, oder gar das mitunter enthauptete Federvieh, sind die Fische nicht vertraut. In bayerischen Gewässern schwimmen zwar auch Süßwasserfische aber der Verzehr ist nicht so verbreitet wie der von Fleisch.

Fotografien

Schon lange drängen Fotos in die Kochbücher. Die Neubearbeitung der 27. Auflage des Bayerischen Kochbuchs von 1958 gibt dem nach. Die Auflagen 27/1958 bis einschließlich 39/1969 erscheinen in zwei Ausgaben: als Standard- oder Geschenkausgabe, Letztere mit 15 farbigen Abbildungen (ausgewählte Beispiele auf den Farbtafeln 17, 19, 21). Die Food-Fotografie ist noch nicht so selbstbewusst wie heute. Die Farbfotos zeigen keine Zutatenstilleben und veranschaulichen auch nicht Arbeitsschritte; sie zeigen fertige Gerichte. Allerdings nicht die Ergebnisse alltäglichen Kochens, sondern festliche Braten, kalte Platten für besondere Anlässe: Fasan auf Sauerkraut und Kartoffelbrei, Forelle blau, Gefüllte Eier und gefüllte Tomaten mit Aspik und Mayonnaise, Ananas-Torte mit Schlagrahm, ein Kaffeegedeck mit Weihnachtsgebäck. Diese Fotos lösen das Versprechen des Vorworts 20/1949 ein, den Wunsch nach besonderer Gestaltung des Küchenzettels bei Familienfesten und Feiertagen zu berücksichtigen. Die Fotografien lassen *Was bin ich?* und *EWG – Einer wird gewinnen* wieder lebendig werden. Das Foto der Gefüllten Eier und Tomaten schmeckt nach den 60er Jahren.

Ab der Auflage 40/1971 ist jede Ausgabe eine Geschenkausgabe mit farbigen Illustrationen. Die eingebundenen unnummerierten Hochglanzseiten verdoppeln sich und sind jetzt doppelseitig bedruckt. Nach Abzug der beiden Lehrtafeln für Fische bleiben 30 Food-Fotografien. Von acht Gerichten mochte man sich nicht trennen. Sie bilden Vergleichspaare zwischen den Auflagen 27/1958 und 40/1971 und deren Ästhetik:

27/1958	40/1971
Fasan auf Sauerkraut und Kartoffelbrei	Gebratener Fasan auf Ananaskraut
Forellen blau garniert (Farbtafel 17)	Forellen blau mit Kräuterbutter (Farbtafel 18)
Gefüllte Eier und Gefüllte Tomaten mit Aspik und Mayonnaise (Farbtafel 21)	Feine gemischte Salate: Krabbencocktail – Selleriesalat roh mit Früchten – gemischter Champignonsalat – Dänischer Salat
Bunte Rohkostplatte	Rohe Salate mit kalter Rahmsoße mit Dill
Rehrücken kalt garniert	Gebratener Rehrücken, kalt, garniert
Obstsalat mit Krachkuchen	Obstsalat mit Melone
Käseplatte	Einfache Käseplatte
Feines Kleingebäck (Farbtafel 19)	Weihnachtliches Kleingebäck (Farbtafel 20)

Anfang der 80er Jahre werden für die Jubiläumsausgabe 50/1982 einzelne Fotografien ausgetauscht. Wie der Vergleich der beiden Italienischen Pizzen zeigt, hat sich die Mode bei Tisch in den Jahren deutlich geändert: Die bastgewandete Chiantiflasche wird gegen eine schlichte Karaffe ausgetauscht und die Pizza liegt rustikal auf dem blanken Tisch.

49/1981

Italienische Pizza (Farbtafel 24)
Kalbsnierenbraten gerollt
Schweinshaxe gebraten
Schinkentoast mit Ananas,
Schlemmertoast (Farbtafel 22)
Feine gemischte Salate: Krabben-cocktail …
Obstsalat mit Melone
Schwedenplatte (Farbtafel 22)

50/1982

Italienische Pizza (Farbtafel 25)
Lammrücken gebraten (Farbtafel 23)
Schweinebraten
Gefüllte Eierkuchen (Farbtafel 23)

Kräutermayonnaise, Frühlingssoße

Feine Haselnuß- oder Mandelcreme
Pfirsichbowle

Die letzte Überarbeitung für die Auflage 55/1998 erscheint zwar mit einem neuem Titelbild, die Fotografien im Buch bleiben aber gleich. Ich verstehe das so: Der Buchsatz und das Register sind neu in dieser Auflage. Das verlangt nach Kontinuität an anderer Stelle. Und dafür sorgen die vertrauten Illustrationen.

Dem allgegenwärtigen Drang zur Illustration gibt das Bayerische Kochbuch zuerst ein wenig nach, besinnt sich dann und hält inne. So viel wie nötig – so wenig wie möglich. So bleibt der Charakter des Werks, das mit seinen Rezepten überzeugen will, erhalten.

Titelbilder

Bleibt als Letztes, die Titelbilder zu betrachten (siehe Farbtafeln 9–12). Die grünen und die gelben Ausgaben in den ersten Jahrzehnten schmückt allein der Titelschriftzug: Kochbuch und Bayerisches Kochbuch. 1958 bis 1969 wagt die Geschenkausgabe das erste Titelbild. Auf einer silbernen Platte sieht man Teile eines gebratenen Huhns und weitere gebratene Stücke dunklen Fleisches dekoriert mit Maiskölbchen in Tomatenkörbchen. Es ist ein unentschiedener Versuch, sich von der einfachen und eindrücklichen gelben Ausgabe abzusetzen. Der vielfach empfohlene Wachstucheinband verhüllt in diesem Falle nichts Wesentliches.

Für das Design der blauen Ausgabe ist Eduard Marwitz verantwortlich und er sorgt für ein klares Statement als Titelbild des Bayerischen Kochbuchs. Eine Schweinshaxe thront auf Sauerkraut, flankiert von einer Schüssel mit Klößen, einem Bund Radieschen und einem gläsernen Krug mit schäumendem Bier. Anfangs ist das Foto nur auf den papierenen Schutzumschlag gedruckt, später auch auf den robusten Kunststoffeinband. Das Titel-Stilleben wird in den kommenden Jahrzehnten immer wieder neu interpretiert werden: 53/1986, 54/1992 und 56/1998. Die Fotos haben Vieles gemeinsam und es trennt sie Entscheidendes. Was ist ihnen gemein? Die Perspektive und der Bildausschnitt sind gleich. In jedem Fall steht ein Braten im Bildmittelpunkt, daneben eine Schüssel mit Klößen und ein gläserner Bierkrug – mit oder ohne Zinndeckel. Dreimal sind Radieschen im Bild, dreimal wird der Braten auf einem Brett angerichtet und dreimal sieht man den blanken Holztisch. Stets aufs Neue wird ein rustikales Essen inszeniert. Was unterscheidet die Bilder? Die entscheidendeste Veränderung durchlebt der Braten: von der Schweinshaxe über den Schweinebraten mit Schwarte und den mageren Rollbraten zum gefüllten Magerbraten. Aus Fleisch am Knochen mit Speckschwarte wird ein Braten, gefüllt mit buntem Gemüse. Das Verschwinden des Fettanteils beim Fleisch entspricht dem zunehmend schlechten Ruf, den dieser Geschmacksträger erdulden muss. Mir scheint, die Titelbilder übernehmen die Funktion, die die Vorworte lange hatten. Sie setzen nun die aktuelle Ernährungslehre und -mode in Szene. Sie sagen: Iss nicht zu viel Fett, und Fleisch nur mit Gemüse!

Kartoffelhefedalken

22. Auflage, 1951, S. 193

375 g Mehl, 375 g gekochte geriebene Kartoffeln, 1 Ei, 1 Prise Salz, 20 g Hefe, 1/8 l Milch, etwa 1/4–3/8 l kochendes Wasser zum Brühen, 20–40 g Fett zum Begießen, 20–40 g Zucker zum Bestreuen.

Dämpferl in 1/2 Pfd. Mehl ansetzen, die etwas erwärmten Kartoffeln und das Ei zum gegangenen Dämpferl geben, gut verrühren. Den Teig auf das Nudelbrett geben, das übrige Mehl darunterarbeiten, aus dem Teig Rolle formen, davon kleine Stückchen abschneiden, zu Kugeln drehen, auf gefettetem, bemehlten Backblech gehen lassen, bei Mittelhitze zirka 20–30 Minuten backen. Nach dem Auskühlen in einer Schüssel mit kochendem Wasser überbrühen, dieses sofort wieder abgießen, mit Zucker überstreuen und mit zerlassener Butter begießen, durchschütteln und zugedeckt einige Minuten stehen lassen, noch heiß zu Tisch geben mit Kompott, Fruchtsoße oder Kaffee.

Zu einem guten, bayerischen Essen gehören Rotti Bouillon-Würfel

Anzeigen im Kochbuch

Heutzutage sind Bücher in der Regel anzeigenfrei.
Nur der Verlag weist gelegentlich auf eigene Erzeugnisse hin.
Als das Bayerische Kochbuch
noch schlicht Kochbuch hieß, war das anders.
Voller Werbung ist das Buch und nur mit Mühe scheint
der redaktionelle Teil frei von Kommerz.

Auflage A/[1910]

Auflage B/[1911]

Das Kochbuch erscheint im Selbstverlag und wird durch Anzeigen finanziert. Die vermutlich erste Auflage A/[1910] trennt stilvoll mit einem Trennblatt den redaktionellen Teil von den elf Anzeigen. Auflage B/[1911] lässt das Trennblatt weg und schaltet eine *Rotti-Saucen-Würfel* Anzeige auf Seite [2] – zwischen Titelblatt und Vorwort des Kochbuchs! Was mag diese Anzeige der Vereinskasse eingebracht haben? Am Ende des Buches, nach dem Register, werben jetzt bereits weitere 17 Unternehmen. Die Finanzierung des Kochbuchs scheint gesichert. Ab 16/[1936] ist plötzlich Schluss: Keine Anzeigen mehr im zum zweiten Mal erscheinenden **Bayerischen** Kochbuch. Warum, fragt man sich. Geändert haben sich 1936 die Druckerei, der Vereinsname und die politischen Verhältnisse.

Wie in späteren Auflagen die Fotos atmen in den ersten Jahren die Anzeigen die Ästhetik der Zeit. Eine wahre Fundgrube für Volkskundler. Die Eleganz des Jugendstils gibt der Neuen Sachlichkeit die Hand. Vom Pathos und Kitsch der 30er und 40er Jahre bleibt das Buch dann zum Glück verschont. Das Gros der Inserate wirbt für Lebensmittel und Haushaltswaren: Essig, Honig, Molkereiprodukte, Lebkuchen, Kerzen, Wäsche, usw. Eine Auflage sticht aber hinsichtlich der feilgebotenen Produkte heraus: die 8. von 1926. In ihrem Anzeigenteil stehen Maschinen im Mittelpunkt: Butterfertiger und Melkmaschine von Alfa-Laval-Separator G. m. b. H., *Volldampf*-Waschmaschine von John's, Gasherde von Junker & Ruh und Pfaff Nähmaschinen.

Werbung ist ein aussagekräftiger Kulturzeuge. Sie erzählt von der Ästhetik einer Zeit, von den Bedürfnissen der Leser und sie legt Zeugnis von den werbenden Unternehmen ab. Die Inserate im Kochbuch zeugen von der Münchner Gesellschaft zu Beginn des 20. Jahrhunderts.

Unter den inserierenden Firmen sind u. a. Hoflieferanten, Traditionsfirmen, die bis heute Bestand haben, und später »arisierte« Geschäfte.

Hoflieferanten

Auflage B/[1911]

Auflage A/[1910]

Auflage A/[1910]

Auflage 2/[1913]

Zu Zeiten der ersten drei Auflagen den Kochbuchs war Bayern eine Monarchie. Die Herrscher versorgen sich über Hoflieferanten, die wiederum ihren Status zu Werbezwecken nutzen. Die meisten Lieferanten des Bayerischen Königshauses saßen in München: Die Kgl. B. Hofwachswaren-Fabrik und Wachsbleiche Joseph Gautsch preist u. a. garantiert naturreinen Blütenschleuderhonig in Dosen und Gläsern und Fußbohnerwachs an, K. Bayr. Hoflief. Gustav Böhm seine Salat- und Tafel-Öle. Der Kgl. Bayer. Hoflieferant Eduard Rau präsentiert sich als Erstes Spezial-Haus für Haus- und Küchen-Geräte aller Art, mit den lautklingendsten Konzertzithern der Gegenwart wirbt die Königl. Hof-Instrumentenfabrik Max Amberger und RIES-Kaffee, -Tee, -Cacao kann man bei Heinrich Ries, dem K. b. Hoflieferanten, kaufen. H. Liebermann beliefert mit Bettfedern, Roßhaaren, Betten, Decken, Matratzen, Bettstellen den König von Bayern und den Herzog in Bayern. Die Abkürzung k. u. h. b. steht für *königlich und herzoglich bayerischer*. Ein Ausreißer in der Hoflieferanten-Reihe ist der auch heute noch existierende Essighersteller Hengstenberg. Er beliefert den König von Württemberg, was er in der Anzeige wohlweislich verschweigt.

Auflage 2/[1913]

Unter den republikanischen Verhältnissen des Freistaats haben die Hoflieferanten ausgedient. Nur die Weinbrennerei Anton Riemerschmid, München nennt sich auch nach 1918 in der Auflage 4/1920 noch Hoflieferant. Die anderen Unternehmen führen ihren Titel nicht weiter – auch nicht mit dem Zusatz *ehemaliger*. Es wird noch einige Zeit vergehen, bis eine Monarchie-Nostalgie in Mode kommt. Henstenberg, Liebermann, Rau und Riemerschied bleiben dem Kochbuch über viele Auflagen als Inserenten treu. Treue Kunden müssen die folgenden Unternehmen haben, denn es sind:

Firmen des 21. Jahrhunderts

Die Anzeigen lassen nicht nur das München vor 1930 wiederauferstehen, sondern sie zeigen uns heute, welche Kontinuität manche Unternehmen beweisen. In einer Zeit, in der man nicht davon ausgehen kann, dass das Haushaltswarengeschäft, in dem man letztes Jahr ein Messer gekauft hat, dieses Jahr noch an seinem Platz ist, wenn man das Messer dort schleifen lassen möchte, in einer so schnelllebigen Zeit, erstaunt es, auf Firmen zu treffen, die eine Unternehmenstradition bewahren können. Und wenn

1 Collage aus den Vorsatzpapieren der ersten Auflagen

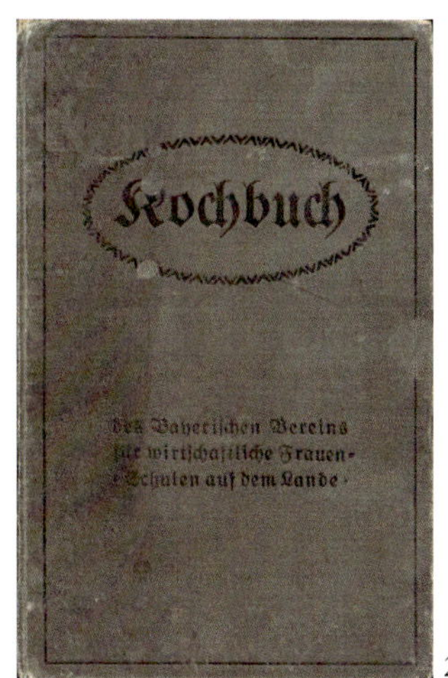

2 B/[1911]

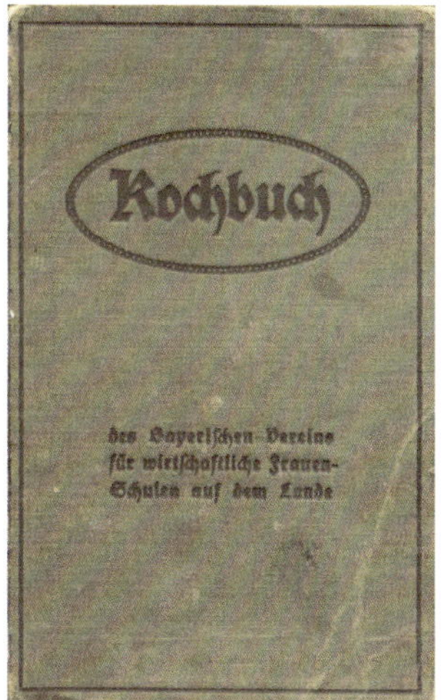

3 3/1916

4 14/1931

5 16/[1936]

6 27/1958

7 27/1958 Geschenkausgabe

8 40/1971

9 43/1974

10 53/1986

11 54/1992

12 56/2007

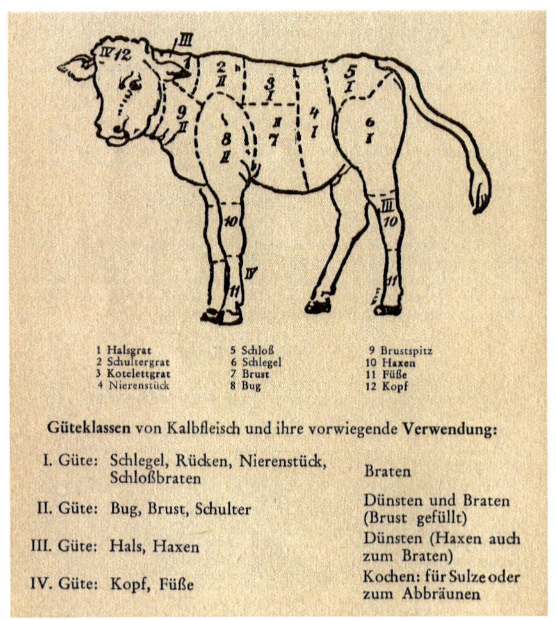

13 23/1953, S. 46

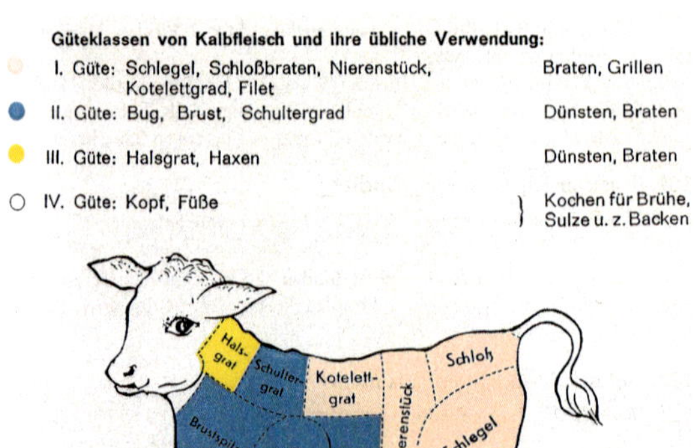

14 27/1958, S. 69

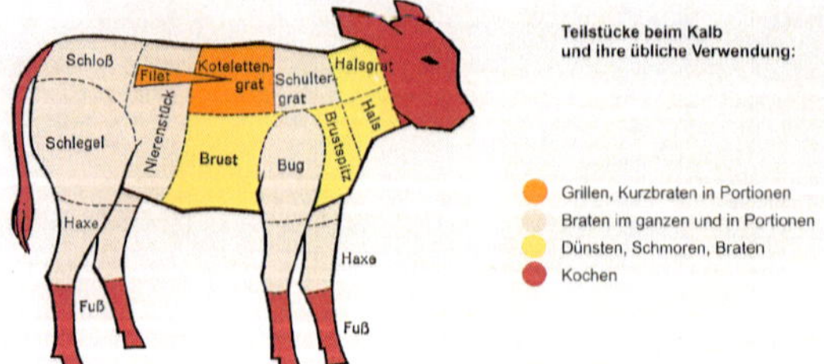

15 40/1971, S. 106

16 40/1971, S. 272

17 27/1958, S. 144

18 40/1971, S. 288

19 27/1958, S. 528

20 40/1971, S. 721

21 27/1958, S. 122, 176, 240

22 49/1981, S. 321, 753

23 50/1982, S. 113, 321

24 49/1981, S. 432

25 50/1982, S. 432

Wissenswertes: Der edelste Wein Deutschlands seit 1900 ist unbestritten der 1959er. Mit einem durchschnittlichen Mostgewicht von 101 Grad Öchsle und einem Säuregehalt von 6,5 Gramm pro Liter übertrifft dieser Jahrhundertwein auch die Spitzenweine der Jahre 1911, 1917, 1921, 1945, 1947 und 1953.

26 Fundstücke aus den Exemplaren der Ausgaben 40/1971, 20/1949, 18erw./1947, 13/1929 (im Uhrzeigersinn)

Des Druckfehler-teufels schlimmste Streiche

S. 42, „Binden“, 6. Zeile	**verkleistert**	statt verkleinert
S. 125, Nr. 157, Zutaten letzte Zeile	**2 Eigelb**	statt 2–4 Eigelb
S. 320, Nr. 605, 16. Zeile	**Diätzwecke** **hitzebeständigem**	statt Nährzwecke statt Hitze-beständigem
S. 396, Nr. 804, vorletzte Zeile	**abgetropft**	statt abgetupft
S. 399, Nr. 813, letzte Zeile	**abgetropft**	statt abgeklopft
S. 475, rechte Spalte, 7. letzte Zeile	**ein Überkochen**	statt beim Über-kochen
S. 582, Nr. 1219, 5. Zeile	**Eireste**	statt Eisreste
S. 585, Nr. 1228, Zutaten 1. Zeile	**500 g Mehl** **500 g Quark**	statt 50 g Mehl statt 50 g Quark
S. 593, Bildhinweis 1. Zeile	**S. 635**	statt S. 579
S. 599, Nr. 1264, 5. letzte Zeile	**Mehl mit Backpulver**	statt Mehl mit Backpulverteig
S. 651, Nr. 1372, 8./9. Zeile	**mit Wasser bestreichen**	statt mit Wasser bestellen
S. 864, 10. Zeile	**88 Kalorien**	statt 80 Kalorien

27 40/1971, Klebefund auf Vorsatzpapier

Unser Kochbuch.

In diesem Herbst konnte das Kochbuch des Vereins Landfrauenschulen, unser bekanntes „Bayrisches Kochbuch" in der 17. Auflage herauskommen. Es ist wesentlich erweitert, es enthält mit seinen 898 Rezepten um 55 mehr als die vergangene Auflage. Die allgemeinen Erläuterungen sind ergänzt und vermehrt, so daß das neu herausgekommene Buch nun 311 Seiten hat. Aber nicht nur rein quantitativ ist das Kochbuch verbessert, das allein wäre ja an sich keine Verbesserung, sondern der gesamte Inhalt ist neu durchgesehen, alle Rezepte sind nachgeprüft und wenn nötig geändert und verbessert. Die Aenderung und Verbesserung geschah nach den neuesten Erfahrungen auf dem Gebiet der Ernährungskunde. Hier immer auf dem laufenden zu bleiben, darum bemühen sich die Herausgeberin Fräulein Maria *Hofmann* und die Fachlehrerinnen der Landfrauenschulen. Die Bearbeitung geschah weiter im Hinblick auf den Vierjahresplan und die dadurch vorgezeichnete Ernährungsweise. Dazu sagt das Vorwort der neuen Auflage:

„Die Forderungen der Verbrauchslenkung geben die große Linie der einzuschlagenden Marschrichtung an, deren Ziel die Sicherung der Volksernährung ist. Wir dürfen hierin aber nicht nur eine Wahrung nationaler und volkswirtschaftlicher Belange sehen, sondern müssen vom volksgesundheitlichen Standpunkt aus anerkennen, daß die gewünschte Umstellung der Ernährung in weitestgehendem Maß die Herstellung gesunder, vollwertiger und zugleich preiswerter Kost ermöglicht. Bisher vielfach verkannte wertvolle und preiswerte Nahrungsmittel sind nunmehr in den Mittelpunkt des Verbrauchs gestellt: Kartoffeln, Topfen, Milch und Milchprodukte, Heringe und Seefische, deutsches Gemüse und Obst. Dabei ist es selbstverständliche Voraussetzung, daß der tägliche Küchenzettel sich dem jahreszeitlich bedingten Angebot weitestgehend anpaßt. Es sind immer *die* Nahrungsmittel zu bevorzugen, die der *deutsche* Boden uns jeweils bietet. Damit haben wir es in der Hand, Absatzschwierigkeiten und Verderb kostbaren Nahrungsgutes zu vermeiden, gleichzeitig aber unsere Kost abwechslungsreich und preiswert zu gestalten."

Es wird wohl kaum eine Leserin der Maidenzeitung geben, die das Bayrische Kochbuch nicht besitzt, enthält es doch alle die Speisen und lehrt sie diese so zu kochen, wie wir es in der Landfrauenschule gewohnt waren. Viele aber werden eine recht alte Auflage des Buches haben, es wird äußerlich nicht mehr auf der Höhe sein und wird kaum die Hälfte der Rezepte enthalten, die in der 17. Auflage zu finden sind. Es lohnt sich darum sehr, das neue Buch anzuschaffen. Darum ist es ein guter Weihnachtswunsch: Den alten Freund im neuen Gewande! Aber wir verschenken das Kochbuch auch gern selbst an unsere Freunde, unsere Töchter, unsere Hausangestellten und wem wir sonst glauben, damit Freude zu machen und einen Dienst zu tun. Es sind nicht wenige und ich kann aus eigener Erfahrung sagen: so oft ich das Kochbuch verschenkte fand ich begeisterten Dank.

Darf ich zuletzt noch einen Rat geben: Die Lebensdauer und das gute Aussehen des Buches wird erhöht, wenn man ihm einen Einband aus buntem Wachstuch gibt, den man sich leicht selbst herstellen kann.

Das Kochbuch erhält man oder bestellt man in der Geschäftsstelle des Vereins Landfrauenschulen, München, Prinzregentenstraße Nr. 5, Tel. 25 9 79.

Schoen.

28 Bayerische Maiden-Zeitung, 28. Jg., Nr. 5, Dez 1938

diese Firmen in einem Kochbuch inserieren, das ebenfalls diese Kontinuität aufweist, dann ist dieses Zusammentreffen bemerkenswert und umso erfreulicher. Hengstenberg wurde schon genannt; auch die Weinbrennerei, Likör- und Essigfabrik von Anton Riemerschmid ist noch im Geschäft. Die Samenhandlung, J. Schmitz verkauft wie gehabt auf dem Viktualienmarkt Samen (Anzeige erstmals 4/1920). Nur ein Gastspiel gab die Firma Knorr in der Auflage 5/1922 – einen Platz in den Regalen der Lebensmittelgeschäfte hat sie bis heute abonniert.

Ab Auflage 6/1924 inserieren die Wamsler-Werke München. Wie frech Werbetexte auch schon in den 20er Jahren sein konnten, zeigt eine Anzeige mitten zwischen den Registerseiten des Kochbuchs: Was nützen aber der Hausfrau und der Köchin all die schönen Kochrezepte, was nützt die fortschrittlichste Kochkunst, wenn es zu Hause an einem guten Herde gebricht? Der Text endet mit dem Slogan: Der Wamslerherd hält euer Glück zusammen!

Sehr nüchtern ist der Auftritt zweier anderer Unternehmen in dieser Auflage: Die Bayerische Zentral-Darlehenskasse empfiehlt sich zur Erledigung aller Bankgeschäfte und die Bayerische Landwirtschafts-Bank stellt sich als Gemeinnütziges Grundkredit-Institut der bayer. Landwirtschaft vor, das Gewährung von Darlehen zu den günstigsten Bedingungen in Aussicht stellt. Firmen, die unter anderem Namen auch heute noch existieren: Aus der Bayerische Zentral-Darlehenskasse ist die BayWa hervorgegangen und aus der Bayerische Landwirtschafts-Bank die Münchener Hypothekenbank. In der inflationsgeschwächten Zeit der 20er Jahre nimmt es nicht wunder, dass Geldinstitute im Kochbuch inserieren.

In Auflage 11/1927 wirbt Fa. August Völkel, München für ihre Geschirr-Spültische und in der gleichen Auflage kann man dem Kochbuch zum ersten Mal die Verkaufshallen der Zweigniederlassung der Deutschen Dampffischereigesellschaft *Nordsee* entnehmen.

Ich schließe die Anzeigenrundschau mit einem mir lieben küchenfernen Gewerbe: Kaut-Bullinger & Co. und L. Schreibmayr bieten Schreib- und Bürobedarf aller Art an. Ebendas tun die *Traditionshäuser* auch heute noch in München und anderswo.

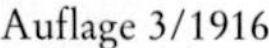

Auflage 3/1916

Ein guter Wink

Was nützen aber der Hausfrau und der Köchin all die schönen Kochrezepte, was nützt sie die fortgeschrittenste Kochkunst, wenn es zuhause an einem guten Herde gebricht?

Der Herd ist die Seele der Küche, das Zentrum aller Häuslichkeit. Mit ihm ist Freud und Leid der Familie verbunden.

Seid darum klug, ihr Hausfrauen: Greift daher nur nach einem bewährten Erzeugnis!

Die **Wamsler-Werke München, Barerstraße Nr. 58**, bauen seit 48 Jahren Herde, die heute eine unerreichte Vollkommenheit aufweisen, was ihre wirtschaftlichen und technischen Vorzüge und ihre äußere schöne Form anbelangt. Der Wamslerherd ist in allen Landen begehrt. Er ist das bewährte Erzeugnis, das niemals enttäuscht und die Freude jeder Hausfrau bildet. Mit dem Wamslerherd spart ihr Brennmaterial.

Der **Wamslerherd** hält euer Glück zusammen!

Auflage 6/1924

Auflage 4/1920

Auflage 11/1927

Bayerische Zentral=Darlehenskasse
E. G. M. B. H.
HAUPTSITZ MÜNCHEN
Zweigniederlassungen in: Bamberg, Würzburg Augsburg und Nürnberg
Geschäftsstellen an den größeren Orten Bayerns
Empfiehlt sich zur Erledigung aller Bankgeschäfte

Der Bayerischen Zentral=Darlehenskasse sind etwa 3000 bankmäßig ausgebaute Darlehenskassen=Vereine angeschlossen, die sich auf ganz Bayern verteilen.

Auflage 6/1924

Auflage 11/1927

Kaut-Bullinger & Co. G.m.b.H.

Schreib- und Bürobedarf
Spezialabteilung für Füllfederhalter
Papierwaren für den Haushalt

München . Residenzstr. 6 (gegenüber der Hauptpost) . Tel. 22071–73

Auflage 15/[1933]

L. Schreibmayr . München 2 M
Theatinerstraße 18, Fernruf 13886
Füllhalter . Briefpapiere . Gute Drucksachen

Auflage 15/[1933]

Geschirr-Spültische
fertigt als Spezialität in nickelplattiertem Stahlblech nach jedem Maß
Fa. August Völkel, München
Damenstiftstraße 15
Spezialgeschäft für sanitäre Einrichtungen.
In Benützung bei den Wirtschaftlichen Frauenschulen Miesbach und Rothenburg o.T
Prospekte, Angebote und Referenzliste werden gerne zugesandt

Auflage 15/1933

Auflage 5/1922

Auflage 8/1926

»Arisierte« Firmen

Bei einem Anzeigenfundus aus dem Ersten Drittel des 20. Jahrhunderts muss man mit *einem* rechnen: dass Unternehmen zunächst von jüdischen Eigentümern geführt werden und im Nationalsozialismus enteignet werden. Überrascht war ich dann doch, wie schnell ich beim Abgleich der Firmennamen fündig wurde. Nachgeschlagen habe ich in Wolfram Seligs Buch *»Arisierung« in München* von 2004, auf das ich mich im Folgenden berufe.

Bis einschließlich 15/[1933] schaltet A. Raff in jeder Auflage eine Anzeige, um für seine Betten, Wäsche, Brautausstattungen, Hotel- und Villeneinrichtungen zu werben. Das gutgehende Geschäft wird in den 30er Jahren »arisiert« und weitergeführt als *Wäschehaus Weinhold GmbH & Co. KG* (Selig, S. 247f). In der Auflage 6/1924 wirbt eine Anzeige für Küchenmeister-Weinessig der Meyer & Hirsch Weinessig- u. Likörfabrik. 1938 erfolgt die »Arisierung« des bedeutenden Betriebs (Selig, S. 848f). Ebenfalls in dieser Auflage schalten die Cenovis Nährmittelwerke mehrere Anzeigen für Haferkakao und Nährmittel. 1938 gelang es der Firma Maggi, diesen großen Konkurrenten durch »Arisierung« zu übernehmen (Selig, S. 835ff). Die letzte von mir gefundene »arisierte« Firma heißt Martin Pauson. Sie inseriert in der Auflage 10/1927 als Spezialhaus für Glas und Porzellan, Metallwaren, Feinsteingut, Küchenmöbel, Küchengeräte. 1938 wird von dem neuen Besitzer *Fritz Haertle* angezeigt, dass das Geschäft *in deutschen Besitz über geht* (Selig, S. 342f).

J. Schön, Buchdruckerei
München, Holzstr. 7
Telephon 2193

Anfertigung aller Druckarbeiten
Broschüren, Werke, Preislisten
Illustrations- und Farbendrucke

Familiendrucksachen
Verlobungs-, Vermählungs- und
Geburtsanzeigen, Visitenkarten
etc. etc.

Eigene Buchbinderei, Stereotypie

Auflage 2/[1913]

Anzeigen in eigener Sache

Die Werbefläche des Kochbuchs nutzen auch der herausgebende Verein und die verantwortliche Buchdruckerei J. Schön. Die Inserate des Bayerischen Vereins für Wirtschaftliche Frauenschulen auf dem Lande zeigen die Bandbreite der Vereinstätigkeit. Hier Anzeigen der Schulen in Miesbach und später auch Rothenburg o. d. T., die auf hohem fachlichen Niveau Fortbildung und Ausbildung zur wirtschaftlichen Lehrerin, zur Haus- und Gutsbeamtin anbieten; dort Werbung für Koch- und Haushaltungskurse für Bauernmädchen und einfache bürgerliche Verhältnisse sowie Abendkochkurse für Fabrikarbeiterinnen und sonstige erwerbstätige Frauen und Mädchen, sogenannte Wanderkochkurse. Schulische Berufsausbildung und Erwachsenenbildung sind die beiden Standbeine des Vereins. Die Schulen sind erfolgreich und der Verein publiziert die Unterrichtsmaterialien – zu denen nicht nur das Bayerische Kochbuch gehört – für den schulischen Gebrauch und darüber hinaus. Der *Leitfaden für Ernährungs- und Nahrungsmittellehre* sowie das *Einkochbuch* werden noch jahrzehntelang stets neu aufgelegt. Nach der Vereinsauflösung übernimmt wie beim Kochbuch Maria Hofmann die Bearbeitung. Die angezeigten Titel *Krankenküche* und *Bäuerliche Schlachtrezepte* habe ich nie in den Händen gehalten. Ihre Existenz belegen allein dieses und andere Inserate.

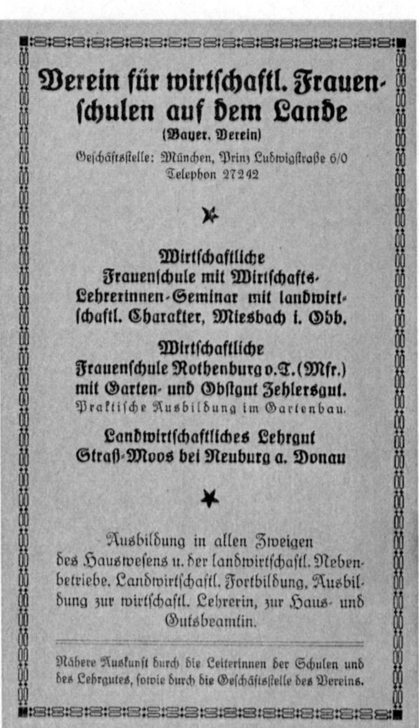
Verein für wirtſchaftl. Frauenſchulen auf dem Lande
(Bayer. Verein)
Geſchäftsſtelle: München, Prinz Ludwigſtraße 6/0
Telephon 27242

Wirtſchaftliche Frauenſchule mit Wirtſchafts-Lehrerinnen-Seminar mit landwirtſchaftl. Charakter, Miesbach i. Obb.

Wirtſchaftliche Frauenſchule Rothenburg o.T. (Mfr.) mit Garten- und Obſtgut Zehlersgut.
Praktiſche Ausbildung im Gartenbau.

Landwirtſchaftliches Lehrgut Straß-Moos bei Neuburg a. Donau

Ausbildung in allen Zweigen des Hausweſens u. der landwirtſchaftl. Nebenbetriebe. Landwirtſchaftl. Fortbildung, Ausbildung zur wirtſchaftl. Lehrerin, zur Haus- und Gutsbeamtin.

Nähere Auskunft durch die Leiterinnen der Schulen und des Lehrgutes, ſowie durch die Geſchäftsſtelle des Vereins.

Auflage 4/1920

Der Verein für wirtſchaftliche Frauenſchulen auf dem Lande
veranſtaltet
Koch- und Haushaltungskurſe für Bauernmädchen und einfache bürgerliche Verhältniſſe in der Dauer von 6 bis 8 Wochen,
Abendkochkurſe für Fabrikarbeiterinnen und ſonſtige erwerbstätige Frauen und Mädchen von 4 Wochen Dauer,
Einkochkurſe, Kochkiſtenkurſe, Kurſe für Krankenküche und andere Sonderkurſe von 2 bis 6 Tagen Dauer.
Die Herren Vorſtände der Bezirksämter, landwirtſchaftlichen Winterſchulen, Darlehenskaſſen uſw., die hochw. Geiſtlichkeit und Herren Lehrer, Vereinsvorſtände von gemeinnützigen Vereinen, wie Rotes Kreuz, Obſtbauvereine, katholiſcher und evangeliſcher Frauenbund, Hausfrauenvereinigungen und andere werden hiermit auf dieſe Kurſe aufmerkſam gemacht und gebeten, ſich nähere Erläuterungen über Einrichtung und Durchführung der Kurſe in der Geſchäftsſtelle des Vereins für wirtſchaftliche Frauenſchulen auf dem Lande
München, Prinz Ludwigſtraße 6/0
erholen zu wollen. — Ferner ſei hingewieſen auf die
Abteilung für Stellenvermittlung
des Vereins für wirtſchaftliche Lehrerinnen, Haus- und Gutsbeamtinnen uſw., ebendort.

Bureauſtunden: Täglich von 9—12½ Uhr.
Fernruf 27242.

Auflage 11/1927

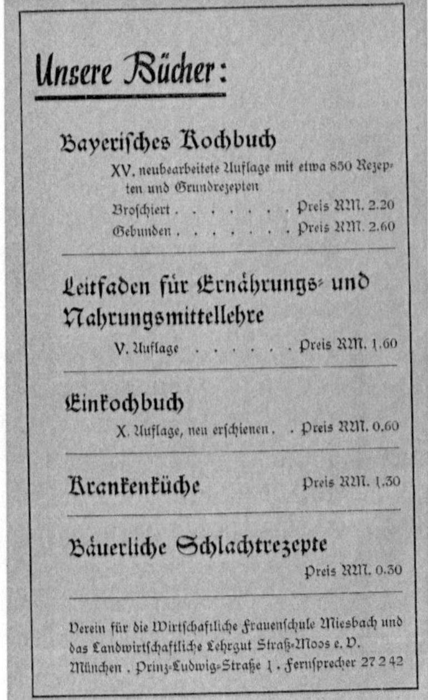
Unsere Bücher:

Bayeriſches Kochbuch
XV. neubearbeitete Auflage mit etwa 850 Rezepten und Grundrezepten
Broſchiert . . . . Preis RM. 2.20
Gebunden . . . . Preis RM. 2.60

Leitfaden für Ernährungs- und Nahrungsmittellehre
V. Auflage . . . . . . Preis RM. 1.60

Einkochbuch
X. Auflage, neu erſchienen . . Preis RM. 0.60

Krankenküche Preis RM. 1.30

Bäuerliche Schlachtrezepte
Preis RM. 0.30

Verein für die Wirtſchaftliche Frauenſchule Miesbach und das Landwirtſchaftliche Lehrgut Straß-Moos e. V.
München, Prinz-Ludwig-Straße 1, Fernſprecher 27242

Auflage 15/[1933]

Wie wird und wie bleibt man schlank?

Wie setzt sich eine vitaminreiche Kost zusammen?

Wie ernährt man sich im höheren Lebensalter?

Gibt es Zusammenhänge zwischen Ernährung und Herzinfarkt, Gicht und Zuckerkrankheit?

Wie ernähren wir uns richtig?...

Gesunde Ernährung und Krankenkost

Maria Hofmann
Helmut Lydtin

29. Auflage einer Ernährungslehre – 356 Seiten mit 32 schematischen Zeichnungen – ein Lehrbuch für Unterricht und Selbststudium – von der Physiologie und Chemie der Ernährung zur praktischen Arbeit in der Küche – ein Buch für alle, die an Ernährungsfragen interessiert sind. Preis DM 14,80.

BIRKEN-VERLAG GMBH. 8 München 2, Altheimer Eck 13

Auflage 49/1981 (im Orginal farbig)

Von Äpfel im Schlafrock bis Zwiebelsuppe.

Register im Bayerischen Kochbuch

Ein Register kann man mit einem Theater vergleichen:
Wer hinein kommt, entscheidet ein Türsteher; das ist der Redakteur.
Der Platzanweiser ist das Alphabet.
Seine Regel – *Immer der Reihe nach!* – ist nur auf den ersten Blick eindeutig.
In unser Theater dürfen zum Beispiel auch Ischler Plätzchen,
Jägerfleisch und Versoffene Jungfern – ihre Platzierung war aber häufig
Verhandlungssache und mitunter auch Zufall.

Das Register ist älter als das Inhaltsverzeichnis in der Auflagengeschichte. Noch bevor das Kochbuch seine Gliederung in Form eines Inhaltsverzeichnisses zu erkennen gab, hatte es schon einen alphabetischen Index. Einzelne Rezepte kann man mündlich weitergeben und auswendig lernen – eine Rezeptsammlung, ein Kochbuch, braucht ein Register. Nur so lässt sich der Tresor öffnen. Noch dazu, wenn er heute 1749 Rezepte enthält.

Ein oberflächlicher Blick auf den Abschnitt zum Buchstaben *I* in den nebenstehenden Registerauszügen zeigt erstens: Das Register wird von Auflage zu Auflage länger, zweitens: Über Sortierweisen kann man streiten - *Sind I und J ein oder zwei Buchstaben? Wo sollen die Umlaute platziert werden?* – und drittens: Register sind schön und aussagekräftig wie Gedichte. *Erstens* ist nicht weiter verwunderlich und muss hier nicht erörtert werden. *Zweitens* und *drittens* sehr wohl. Wie ändert sich die Sortierweise im Laufe der Jahrzehnte? Was steht eigentlich im Register und wie ist es zu lesen?

Auffällig aus heutiger Sicht sind die Einträge der Buchstaben *I* und *J*. In den ersten Auflagen werden sie getrennt sortiert, dann ist ein Registerabschnitt *J* etliche Jahre und Auflagen überflüssig, weil das Rezept für Jägerfleisch gestrichen wurde. Mit der Auflage 15/[1933], der ersten unter dem Titel Bayerisches Kochbuch, wird das Rezeptinventar größer, spürbar am Johannisbeerkuchen in unserem gewählten Ausschnitt. Und nun entscheidet man sich dafür, *J* unter *I* zu behandeln. Das entspricht einer Sortierregel der eigentlich zu der Zeit schon veralteten *Preußischen Instruktionen*, laut der *i und j nicht unterschieden* werden. Ab 1925 gelten bereits die *Einheits-ABC-Regeln*, die *I* und *J* als zwei verschiedene Buchstaben betrachten. Es ist eine halbherzige Lösung im neuen Bayerischen Koch-

Der Registereintrag zum Buchstaben *I* ist kurz und kondensiert die Veränderungen des Kochbuchs und damit auch die des Jahrhunderts. Die sich ändernden *I*-Einträge sind hier dokumentiert. Mitunter nimmt der Text Bezug darauf.

A/[1910]
Ischler Plätzchen 158/151

6/1924
–

10/1927
Italienischer Salat 251

15/[1933]
Indian, gebraten 171 59
Ischler Plätzchen 730 242
Italienischer Salat 385 129
Johannisbeerkuchen 622 204
Jungfern, echte trunkene 617 202
Jungfern, versoffene 477 153

16/[1936]
Indian, gebraten 171 60
Ischler Plätzchen 749 249
Italienische Leber 143 49
Italienischer Salat 394 134
Johannisbeerkuchen 641 210
... mit Schaumüberzug 635 210
Jungfern, trunkene 630 208
Jungfern, versoffene 486 158

18erw./1947
Indian, gebraten 280 77
Ischler Plätzchen 906 241
Italienische Leber 312 85
Italienischer Salat 220 61
Johannisbeereis 690 179
Johannisbeerspeise 659 171
Jungfern, trunkene 773 801

23/1953
Igel 954 358
Indian, gebraten 146 66
Ischler Plätzchen 933 352
Italienische Leber 180 79
Italienischer Salat 474 172
Johannisbeereis 691 253
Johannisbeerspeise 654 243
27/1958
Igel 943 462
Indian, gebraten 201 120
Joghurt mit Apfelsinen 1129 553
Joghurt mit Banane 1131 553
Joghurt mit Erdbeeren 1132 554
Joghurt mit ... 1128 553
Johannisbeereis 767 361
Johannisbeerspeise 781 361
Ischler Plätzchen 1053 525
Italienische Gemüsesuppe 58 50
Italienische Leber 182 109
Italienischer Salat 526 244
Jungfern, echte trunkene 868 412
40/1971
Igel mit Löffelbiskuits 668
Imperial-Cobbler 788
Indian, gebraten 188
Ingwer 54
Ingwermilch 761
Ingwer-Polster (Honigteig) 704
Irish Stew 308
Ischler Plätzchen 726
Italienische Gemüsesuppe 72
Italienische Pizza 589
Italienischer Sala 407t
55/1998
Idealgewicht 11, 866
Igel (Biskuitteig) 676
Imperial-Cobbler 794
Ingwer 58
Ingwermilch 770
Ingwer-Polster (Honigteig) 713
Innereien 169, 183
Irish Stew 313
Ischler Plätzchen 734
Italienische Pizza (Hefeteig) 597

Auflage A/[1910]
ä = ae
Äpfel im Schlafrock
Agnesenplätzchen
Albertbiskuit
Aniskuchen
Apfelauflauf
Kälberfüße, gebacken

buch: Die Anfangsbuchstaben werden zwar zusammen gruppiert, aber sehr wohl unterschieden, wie man sehen kann. Erst kommen die Rezepte, die mit *I* beginnen, dann die mit *J*. Streng genommen spart der Druck nur die Zwischenüberschrift *J*. Die Auflage 27/1958 wird die erste sein, die die beiden Buchstaben konsequent gleichsetzt: nach Indian folgt Joghurt und dann die Ischler Plätzchen. *I* = *J*, und der zweite, dritte, etc. Buchstabe bestimmt die Position innerhalb des Abschnitts. Diese Sortierweise ist Ende der 50er Jahre eigentlich nicht mehr üblich. Es gilt bereits die Norm *DIN 5007*, die eine Fortschreibung der *Einheits-ABC-Regeln* in der Bundesrepublik Deutschland ist. Die Auflage 40/1971 setzt sie schließlich um und gibt *J* einen eigenen Abschnitt. Warum geschah dies erst so spät? Maria Hofmann und der Birken-Verlag sind in den 50er und 60er Jahren im besten Sinne des Wortes Dilettanten. Sie haben Freude an der Pflege des Bayerischen Kochbuchs, sind aber keine Profis der Registererstellung. Das erklärt auch dem Umgang mit dem Buchstaben *S* und den Umlauten:

Während auf der einen Seite Buchstaben im Alphabet nicht unterschieden werden, entstehen auf der anderen Seite neue Buchstabenkombinationen. Von 18erw./1947 bis 54/1992 gliedert das Register den Buchstaben *S* in drei Abschnitte: Unter *S* kann man Sachertorte bis Szegediner Gulasch finden, unter *Sch* Schalentiere bis Schwenkkartoffeln und unter *St* Stachelbeergrütze bis Strudelteig. Die Fülle der Rezepte mit dem Anfangsbuchstaben *S* glaubt man so besser in den Griff zu kriegen. Diese Sortierweise setzt freilich beim Nachschlagen viel Registerkenntnis und -verständnis voraus. Die geduldigen treuen Fans des Bayerischen Kochbuchs waren darin sicher geübt. Neulinge fragten sich aber bestimmt häufig, warum denn kein Schweinebratenrezept im Kochbuch zu finden sei – das sie unter *S* suchten. Die jüngste Überarbeitung des Bayerischen Kochbuchs 1998 hebt die Trennung auf; es gibt nun nur noch einen langen Abschnitt *S*.

Ein Sortierproblem, für das auch heute verschiedene Lösungen angewendet werden, stellen die Umlaute dar. Wie sind *ä, ö, ü* einzusortieren? Die Positionen der Rezepte Äpfel im Schlafrock und Kälberfüße geben Auskunft, wie mit der Frage jeweils umgegangen wird. Im Register der ersten Auflagen löst man die Umlaute auf: *ä* wird behandelt wie *ae*, *ö* wie *oe* und *ü* wie *ue*. Dementsprechend stehen Äpfel im Schlafrock vor Agnesenplätzchen und Kälberfüße vor Kaffeekuchen. Die gründliche Bearbeitung der Auflage 10/1927 ist vor allem inhaltlicher Natur; um solche Formalia wie Sortierweisen macht man sich keine Gedanken, wie die Beispiele aus der Registerfolge zeigen: mal so – mal so.

Käsekeulchen
Käsekuchen
…
Kaisertee
Kalbfleisch, eingemacht

Auflage 10/1927

ä = a

Anislaiberln
Äpfel im Schlafrock
Apfelauflauf

ä = ae

Kälberfüße, gebacken
Käsegebäck
Käskeulchen
…
Kakaoglasur
Kalbfleisch, eingemacht

Auch die Auflage 15/[1933] bleibt bei der freihändigen Handhabung der Sortierweise im Register; auf Aepfel im Schlafrock folgt jetzt Albertkeks. Das neue Rezept für Bröselkuchen steht im Register – regelfrei – nach der Brottorte. In 18erw./1947 ist dieser Fehler bereinigt. Die Äpfel im Schlafrock aber halten sich beharrlich nicht an die Regel ä = ae. Bis 55/1998 sind sie einsamer Vorreiter der neuen Registerordnung. Erst diese jüngste Überarbeitung des Bayerischen Kochbuchs sortiert *ä* wie *a* und wendet damit die übliche Sortierweise für Wörterbücher und Lexika (DIN 5007–1) an. Eine Regelung, die Wörter mit gleichem Wortstamm nicht trennt. Den Äpfeln im Schlafrock, schon seit 10/1927 unmittelbar vor dem Apfelauflauf, machen es jetzt die Kälberfüße nach und gesellen sich zum Kalbfleisch.

Bis 1998 musste das Register händisch sortiert werden. Auf diese Weise waren beabsichtigte alphabetische Ausreißer wie *s – sch – st* und unbeabsichtigte möglich. Erst die automatische Sortierung der digitalen Daten bereinigt das Register der Auflage 55/1998 von irrlichternden Rezepten mit Umlauten und platziert Mikrowellenkunde und Milchgetränke richtig – statt wie davor zwischen Melanzane und Melone.

Birnenkompott in brauner Sauce	168
Bischofsbrot	139
Biskuitroulade	136
Biskuitsuppe	18
Biskuitteig	188
Bittermandelkuchen	135
Blaukraut	24
Blechkuchen	129
Blitzkuchen	188
Blumenkohlgemüse	24
Blumenkohlsalat	30
Blumenkohlsuppe	18
Bockleber	65
Böhmische Knödel	100
Boeuf à la mode	64
Bohnen	26
Bohnen in saurer Sauce	28
Bohnensalat	29
Brätknödel	38
Brandteigschmarren	113
Bratkartoffeln	42
Braunes Ragout	70
Braunschweiger Kuchen	126
Briessuppe	171
Brotpudding	111
Brotrezept	190
Brotsuppe, verkochte	11
Brottorte	187
Butterbrot, falsche	158
Buttermehlsuppe	5
Buttermilchsuppe	9
Butternockerln	18
Butterplätzchen	164

Auflage A/[1910]

Chaudeau	**454**	**146**
Chinesischer Tee	**755**	**248**
Cremes	**541, 546-556**	**174 176-179**
Cremetorte (Butter-)	**673**	**223**

Auflage 15/[1933]

Die EDV-gestütze Bearbeitung des Registers ist eine große Arbeitserleichterung. Weiterhin Aufgabe des Menschen bleibt, das Register über die bloße Sortierung hinaus aussagekräftig zu gestalten. Damit sind wir bei der dritten Eingangsfrage angekommen: Was steht im Register? Beginnt man mit den Äußerlichkeiten, fällt in der Erstauflage ein Schriftartwechsel auf. Die Grundschrift ist Fraktur und dazwischen steht unvermittelt in Antiqua Boeuf à la mode, ein Rezept mit französischem Namen. Die gebrochene Frakturschrift bot die Buchstaben für die germanischen Sprachen; selbstverständlich war es, romanische, d. h. lateinische, italienische, französische und spanische Wörter in Antiqua zu setzen – der Schrift, in der schon die Römer Latein geschrieben haben. Für den Kochbuchsetzer gab dabei nicht die tatsächliche Herkunft den Ausschlag, sondern sein Sprachgefühl. So ist zu erklären, dass Boeuf à la mode Antiqua gesetzt ist, nicht aber Haschee und Madeleine. Diese werden nicht als französisch wahrgenommen – oder schlicht vergessen. Die Phase der strikten Sprachreinigung im Ersten Weltkrieg, in der mit Gelee und Boeuf à la mode auch die Antiqua aus dem Kochbuch verschwindet, ist nur vorübergehend. Anfang der 30er Jahre heißt Soßfleisch auch wieder Boeuf à la mode, diesmal aber in Fraktur gesetzt; Chadeau findet sich dagegen in Antiqua in Register und Text. Die Grenzen verschwimmen, auch wenn der herrschende Nationalismus sie streng ziehen will. Mit der ersten Auflage nach dem Zweiten Weltkrieg verschwinden diese Satzfeinheiten: Das gesamte Bayerische Kochbuch erscheint in Antiqua. Fraktur hat ausgedient.

Seit der blauen Auflage 40/1971 helfen Schriftauszeichnungen im Register die Stichworte inhaltlich einzuordnen. Grundrezepte sind am Fettdruck erkennbar und ab 55/1998 erscheinen Sacherklärungen, wie z. B. *Idealgewicht*, kursiv.

Eine weitere Markierung von Registereinträgen hält 10/1927 Einzug: Mit einem * sind Rezepte versehen, die sich für die Herstellung in der Kochkiste eignen. Auch wenn diese noch lange (bis 39/1969) im Einsatz ist, im Register markiert werden die Rezepte nur bis 18/[1943]. Kurioserweise übernimmt das * ab 40/1971 die Aufgabe, Schnellgerichte im Register zu kennzeichnen. Denn in gewisser Weise korrespondieren die beiden Verwendungen des *: Die Kochkiste war auch für das schnelle Essen nach einem langen Arbeitstag gedacht.

Semmelknödel, feine (A/[1910])
Semmelknödelsuppe, fein (10/1927)
Semmelknödel, feine in Suppe (15/[1933])
Semmelknödelsuppe, feine (18erw./1947)
Semmelknöderlsuppe, feine (27/1958)

Entscheidend für den Erfolg beim Nachschlagen ist die Formulierung eines Stichworts. Das klingt schlicht, ist aber häufig eine schwierige Aufgabe. In der Tat ist der Registereintrag der Schlüssel zum Tresor. Dass dieser passgenau sein muss, zeigt folgende Anekdote: In einer Umfrage unter Landfrauen bedauert eine Liebhaberin des Bayerischen Kochbuchs, dass ein von ihr geschätztes Rezept für Semmelknöderlsuppe in der neubearbeiteten Auflage 40/1971 nicht mehr zu finden sei. Tatsächlich gehört die Suppe aber seit der Erstauflage bis heute zum festen Rezeptrepertoire des Bayerischen Kochbuchs. Allerdings änderte sich der Registereintrag, wie die nebenstehende Liste zeigt. Der Registereintrag Semmelknöderlsuppe, feine wurde in der Auflage 40/1971 gestrichen. Aber seit 15/[1933] ist die Suppe durch einen zweiten Eintrag vertreten: Suppe mit feinen Semmelknödeln. Unter diesem ist sie in jeder Auflage zu finden. Übrigens gleichlautend mit dem Rezepttitel. Einzig das r in Semmelknöderln ist neu seit Auflage 55/1998. Das Beispiel zeigt, wie komplex das scheinbar trockene Registergeschäft ist.

Die Gründe für eine Umbenennung eines Registereintrags sind vielfältig. Im Fall der Semmelknöderlsuppe dient sie der Strukturierung. Nun stehen alle Suppen zusammen im Register und man kann ohne zu blättern die passende suchen: Suppe mit Biskuit, mit Eierkäse, mit Eierstich, mit grünen Maultaschen oder mit feinen Semmelknöderln. Aus Gründen der Sprachpflege sind vermutlich Haferflockenmakronen zu -häufchen geworden (23/1953); ebenso ergeht es den Roggenschrotmakronen (27/1958). Keine Absicht liegt bei den folgenden Beispielen vor: Das traditionelle Gericht (Saure) Lunge hat seit der Auflage 10/1927 einen Beinamen, der ebenfalls im Register gelistet ist.

138. Lunge (Voressen). *

1 Kalbs- oder Schweinslunge oder 1 ℔ Rinderlunge

zum Sud:
- 1½ l Salzwasser
- 1 Gewürzdosis
- 1 Zitronenscheibe
- ⅛ l gebrauchsfertigen Essig
- 1 Zwiebel in Scheiben
- Wurzelwerk

zur Soße:
- 1½ mal Grundrezept Einbrennsoße:
- 45 g Fett
- 60 g Mehl
- 1 Teelöffel Zwiebel
- ¾—1 l Sud.

Lunge waschen, in kochendem Sud zusetzen, Garzeit ¾—2 Stunden. Lunge herausnehmen, pressen, erkalten lassen, nudelartig schneiden. Mittelfarbene Einbrenne herstellen, mit Sud auffüllen, ¼ Stunde kochen, Lunge zugeben, ¼ Stunde mitkochen lassen, abschmecken.

Auflage 15/[1933]

Als typische Vorspeise wird es auch Voressen genannt. Diesen Beinamen verliert es aber wieder, wie das Register der Auflage 27/1958 zeigt. Über ein Jahrzehnt später ist die Saure Lunge dann auch unter Wiener Beuscherl zu finden (40/1971). Der gute Ruf der österreichischen Küche adelt dieses Rezept zusätzlich.

Mitunter tragen Rezepte mehrere Namen, wechseln sie oder die Schreibweisen. Alles hat Auswirkungen aufs Register. Mailänder Reis kennt das Kochbuch seit der Erstauflage, aber es dauert seine Zeit bis er – nach der Übergangsstufe Reis nach Risottoart – endlich landestypisch Risotto heißt (27/1958). Angepasst an die zeitgemäße Schreibweise ist ab dieser Auflage Zicchorien unter Chiccorée zu finden. Die umfassende Überarbeitung des Kochbuchs, die in die blaue Auflage 40/1971 mündete, wird auch bei der Benennung von Registereinträgen spürbar, z.B. heißt Fischauflauf jetzt Fischspeise und Pommes Chips verlieren den Eintrag als Herbstlaub. Das ist mittlerweile ungebräuchlich geworden.

Eine Rezeptumbenennung, die kaum Auswirkung auf die Registerposition hat, erfuhr die Bowle Türkenblut. Ein aufgebrachter Silvesteranruf bewegte Helmut Lydtin, das Mischgetränk aus Wein und rotem Sekt – politisch korrekt – umzubenennen in Tulpenblut. Der Gleichklang ist bemerkenswert.

Tulpenblut, Herbstlaub oder Scheiterhaufen zeigen eines deutlich: Das Register ist ein Rezeptverzeichnis, keines von Zutaten. Mit den Suchen nach *Irgendwas mit Kartoffeln* oder *Wie kann ich altbackenes Brot verwerten?* käme man nicht auf die genannten Rezepte. Auch Kaiserschmarrn, Schuxen und Schneeballen tragen keine sprechenden Namen. In gewisser Weise ist das konspirativ, und das ist auch gut so.

Ein Thema bereitet jedem, der ein Register in die Hand nimmt, egal ob sie es erstellt oder er es benutzt, Kopfzerbrechen. Es sind dies Einträge mit Attributen, wie das oben gennante Wiener Beuscherl. Der Buchstabe *I* bietet hier genügend Beispiele: Irish Stew, Ischler Plätzchen, Italienische Pizza, Italienischer Salat. Das sind Registereinträge mit Attribut aus der Auflage 56/2007. Verfolgt man die Liste der *I*-Einträge vergangener Auflagen, glaubt man sich sorgen zu müssen um Italienische Gemüsesuppe und Italienische Leber und die Jungfern, egal ob (Echte) Trunknene oder Versoffene. Sie sind nicht mehr unter *I* zu finden. Um Suchenden eine größere Trefferquote zu bescheren, wurden derartige Rezepte ab der Auflage 15/[1933] häufig mit mehreren Registereinträgen versehen: Italienischer Salat oder Salat, italienischer. Bei Rezeptnamen, die aus einem Nomen und einem oder mehreren Attributen bestehen, bietet sich das an. Nicht selten gibt es nicht nur einen Tresorschlüssel. Die Registereinträge Jungfern, echte trunkene und versoffene sind seit der Auflage 40/1971 – zum Glück – Geschichte. Zur Beruhigung: Alle Rezepte stehen immer noch im Kochbuch! Auch die Echten trunkenen Jungfern, die – zubereitet nach dem Rezept des Bayerischen Kochbuchs – Joseph Ratzinger so schätzen soll. Zu finden unter *E* wie *echte*.

Je verwobener die Teile eines Rezeptnamens miteinander sind, je weiter sich ihre Bedeutung von der wörtlichen entfernt hat, desto schwieriger wird ihre Trennung im Register. Ein Italienischer Salat ist ein *Salat, auf italienische Weise zubereitet*. So eine Paraphrase hilft bei den Versoffenen Jungfern und (Echten) Trunkenen Jungfern nicht weiter. Basis beider Süßspeisen ist Backwerk aus Weißmehl. Bei den Versoffenen handelt es sich um Semmeln und bei den Echten trunkenen um selbstgemachte Rührteignocken. *Jungfern*gebäck ist im Brauchtum nicht unbekannt. Tränkt man Gebäck rezeptgemäß in Flüssigkeit, werden die Jungfern trunken …

Als Beispiel für synonyme Rezeptnamen nennt der Buchstabe *I* den Indian, gebraten. Das Rezept ist seit 15/[1933] lückenlos belegt: bis einschließlich 54/1992 mit den Synonymen Indian, Pute(r), Truthahn – und um sicher zu gehen, wurde jeder Rezeptname mit vorangestelltem und nachgestelltem Attribut gelistet. Also zählte man sechs Registereinträge für ein Rezept! Bis zur Auflage 40/1971 war diese platzverschwendende und nicht zwingend sinnvolle Sortierweise im Bayerischen Kochbuch üblich. Das grammatische Geschlecht der Pute war bis 26/1956 übrigens maskulin. Ob das auch auf das biologische Geschlecht zutraf und -trifft, weiß ich nicht.

Kuttelfleck

26. Auflage, 1956, S. 77

½ kg Kuttelfleck (gekochter Rindermagen oder Kaldaunen); [zum Sud: 2 l Salzwasser, 1 Gewürzdosis (= 3 Gewürzkörner, 3 Pfefferkörner, 1 Nelke, 1 Lorbeerblatt), 1 Zitronenscheibe, ⅛ l gebrauchsfertiger Essig, 1 Zwiebel in Scheiben, Wurzelwerk; zur Soße: 45 (30) g Fett, 60 g Mehl, 1 Teelöffel Zwiebel, ¾–1 l Sud]

Rohe Kutteln gut mit Salz abreiben, mehrere Stunden in oft zu wechselndem Salzwasser wässern, 3–4 Stunden kochen, Kochwasser wechseln. In Kochkiste über Nacht [in Sud] weichkochen. Übrige Zubereitung wie Lunge Nr. 174 [Kutteln herausnehmen, pressen, erkalten lassen, nudelartig scheiden. Mittelfarbene Einbrenne herstellen, mit Sud auffüllen, ¾ Stunde kochen, Kutteln zugeben, ¼ Stunde mitkochen lassen, abschmecken] oder die gekochten Kutteln durch die Fleischmaschine drehen und zur fertigen Soße geben.

Das Werden eine Kanons

Was die Gliederung verrät

Was kann die Gliederung eines Kochbuchs schon erzählen?
Vieles: Sie verrät Probleme der Anfangsjahre,
berichtet von Hunger und Sattheit,
von gesellschaftlichen Regeln und Alltagskultur.
Über all das gibt die Systematik des Werkes Auskunft.
Darum lohnt sich die Frage, wie die Rezepte angeordnet sind.

Kochbuch Auflage A [1910]

Das Kochbuch des Bayerischen Vereins für Wirtschaftliche Frauenschulen auf dem Lande enthält kein Inhaltsverzeichnis, die Gliederung muss aus den Kapitelüberschriften erschlossen werden. Sie sind an ihrer Position (zentriert), Schriftstärke (fett), Schriftgröße (150% der Normalschrift) und durch die aufsteigende römische Nummerierung von I. bis XXIII. zu erkennen. Die beschriebenen Überschriften bilden die erste Hierarchieebene. Es gibt vereinzelt Belege für eine zweite untergeordnete Ebene. Die Überschriften der zweiten Ebene sind ebenfalls zentriert, aber nur halbfett, ca. 120% der Normalschrift und nicht nummeriert. Das Kochbuch hat also zwei Hierarchieebenen: eine nummerierte erste Ebene und eine unnummerierte, sporadisch belegte zweite Ebene. Die zweistufige Hierarchie behält das Werk über alle Auflagen hinweg bei. Sie ist ein hilfreiches Instrument, die zunehmende Rezeptfülle zu gliedern. Aus den Überschriften erschließt sich nebenstehende erste Gliederungsebene. Auffällig sind die Kapitel, die den XVIII. Getränken nachfolgen: XIX. Kompott, XX. Fischgerichte, XXI. Torten und Obstkuchen, XXII. Einige vegetarische Gerichte. Kompott erscheint zum zweiten Mal in der Kapitelfolge, und auch die Fischgerichte gibt es schon als Fischspeisen weiter oben. Worum handelt es sich bei diesen Wiederholungen – vielleicht um verfeinerte Varianten für besondere Anlässe? In gewisser Weise schon: Berücksichtigt man die zweite Hierarchieebene, wird deutlich, dass die Krankenküche alle Menükapitel der Gesundenküche ein weiteres Mal enthält. Es liegt also eine Verdoppelung auf der Binnenebene des Kapitels Krankenküche vor, die infolge eines Fehlers beim Buchsatz zum

I. Suppen.
II. Gemüse.
III. Fleisch- und Gemüsebeilagen.
IV. Kartoffelgerichte.
V. Fleischspeisen.
VI. Zusammengekochte Gerichte.
VII. Verschiedene Fleischgerichte.
VIII. Fischspeisen.
IX. Saucen.
X. Einfache Mehlspeisen.
XI. Feinere Mehlspeisen.
XII. Hefeteigbäckereien.
XIII. Verschiedene Gebäcke.
XIV. Verschiedenes, kleines Backwerk.
XV. Verschiedenes.
XVI. Kompotts.
XVII. Krankenküche.
XVIII. Getränke.
XIX. Kompott.
XX. Fischgerichte.
XXI. Torten und Obstkuchen.
XXII. Einige vegetarische Gerichte.
XXIII. Küchenzettel für einen dreitägigen Kochkistenkurs.
XXIV. Speisezettel für die Fasttage.

Teil eine Hierarchieebene hoch rutscht. Dieser Fehler erklärt sich nicht zuletzt dadurch, dass der Bayerische Verein für Wirtschaftliche Frauenschulen auf dem Lande keine Unterstützung durch einen professionellen Verleger hatte. Derartige logische Fehler hätte ein Lektorat korrigiert. Im Folgenden wird die zweite Hierarchieebene nur exemplarisch in die Betrachtungen mit einbezogen.

XXIII. Speisezettel für Fasttage.

Nr. 1. Suppe mit Butterklößchen, blaugesottener Fisch mit Essig und Oel, Spinat mit Rühreiern oder Ochsenaugen, schwarzer Karpfen mit abgeschmälzten Nudeln, Mandelpudding mit Chaudeausauce, gebackene Froschschenkel oder gebackener Fisch mit Salat, Kleinfonfekt, Obst.

Nr. 2. (einfacher) Erbsensuppe, Hecht in Buttersauce mit gerösteten Kartoffeln, Dampfnudeln mit Vanillesauce, gebratene Häringe mit Bohnengemüse, Hefepfannkuchen und Obst.

Nr. 3. (ganz einfach) Panadensuppe, Fischkoteletten mit Salat, Kaiserschmarren, gekochte Zwetschgen.

Auflage B/[1911]

Welchem Muster folgt die Gliederung? Die Antwort steht im Kochbuch. An den Rezeptteil schließt sich das Kapitel Speisezettel für Fasttage an. Der Vorschlag Nr. 3 macht das Muster sichtbar. Es lautet: Vorspeise – Hauptspeise – Mehlspeise – Nachspeise. Vergleicht man die Speisenfolge im Menü mit den Kapiteln, erkennt man das Ordnungsprinzip. Die Reihenfolge der Kapitel orientiert sich an der eines *ganz einfachen* Menüs. Die Vorspeise ist jeweils eine Suppe: Das Kapitel Suppen eröffnet den Rezeptereigen. Danach kommt das Hauptgericht, das durch Zwischengerichte ergänzt werden kann. Rezepte dazu findet man in den Kapiteln Gemüse, Fleisch- und Gemüsebeilagen, Kartoffelgerichte, Fleischspeisen (...), Fischspeisen und Saucen. Es folgen im Menü Einfache oder Feinere Mehlspeisen und Hefeteigbäckereien. Rezepte für den Menüpunkt Nachspeise sind in den Kapiteln Verschiedene Kuchen, Verschiedene Gebäcke, Verschiedenes kleines Backwerk, Verschiedenes und Kompotts nachzulesen. Das Kapitel Verschiedenes kann man den Nachspeisen zuschlagen, da es ausschließlich süße Glasuren enthält.

Außerhalb der Speisenfolge des Menüs stehen die Rezepte für Krankenküche, Getränke, Torten und Obstkuchen, Einige vegetarische Gerichte und Küchenzettel für einen dreitägigen Kochkistenkurs. Diese Kapitel behandeln all die Themen, die eine Leserin des beginnenden 20. Jahrhunderts im vermutlich einzigen Kochbuch des Haushalts nachlesen können wollte – und die in Wirtschaftlichen Frauenschulen und auf Wanderkochkursen gelehrt wurden. Das Kochkistenkapitel ist einzig in dieser Auflage belegt.

Kochbuch 3. Auflage 1916

I. Suppen.
II. Suppeneinlagen.
III. Gemüse und Salate.
IV. Gemüsespeisen.
V. Fleisch- und Gemüsebeilagen.
VI. Kartoffelgerichte.
VII. Fleischspeisen.
VIII. Zusammengekochte Gerichte.
IX. Fischspeisen.
X. Soßen.
XI. Einfache Mehlspeisen.

Nach einer unveränderten 2. Auflage bringt der Bayerische Verein 1916 mitten im Ersten Weltkrieg eine 3. Auflage des Kochbuchs heraus. Es wurde überarbeitet und von Fehlern bereinigt. Zu den korrigierten Fehlern zählen neben der neuen Binnengliederung der Krankenküche auch die Aufwertung des vermeintlichen Unterkapitels Verschiedene Kuchen zum selbständigen nummerierten Kapitel XV. Da die Backrezepte dieses Kapitels keine Hefe verwenden, war die Einordnung als Unterkapitel der Hefeteigbäckereien in der Erstausgabe sicher nicht so beabsichtigt.

Ein Vergleich der Auflage 3/1916 mit der Erstausgabe zeigt zwei gegenläufige Tendenzen: die zur Differenzierung und die zur Komprimierung. Das klingt kompliziert, ist es aber nicht. Differenziert, d. h. aufgeteilt, werden die Suppen und Gemüsespeisen: I Suppen und II. Suppeneinlagen, III. Gemüse und Salate und IV. Gemüsespeisen. Komprimiert, d. h. zusammengefasst, werden die Kapitel zum Thema Fleisch. Verschiedene Fleischgerichte verschwindet. Die Rezepte des Kapitels findet man fortan unter den Fleischspeisen. Ebenfalls der Komprimierung zum Opfer fällt das Kapitel Einige vegetarische Gerichte. Die Rezepte verteilen sich auf die in Frage kommenden Kapitel: Spargel mit Butter wandert zu Gemüse und Salate und Schmarrn ohne Ei zu den Einfachen Mehlspeisen.

XII. Feinere Mehlspeisen.
XIII. Hefeteigbäckereien.
XIV. Torten und Obstkuchen.
XV. Verschiedene Kuchen.
XVI. Verschiedene Gebäcke.
XVII. Verschiedenes, kleines Backwerk.
XVIII. Verschiedenes.
XIX. Kompotte.
XX. Krankenküche.
XXI. Getränke.
XXII. Speisezettel für die Fasttage.

Zwei sprachliche Details sind in der Auflage 3/1916 bemerkenswert: Die französische Sauce wird im Kriegsjahr 1916 zu Soße eingedeutscht (mehr dazu im Kapitel *Sulz statt Gelee*). Das andere betrifft den Plural von Kompott. Seit der Erstauflage besteht eine Unsicherheit, ob und wie er zu bilden sei. Nebeneinander stehen dort die Kapitelüberschriften Kompotts im Plural und Kompott im Singular. In der Auflage 3/1916 ist keine Singularform belegt und der Plural wird diesmal im Zuge der Eindeutschung mit e gebildet: Kompotte. In Auflage 4/1920 heißt es Kompotts und in 10/1927 wieder Kompotte. Diese Form, die nach dem zeitnahen *Duden* von 1934 die korrekte ist, wird bis einschließlich der Auflage 39/1969 konstant beibehalten. Mit der Auflage 40/1971 werden die mittlerweile antiquiert wirkenden Kompotte zu einem Unterkapitel der Süßspeisen. Und das Problem hat sich erledigt.

Kochbuch 10. Auflage 1927

1927 erscheint die X. vollständig überarbeitete Auflage des Kochbuchs. Die Überarbeitung wirkt sich auch auf die Gliederung aus. Zum Beispiel tragen die Kapitel keine Nummern mehr. Statt wie bisher I. Suppen liest man jetzt Suppen. Interessant ist, dass die Einzelrezepte eine gegenläufige Bewegung machen: Sie werden fortan über das ganze Buch hinweg durchnummeriert und bleiben es bis heute. Der Rezeptteil beginnt 1927 mit 1. Helle Einbrennsuppe und endet mit 648. Milchgefrorenes (schwere Halsentzündung). Die Nummerierung der

Suppen.
Fleischgerichte.
Hackfleischgerichte.
Fett auslassen und Fettmischungen.
Sulzen.
Zusammengekochte Gerichte.
Schinkenspeisen.
Fleischresteverwertung.
Fischspeisen.
Gemüse und Gemüsespeisen.
Salate.
Fleisch- und Gemüsebeilagen.
Kartoffelspeisen.
Kartoffelteigspeisen.
Soßen.

Einfache Süßspeisen (Mehlspeisen).
Hefeteigspeisen und Backwerk.
Schmalzgebäck.
Kuchen.
Kleines Backwerk.
Glasuren.
Fruchtspeisen, Kompotte.
Verschiedenes.
Kochkisten-Speisezettel.
Allgemeines über die Krankenkost.

»Der Fleischverbrauch der deutschen Bevölkerung hatte [..] von der Mitte des 19. Jahrhunderts bis zum Ersten Weltkrieg stetig zugenommen, sank aber durch die staatliche Ernährungszwangsbewirtschaftung sowie die nachfolgenden Wirtschaftskrisen ab. Um 1927/1928 hatte er jedoch wieder die Vorkriegswerte erreicht oder sogar überschritten, was als deutlicher Indikator für die wirtschaftliche Erholung Deutschlands anzusehen ist.« (Lesniczak 2003, S. 82).

Rezepte ist ein wichtiges Strukturelement des Bayerischen Kochbuchs. Sie wird als Referenzziel eines zukünftigen Verweissystems dienen und als Gedächtnisstütze beim alltäglichen Gebrauch. Jahrzehntelang zeichnen die Register sich durch zwei Kolumnenreihen aus: eine für die Rezeptnummern und eine für die Seiten.

Eine weitere Änderung betrifft die Kapitelanordnung. Zwar bleibt die Menüreihenfolge insgesamt erhalten, jedoch ändert sich die Binnenordnung der Hauptspeise. Bisher eröffnete das Kapitel Gemüse und Salate den Menügang. Nun rücken die Fleisch- und Fischspeisen an diese exponierte Stelle. Sie werden hier – bis auf eine kurze Zeit – bleiben. Die Fleischspeisen erhalten also nicht nur einen neuen Platz, auch ihre Kapitelzahl ändert sich erheblich. Aus zwei – Fleischspeisen und Zusammengekochte Gerichte – werden sieben: Fleischgerichte, Hackfleischgerichte, Fett auslassen und Mischungen, Sulzen, Zusammengekochte Gerichte, Schinkenspeisen, Fleischrestverwertung. Wir erinnern uns: In der Auflage 3/1916 wurden die Fleisch-Kapitel gegenüber der Erstauflage komprimiert. Zehn Jahre später, in der Auflage 10/1927, erfolgt dagegen eine Differenzierung. Die Zunahme an Fleischkapiteln der ersten Ebene geschieht durch eine Aufwertung von Unterkapiteln aus der zweiten Ebene. Der Stellenwert der Fleischspeisen wird hervorgehoben. Wir befinden uns im Jahr 1927, die Sparsamkeit der ersten Nachkriegszeit ist nicht mehr oberstes Gebot und der Fleischkonsum nimmt zu.

Die Menüpunkte warme und kalte Süßspeisen werden in der Auflage 10/1927 neu sortiert. Während bei den Fleischrezepten differenziert wurde, ist man hier um Komprimierung bemüht. Aus acht Kapiteln werden sechs. Einfache und Feine Mehlspeisen gehen in einem neuen Kapitel Einfache Süßspeisen (Mehlspeisen) auf. Rezepte, die vormals als Feine Mehlspeisen galten, werden jetzt aufgeteilt. Apfelauflauf wandert zu den Einfachen Süßspeisen, Apfelküchel zum neu geschaffenen Kapitel Schmalzgebäck, die herzhaften Krautkrapfen zu den Fleisch- und Gemüsebeilagen. Wie gehabt folgen nun Hefeteigspeisen, dann neu die Kapitel Schmalzgebäck und Kuchen. Letzteres beinhaltet einen Zusammenschluss der Kapitel Torten und Obstkuchen und Verschiedene Kuchen. Kleines Backwerk bleibt. Die Komprimierung strukturiert die genannten Kapitel nach dem signifikanten Merkmal der jeweiligen Süßspeisen: Hefe als Treibmittel, in Schmalz ausbacken, im Ofen backen. Wobei es zwangsläufig zu Überschneidungen kommen muss, wie bei den Kirchweihnudeln, einem Hefeteigschmalzgebäck …

Das ist nur eine Auswahl der Umstrukturierungen der Auflage 10/1927. Die Bearbeiterinnen haben gewütet und kaum einen Stein auf dem anderen gelassen, d. h. kaum ein Rezept neben dem anderen. Die zahlreichen Namensänderungen der Kapitel sind bemerkenswert. So sinnvoll sie bei den Backwaren sind, so überflüssig an anderer Stelle. Man betrachte nur die Umbenennung der Fleischspeisen in Fleischgerichte und der Kartoffelgerichte in Kartoffelspeisen. Ein roter Faden ist nicht zu erkennen.

Kochbuch 11. Auflage 1927

In der 11. verbesserten Auflage, die ebenfalls 1927 erscheint, ändert sich an der Kapitelabfolge nichts. Mit einer Ausnahme: Das Kapitel Getränke wird wieder am bekannten Ort aufgenommen: nach Fruchtspeisen, Kompotte und vor Verschiedenes. Um die Nummerierung der folgenden Rezepte nicht verändern zu müssen, wurden für die vier Getränkerezepte die Nummern mit Buchstabenergänzungen versehen: *544a Tee, 544b Malzkaffee, 544c Bohnenkaffee, 544d Kakao.*

Bayerisches Kochbuch 15. Auflage [1933]

Die Auflage 15/[1933] erhält einen neuen Titel, ein neues Design, eine namentlich genannte Bearbeiterin, Maria Hofmann, und zum ersten Mal ein Inhaltsverzeichnis. Ein beachtlicher Fortschritt beim Zugriff auf die Rezepte! Das Inhaltsverzeichnis enthält die Kapitelüberschriften der ersten Hierarchieebene. Das wird bis einschließlich Auflage 39/1969 so bleiben. Erst die Auflage 40/1971 bildet weitere Ebenen ab.

Die Gliederung der Auflage 15/[1933] stimmt weitgehend mit der Vorgängerauflage 14/1931 überein. Geringfügige Änderungen gibt es in der Reihenfolge der Kapitel, die die Verwendung von Fleisch thematisieren, Schinkenspeisen und Fleischrest-Verwertung werden aufgewertet, indem sie unmittelbar nach dem einleitenden Fleischspeisen eingeordnet werden. Die Kapitel Hackfleischgerichte, Kartoffel- und Kartoffelteigspeisen fallen weg. Ihre Fleischrezepte werden dem Kapitel Fleischspeisen zugeteilt, die Kartoffelrezepte den Beilagen. Neu ist das Kapitel Griebenverwendung. Vegetarische Gerichte sind wieder gefragt und so wird dieses Kapitel wiederbelebt.

Inhalt.

Auflage 15/[1933]

Das *Deutsche Wörterbuch* von Hermann Paul beschreibt im dürren Stil eines Wörterbuches die Karriere des Wortes *Eintopf*: »**Eintopf**: ›Gericht in einem Topf, Zusammengekochtes‹, durch die vom Nat.-Soz. seit 1933 propagierten *Eintopfsonntage* (»der 2. Sonntag der Monate Oktober bis März«; […]) verbreitet: *E., das Opferessen des Reiches* (ebd.). In den Wörterbüchern zuerst als *Eintopfgericht* (z. B. Duden 11. Auflage 1934)« (Paul 1992, S. 211).

Erneut wechseln Kapitel ihren Namen. Fleischgerichte werden zu -speisen, Kleines Backwerk zu Kleingebäck. Bemerkenswert ist die Neubenennung des Kapitels Zusammengekochte Gerichte. Unter diesem Titel gehörte es von Anfang an zum Kanon des Kochbuchs. Ab der Auflage 15/[1933] heißt das Kapitel Eintopfgerichte. Das Bayerische Kochbuch ist 1933 auf der Höhe der Zeit und trägt zur Verbreitung des neuen Wortes bei, die bis heute nachhaltig ist.

Die letzte Änderung in der Nomenklatur der Kapitelnamen ist der konsequente Abschluss einer Entwicklung, die mit der Auflage 10/1927 begonnen hat. Gemeint ist die Aufgabe des Sammelbegriffs Mehlspeisen. Wie oben beschrieben, wurde die Unterscheidung in Einfachere und Feinere Mehlspeisen zu Gunsten der Benennung Einfache Süßspeisen fallengelassen. Das Wort Mehlspeisen erschien nur noch als Ergänzung in Klammern. Das Kochbuch verzichtet ab dieser Auflage 15/[1933] auf die in Klammer gesetzten Mehlspeisen und kennt nur noch überregionale Süßspeisen. Die regional gefärbten Mehlspeisen verschwinden interessanterweise aus dem Kochbuch, sobald es sich Bayerisch nennt. Zeitgleich mit dem Titelzusatz wird ein zentraler Ausdruck der regionalen Küche aufgegeben und die Standardsprache gewinnt an Boden. Das Kochbuch wird zum Standardkochbuch, das auch über die bayerischen Grenzen – nach Norden, Osten und Westen – hinaus gebraucht und verstanden werden soll. Mit dem neuen Namen präsentiert sich das *Bayerische Kochbuch* als Vertreter einer regionalen Küche, inhaltlich aber reicht sein Horizont weit über deren Grenzen hinaus.

521. Englischer Pudding.

60 g Butter	50 g geriebene Mandeln
5 kleine Eier getrennt	90 g Sultaninen
100 g Zucker	1/2 Zitronenschale
150 g alte Semmeln oder Weißbrot	2 Eßlöffel Kirschwasser
1/4 l Milch	Butter und Brösel z. Form.

Schaummasse herstellen aus Butter, Eigelb und Zucker, die abgeriebenen in Milch eingeweichten, gut ausgedrückten und zerkleinerten Brötchen mit den Geschmackszutaten zugeben, Eischnee leicht unterziehen, in vorbereiteter Puddingform 1 1/4 Stunden kochen; dazu Weinsoße geben.

Das neue Bayerische Kochbuch mit europäischem Horizont: Englischer Pudding 15/[1933], S. 168

Bayerisches Kochbuch 18. erweiterte Auflage 1947

Inhalt

Auflage 18erw./1947

1947 ist nicht nur die Welt aus den Fugen sondern auch die Kapitelgliederung der Auflage 18erw./1947. Wie immer bilden die Suppen den Auftakt. Wer aber in der Folge die Fleisch- und Fischspeisen erwartet, wird enttäuscht und findet sie erst später wieder. Die Degradierung dieser zentralen Kapitel könnte ihre Ursache in der Versorgungslage der direkten Nachkriegsjahre haben. »Daten aus den Haushaltsbüchern von Arbeiterfamilien zeigen, mit welch geringen Mengen noch zu Beginn der fünfziger Jahre gewirtschaftet werden mußte und daß erst in den Jahren darauf Butter, Bohnenkaffee, Wurst, Fleisch u. a. erschwinglich wurden.« (Wildt, S. 217). Rezepte mit der sättigenden Kartoffel nehmen 1947 den zweiten Platz in der Kapitelfolge des Bayerischen Kochbuchs ein. Unter dem Titel Kartoffelgerichte werden die nach der Auflage 14/1931 aufgelassenen Kapitel Kartoffel- und Kartoffelteigspeisen wieder aufgegriffen. Ihnen folgen Gemüsespeisen, Salate und nun erst die Kapitel Fleischspeisen, Fleischrest-Verwertung, Schinkenspeisen, Griebenverwendung und Sulzen.

Bei genauer Betrachtung des Fleischkapitels bemerkt man, dass zwar die Position nachrangig ist, aber die Autorin dem Kapitel viel Mühe widmet. Die Fleischspeisen bilden nach den Süßspeisen das an Seiten umfangreichste Kapitel. Um die Fülle der Rezepte zu gliedern, führt Maria Hofmann Unterkapitel ein: Geflügel und Kaninchen, Wild und Wildgeflügel, Eingeweidegerichte, Fleischteiggerichte. Wie zu erwarten, folgen danach die Fischspeisen. Nach Fleisch und Fisch stehen Eintopfgerichte, Vegetarische Gerichte und Gemüse- und Fleischbeilagen. Den Soßen und Süßspeisen folgen nun – neu an dieser Stelle – die Kompotte. Die räumliche Annäherung an die Süßspeisen resultiert aus der thematischen Nähe der Kapitel und endet im Zusammenschluss beider in der Auflage 40/1971 unter dem Titel Süßspeisen mit dem Unterkapitel Kompotte.

Die Kapitel Getränke und Verschiedenes verbleiben unverändert. Neu ist, dass das Kapitel Fett auslassen und Fettmischungen fast an das Ende der Gliederung rutscht. Die Nähe zu den fleischverarbeitenden Kapiteln wurde aufgegeben. Ich mutmaße, dass trotz der Nachkriegszeit die Fettherstellung nicht mehr zum Küchenalltag gehörte. Nichtsdestotrotz findet man die entsprechenden Rezepte auch noch in der aktuellen Auflage 56/2007 unter Verschiedenes: In einem süddeutschen Standardkochbuch dürfen sie nicht fehlen. Den Schluss bildet, wie gewohnt, die Krankenkost.

Bayerisches Kochbuch 23. Auflage 1953

Inhalt

Auflage 23/1953

Die Auflage stellt die Vorkriegsanordnung wieder her. Die Fleisch- und Fischkapitel rücken zurück an die zweite Position nach den Suppen. Wenn es stimmt, dass die Reihenfolge der Gerichte in Relation zu der Verfügbarkeit des Nahrungsmittels steht, dann haben sich Versorgungs- und Finanzlage deutlich gebessert. Man spricht vom Wirtschaftswunder. Durch das Hochrücken der Kapitel Fleischspeisen, Fleischrest-Verwertung, Schinkenspeisen, Griebenverwertung, Sulzen und Fischspeisen geraten die Kapitel Gemüsespeisen, Salate und Kartoffelgerichte wiederum in inhaltliche und räumliche Nähe zu den Beilagen. Damit verlieren die Kartoffelgerichte ihre führende Position als Sattmacher, die sie in der ersten Nachkriegsausgabe 18erw./1947 einnahmen.

Bayerisches Kochbuch 27. Auflage 1958

Für die Auflage 27/1958 wird das *Bayerische Kochbuch* gründlich überarbeitet. Das Ergebnis ist u.a. eine schlankere Gliederung. Während die Auflage 26/1956 25 Kapitel mit Rezepten hatte, kommt die Neuauflage mit nur noch 20 aus. Was ist passiert? Werden als überholt angesehene Rezepte und Kapitel aufgegeben oder handelt es sich erneut um eine Umstrukturierung und Komprimierung? Laut dem Inhaltsverzeichnis – das jetzt neu Inhaltsübersicht heißt – beginnt der Rezeptteil wie gehabt mit den Suppen. Die dann folgenden vormals vier Fleisch-Kapitel werden unter dem Titel Fleischspeisen zu einem zusammengefasst. Dieses wiederum ist in sich gegliedert. Zum einen werden die früher selbständigen Kapitel Fleischrest-Verwertung [ab jetzt Resteverwertung], Schinkenspeisen und Griebenverwendung wieder zu Unterkapiteln der Fleischspeisen (vergleiche 10/1927). Sie sind jedoch nicht die einzigen Kapitel auf dieser Gliederungsebene. Ihnen voraus gehen Hackfleischgerichte, Eingeweidegerichte, Geflügel, Wild, Wildgeflügel.

Inhaltsübersicht

Vorwort . . . .
Einführung . . . .
Suppen . . . .
Fleischspeisen . . . .
Sulzen . . . .
Fischspeisen . . . .
Eintopfgerichte . . . .
Vegetarische Gerichte . . . .
Gemüsespeisen . . . .
Salate . . . .
Beilagen zu Fleisch-, Fisch- und Gemüsespeisen .
Soßen . . . .
Süßspeisen . . . .
Kompotte . . . .
Hefeteigspeisen und -backwerk . . . .
Schmalzgebäck . . . .
Backwerk . . . .
Kleingebäck . . . .
Glasuren und Überzüge . . . .
Getränke . . . .
Verschiedenes . . . .
Krankenkost . . . .
Alphabetisches Inhalts-Verzeichnis . . . . .

Auflage 27/1958

Nach den Fleischspeisen bleibt erstmal alles beim Alten. Die nächste Kürzung trifft die Kartoffelgerichte. Sie verschwinden aus der ersten Hierarchieebene, um in der zweiten als Unterkapitel der Beilagen zu Fleisch-, Fisch- und Gemüsespeisen wieder zu erscheinen. Das ist im Inhaltsverzeichnis nicht sichtbar. Fett auslassen und Fettmischungen ist das letzte Kapitel, das in der Auflage 27/1958 gegenüber der vorausgehenden fehlt. Wir finden diese Kochrezepte wieder unter Verschiedenes. Dort sind sie neben Rezepten z.B. zur Topfenherstellung und zum Schwarzbrot eingeordnet.

Neben der Verschlankung erfährt die Gliederung der Auflage 27/1958 zwei Veränderungen der Kapiteltitel. Die Kuchen, Torten und Bäckereien der vorherigen Ausgaben werden vereinfacht zu Backwerk. Und Glasuren werden pleonastisch verdoppelt: Glasuren und Überzüge.

Bayerisches Kochbuch 40. Auflage 1971

Inhaltsübersicht

Suppen
Fleischspeisen
Grillgerichte
Sulzen
Fische, Krusten- und Schalentiere
Eintöpfe
Vegetarische Gerichte
Gemüsespeisen
Salate
Beilagen
Soßen
Süßspeisen
Backwerk
Kleingebäck, Weihnachtsgebäck
Getränke
Verschiedenes
Krankenkost

13 Jahre lang bleibt diese Gliederung unverändert. 1971 erscheint das *Bayerische Kochbuch* in der 40. Auflage völlig neu überarbeitet. Die Überarbeitung zeigt sich gleich in der Inhaltsübersicht. Bisher wurde nur die erste Hierarchieebene abgebildet, weitere Ebenen erschienen allein im Textteil. Nun wird die Inhaltsübersicht aussagekräftiger und gibt Einblick in die zweite Ebene. So enthält z. B. das Kapitel Vegetarische Gerichte die Unterkapitel Eierspeisen; Käsespeisen; Vegetarische Hauptgerichte aus Nährmitteln, Teigwaren, Semmeln, Mehlteigen. Diese inhaltliche Erweiterung der abgedruckten Gliederung bedeutet neue Transparenz und erleichtert den Zugriff auf die Kochrezepte deutlich. Um die Vergleichbarkeit zu dem Vorausgehenden zu wahren und auch weil das vollständige Inhaltsverzeichnis den Rahmen sprengen würde, habe ich hier nur die Kapitel der obersten Ebene abgebildet und werde auch nur diese beschreiben.

Auch das neue Bayerische Kochbuch bleibt sich in der Struktur treu. Weiterhin halten sich die Kapitel an die Menüfolge: Vorspeise, Hauptspeise, Nachspeise. Auch die Anordnung innerhalb des Hauptgangs bleibt gleich: erst das traditionell zentrale Gericht (Fleisch- oder Fischspeisen), dann die begleitenden Gerichte (Gemüsespeisen, Salate, Beilagen). Ein Zugang ist zu vermelden: Grillgerichte. Dazu heißt es in der Kochlehre zu diesem Kapitel: Grillen ist nicht nur modern, es bietet auch viele Vorzüge. Die Intention der Kochbuchautoren (ab dieser Ausgabe sind es zwei: Maria Hofmann und Helmut Lydtin), den Status des Bayerischen Kochbuchs als Lehr- und Standardkochbuch aufrechtzuerhalten, wird hier deutlich. Einerseits tradiert das Kochbuch eine bekannte Rezeptesammlung, andererseits gewinnt es die Leserschaft für neue zeitgemäße Gerichte.

Die weiteren Veränderungen stehen für eine fortgeführte Verschlankung der Gliederung und der Kapiteltitel. Kompotte findet man nun unter Süßspeisen und Hefeteigspeisen und -backwerk sowie Schmalzgebäck unter Backwerk. Einzig das Kapitel Kleingebäck, Weihnachtsgebäck kann sich in seiner Selbständigkeit behaupten. Im Gegenzug nimmt es die Glasuren und Überzüge mit auf. Die Tendenz zu schlankeren Titeln belegen Eintöpfe statt Eintopfgerichte und Beilagen statt Beilagen zu Fleisch-, Fisch- und Gemüsespeisen.

1971 hat die Kapitelgliederung des *Bayerischen Kochbuchs* einen Status erreicht, der bis zur aktuellen Auflage 56/2007 gilt. Der Kanon steht – bis auf Weiteres.

Zusammenschau

Die Anordnung der Rezeptkapitel des Bayerischen Kochbuchs und seines Vorläufers, des Kochbuchs, entspricht in allen Auflagen der klassischen Menüfolge und gehorcht damit einem typischen Muster von Kochbüchern damals und heute. Im Laufe der Jahre wird die Gliederung kontinuierlich komprimiert. Nimmt man exemplarisch aus der Menüfolge die warme und die kalte Süßspeise, so ergibt sich folgendes Bild: In der Auflage 3/1916 nahm diese Struktureinheit neun Kapitel ein (Einfache Mehlspeisen – Feinere Mehlspeisen – Hefeteigbäckereien – Torten und Obstkuchen – Verschiedene Kuchen – Verschiedene Gebäcke – Verschiedenes, kleines Backwerk – Verschiedenes – Kompotte). Die aktuelle Auflage 56/2007 kennt gerade noch einmal drei Kapitel: Süßspeisen – Backwerk – Kleingebäck, Weihnachtsgebäck. Die komprimierte Systematik des Kochbuchs erleichtert den Zugriff auf die Rezepte. Die häufigen Umbenennungen der Kapitel zeigen, dass es hier keine Nomenklatur gibt, wie z.B bei den Rezeptnamen. Stets von Neuem sind griffige zeitgemäße Kapiteltitel zu finden.

Laugenbrezeln

39. Auflage, 1969, S. 400

500 g Mehl, Salz, 20 g Hefe, 1/4–1/8 l Wasser; zum Kochen: 2 l Wasser, 400 g Soda oder Laugenstein; zum Bestreuen: Salz

Sehr festen Hefeteig herstellen, gehen lassen, Brezeln formen, nochmals gehen lassen, 10 Minuten kalt stellen, in kochende Soda- oder Laugensteinlösung geben, wenn die Brezeln in die Höhe steigen, sofort vorsichtig herausnehmen, noch naß auf ein bemehltes Blech legen, mit Salz bestreuen, bei guter Hitze backen.

Nummernrevue

Querverweise im Bayerischen Kochbuch

Über das gesamte Bayerische Kochbuch legt sich ein Netz aus Verweisen. Mal ist es engmaschiger, mal weiter. Ganze Rezepte oder auch nur Bruchstücke werden miteinander verknüpft. Gleich einer Schnitzeljagd treiben uns die Verweise durch den Rezeptwald. Es ist eine verborgene Art der Vernetzung, die man lesen lernen muss, will man die Möglichkeiten des Kochbuchs ausschöpfen. Das Netz aufzuknüpfen – und sei es nur an einer Stelle – ist nichts für Denkfaule – doch am Ende lockt der Hauptgewinn: die ultimative Fülle für Paprika.

Die Rezepte im Bayerischen Kochbuch von 2007 tragen Nummern, von 1. Fleischbrühe bis 1749. Marmeladen und Konfitüren. Das war nicht immer so: Erst 1927, in der 10. Auflage, wird dieses Ordnungssystem eingeführt. Damals schließt der Rezeptteil mit Nummer 648. Milchgefrorenes. An den immer größer werdenden Nummern kann man den wachsenden Bauchumfang des Buches ablesen. Aber das ist nur eine Dreingabe. Der eigentliche Zweck der Nummern liegt im Netzwerken.

Nummern identifizieren Rezepte – eindeutiger, als Titel es können. Die aktuelle Auflage kennt Honiglebkuchen I., II., III. und IV. Art. Im Register sind 19 verschiedene Apfelkuchenrezepte vermerkt. Zugegeben: Sie unterscheiden sich alle, z. B. Apfelkuchen fein, gestürzt – Apfelkuchen, gedeckt – Apfelkuchen, anderer Art. Nichtsdestotrotz ist eine Nummer willkommen als Gedächtnisstütze und zur Unterscheidung. Jede, die mit dem Bayerischen Kochbuch in der Schule kochen lernte oder lernt, kann die Nummern der gängigen Rezepte auswendig. Das ist die Sicht der User. Die Rezeptverwaltung braucht keine Gedächtnisstütze. Sie ist auf Eindeutigkeit angewiesen, und die schaffen nummerierte Rezepte. Eindeutigkeit ist die notwendige Voraussetzung für Verweise. In der aktuellen Auflage 56/2007 findet die aufmerksame Leserin auf S. 76 unter 11. Suppe mit Schlickkrapferln den ersten Verweis: Festen Nudelteig herstellen wie bei Nr. 917 beschrieben. Er ist nicht neu. Schon das Rezept 70. Schlickkrapferlsuppe der Auflage 10/1927 enthält ihn: Aus Mehl, Ei, Wasser und Salz auf dem Nudelbrett einen festen Nudelteig herstellen (Nr. 45)!

Himbeerbavesen wie Zwetschenbavesen (Seite 87).
Mit Himbeermarmelade gefüllt.

Kartoffelspeisen können ebenso für vegetarische Küche verwendet werden (Seite 36—46).

Topfen und andere einfache Mehlspeisen (Seite 83—100).

Auflage B/[1911], S. 192ff

Gehen wir zurück an den Anfang, als es in den ersten Auflagen noch keine Nummern gab – aber bereits Rezepte, die auf andere zeigen. Himbeerbavesen verweist im Beispiel auf das Rezept Zwetschgenbavesen auf der Seite 87, nur dass die Himbeerbavesen eben mit Himbeeren gefüllt werden. Auch das nächste Beispiel ist dem Kapitel Einige vegetarische Gerichte entnommen, aus dem mehrmals auf Rezepte anderer Kapitel verwiesen wird. Die Kapitel-Schublade, in die ein Rezept einsortiert wird, ist nicht immer eindeutig. Manche passen in mehrere. Wegweiser wie diese erschließen das Kochbuch. 100 Kochbuchjahre später kennt auch die Auflage 56/2007 ähnliche Verknüpfungen: Nach 717. Blumenkohlgemüse mit Buttersoße, 718. Blumenkohl mit Butter und Bröseln und 719. Polnischer Blumenkohl folgt eine Verweisliste auf weitere Blumenkohlrezepte mit den Nummern 628, 680, 367, 366, 681. Die Kochbuchbenutzer werden auf diese Weise durch die Fülle von Rezepten geleitet. Eine unsichtbare Lehrkraft nimmt uns an die Hand. Diese Hand führt uns nicht nur zu anderen vergleichbaren Rezepten, sondern auch zu solchen, die mitunter ein Teil des aktuellen sind. Wie in einem Baukasten können die Bausteine zu neuen Kombinationen zusammengesetzt werden. Der gebackene Rehrücken, ein edler Schokoladenkuchen, sieht schön aus und schmeckt lange saftig, wenn er mit einer Glasur überzogen wird. Von Anfang an wird in dem Rezept auf eine Glasur an anderer Stelle im Kochbuch verwiesen:

A/[1910]	Falscher Rehrücken	siehe Seite 157
10/1927	473. Gebackener Rehrücken.	Schokoladeglasur siehe Nr. 526
15/[1933]	646. Gebackener Rehrücken	Schokoladeglasur Nr. 740/741
40/1971	1325. Rehrücken gebacken	Schokoladenglasur nach Wahl

Zur Auswahl stehen im aktuellen Register vier verschiedene Schokoladenglasuren, 1605 bis 1608.

Während Glasur von Anbeginn ein eigenes Rezept im Kochbuch ist, muss es so etwas wie Fülle erst werden. Nehmen wir als Beispiel Gefüllte Kohlrabi. Seit 10/1927 kann man dieses Rezept aus dem Kochbuch nachkochen. Zutaten und Zubereitung der Fleischfülle stehen mit dabei. Wie bei den Glasuren wächst mit den Rezepten die Anzahl der Verweise.

Ab 40/1971 enthalten die Verweise der Gefüllten Paprika selbst, die Nummern 241 und 238, wiederum auch einen Verweis auf 226. Grundrezept Fleischteig. Ein Verweis im Verweis. Fassen wir zusammen: Die Beispiele zeigen, welch unterschiedliche Ziele Verweise haben können: Einmal zeigen sie auf ein Rezept, ein anderes Mal nur auf eine Zubereitung oder im nächsten Fall auch nur auf die Zutaten. Auf diese Weise werden Wiederholungen vermieden und Zusammenhänge transparent. Das Kochbuch leitet zum Kochen und zum Denken an. Das Bayerische Kochbuch, mitunter das einzige Buch im Haus, ist ein Mehrzwecklehrbuch; wer es zu lesen weiß, den lehrt es nicht allein Kochen ... So manchen Mann hörte ich sagen, die Verweise im Kochbuch seien ihm zu kompliziert.

10/1927	Gefüllte Kohlrabi Fülle im Rezept				
18erw./1947	329. Gefüllte Kohlrabi Fülle im Rezept	330. Gefüllte Tomaten: sonstige Zutaten wie Nr. 329	331. Gefüllte Gurken: sonstige Zutaten wie Nr. 329		
23/1953	197. Gefüllte Kohlrabi Fülle im Rezept	198. Gefüllte Tomaten: sonstige Zutaten wie Nr. 197	199. Gefüllte Gurken: sonstige Zutaten wie Nr. 197	200. Gefüllte Paprika: sonstige Zutaten wie Nr. 197 oder Reisfülle Nr. 335	
seit 40/1971 (Nummern = 56/2007)	687. Gefüllte Kohlrabi: Nr. 684/d oder Nr. 238	684. Gefüllte Tomaten (...)	686. Gefüllte Gurken, gefüllte Zucchini (...)	685. Gefüllte Auberginen (...)	688. Gefüllte Paprika: Reisfülle wie Nr. 684/a oder Fleischfülle mit Reis Nr. 241 oder 684/c oder Hackfleischfülle Nr. 238

Wie wichtig die Rezeptnummern über weite Strecken in der Auflagengeschichte sind, verdeutlicht ein Blick in die Register. Die Art der Ortsangabe eines Rezepts im Kochbuch wechselt: Erst ist es die Seite, auf der das Rezept steht, dann die Nummer, dann Nummer und Seite, schließlich wieder nur Seite:

A/[1910] – 8/1926
Seite

A

Aepfel im Schlafrock . . 139
Agnesenplätzchen 149
Albertbiskuit 153
Aniskuchen. 127
Apfelauflauf 101
Apfelbettelmann. 100
Apfelkompott I und II . 158
Apfelkuchen 176
Apfelküchel 106
Apfelmehlspeise 164
Apfelmus 157, 170
Apfelnudeln 95
Apfelnudeln mit Hefe . . 84
Apfelpfannkuchen . . . 85
Apfelreis 89, 193
Apfelschmarren 83
Apfelschober 84
Apfelsinengelee 167
Apfelsinenlimonade . . . 168
Apfelsoufflé 166
Apfelstrudel 91
Apfelwasser 167
Auflauf mit Butter. . . 164
Auflauf ohne Butter . . 164

Auflage A/[1910]

10/1927–11/1927
Nummer

Nummer

A

Albertbiskuit 494
** Aleuronatplätzchen . . 642
Ambrosiacreme 395
Amerikanertorte 475
Aniskuchen. 478
Anislaiberln 499
Aepfel im Schlafrock . . 462
Apfelauflauf 373
Apfelbettelmann 355
Apfelkompott 538
Apfelkuchen 423
Apfelkuchen, gedeckter . . 424
Apfelkuchen mit Guß . . 460
Apfelküchelu 437
Apfelmus 536
Apfelnudeln I 350
Apfelnudeln II 365
Apfelnudeln III 404
Apfelpfannkuchen 335
Apfelreis 361
Apfelschmarrn 341
Apfelsinen-Creme 393

Auflage 10/1927

12/1928–39/1969
Nummer + Seite

Nr. Seit

A

Albertbiskuit 494 16
Ambrosiacreme . . . 395 13
Amerikanertorte . . . 475 16
Aniskuchen 478 16
Anislaiberln 499 16
Aepfel im Schlafrock . 462 15
Apfelauflauf 373 12
Apfelbettelmann . . . 355 11
Apfelkompott 538 18
Apfelkuchen 423 14
Apfelkuchen, gedeckter . 424 14
Apfelkuchen mit Guß . 460 15
Apfelküchelu 437 14
Apfelmus 536 17
Apfelnudeln I 350 11
Apfelnudeln II 365 12
Apfelnudeln III . . . 404 13
Apfelpfannkuchen . . . 335 11
Apfelreis 361 12
Apfelschmarrn 341 11
Apfelsinen-Creme . . . 393 13
Apfelsinenschalen-Auf-

Auflage 12/1928

ab 40/1971
Seite

A

Aal, blau 274
Abbrennen 41
Abendessen 14
Ablöschen 41
Abschrecken 41
Absengen 41
Abwellen 41
Albertkeks 715
Alkoholische Getränke
(Allgemeines) 767
– Auswahl 777
– heiß 779
– Lagerung 778
– Mischgetränke. 783
– Temperierung 778
Allerlei-Suppe 302
Aluminium-Folie i. d. Küche 30
Ambrosiacreme 535
Ambrosiaspeise 535
Ananas gefüllt* 514
– mit Joghurt* 513

Auflage 40/1971

Ein so umfangreiches Werk wie das Bayerische Kochbuch kann man sich nicht durch Blättern erschließen. Die schreibenden Lehrerinnen hatten von Anfang an die Praxis im Blick. Jede Besucherin einer Wanderschule sollte nach dem Kurs selbst in dem Kochbuch nachschlagen können. Seit der ersten Auflage ermöglicht ein alphabetisches Register den Zugriff. Von 10/1927 bis 26/1956 wird es durch ein weiteres ergänzt, das nach Gruppen sortiert ist. Ein knappes Inhaltsverzeichnis zu Beginn des Kochbuchs gibt es seit Auflage

15/[1933]. Register und Inhaltsverzeichnisse sind unverzichtbare Paratexte, die die Rezepte von außen erschließen. Daneben entwickelt sich mit den Jahren ein immer dichteres Netz von Verweisen der Rezepte untereinander. Metaphorisch könnte man sagen, die Rezepte kommunizieren miteinander und schließen uns das Kochbuch von innen auf.

Das Bayerische Kochbuch ist ein Nachschlagewerk, ein Schatz, der gehoben sein will. Die Vielfalt und Komplexität der Mittel, die dabei helfen, ist einerseits notwendig andererseits lebendiges Zeugnis einer vergehenden Kultur. Im 21. Jahrhundert wird nach Rezepten gegoogelt. Die Konsequenzen, die eine unbekannte Quelle mit sich bringt, muss der Gaumen tragen. Mit einem Kochbuch zu kochen, das Verweise verwendet, ist mühsam. Es ist auch mühsam, sich dem Netz von Verweisen beschreibend zu nähern. Das Netz ganz aufzuknüpfen, geht nicht. Es wurde nicht über die Gesamtheit der Rezepte gelegt, gleich einem Haarnetz, sondern ist mit den Jahrzehnten gewachsen wie ein Rhizom. Als Ganzes ist es schier unentwirrbar, im Detail hilfreich und unentbehrlich.

Hirnschnitten, Hirnbavesen

54. Auflage, 1992, S. 164

8 Scheiben (1/2 cm dick) Toastbrot oder Weißbrot; zur Fülle: 1 1/2 Kalbshirne oder 1/2 Rindshirn, 30 g Butter, 1 Eßl. Zwiebel, 1 Eßl. Petersilie, 1 Semmel (eingeweicht), 1 ganzes Ei, 1 Eigelb, Salz, Pfeffer, Muskat; zum Teig: 3–4 Eßl. Mehl, 1/4 l Milch, Salz, 2 Eier; zum Backen: wasserfreies Fett oder Öl

Vorbereitetes, gehäutetes Hirn fein hacken oder wiegen; feingewiegte Zwiebel und Petersilie in Butter andünsten, eingeweichte, sehr gut ausgedrückte Semmel mitdünsten, zum Kloß abbacken, Hirn zugeben, kurz mitdünsten, dann etwas abkühlen lassen, Eier und Gewürze zugeben, gut abschmecken. Hirnmasse dick zwischen je 2 Weißbrotscheiben aufstreichen, etwas andrücken, damit. Scheiben zusammenhalten. Mehl mit Milch, Eiern und Salz gut glatt schlagen, gefüllte Brotscheiben darin wenden, etwas durchziehen lassen, dann in heißem Backfett auf der Stielpfanne von beiden Seiten goldbraun backen.

Hirnmasse kann man aber auch auf die einzelnen Brotscheiben dick aufstreichen, leicht mit Butter beträufeln und sie, ohne in Mehlteig zu wenden, auf gut gebuttertem Backblech bei guter Hitze in der Röhre überbacken. Beilagen: Grüner Salat oder Spinatgemüse.

Preise

Was kostet ein Kochbuch?

Überraschend viele Buchpreise sind auch nach Jahrzehnten noch greifbar. Die Erst-Auspreisungen stehen mitunter gedruckt oder gestempelt auf dem Einband, etliche sind vom Buchhändler handschriftlich auf der Innenseite des Einbands notiert. Andere erfährt man mittelbar über Anzeigen. Bei den Exemplaren der Deutschen Nationalbibliothek gehört der Preis zum bibliographischen Datensatz. Unten die Liste der Auflagen, für die der ursprüngliche Verkaufspreis bestimmt werden konnte.

Die Rezepte sind kurz gefaßt, um das Büchlein nicht unnötig groß und teuer zu machen [...]. Die Rezepte sind, wenn nicht besonders vermerkt, für 4 Personen berechnet; die Kosten sind nur bei den Bäckereien angegeben, da die Preise für Obst, Gemüse, Fleisch etc. in den verschiedenen Teilen Bayerns so sehr abweichend sind und außerdem durch die immer steigenden Lebensmittelpreise das Buch zu schnell veralten würde.
(Vorwort A/[1910])

Mürbe Platterln, sehr gut.

1/2 Pfd. Schweineschmalz	0,45 Mk.
1 Pfd. Mehl	0,22 "
1/2 Pfd. Zucker	0,14 "
Schale einer Zitrone	0,04 "
Zimt	0,02 "
3 Eier	0,24 "
	1,11 Mk.

Auflage A/[1910], S. 155
(Ausschnitt)

Auch in dieser Neubearbeitung will das *Bayerische Kochbuch* mit Inhalt, Form und Ausstattung seinen Freunden vertraut bleiben und das traditionell günstige Preis-Leistungsverhältnis erhalten.
(Vorwort 56/2007)

3/1916	1,25 M
6/1924	1,50 RM
13/1929	1,80 RM
15/[1933]	Broschiert 2.20 RM; Gebunden 2.60 RM
16/[1936]	2,20; Hlw. 2,60 RM
17/[1938]	2,20; Hlw. 2,60 RM
21/1950	4,80 DM
22/1951	4,80 DM
24/1954	4,80 DM
25/1954	4,80 DM
26/1956	5,40 DM
39/1969	9,60 DM
42/1973	19,80 DM
43/1974	24,00 DM
44/1975	26,00 DM
45/1976	26,00 DM
46/1977	26,00 DM
47/1979	29,80 DM
50/1982	35,80 DM
52/1985	39,80 DM
53/1986	39,80 DM
54/1992	44,80 DM
55/1998	49,00 DM
56/2007	25,00 Euro

Gebrauchsspuren

Die Kochbücher erzählen Geschichten

Jedes Exemplar der Auflagensammlung hat seine eigene Geschichte.
Während das eine nur so von Gebrauchsspuren strotzt,
sieht das andere nach 70 Jahren noch druckfrisch aus,
als hätte es in einem Dornröschenschlaf gelegen.
Der Rezeptteil eines dritten ist unberührt,
der Raum für Notizen dagegen randvoll mit handschriftlichen Rezepten.
Auch Gebrauchsspuren sind Paratexte des Kochbuchs.

Viele Exemplare der Sammlung sind gepflegte Bücher, die wenige oder keine Gebrauchsspuren aufweisen. Antiquare scheuen sich, zerlesene und bekleckerte Bücher zum Verkauf anzubieten. Schließlich handelt es sich bei dem Bayerischen Kochbuch um keine bibliophile Rarität. Allerdings bezeugen einige Exemplare tatsächlich häufigen Einsatz in der Küche, so z.B. das meiner Schwiegermutter. Um es zu schonen, wurde das Kochbuch in Wachstuch eingeschlagen, weiß mit kleinen roten Punkten. Eine übliche Vorgehensweise, wie die Klebespuren an anderen Exemplaren zeigen. Bereits 1938 empfiehlt die Bayerische Maiden-Zeitung in der Buchvorstellung der neu erschienenen 17. Auflage des Bayerischen Kochbuchs: »Darf ich zuletzt noch einen Rat geben: Die Lebensdauer und das gute Aussehen des Buches wird erhöht, wenn man ihm einen Einband aus buntem Wachstuch gibt, den man sich leicht selbst herstellen kann.« (28. Jg., Nr. 5, Dez 1938; siehe Farbtafel 28). Wenn trotz aller Schonung ein Kochbuch unter dem Gebrauch nachgibt, so dass sich Buchblock und -rücken voneinander lösen, behilft sich manche mit Klebeband oder trägt das Buch zum Buchbinder. Für beides gibt es Beispiele in der Sammlung.

Beim Aufschlagen stößt man nicht selten auf Einlegeware im Kochbuch. Fundstücke, die jemand zwischen die Seiten gelegt hat. Ein Buch ist ein Aufbewahrungsort für mancherlei. Naheliegendes und Kurioses. Der überraschendste Fund für mich war ein Telegramm aus dem Jahr 1966: *Vater verstorben Beerdigung Dienstag 14 Uhr*. Unscheinbar und fragil muten gepresste Rosenblüten und Gräser im Kochbuch an. Weiter bergen die Exemplare Rechnungen, Rätsel, Buchtipps, Notizzettel mit Reiseplänen oder dem Speiseplan der kommenden Woche und Kalenderblätter. Ein Kalenderblatt vom *Sonntag, 15. Septem-*

Fund Exemplar Auflage 27/1958

ber, in einem Bayerischen Kochbuch der 20. Auflage von 1949 belegt den Gebrauch über wenigstens ein Vierteljahrhundert, denn erst 1974 fiel der 15. September wieder auf einen Sonntag. Und natürlich Rezepte, immer wieder Rezepte, aus Zeitschriften ausgeschnitten oder handschriftlich, fallen mir entgegen.

oßenem
es zu fettem Braten,
kochtem Fisch.

Feiner Plum-Pudding. Der als unverg… …uchtete Plum=Pudding wird aus folgenden Bestandtheilen hergestellt: $1/2$ Kilogramm Malaga=Traubenrosinen, 625 Gramm Korinthen, 375 Gramm Sultanrosinen, 750 Gramm gestoßenem Raffinade= oder auch bestem weißen Farinzucker, 750 Gramm altbackenem geriebenen Mundbrod, 12 Eiern, 750 Gramm feingehacktem Nierenfett, 60 Gramm kleingeschnittenem Citronat, 60 Gramm candirter Pommeranzenschale, der feingehackten Schale von einer sehr großen Citrone, 16 Gramm geriebener Muskatnuß, 16 Gramm gestoßenem Zimmt, 10 Gramm gestoßenen, bitteren Mandeln, einer Obertasse voll vom feinsten Cognac. Die Traubenrosinen werden ausgesteint und in Hälften zerschnitten, die Korinthen gelesen, gewaschen und abgetrocknet, wonach man alle Bestandtheile gehörig vermischt und mit den schaumig gequirlten, durch ein Sieb geseihten Eiern, sowie mit dem Cognac anfeuchtet. Nun bestreicht man ein Puddingtuch mit Butter, bestreut es mit Mehl, bindet den Pudding so darin ein, daß er Raum zum Aufquellen behält und läßt ihn 6—8 Stunden langsam in schwach gesalzenem Wasser kochen, um ihn dann, mit Mandel=Streifchen bedeckt, mit einer Brandy=Sauce aufzutragen.

Rezept für *Feiner Plum-Pudding*, gefunden im Exemplar der Auflage A/[1910] (Original vergrößert)

Den undatierten Zeitungsausriss habe ich in einem Kochbuch aus der Zeit vor dem Ersten Weltkrieg gefunden. Das Rezept wurde an zwei Seiten sorgfältig mit einem Messer aus der Zeitung getrennt, an den anderen beiden ungeschickt herausgerissen. Die Zutaten für den *Feinen Plum-Pudding* entführen uns in eine andere Welt: *Malaga-Traubenrosinen, Korinthen, Sultanrosinen, gestoßene Raffinade oder bester weißer Farinzucker, geriebenes Mundbrod, Eier, Nierenfett, Citronat, candierte Pommeranzenschale, Zitrone, Muskatnus, Zimmt, bittere Mandeln, Cognac.* Welch vergangene Pracht flattert uns mit diesem Rezept entgegen! Eine Einkaufsliste für den *Feinen Plum-Pudding* könnte ich heute im Laden – auch im Feinkostgeschäft – nicht abarbeiten. Einiges wäre vorher zu übersetzen, *geriebenes Mundbrod* [sic!] in Semmelbrösel und *candierte Pommeranzenschale* in Orangeat. Die drei genannten Sorten Weinbeeren und das *Nierenfett* – vermutlich vom Rind – müssten sicher aufwändig gesucht und bestellt werden. Das Rezept ist eine Gebrauchsspur im Kochbuch, die zeigt, in welcher Zeit das Buch entstanden ist und welche Strecke es zurückgelegt hat. Weiter macht es deutlich, wie anders und modern – aus heutiger Sicht – das Kochbuch damals war. Das hübsch gebundene Leinenbändchen in Frakturschrift war Avantgarde – wie die Frauen, die es schrieben. Etliche Jahrzehnte später schreibt Maria Hofmann das Vorwort zur 21. Auflage 1950. Sie steht unter dem Eindruck der Nachkriegszeit und befürchtet, dass manche zu den dicken Kochbüchern aus Großmutters Zeiten greifen, in denen das Wort *Man nehme* ganz groß geschrieben und von Sparsamkeit keine Rede war. Diese Zeiten aber sind für uns unwiederbringlich dahin. Rückblickend zeigt die Geschichte des Kochbuchs, dass es diese Zeiten für die einen nie gegeben hat und sie für die anderen schon längst vorbei waren.

Einlegen ist eine Sache, einkleben eine andere. In das Exemplar der Auflage 13/1929 hat ein praktisch denkender Mensch besonders viele Küchentipps und Wissenswertes eingeklebt (siehe Farbtafel 26). Wie man Eiweiß und Eigelb leichter trennen kann, *daß fast jede Suppe oder Sauce besser schmeckt, wenn man einen Schuß Wein hineintut*, und andere gute Ratschläge wurden fein säuberlich aus der Zeitung geschnitten und ins Kochbuch geklebt. Einem Zweck anderer Art dienen die Klebearbeiten eines weiteren Exemplars (Abbildung siehe Kapitel *Schweinebraten. Ein Grundrezept entsteht*). Die Seiten sind mit Reitern beklebt, die über den Buchblock hinausragen. In kleiner Schrift wurden auf ihnen Grundrezepttitel vermerkt. Auf diese Weise erübrigt sich das Blättern. Manch einer kennt dieses Verfahren von anderen kanonischen Werken wie z. B. der Bibel. Die eine will rasch auf das Buch Hiob zugreifen können, der andere auf das Grundrezept für Strudelteig.

Die häufigsten Gebrauchsspuren in den Kochbüchern sind freilich handschriftlicher Art. Mit Füller, Kugelscheiber und Bleistift werden die Seiten beschrieben. Auf dem Vorsatzpapier oder dem Titelblatt stehen vielfach Besitzereinträge – ausnahmslos weibliche – und Widmungen. *Meiner lieben Margot zu fleißigem Gebrauch! Grafenau Ostern 1923* heißt es in dem Exemplar der Auflage 5/1922. Beherzigt wurde der Rat nicht, das Kochbuch macht einen unbenutzten Eindruck. Nicht dem Eifer, sondern der Haltung beim Kochen gilt der Wunsch einer anderen Widmung: *Immer geht die Liebe durch den Magen – Drum koche nur mit Liebe* (22/1951). Im Exemplar der Auflage 27/1958 kann man eine besondere Widmung lesen: *In herzlicher Verbundenheit 20. 12. 58, Ihre Maria Hofmann.* Es wurde meiner Schwiegermutter von der Autorin persönlich geschenkt. Auch das Titelblatt des Exemplars der Auflage 40/1971 hat einen bemerkenswerten handschriftlichen Eintrag. Ich vermute, die Besitzerin hat sich selbst diese mahnenden Worte ins Kochbuch geschrieben: *Die Arbeit soll dein Pferd sein – nicht dein Reiter.*

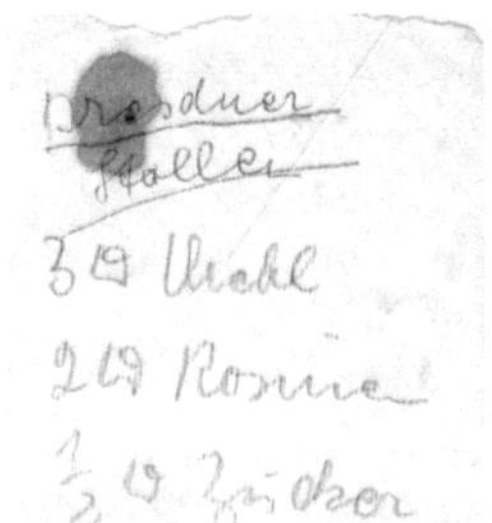

Fund Exemplar Auflage 17/1938

In vielen Kochbüchern findet man handschriftliche Rezepte. Bis einschließlich Auflage 14/1931 sind in jedes Kochbuch einige leere Seiten mit dem Hinweis Notizen für Kochrezepte eingebunden. Und hier wird mitunter auch fleißig notiert. Im Exemplar B/[1911] sind 20 Rezepte mit Bleistift eingetragen, u. a. *Pfeffernüsschen, Vanillekränzlein, Mürber Kuchen, Moccaschokoladenkremetorte, Engl. Marmeladenkonfekt, Anisplätzchen, Lukullus, Nußtörtchen, Spekelazi, Zimtsterne, Zuckerhörnchen, Pfeffernüsse, Lebkuchenherzen*. Lauter süße Leckereien, die eine auch seinerzeit vorhandene Unsicherheit in der Rechtschreibung belegen. Seit kein Raum für Kochrezepte mehr vorgesehen ist, nimmt man ihn sich. In der Auflage 35/1964 ist die *Engadiner Nußtorte* auf einer freien Seite vor dem Register eingetragen.

Das Bayerische Kochbuch leitet zum selbständigen Kochen an. Wer das tatsächlich tut, der hält sich nicht immer sklavisch an Rezepte, sondern verändert sie mitunter. Reihenweise wurden Anmerkungen neben die Rezepte geschrieben. Häufig handelt es sich lediglich um ein Kreuz, das ich lese als *will ich kochen* oder *hab ich gekocht*. Gelegentlich steht ein Datum neben dem Titel, wie z. B. beim Wirsing-Rezept handschriftlich mit Bleistift, z. B. *1. II. 26* im Exemplar 6/1924. Auch mit Lob wird nicht gespart, wie folgende Einträge zeigen: Haselnußlaiberl *sehr schön* (22/1951), der Schokoladen-Nußkuchen *hält sehr gut frisch!* (40/1971). Gelegentlich gibt es auch Kritik. Die gleiche Handschrift, die die Haltbarkeit des Schokoladen-Nußkuchens lobt, rügt die Schinkennockerl: *halten schlecht!*

Selbständige Köche greifen mitunter ein in die Rezeptur. Beim Grundrezept für Mürbteig steht im Exemplar *200 g*, wo das Rezept ½ Pfund Mehl vorsieht, und darunter *½ Backpulver* (12/1928). In dem Haushalt wurde eine eigene Grundrezeptvariante tradiert. Im Exemplar der Auflage 22/1951 wird in die Zutatenliste des Haselnußlaiberl eingegriffen – nur *500 g* statt der vorgegebenen 625 g Haselnüsse sind zu verbacken – und als Gewürz *Zimt* ergänzt. Rohe Kartoffelknödel werden laut Bayerischem Kochbuch nicht nur mit rohen sondern auch mit 500 g gekochten Kartoffeln zubereitet. Im Exemplar der Auflage 23/1953 wurden diese gestrichen und die Menge der rohen entsprechend erhöht. Semmelknödel werden mit *Pfeffer* und *Muskat* verfeinert, und weiter ist handschriftlich vermerkt: *Zum Einfrieren:* [Laib skizziert] *formen, u. in Scheiben schneid. Mit Pilzsauce*. Einmal habe ich offenen Widerspruch gefunden. Im Blaukraut-Rezept ist sofort etwas Essig darüber gießen heftig durchgestrichen und daneben steht mit Kugelschreiber *!!! Kraut wird mit Essig lange nicht weich!* (17/[1938]).

Röhre vorheizen:			
10 Minuten	O/1	V/1	vorheizen
25 Minuten	O/2	V/3	backen

Zeit und Temperatur sind immer wieder Grund für eine Randbemerkung. Entweder weichen die eigenen Erfahrungen von den Angaben des Rezepts ab oder es macht selbst keine. Neben Zitronenlaibchen hat jemand *ca. 130 Stück Gas-Stufe 3 / ca. 12 Minuten Backzeit* notiert (12/1928) und für die oben erwähnten Semmelknödel müssen die Semmeln *30 Min* in Milch weichen. Die kleine nebenstehende Tabelle im Exemplar 33/1963 präzisiert die Zeit für Backpulverteig. Ohne Ofen bleibt mir die Bedeutung der Angaben verborgen: Was bedeutet O/1 und V/1? Ein Eintrag des Exemplars 30/1961 belegt die vermutlich österreichische Herkunft der Benutzerin. Sie schrieb eine Umrechnungstabelle in ihr Kochbuch, um die gewohnten Maße mit denen des Kochbuchs zu vergleichen. Auf dem Vorsatzpapier vorne steht *1 Dekagr. = 10 gr.* und auf dem hinteren *¼ Ltr = 250 mili Ltr.*

Mein letzter handschriftlicher Beleg soll zeigen, dass das Kochbuch nicht nur beim Kochen hilft – auch beim Schreibenlernen. Mit krakeliger Schrift steht *Borkenschokolade* unter dem Rezept für Schwarzwälder Kirschtorte. So heißt die Zutat, mit der man die fertige Torte bestreut. Ich sehe ein Kind voll Verwunderung dieses unendlich lange und geheimnisvolle Wort abschreiben. Es weiß nicht, was der Anfang des Wortes bedeutet, es weiß nicht, was das ganze Wort bedeutet – aber es muss etwas Gutes sein, endet es doch auf ... s c h o k o l a d e.

1439. Schwarzwälder Kirschtorte

Schokoladentorte der Wahl jeweils nach Rezeptangaben backen, erkalten lassen. Nach Belieben kann als Tortenboden auch ein gebackener Mürbteigboden (von 150 g Mehl mit 10 g Kakao), ohne Rand hergestellt, verwendet werden; in diesem Fall genügen jeweils 3/4 Rezeptmengen für die Schokoladentorte.

Torte am nächsten Tag fertig stellen: Sterilisierte Sauerkirschen evtl. entsteinen, gut abtropfen lassen; rohe Sauerkirschen waschen, entsteinen, mit Zucker bestreuen und etwas durchziehen lassen, dann aufkochen, abseihen und völlig erkalten lassen.

Schlagrahmfülle mit Kirschwasser herstellen, wie bei Nr. 1403 beschrieben. Schokoladentorte zweimal durchschneiden (falls Mürbteigboden verwendet wird, genügt einmaliges Durchschneiden), Tortenboden mit Kirschwasser, mit wenig Sauerkirschensaft verdünnt, tränken (entfällt bei Mürbteigboden), mit Schlagrahmfülle dick bestreichen, mit völlig erkalteten, sehr gut abgetropften Sauerkirschen dicht belegen, mit Schlagrahmfülle bedecken, zweites Tortenblatt darauf legen, leicht andrücken, wieder tränken, mit Schlagrahmfülle und Sauerkirschen belegen, wieder mit Schlagrahmfülle bedecken. Deckblatt darauf legen, leicht andrücken, Tortenoberfläche mit Schlagrahmfülle überziehen, hübsch spritzen, mit Sauerkirschen verzieren, mit Borkenschokolade bestreuen, kalt stellen. Borkenschokolade

Schokoladenbiskuittorte Nr. 1432 oder nach Wahl Schokoladentorte Nr. 1430 bzw. 1433

zum Tränken: Kirschwasser etwas Sauerkirschsaft

zum Füllen und Überziehen: Schlagrahmfülle mit Kirschwasser Nr. 1403 von 3/4 l Schlagrahm

750 g entsteinte Sauerkirschen

zum Verzieren: Schlagrahmfülle, Sauerkirschen Borkenschokolade

Eintrag Auflage 40/1971

Gebrauchsspuren verändern ein Buch. Sie können auch den Charakter des Buches verändern. Es ist nichts Ungewöhnliches, einem Buch einen Schutzumschlag zu gönnen, vor allem wenn es nicht auf dem Nachtkästchen, sondern in der Küche liegt. Das Bayerische Kochbuch ist ein Aufbewahrungsort für Rezepte aus Zeitschriften, handschriftlich notierte, seien sie lose, eingeklebt oder an den Rand geschrieben. Das Kochbuch wird individuell weitergeführt. Anders ist es bei einem eingelegten Telegramm und gepressten Blumen. Sie machen aus dem Kochbuch ein Tagebuch, dem man Zeugnisse trauriger und schöner Stunden anvertraut. Ebenso Tagebuchcharakter gewinnt es durch das Kochdatum neben einem Rezept. Jahre später weckt die Notiz Erinnerungen an einen feuchtfröhlichen Abend unter Freunden. Das Beispiel der *Borkenschokolade* zeigt, dass das Kochbuch auch Lesebuch und Schreibheft sein kann. Eine profane Funktion hatten vermutlich Kalenderblätter, Rechnungen und Einkaufslisten: Sie sind vergessene Lesezeichen. Seit der Auflage 47/1979 erledigen diese Aufgabe die drei Lesebändchen in den Farben weiß, blau und gelb.

Und an wen richten sich die Einträge, Zettel und gepressten Blumen? Wiederum einem Tagebuch ähnlich schreibe ich mir selber lose oder feste Notizen, Beobachtungen und Mahnungen ins Kochbuch. Zeugen eines Küchenlebens. Sicher wäre es lohnenswert, all die eingetragenen und aufgehobenen Rezepte zu edieren und vielleicht auch die anderen Zeugnisse vieler Koch- und Lebensjahre.

Was aber passiert mit dem gedruckten Kochbuch, wenn es so verwendet und weitergeführt wird? Es ist, als würde ein Roman umgeschrieben. Neue Personen treten auf in Form von neuen Zutaten und Rezepten. All das ist bei einem vielgeliebten Kochbuch nichts Ungewöhnliches. Der Text eines Rezepts ist unfest, er fließt. Bis auf den Titel scheinen die Bausteine veränderbar. Eine ganz besondere Textsorte.

Fehlerteufel

Angebranntes – Wenn was daneben geht

Makellose Schönheit ist langweilig und blutleer.
Nun muss in einem Kochbuch kein Blut fließen wie in einem Krimi.
Wenn man in einem Kochbuch Fehler entdeckt,
zeugen die von dem Blut, das in den Adern derer fließt,
die an dem Kochbuch gearbeitet haben. Allesamt pragmatische Menschen,
die vormals nicht auf den Gedanken gekommen wären,
an einem Kochbuch zu schreiben.
Zum Glück haben sie es dennoch gemacht!

Liebe Christel!

Viel zu lange habe ich versäumt, Dir für Deine lieben Geburtstagsgrüße zu danken. So selten sind heutzutage handschriftliche Briefe – umso mehr gewinnen sie an Wert. Dabei fällt mir ein, erinnerst Du Dich, wie wir an einem Weihnachtsfest gemeinsam das Protokollbuch der Commission für Wanderkochkurse entziffert haben? Geschrieben Anfang des 20. Jahrhunderts von engagierten Münchner Bürgerinnen und Bürgern, die in Bayern Wanderkochkurse ins Leben gerufen haben. Du hast die Kurrentschrift flüssig runtergelesen – ich versuchte sie mühsam zu buchstabieren. Heute werden Protokolle hastig in die Tastatur eines Notebooks geklappert. Fehler geschehen so und so. Wie hast Du die Stirn hochgezogen, wenn eine Protokollantin üblig *statt* üblich *oder* Zal *statt* Zahl *geschrieben hat. Die hatten noch keine automatische Rechtschreibkorrektur.*

Auf Schreibfehler bin ich auch bei den handschriftlichen eingetragenen Rezepten in den Kochbüchern gestoßen. In dem Exemplar der Auflage 3/1916 braucht man für ein Lebkuchenrezept u. a. Oraschat. *Was uns heute geläufig ist – die Frucht und die Farbe* Orange *– war vielleicht von 100 Jahren noch manchem fremd, ebenso wie die richtige Schreibweise. In einem anderen Rezept bereitet man aus Mandeln, Feigen, Weinbeeren, Sultaninen, Puderzucker und Eiweiß* Feigenmakaroni *zu. Ich vermute, aus dem Teig macht man keine Röhrennudeln, sondern* Feigenmakronen. *Beim* Dampfnudelteich *in der Ausgabe der 2. Auflage lag es wohl nicht an der Unkenntnis der Sache, vielmehr war es die der Sprache. Wo die eine vom* Teig *spricht, sagt der andere* Teich. *Und in beiden kann man nicht schwimmen. Vielleicht lebte die Schreiberin nördlich der oberdeutschen Grenzen und schrieb, wie sie sprach.*

544 Dörrobstkompott
544a Tee
544b Malzkaffee
544c Bohnenkaffee
544d Kakao
545 Schwarzbrot

Das waren ein paar Beispiele aus frühen handschriftlichen Einträgen, die Dich sicher amüsieren. Fehler – gleich welcher Art – findet man immer zufällig. Ich möchte Dir ein paar Einzelstücke aus meiner Sammlung vorlegen. Freilich lässt sich oft darüber streiten, was ein Fehler ist. Was meinst Du, ist es ein Fehler, wenn die Rezepte nicht aufsteigend gezählt werden, sondern mittendrin ein paar Rezepte Nummern und dazu einen Buchstaben tragen? In der überarbeiteten Auflage 11/1927 wollte man den bisher vernachlässigten Getränken ein Kapitel einrichten – aber sich nicht die Mühe machen, alle anderen Rezepte danach neu zu nummerieren und zu setzen. Also wurde geflickt. Und im Kochbuch sieht ein Flicken eben so aus. Ein weiterer Flicken wurde drei Auflagen später für das neue Griebenkapitel eingefügt (14/1931). Erst mit der ersten Auflage unter dem Titel Bayerisches Kochbuch 15/[1933] wird alles durchgehend neu nummeriert.

Du isst doch so gerne Pichelsteiner. Ein Rezept dafür steht von Anfang an im Kochbuch. Mit der Auflage 3/1916 kamen auch Pichelsteiner, ohne Fleisch und Fischpichelsteiner dazu. Und dann ändert sich der Name des Rezepts. Aus Pichelsteiner wird ab der Auflage 6/1924 Pickelsteiner. Warum? Ich weiß es nicht. In den 50er Jahren kommt peu à peu wieder das Pichelsteiner zurück. Bis das fleischerne, fleischlose und fischige Gericht im Rezeptteil und im Register einheitlich mit ch geschrieben wird, dauert es ein paar Auflagen. Die Fischvariante war hartnäckig: 1956 ist in der 26. Auflage sogar ein Fischbichelsteiner im Register belegt. Erst mit der 27/1958 ist alles im Lot.

Das Rätsel um das Fischbichelsteiner liegt in der Buchherstellung: Im Zentrum des Kochbuchs steht der Rezeptteil; um ihn herum kreisen Trabanten: Inhaltsverzeichnis, Einleitung, Register … In Zeiten, als Inhaltsverzeichnis und Register noch nicht automatisch erstellt wurden, mussten die Texte in Handarbeit aufeinander abgestimmt werden, und da konnten solche Fehler bei den Rezeptnamen passieren. Das erklärt auch, warum im Register der Auflage 27/1958 Hollunderkaltschale und Hollundersuppe auf Holunderkaltschale und Holundersuppe im Rezeptteil verweisen. Ende der 60er Jahre, in einer eigentlich sehr ruhigen Phase des Kochbuchs, wird dieser Fehler im Register in der Auflage 38/1968 korrigiert.

Auf einen mysteriösen Fehler hat mich Monika, die Frau meines Cousins Wolfhart, aufmerksam gemacht: Im Mohnstrudelrezept der Auflage 35/1965 braucht man für die Fülle 200 g Mohn, $^{1}/_{2}$ l Milch knapp, 50 g Butter, 150 g Butter oder Honig usw. Sie meinte, es müsse wohl Zucker oder Honig heißen. Mysteriös daran ist, dass es auch so war – bis einschließlich Auflage 34/1964! Die nächste Überarbeitung (40/1971) machte dann 100 g Zucker (evtl. ein Teil davon Honig) daraus. Ein reinkorrigierter Fehler. Wie hübsch. Da könnte man Geschichten erfinden: Wer wen womit abgelenkt hat … und plötzlich wurde in den Zutaten aus dem Zucker Butter.

Ich langweile Dich sicher, liebe Christel, mit meiner Buchstabenfuchserei. Zwei Funde noch, von denen ich Dir schreiben will. Um mit dem unscheinbarsten anzufangen: Doppelpunkt oder Strichpunkt? Im Eiweißkuchenrezept backt man den Teig in gebutterter und gemehlter Kastenform. In der Zutatenliste heißt es zur Form: Butter und Mehl. Nachzulesen in der Auflage 40/1971. In der darauf folgenden Auflage wurde der Doppelpunkt in einen Strickpunkt verhext zur Form; Butter und Mehl und erst 1998 zur 55. Auflage wieder erlöst. Der jüngste Fund ist noch nicht erlöst: die Fensterkücheln sind in der aktuellen Auflage kalte Kacheln, Fensterkacheln geworden.

Weißt Du wie ich darauf gekommen bin, solche Fehler zu sammeln? Nein, nicht weil ich selber so viele mache, sondern weil ins Exemplar der Auflage 40/1971 eine leuchtend pinke Fehlerliste eingeklebt ist (siehe Farbtafel 27). Meine Liste ist eine Hommage an diese Liste – und das ganze Kochbuch. Was wäre Cindy Crawford ohne ihr Muttermal?

Auf bald und viele liebe Grüße

Deine Schwiegertocher Regina

Topfen oder *Quark*?

Das Bayerische Kochbuch *auf dem Weg zum Standardkochbuch*

Helmut Lydtin hat in der kulinarischen Einöde von Georgia in den Südstaaten der USA gelernt, mit dem Bayerischen Kochbuch seiner Tante Maria Hofmann zu kochen. Nach seiner Rückkehr beginnt er, mit ihr das Kochbuch zu überarbeiten. Ein fiktives Gespräch der beiden mit wahren Zutaten.

Maria Hofmann und ihr Neffe Helmut Lydtin sitzen an einem der ersten schönen Tage im April auf dem heimischen Balkon in der Romanstraße. Helmut erklärt Maria den Unterschied zwischen einem Cocktail *und einem* Cobbler *und warum Rezepte für* alkoholische Mischgetränke *in einem zeitgemäßen* Bayerischen Kochbuch *ihren Platz finden müssen. Elisabeth Hofmann, die Schwester von Maria, befindet sich in einem angrenzenden Zimmer, in eine Näharbeit versunken.*

Helmut Lydtin … *Ich werd dir nächstens einen Ananas-Cocktail und einen Ananas-Cobbler mixen, liebe Tante, dann wirst du den Unterschied schon merken. Aber ich würd' gern noch ein anderes Thema heute besprechen. Wir sind ja schon recht weit mit den süßen Kapiteln und da ist mir etwas bei der Durchsicht der Rezepte aufgefallen. Es gibt ein* Mokka-Rahmeis *und eine* Mokka-Sahnetorte. *In beiden Rezepten wird Schlagrahm verwendet. Warum nennen wir die Torte nicht auch* Mokka-Rahmtorte*?*

Maria Hofmann *Aber nein, wenn einheitlich, dann das Eis* Mokka-Sahneeis. Mokka-Rahmtorte – *wie klingt denn das?*

HL *Bairisch. Und wir schreiben auch an dem* Bayerischen Kochbuch.

MH *Nein, Helmut, es gibt* Sahnetorten, *aber keine* Rahmtorten. *Pass auf, [lehnt sich zurück und ruft nach hinten gewandt] Lisa, was hatten wir Sonntag zum Kaffee?*

Elisabeth Hofmann *Was meinst du? Sonntag zum Kaffee? Mokkatorte, wenn ich mich recht entsinne. Warum?*

MH *[bei sich] Das ist auch keine Lösung … [lauter] Kochbuchfragen. [wieder zu Lydtin] Letztens hat schon wieder jemand gemeint, die Rezepte im Kochbuch wären zu schwer, wir sollen sie leichter machen. Denen wär's am liebsten, die* Mokkatorte *würde mit Magerquark zubereitet. Vorstellungen haben manche Leut.*

HL Topfen, *liebe Tante,* Topfen *und nicht* Quark *heißt es im Bairischen.*

MH *Helmut, wenn wir das Kochbuch nun so gründlich überarbeiten, möchte ich, dass es über die bayerischen Grenzen hinaus verwendet werden kann. Und ich halte es nicht für sinnvoll, hier allzusehr an der bairischen Diktion festzuhalten. Mag sein, dass man hier* Topfen *sagt – ich ja schon mal nicht –, aber anderswo wird das nicht verstanden. Also wäre mein Vorschlag, zwei Registereinträge anzusetzen, z. B.* Topfenstrudel *und* Quarkstrudel. *Was hältst du davon?*

HL *Gut. So können wir es machen. Und wie verbleiben wir in der* Rahmeis-Sahnetorten-*Frage?*

MH *Das bleibt, wie's ist.*

HL *Hm. Vielleicht sollte ich dir bei unserem nächsten Treffen vorher den Ananas-Cocktail servieren …*

Bayerische Creme

Das Bayerische Kochbuch *ist kein Regionalkochbuch*

1910: Polenta, Mailänder Reis, Makkaroni,
Braunschweiger Kuchen, Königsberger Knödel,
1933: Indian, Englischer Pudding, Italienische Leber, Porridge,
Spaghettifeingericht,
1958: Pommes frites, Borschtsch, Risotto, Paprika,
1971: Hawai Toast, Chinakohl, Auberginen, Käsefondue,
Pizza, Fenchel, Gin-Fizz – eine kleine Rezeptauswahl
aus 100 Jahren Bayerisches Kochbuch.

Unter einem Regionalkochbuch kann sich jeder etwas vorstellen. *Damals, Großmutter, schon immer* fällt einem dazu ein. Ist man in Bayern zu Hause, kommen einem aber nicht Polenta und Hawai Toast in den Sinn. Bedient das Bayerische Kochbuch die Erwartungen? Stellt man sich so ein Regionalkochbuch vor? Oder bricht nicht vielmehr schon seine Entstehungsgeschichte und dann auch seine Entwicklung mit den Klischees?

Das Kochbuch ist in München und Miesbach gewachsen. Es wird in Miesbach an der Wirtschaftlichen Frauenschule erprobt und zusammengestellt von Lehrerinnen und Schülerinnen, die aus großbürgerlichen und adeligen Verhältnissen stammten. Es sind privilegierte, emanzipierte und fortschrittliche Frauen, die nach wirtschaftlicher Unabhängigkeit streben. Verantwortlich ist der in München ansässige Bayerische Verein für Wirtschaftliche Frauenschulen auf dem Lande. Dieser erfreut sich am raschen Erfolg der von ihm gegründeten Schule und arbeitet zusammen mit fortschrittlichen Kräften in ganz Bayern an einer Bildungsoffensive zugunsten nicht privilegierter Frauen. Wanderkochkurse für einfache Landfrauen und Fabrikarbeiterinnen haben seit 1903 steten Zulauf. Wenn Carry Brachvogel in dem Schulprospekt schreibt, dass der schlechte Ruf, den die bayerische Küche hat, auf einem Einerlei von Knödeln und Einbrenne fuße, ist das die Ausgangssituation der Schülerinnen der Wanderkochkurse. Den Schul- und Vereinsmitgliedern werden dagegen täglich Menüs nicht unter fünf Gängen serviert. Das Kochbuch spiegelt diese heterogene Ausgangslage. Da liest man einerseits, wie man Flocken- und Grützensuppe aus Melbereiware mit Butter schmackhafter machen kann – das ist eine bessere Haferschleimsuppe –, und andererseits, wie Vanillemilchcreme mit Kaffeebohnen und 1 Päckchen Vanillin für Kranke zuzubereiten ist.

Ich stelle mir vor, wie das zugegangen sein mag, damals in München. Während man die Speisezettel der Wanderkochkurse auswertet und die Rezeptsammlung wächst, wird in Miesbach probegekocht. Neue Vorschäge für Rezepte, die es unbedingt aufzunehmen gilt, werden gemacht. Frau Dr. List zum Beispiel – wir kennen sie von der Commission für Wanderkochkurse –, plädiert für mehr Gemüse im Kochbuch und schlägt vor, aus ihrem Kochbuch Kürbissuppe, Sauerkrautsuppe, Selleriegemüse und Vegetarisches Ragout zu übernehmen. Andere aus dem Münchner Kreis vermissen Rezepte wie Makkaroni, Mailänder Reis, Polenta oder *Königsberger Klopse*. Die Wanderlehrerinnen sind nicht leicht davon zu überzeugen, dass die Internationalität der großbürgerlichen Küche der Vereinsmitglieder bei ihren Schülerinnen ankommen wird, beugen sich dann, bestehen aber auf Königsberger Knödel oder *Klöße* – denn *Klopse* kenne man in Bayern nicht.

Die regionale Ausrichtung des Kochbuchs steht außer Frage, das Bayerische Kochbuch hat aber mehr zu bieten. Da ist, wie beschrieben, das schwache Echo einer großbürgerlichen Küche. Es trifft auf die Zusammengekochten Gerichte, das einfache Essen der Bauern und Arbeiter. Meinungsstark tritt von Anfang an die Bewegung der Lebensreform auf, die eine Ernährungsreform propagiert und den Vegetarismus verficht. Der Einfluss zeitgemäßer Ernährungslehren ist eine Konstante in der Kochbuchgeschichte. Das belegen zum Beispiel Rezepte wie der vegetarische Hindhede Salat (10/1927), Schrotbrot (15/[1933]) und die vielen Rohkostsalate Ende der 50er Jahre in der überarbeiteten 27. Auflage.

Wenn das Bayerische Kochbuch, wie oben behauptet, kein reines Regionalkochbuch ist, was ist es dann? Und ändert es seinen Charakter im Laufe der Jahrzehnte? Ich fange mit dem Offensichtlichen an: Das Kochbuch ist als Lehrkochbuch entwickelt und wird bis heute als solches eingesetzt. Über diese lange Strecke ist das eine erstaunliche Konstante. Als Lehrbuch kann es nicht nur regionale Rezepte unterrichten, sondern muss eine Vorstellung von einem überregionalen Standard vermitteln. Dieser ist nicht statisch, er reagiert auf gesellschaftliche Veränderungen. Der Standard zu Beginn der Geschichte des Kochbuchs war laut Vorwort ein bürgerlicher, sicherlich ein einfacher bürgerlicher. Nach dem Ersten Weltkrieg und mit dem wachsenden Erfolg des Kochbuchs, das nicht mehr nur in Wanderkochkursen eingesetzt wurde, stieg auch der Standard des Lehrbuchs. Immer neue Rezepte kamen hinzu, die auf die Moden und Ansprüche der Kochgemeinde eingingen. Dankenswerterweise wurden im Laufe der Jahrzehnte nur wenige Rezepte gestrichen. Die meisten blieben. Und so wuchs und wuchs der Umfang des Werks. Was ist das Bayerische Kochbuch heute für eine Art von Kochbuch? Es ist ein regionales Standardkochbuch und Lehrbuch. Und es ist eine Dokumentation der süddeutschen Küche im 20. Jahrhundert. Es ist ein Nachschagewerk. Vergleichbares muss man suchen.

Zurück zur Titelfrage: Wann kam die Bayerische Creme ins Bayerische Kochbuch? Das Rezept wurde in der jüngsten Überarbeitung 55/1998 aufgenommen. Rezepte, die eine Region im Namen tragen, auch dort zu verorten, liegt nahe. Das Naheliegende ist aber nicht immer richtig. Die Bayerische Creme ist nicht bayerisch, sondern stammt aus der gehobenen französischen Küche. Als *Crème Bavaroise* soll das Dessert in der Küche am französischen Hof erfunden worden sein und ist seit dem frühen 19. Jahrhundert in Kochbüchern der Haute Cuisine belegt.

Abräumen

Auflagengeschichte

Ein Überblick

100 Jahre Kochbuchgeschichte kann auf verschiedene Weise erzählt werden. Eine chronologische Zusammenfassung der wichtigsten Veränderungen im (Bayerischen) Kochbuch bietet der folgende Text.

Liste der Auflagen mit ihrem Erscheinungsjahr. Wenn das Jahr nicht genannt ist, wurde es erschlossen und mit [ ] markiert.

A/[1910]
B/[1911]
2/[1913]
3/1916
4/1920
5/1922
6/1924
7/1925/26
8/1926
9 nicht belegt
10/1927
11/1927
12/1928
13/1929
14/1931
15/[1933]
16/[1936]
17/[1938]
18/[1943]
18erw./1947
19/1949
20/1949
21/1950
22/1951
23/1953
24/1954
25/1954
26/1956
27/1958
28/1959
29/1960
30/1961
31/1962
32/1963
33/1963

Die ersten drei Auflagen zeugen von viel Engagement in der Sache und wenig Erfahrung im Büchermachen. Die Auflagen werden nicht gezählt, das Erscheinungsjahr nicht genannt, das Titelblatt unterscheidet sich nicht, der Inhalt allerdings. Das Titelblatt einer Ausgabe trägt den Stempelaufdruck 2te Auflage 4.-9. Tausend. Die beiden ungezählten nenne ich Auflage A und Auflage B. Die gestempelte ist die 2. Auflage. 1916 erscheint die erste gezählte und datierte 3. Auflage. Die drei ihr vorausgehenden Ausgaben datiere ich auf 1910, 1911 und 1913. Die Wirtschaftliche Frauenschule zog 1909 von Geiselgasteig nach Miesbach. Im Vorwort des Kochbuchs ist der Standort bereits Miesbach. Demnach muss das Erscheinungsjahr nach 1909 sein. In der Miesbacher Frauenschulzeitung Ausgabe Nr. 3, 2. Jahrgang vom 1. Januar 1912 kann man eine Werbung für das Kochbuch des Bayerischen Vereins für Wirtschaftliche Frauenschulen a. d. L. lesen: »Vor einiger Zeit kam das schon länger geplante Kochbuch des Vereins für Wirtschaftliche Frauenschulen a. d. L. heraus.«

Die ersten beiden Auflagen unterscheiden sich wenig, aus dem Wenigen lässt sich doch einiges schließen. Blättert man das Kochbuch von hinten nach vorne, fällt der Anzeigenteil ins Auge. In der Auflage A sind 11 Anzeigen geschaltet, in Auflage B 18. Die Verantwortlichen sind versierter im Akquirieren von Anzeigen geworden und ihr Produkt überzeugt offensichtlich. Blättert man wieder einige Seiten nach vorne, zeigt sich, dass in der Auflage B der Speisezettel für 12–14 Personen und der Küchenzettel für einen dreitägigen Kochkistenkurs gestrichen wurden. Vielleicht waren die Speisezettel dem herausgebenden Verein zu nah an der Zielgruppe. Diese praktischen Kapitel sollten mündlich unterrichtet werden. Außerdem brauchte man Platz für neue Lebkuchenrezepte. Hier zeigt sich bereits eine Eigenart des Kochbuchs: Die anonymen Bearbeiterinnen – denn es waren vermutlich Frauen – wechselten häufiger, so dass die Ausrichtung des Kochbuchs nicht konstant war. Die nächste Änderung war eine politische. Mitten im Ersten Weltkrieg erscheint die Auflage 3/1916 und in ihr werden alle französischen Rezeptnamen eingedeutscht. Nie wieder ist die Haltung so rigoros wie in dieser Auflage. Zu Zeiten der Auflage 4/1920 ist der Krieg vorüber, das Kaiserreich Vergangenheit, man lebt in der Weimarer Republik. Das einst leinengebundene Büchlein erscheint nun als Broschur. Unmotiviert werden Rezepte gestrichen und wenige neu aufgenommen.

34/1964
35/1964
36/1966
37/1967
38/1968
39/1969

40/1971
41/1972
42/1973
43/1974
44/1975
45/1976
46/1977
47/1979
48/1980
49/1981

50/1982
51/1984
52/1984
53/1986
54/1992
55/1998
56/2007

Kochbuch

des Bayer. Verein für wirtschaftliche Frauenschulen a. d. L.

Vor einiger Zeit kam das schon länger geplante Kochbuch des Vereins für wirtschaftliche Frauenschulen a. d. L. heraus. Es wurde zum großen Teil nach Erfahrungen in der Praxis zusammengestellt und enthält eine Reihe einfacher — aber auch feinerer — ausgezeichneter Rezepte, sowie Spezialgerichte aus verschiedenen Gegenden Bayerns. Es ist für die Schülerinnen der Wanderkochkurse bestimmt, setzt aber, da es sehr kurz gefaßt ist, die theoretische und praktische Erläuterung der Lehrerin voraus. Es erleichtert nicht nur das zeitraubende und unbeliebte Diktieren, sondern gibt auch eine größere Anzahl von Rezepten, als man sie meist im Diktat geben kann, und ist sicher als gedrucktes Buch von weit größerem Werte, als das meist schlecht und fehlerhaft geschriebene Kochheft. Es verdient recht weite Verbreitung in allen Kreisen.

Miesbacher Frauenschulzeitung 2. Jg. Nr. 3, Jan. 1912

In den kommenden sieben Jahren und fünf Auflagen geschieht wenig. Es wächst vor allem die Zahl der süßen Rezepte und die der Anzeigen. Die 9. Auflage ist ein blinder Fleck. Bei meiner Suche in Bibliotheken und Antiquariaten habe ich kein Exemplar gefunden, auch keinen mittelbaren Hinweis durch eine Erwähnung in einer Anzeige oder ähnlichem. Hat es diese Auflage gegeben? Zwischen 1924 und 1929 belegt die Sammlung sieben Auflagen! Hat sich jemand verzählt? Sollte die 10. vollständig neubearbeitete Auflage nicht als 9., sondern imposant als zweistellige Auflage erscheinen? Sie ist ein Meilenstein in der Geschichte des Kochbuchs, diese 10. Auflage von 1927. Die Rezepte sind nun nummeriert! 648 Rezepte stehen jetzt im Kochbuch. Das Konzept der Grundrezepte wird eingeführt. Es hatte sich bereits angedeutet, aber nun erhalten einige Rezepte den deutlich sichtbaren Titelzusatz Grundrezept. Die kapiteleinleitenden Kochlehren haben in dieser Auflage ihre Geburtsstunde. In den Rezeptexten findet die eigentliche Revolution statt: Das Agens wird aus den Texten verbannt. Es heißt nicht mehr Leber wird gewaschen, gehäutet und geschnitten, sondern Leber waschen, häuten, schneiden. All diese Änderungen lassen vermuten, dass eine Gruppe tüchtiger fortschrittlicher und rigoroser Frauen das Kochbuch überarbeitet hat. Auch die inhaltlichen Eingriffe versuchen, jede Provinzialität zu verscheuchen. Dialektales in der Sprache und regionale Rezepte werden reduziert und sogar der Kaisertee hat in dem Kochbuch der Weimarer Republik nichts mehr verloren. Sentimentalität war gestern, Pragmatismus ist das Gebot der Zeit. Süßes muss der Resteverwertung und den Tipps fürs Haltbarmachen weichen. Äußerlich ist der Auflage dieser grundsätzliche Relaunch nicht anzusehen.

In den Auflagen 11 bis 14 zwischen 1927 und 1931 ändert sich wenig am Rezeptbestand. Getränke- und Griebenrezepte wollen aufgenommen werden und machen dem Buchsatz das Leben schwer. Alles neu nummerieren oder tricksen? Man entscheidet sich für Letzteres und nummeriert mit Buchstabenerweiterung, auf 481 a. Kartoffeltorte folgt 481 b. Gelberübentorte. Das war 1931 die 14. und letzte Auflage des Kochbuchs des Vereins für Wirtschaftliche Frauenschulen auf dem Lande (Bayerischer Verein E. V.).

Unsere Bücher:

Bayerisches Kochbuch

XVII. neubearbeitete und erweiterte Auflage mit etwa 850 Rezepten und Grundrezepten . gebunden RM 2,60
broschiert RM 2,20

Leitfaden für Ernährungs- und Nahrungsmittellehre
10. Auflage . . . . RM 1,60

Einkochbuch 12. Auflage . . . . RM —,60

Bäuerliche Schlachtrezepte 5. Auflage . . . . RM —,30

Herausgegeben und zu beziehen vom **Verein Landfrauenschulen e. V., München,** Prinzregentenstr. 5. Fernruf 25 9 79.

Bayerische Maiden-Zeitung 28. Jg. Nr. 5, Dez. 1938.

Die 15. Auflage trägt den Namen Bayerisches Kochbuch und ist größer, bunter und dicker. Die grundlegende *Neubearbeitung*, die aus dem Kochbuch das Bayerische Kochbuch werden lässt, übernimmt Maria Hofmann. Sie trennt sich von etlichen bodenständigen Rezepten, die nicht in das Bild eines zunehmend bürgerlichen Schulkochbuchs passen. Die letzten Wanderkochkurse wurden Ende der 20er Jahre gehalten. Spargerichte wie Knappkuchen, Falsche Linzertorte, Falsche Faschingskrapfen und Brotpudding stehen auf der Streichliste. Andere Rezepte kommen dazu: Bayerisch Kraut, Erdbeerbowle, Schuxen, weiter Italienische Leber, Spaghettifeingericht, Haferflocken auf englische Art, auch Porridge genannt. Maria Hofmann und der zunächst weiter herausgebende Bayerische Verein wollen sich selbstbewusst und werbewirksam regional präsentieren, ohne provinziell zu sein. Allzu französisch sollte das Kochbuch nicht klingen. Drum wird Albertbiskuit nun zu Albertkeks und Baisermasse zu Schaumüberzug. Die Eindeutschungen stehen aber in keinem Verhältnis zu den rigorosen Namensänderungen der Auflage

3/1916. Maria Hofmann ist bemüht, trotz des neuen Looks eine Kontinuität zu wahren und die Schulgemeinde nicht zu sehr zu brüskieren. Das zunehmend umfangreiche Kochbuch verlangt nach Struktur. Maria Hofmann erkennt das und führt z. B. das einleitende Inhaltsverzeichnis ein.

In den 30er Jahren erscheinen zwei weitere Auflagen ohne Rezeptstreichungen, dafür mit einigen Zugängen. Auffällig sind drei Eintopfgerichte in Auflage 17/[1938]. Während sich in dieser Zeit im Bayerischen Kochbuch nicht viel ereignet, wird das Land nachhaltig umstrukturiert. Das Vereinswesen ist den neuen Machthabern ein Dorn im Auge. Zu wenig zentralistisch. Ein Verein, der Schulträger ist und Schrifttum herausgibt, ist auf die Dauer untragbar. Der Bayerische Verein für Wirtschaftliche Frauenschulen auf dem Lande muss sich erst zweimal umbenennen: im April 1936 durch Erlass des Reichs- und Preußischen Ministers für Wissenschaft, Erziehung und Volksbildung in *Verein für bäuerliche Frauenschulen* und im Oktober des gleichen Jahres auf einen erneuten Erlass hin in *Verein Landfrauenschulen*. Im April 1939 löst er sich auf. Die Auflage 17/[1938] erscheint noch im Auftrag des Vereins Landfrauenschulen e.V., die darauffolgende 18. Auflage verantwortet Maria Hofmann erstmals alleine.

In diesem Jahrzehnt wechselt das Bayerische Kochbuch die Druckerei. Von den ersten Auflagen bis einschließlich der Auflage 15/[1933] wird das Kochbuch bei der Kunst- und Verlagsdruckerei J. Schön in München hergestellt. Die Auflage 16/[1936] druckt zum ersten Mal die J.G. Weiß'sche Buchdruckerei, die ebenfalls in München ansässig ist. Ab der Auflage 17/[1938] verlegt die Druckerei das Kochbuch auch, 1947 unter dem provisorischen Namen Drei Fichten Verlag. 1950 gründet Dr. Ernst Birkenmaier, der Inhaber der J.G. Weiß'schen Buchdruckerei, zusammen mit seinem Bruder Erich und seinem Sohn Gerd den Birken-Verlag. Heute ist Gabriele Wallraf Geschäftsführerin des Verlags – sie ist die Enkelin von Ernst Birkenmaier. Birken-Verlag und Bayerisches Kochbuch sind seit 80 Jahren eng verbunden.

Nach Kaiserreich, Weimarer Republik und Nationalsozialismus ist das Bayerische Kochbuch mit der 18. erweiterten Auflage von 1947 im besetzten Deutschland angekommen. Diese und die 19. von 1949 sind Published under Military Government Information Control License Number US-E-117. Für die erste Nachkriegsauflage zeichnet auf dem Titelblatt nicht Maria Hofmann verantwortlich, sondern Dr. med E. Lydtin. Aufgrund eines Spruchkammerverfahrens hat Maria Hofmann Publikationsverbot. Ihre Schwe-

Papier für die 18. Auflage
Die Schulen brauchen das Bayerische Kochbuch im Unterricht, aber es ist vergriffen. Das Land führt Krieg, Papier ist knapp und muss genehmigt werden. Der Schriftverkehr zwischen Miesbach, München und Berlin von Februar bis Juni 1943 ist erhalten. Er soll hier kurz skizziert werden. In Berlin wird die *Bereitstellung von Papiermengen für die Drucklegung des Bayerischen Kochbuchs* beantragt (Bay. Staatsministerium für Unterricht und Kultus an Landfrauenschule Miesbach, 19.2.1943). Die als *kriegswichtig anerkannten landwirtschaftlichen Fachschulen* brauchen Unterrichtsmaterialien (Bay. Staatsministerium für Unterricht und Kultus an die Reichsstelle für das Schul- und Unterrichtswesen, 24.6.1943). Der Reichsminister für Wissenschaft, Erziehung und Volksbildung in Berlin lehnt den Antrag vorerst ab. Die Argumente auf beiden Seiten sind einerseits praktischer Natur – Was verbraucht mehr Papier, der Druck der Bücher oder die Unterrichtsmitschriften der Schülerinnen? – und andererseits inhaltlicher: Sind die Grundlagen des Kochens überall gleich oder unterscheidet sich die Bayerische Küche *ganz wesentlich von den anderen Ländern sowohl in Benennungen als in der Art der Gerichte* (Bay. Staatsministerium für Unterricht und Kultus an Reichsminister für Wissenschaft Erziehung und Volksbildung, 8.3.1943)? Die 18. Auflage ist gedruckt worden, also wurde Papier bereitgestellt – letztendlich (BayHStA, MK 63406).

ster Ermelinde springt als Strohfrau ein, damit das von den Schulen ersehnte Bayerische Kochbuch erscheinen kann. Maria Hofmann hat in den letzten Kriegsjahren viel am Schreibtisch gesessen und das Kochbuch deutlich überarbeitet. Vor allem die einleitenden Kochlehren sind in dieser Zeit entstanden. Die ersten Lorbeeren darf sie nicht tragen – erst einige Monate später. Als ihr Spruchkammerverfahren beendet ist, publiziert sie wieder und arbeitet erneut als Dozentin am Staatsinstitut für den landwirtschaftlichen Unterricht in München. Die Auflage 19/1949 erscheint mit ihrem Namen auf dem Titelblatt und dem von Frau Dr. med. E. Lydtin, die die Krankenkost bearbeitet. Im Vorwort ist bereits von den wirtschaftlichen Verhältnissen in Westdeutschland die Rede. Das Bayerische Kochbuch ist längst zum Kulturzeugen der gesellschaftlichen und politischen Brüche und Übergänge geworden. In den Auflagen der 50er Jahre erfolgt Feinarbeit. Namen von Rezepten werden standardisiert, z. B. wird aus Kalbszüngerl eine Kalbszunge. Die Autorin verfolgt ihre bereits in den 30er Jahren eingeschlagene Linie weiter: weg von Provinzialität, hin zum Standardkochbuch. Der Kontakt zur Schule in Miesbach bleibt eng. Im Unterricht werden wie in den Anfangsjahren Vorschläge für das Kochbuch ausgearbeitet.

Die Auflage 23/1953 variiert geringfügig in Format und Inhalt. Das Äußere wird etwas kompakter, Register und Krankenküche werden unauffällig überarbeitet. Neu an dieser Auflage sind die Zeichnungen. Der Fleischschnitt der Schlachttiere Rind, Kalb, Schwein und Hammel wird anhand von Abbildungen erklärt – die ersten bildlichen Darstellungen im Bayerischen Kochbuch. Der Bann ist gebrochen und mit der nächsten überarbeiteten Auflage 27/1958 strömt eine wahre Bilderflut auf die Benutzer ein – wenn sie die Geschenkausgabe in den Händen halten. In der werden nun auf farbigen ganzseitigen Abbildungen Gerichte präsentiert, meist mit Tulpen im Bild. Die Fotos müssen im Frühjahr entstanden sein. Die Standardausgabe kommt weiter ohne Farbfotos aus; aber Zeichnungen dienen auch ihr zur Illustration. Im Übrigen ist die 27. Auflage eine gründliche inhaltliche Bearbeitung. Aus dem Kanon gestrichen werden Rezepte wie z. B. Braunmehlsuppe, Dotschen, Kuttelfleck und Stockfisch. Gleichzeitig gibt es reichlich Zuwachs: viele Rohkostgerichte, Menüvorschläge, d. h. Speisezettel auch für festliche Gelegenheiten, und neue Herdfunktionen ermöglichen auch neue überbackene Gerichte. Die Auflage 27/1958 ist ein Kind der Wirtschaftswunderjahre. Die Soßenportionen sind reichlich und die Küchenausstattung schafft neue Möglichkeiten, deren Nebenwirkungen man noch nicht kennt. Es wird empfohlen, Auftauwasser von Fleisch für die Soße zu verwenden und quellende Speisen wie Reis oder Rollgerste an der Herdseite auf Asbestunterlage zu garen. Beim letzten Italienurlaub hat man gelernt, dass das Spaghettifeingericht in seinem Heimatland Pasta asciutta heißt. Ab der Auflage trägt es diesen zweiten Namen.

Die Herkunft des Bayerischen Kochbuchs vom Kochbuch war in den 50er Jahren sehr wohl noch bekannt und geriet erst mit den Jahren in Vergessenheit. Nachzulesen ist das in der *Bayerischen Agrargeschichte* von Alois Schlögl. In Anlehnung an das Vorwort des Kochbuchs schreibt er über weitere Aktivitäten des Bayerischen Vereins für Wirtschaftliche Frauenschulen auf dem Lande: »Die Herausgabe von Lehrbüchern, besonders des Miesbacher Kochbuches, erarbeitet aus den Erfahrungen tüchtiger Wanderlehrerinnen und der Landfrauenschule Miesbach, später unter *Bayerisches Kochbuch* zum Lehrkochbuch ausgearbeitet, ersparte an allen Mädchenabteilungen mühsame Schreibarbeit.« (1954, S. 387)

Nun ist Pause beim Bayerischen Kochbuch. In den 60er Jahren ändert sich allenfalls das Layout des Titelblatts geringfügig, erst zentriert, dann linksbündig, dann wieder zentriert. Hinter den Kulissen aber wird gegen Ende der Dekade gearbeitet. Denn mit der 40. Auflage von 1971 erfindet sich das Bayerische Kochbuch neu. Neues Format, neue Farbe, neuer Buchsatz und viele alte und neue Rezepte. Es brauchte Mut und Geschick, dieses mittlerweile etwas altbackene Werk so umzukrempeln, dass die große Gemeinde treu blieb und neue Fans dazukamen. Das Kunststück gelang. Es ist die Mischung aus Tante und Neffe. Maria Hofmann vertrat beharrlich ihren altvertrauten Rezepte und Helmut Lydtin setzte dem den neuen aktuellen Zeitgeist entgegen. Und siehe da, Saure Nieren vertragen sich mit Pizza in einem Kochbuch. Ob Helmut Lydtin zu kämpfen hatte, die Cocktails einzuführen? Vielleicht wäre es leichter gewesen, wenn er seine Tante darauf hinweisen hätte können, dass sie bei ihrer ersten Bearbeitung des Kochbuchs Anfang der 30er Jahre die Erdbeerbowle neu aufgenommen hat. Nur Maria Hofmann hätte sich daran erinnern können. So brachte es ein Registervergleich Jahre später ans Licht.

In den kommenden Auflagen wird weiter zurückhaltend eingegriffen. In der Auflage 54/1992 lernt man, mit der Mikrowelle umzugehen, und in der letzten Überarbeitung zur Auflage 55/1998 fallen etliche Hirnrezepte den Sorgen um BSE-Erreger zum Opfer. Die behütenden Hände über dem Bayerischen Kochbuch wachen, nehmen aber keine großen Eingriffe vor. Das würde dem Charakter des Werks widersprechen. Die Auflage 40/1971 war ein großer Erfolg und hat rückblickend das Bayerische Kochbuch neu definiert. Es ist noch immer das regionale Standardkoch- und Lehrbuch der Bayerischen Küche, aber es ist nun auch ein Nachschlagewerk geworden. Es dokumentiert die Rezepte des 20. Jahrhunderts.

Vergessene Rezepte

Über das Buch verteilt stehen Rezepte, die im Laufe der Auflagengeschichte bei einer Überarbeitung gestrichen wurden. Es handelt sich um eine kleine, willkürliche Auswahl.

Quellen- und Literaturverzeichnis

Quellen aus Archiven

Amtsgericht München (Registergericht), Registerauszug *Verein für die Wirtschaftliche Frauenschule Miesbach*

Archiv des BSZ-Schulzentrum Miesbach, Frauenschulstraße; dort befinden sich nicht katalogisiert u.a.

Protokoll-Buch der Commission für Wanderkochkurse. 1903–1906

Censurenbuch der Seminaristinnen 1904–1912

Wirtschaftliche Frauenschule Miesbach [Prospekt, Text Carry Brachvogel, Titelzeichnung Botho Schmidt, ca. 1910]

Miesbacher Frauenschulzeitung, 1.-10. Jg. (1911–1921)

20 Jahre Vereinsarbeit [Festschrift, vermutlich 1922]

Bayerische Maiden-Zeitung, 26. Jg. Nr. 2 u. 5 (1936); 28. Jg. Nr. 5 (1938)

Staatliche Landfrauenschule Straß [Prospekt ca. 1938]

75 Jahre Staatliches Berufsbildungszentrum für Hauswirtschaft ehemals Landfrauenschule Miesbach/ Obb. (o.J.). [Miesbach].

Die Geschichte der Frauenschule Miesbach. Hg. vom Staatl. Berufsbildungszentrum für Hauswirtschaft Miesbach 1984.

Röck, Joachim: Chronik des Staatlichen Berufsbildungszentrums für Hauswirtschaft Miesbach. Von der Wirtschaftlichen Frauenschule auf dem Lande über die Landfrauenschule zum Staatlichen Berufsbildungszentrum für Hauswirtschaft. [zum 80jährigen Bestehen der Schule]. Miesbach [1984].

NLA Bückeburg, D 21 Nr. 1426–1428

Staatsarchiv München, AG München 1942/915

Staatsarchiv München, SPKA 747

Staatsarchiv München, SPKA 749

BayHStA, MK 44677

BayHStA, MK 63406

Stadtarchiv Miesbach, Meldebogen von Maria Hofmann 1928–1932

Stadtarchiv Barsinghausen, Personenmelderegister Maria Hofmann 1926, 02/14 Nr.7

Stadtarchiv Ingolstadt, Personenmelderegister Maria Hofmann 1907–1937

Kochbücher und Verwandtes

Auflagen des Bayerischen Kochbuchs und seines Vorläufers Kochbuch des Bayerischen Vereins für Wirtschaftliche Frauenschulen auf dem Lande

Kochbuch des Bayerischen Vereins für wirtschaftliche Frauenschulen auf dem Lande. Zur Benutzung in den Wanderkursen. **ohne Auflage ohne Jahr** München, Druck: J. Schön München V. *Ausgabe A genannt*

Kochbuch des Bayerischen Vereins für wirtschaftliche Frauenschulen auf dem Lande. Zur Benutzung in den Wanderkursen. **ohne Auflage ohne Jahr** München, Druck: J. Schön München. *Ausgabe B genannt*

Kochbuch des Bayerischen Vereins für wirtschaftliche Frauenschulen auf dem Lande. Zur Benutzung in den Wanderkursen. **2te Auflage ohne Jahr** München, Druck: J. Schön München. *mit Stempel ausgewiesen: 2. Auflage 4.-9. Tausend*

Kochbuch des Bayerischen Vereins für wirtschaftliche Frauenschulen auf dem Lande. Zur Benutzung in den Wanderkursen. **3. Auflage 1916** München: Selbstverlag des Vereins für wirtschaftliche Frauenschulen auf dem Lande, Druck: J. Schön München. *9.–14. Tausend*

Kochbuch des Bayerischen Vereins für wirtschaftliche Frauenschulen auf dem Lande. Zur Benutzung in den Wanderkursen. **4. Auflage 1920** München: Selbstverlag des Vereins für wirtschaftliche Frauenschulen auf dem Lande, Druck: J. Schön München. *15.-20. Tausend*

Kochbuch des Bayerischen Vereins für wirtschaftliche Frauenschulen auf dem Lande. Zur Benutzung in den Wanderkursen. **5. Auflage 1922** München: Selbstverlag des Vereins für wirtschaftliche Frauenschulen auf dem Lande, Druck: J. Schön München. *21.-25. Tausend*

Kochbuch des Bayerischen Vereins für wirtschaftliche Frauenschulen auf dem Lande. Zur Benutzung in den Wanderkochkursen **6. Auflage 1924** München: Selbstverlag des Vereins für wirtschaftliche Frauenschulen auf dem Lande, Druck: J. Schön München.

Kochbuch des Bayerischen Vereins für wirtschaftliche Frauenschulen auf dem Lande. Zur Benutzung in den Wanderkochkursen ländlichen Haushaltungsschulen und Haushaltungen. **7. Auflage 1925/26** München: Selbstverlag des Vereins für wirtschaftliche Frauenschulen auf dem Lande, Druck: J. Schön München.

Kochbuch des Bayerischen Vereins für wirtschaftliche Frauenschulen auf dem Lande. Zur Benutzung in den Wanderkochkursen, ländlichen Haushaltungsschulen und Haushaltungen **8. Auflage 1926** München: Selbstverlag, Druck: J. Schön München.

Kochbuch des Vereins für Wirtschaftliche Frauenschulen auf dem Lande (Bayerischer Verein e. V.). Zur Benützung in Wirtschaftlichen Frauenschulen, Haushaltungs- und Landfrauenschulen, Mädchen-Parallelklassen, ländlichen u. städt. Berufsfortbildungsschulen, landwirtschaftl. Haushaltungslehrgängen, ländlichen u. städt. Haushaltungen **10. vollständig neubearbeitete Auflage 1927** München: Selbstverlag des Vereins für Wirtschaftliche Frauenschulen auf dem Lande, Druck: J. Schön München.

Kochbuch des Vereins für Wirtschaftliche Frauenschulen auf dem Lande (Bayerischer Verein E. V.). Zur Benützung in Wirtschaftlichen Frauenschulen, Haushaltungs- u. Landfrauenschulen, Mädchen-Parallelklassen, ländlichen Berufsfortbildungsschulen, landwirtschaftl. Wanderhaushaltungslehrgängen, ländlichen und städt. Haushaltungen. Empfohlen von den Bayerischen Staatsministerien für Landwirtschaft und für Kultus und Unterricht. **11. verbesserte Auflage 1927** München: Selbstverlag des Verein für Wirtschaftliche Frauenschulen auf dem Lande, Druck: J. Schön München.

Kochbuch des Vereins für Wirtschaftliche Frauenschulen auf dem Lande (Bayerischer Verein e. V.) Zur Benützung in Wirtschaftlichen Frauenschulen, Haushaltungs- u. Landfrauenschulen, Mädchen-Parallelklassen, ländlichen und städtischen Berufsfortbildungsschulen, landwirtschaftlichen Haushaltungslehrgängen, ländl. u. städt. Haushaltungen. Empfohlen von den Bayerischen Staatsministerien für Landwirtschaft **12. verbesserte Auflage 1928** München: Selbstverlag des Vereins für Wirtschaftliche Frauenschulen auf dem Lande, Druck: J. Schön München.

Kochbuch des Vereins für Wirtschaftliche Frauenschulen auf dem Lande (Bayerischer Verein e. V.) Zur Benützung in Wirtschaftlichen Frauenschulen, Haushaltungs- u. Landfrauenschulen, Mädchen-Parallelklassen, ländlichen und städtischen Berufsfortbildungsschulen, landwirtschaftlichen Haushaltungslehrgängen, ländl. u. städt. Haushaltungen. Empfohlen von den Bayerischen Staatsministerien für Landwirtschaft und für Kultus und Unterricht **13. verbesserte Auflage 1929** München, Selbstverlag des Vereins für Wirtschaftliche Frauenschulen auf dem Lande, Druck: J. Schön.

Kochbuch des Vereins für Wirtschaftliche Frauenschulen auf dem Lande (Bayerischer Verein E. V.). Zur Benützung in Wirtschaftlichen Frauenschulen, Haushaltungs- und Landfrauenschulen, Mädchen-Parallelklassen, ländlichen u. städt. Berufsfortbildungsschulen, landwirtschaftl. Haushaltungslehrgängen, ländlichen u. städt. Haushaltungen [neue Zeile]. Empfohlen von den Bayerischen Staatsministerien für Landwirtschaft und für Kultus und Unterricht. **14. verbesserte und erweiterte Auflage 1931** München: Selbstverlag des Vereins für wirtschaftliche Frauenschulen auf dem Lande München, Druck: J. Schön München.

Bayerisches Kochbuch des Vereins für die Wirtschaftliche Frauenschule Miesbach und das Landwirtschaftliche Lehrgut Straß-Moos e. V. Empfohlen von den Bayerischen Staatsministerien für Kultus und Unterricht und für Wirtschaft, Abteilung Landwirtschaft Neubearbeitet von Maria Hofmann, Wirtschaftslehrerin, **15. erweiterte Auflage ohne Jahr** München: Frauenschul-Verlag des Vereins für die Wirtschaftliche Frauenschule Miesbach und das Landwirtschaftliche Lehrgut Straß-Moos e. V., Druck J. Schön München. *120. bis 140. Tausend*

Bayerisches Kochbuch des Vereins für Bäuerliche Frauenschulen e. V. Empfohlen von den Bayerischen Staatsministerien für Kultus und Unterricht und für Wirtschaft, Abteilung Landwirtschaft Neubearbeitet von Maria Hofmann, Lehrerin der landwirtschaftlichen Haushaltungskunde, **16. erweiterte Auflage ohne Jahr** München: Verein für Bäuerliche Frauenschulen e. V., J. G. Weiß'sche Buchdruckerei München.

Bayerisches Kochbuch Empfohlen von den Bayerischen Staatsministerien für Kultus und Unterricht und für Wirtschaft, Abteilung Landwirtschaft Neubearbeitet im Auftrag des Vereins Landfrauenschulen e. V. von Maria Hofmann, Lehrerin der landwirtschaftlichen Haushaltungskunde, **17. erweiterte Auflage [1938]** München: J. G. Weiß'sche Buchdruckerei und Verlag.

Bayerisches Kochbuch Empfohlen von den Bayerischen Staatsministerien für Kultus und Unterricht und für Wirtschaft, Abteilung Landwirtschaft. Bearbeitet von Maria Hofmann, Dozentin am Staatsinstitut für den landwirtschaftlichen Unterricht München-Pasing, **18. Auflage ohne Jahr** München: J. G. Weiß'sche Buchdruckerei und Verlag.

Bayerisches Kochbuch Neubearbeitet von Frau Dr. med. E. Lydtin **18. erweiterte Auflage 1947** München: Published under Military Government Information Control License Number US-E-117 (Drei Fichten Verlag), J. G. Weiß'sche Buchdruckerei München.

Bayerisches Kochbuch von Maria Hofmann, Landwirtschaftsrätin und Dozentin am Staatsinstitut für den landwirtschaftlichen Unterricht in München, **19. Auflage 1949** München: Published under Military Government Information Control License Number US-E-117 (Drei Fichten Verlag), J. G. Weiß'sche Buchdruckerei München.

Bayerisches Kochbuch von Maria Hofmann, Landwirtschaftsrätin und Dozentin am Staatsinstitut für den landwirtschaftlichen Unterricht in München, **20. Auflage 1949** München: J. G. Weiß'sche Buchdruckerei und Verlag.

Bayerisches Kochbuch von Maria Hofmann, Landwirtschaftsrätin und Dozentin am Staatsinstitut für den landwirtschaftlichen Unterricht in München, **21. Auflage 1950** München: Birken-Verlag, J. G. Weiß'sche Buchdruckerei München.

Bayerisches Kochbuch von Maria Hofmann, Landwirtschaftsrätin und Dozentin am Staatsinstitut für den landwirtschaftlichen Unterricht in München, **22. Auflage 1951** München: Birken-Verlag, J. G. Weiß'sche Buchdruckerei München.

Bayerisches Kochbuch Maria Hofmann, Landwirtschaftsrätin und Dozentin am Staatsinstitut für den landwirtschaftlichen Unterricht in München, **23. Auflage 1953** München: Birken-Verlag, J. G. Weiß'sche Buchdruckerei München.

Bayerisches Kochbuch von Maria Hofmann, Landwirtschaftsrätin und Dozentin am Staatsinstitut für den landwirtschaftlichen Unterricht in München, **24. Auflage 1954** München: Birken-Verlag, J. G.Weiß'sche Buchdruckerei München.

Bayerisches Kochbuch von Maria Hofmann, Landwirtschaftsrätin und Dozentin am Staatsinstitut für den landwirtschaftlichen Unterricht in München, **25. Auflage 1954** München: Birken-Verlag, J. G.Weiß'sche Buchdruckerei München.

Bayerisches Kochbuch von Maria Hofmann, Landwirtschaftsrätin und Dozentin am Staatsinstitut für den landwirtschaftlichen Unterricht in München, **26. Auflage 1956** München: Birken-Verlag München.

Bayerisches Kochbuch Geschenk-Ausgabe mit 16 Farbtafeln von Maria Hofmann, Landwirtschaftsrätin und Dozentin am Staatsinstitut für den landwirtschaftlichen Unterricht in München, Abschnitt Krankenkost von Frau Dr. med. E. Lydtin **27. Auflage 1958** München: Birken-Verlag, J. G. Weiß'sche Buchdruckerei München.

Bayerisches Kochbuch von Maria Hofmann, Landwirtschaftsrätin und Dozentin am Staatsinstitut für den landwirtschaftlichen Unterricht in München, Abschnitt Krankenkost von Frau Dr. med. E. Lydtin **28. Auflage 1959** München: Birken-Verlag, J. G. Weiß'sche Buchdruckerei München.

Bayerisches Kochbuch Maria Hofmann, Landwirtschaftsrätin und Dozentin am Staatsinstitut für den landwirtschaftlichen Unterricht in München, Abschnitt Krankenkost von Frau Dr. med. E. Lydtin **29. Auflage 1960** München: Birken-Verlag, J. G. Weiß'sche Buchdruckerei München.

Bayerisches Kochbuch Geschenk-Ausgabe mit 16 Farbtafeln von Maria Hofmann, Landwirtschaftsrätin und Dozentin am Staatsinstitut für den landwirtschaftlichen Unterricht in München, Abschnitt Krankenkost von Frau Dr. med. E. Lydtin **30. Auflage 1961** München: Birken-Verlag, J. G. Weiß'sche Buchdruckerei München.

Bayerisches Kochbuch Geschenk-Ausgabe mit 16 Farbtafeln Maria Hofmann **31. Auflage 1962** München: Birken-Verlag, J. G. Weiß'sche Buchdruckerei München.

Bayerisches Kochbuch Maria Hofmann, Ober-Landwirtschaftsrätin, Abschnitt Krankenkost Frau Dr. med. E. Lydtin **32. Auflage 1963** München: Birken-Verlag, J. G. Weiß'sche Buchdruckerei München.

Bayerisches Kochbuch Maria Hofmann, Ober-Landwirtschaftsrätin, Abschnitt Krankenkost Frau Dr. med. E. Lydtin **33. Auflage 1963** München: Birken-Verlag, J. G. Weiß'sche Buchdruckerei München.

Bayerisches Kochbuch Maria Hofmann, Ober-Landwirtschaftsrätin, Abschnitt Krankenkost Frau Dr. med. E. Lydtin **34. Auflage 1964** München: Birken-Verlag, J. G. Weiß'sche Buchdruckerei München.

Bayerisches Kochbuch Maria Hofmann, Ober-Landwirtschaftsrätin, Abschnitt Krankenkost Frau Dr. med. E. Lydtin **35. Auflage 1964** München: Birken-Verlag, J. G. Weiß'sche Buchdruckerei München.

Bayerisches Kochbuch Geschenk-Ausgabe mit 16 Farbtafeln Maria Hofmann, Ober-Landwirtschaftsrätin, Abschnitt Krankenkost von Frau Dr. med. E. Lydtin **36. Auflage 1966** München: Birken-Verlag, J. G. Weiß'sche Buchdruckerei München.

Bayerisches Kochbuch Geschenk-Ausgabe mit 16 Farbtafeln Maria Hofmann, Ober-Landwirtschaftsrätin, Abschnitt Krankenkost von Frau Dr. med. E. Lydtin **37. Auflage 1967** München: Birken-Verlag, J. G. Weiß'sche Buchdruckerei München.

Bayerisches Kochbuch Maria Hofmann, Ober-Landwirtschaftsrätin, Abschnitt Krankenkost Frau Dr. med. E. Lydtin **38. Auflage 1968** München: Birken-Verlag, J. G. Weiß'sche Buchdruckerei München.

Bayerisches Kochbuch Maria Hofmann, Ober-Landwirtschaftsrätin, Abschnitt Krankenkost von Frau Dr. med. E. Lydtin **39. Auflage 1969** München: Birken-Verlag, J.G. Weiß'sche Buchdruckerei München.

Bayerisches Kochbuch Maria Hofmann, Oberregierungs-Landwirtschaftsrätin a.D., Dr. med. Helmut Lydtin **40. Auflage 1971** München: Birken-Verlag, J.G. Weiß'sche Buchdruckerei München.

Bayerisches Kochbuch Maria Hofmann, Oberregierungs-Landwirtschaftsrätin a.D., Helmut Lydtin, Dr. med., **41. Auflage 1972** München: Birken-Verlag, J. G. Weiß'sche Buchdruckerei München.

Bayerisches Kochbuch Maria Hofmann, Oberregierungs-Landwirtschaftsrätin a.D., Dr. med. Helmut Lydtin **42. Auflage 1973** München: Birken-Verlag, J. G. Weiß'sche Buchdruckerei München.

Bayerisches Kochbuch Maria Hofmann, Oberregierungs-Landwirtschaftsrätin a.D., Dr. med. Helmut Lydtin **43. Auflage 1974** München: Birken-Verlag, J.G. Weiß'sche Buchdruckerei München.

Bayerisches Kochbuch Maria Hoffmann, Oberregierungs-Landwirtschaftsrätin a.D., Dr. med. Helmut Lydtin, apl. Professor für innere Medizin, **44. Auflage 1975** München: Birken-Verlag, J. G. Weiß'sche Buchdruckerei München.

Bayerisches Kochbuch Maria Hoffmann, Oberregierungs-Landwirtschaftsrätin a.D., Dr. med. Helmut Lydtin, apl. Professor für innere Medizin, **45. Auflage 1976** München: Birken-Verlag, J. G. Weiß'sche Buchdruckerei München.

Bayerisches Kochbuch Maria Hofmann, Oberregierungs-Landwirtschaftsrätin a.D., Dr. med. Helmut Lydtin, apl. Professor für innere Medizin, **46. Auflage 1977** München: Birken-Verlag, J. G. Weiß'sche Buchdruckerei München.

Bayerisches Kochbuch Maria Hofmann, Oberregierungs-Landwirtschaftsrätin a.D., Dr. med. Helmut Lydtin, apl. Professor für innere Medizin, **47. Auflage 1979** München: Birken-Verlag, J. G. Weiß'sche Buchdruckerei München.

Bayerisches Kochbuch Maria Hofmann, Oberregierungs-Landwirtschaftsrätin a.D., Dr. med. Helmut Lydtin, apl. Professor für innere Medizin, **48. Auflage 1980** München: Birken-Verlag, J. G. Weiß'sche Buchdruckerei München.

Bayerisches Kochbuch Maria Hofmann, Oberregierungs-Landwirtschaftsrätin a.D., Dr. med. Helmut Lydtin, apl. Professor für innere Medizin, **49. Auflage 1981** München: Birken-Verlag, J. G. Weiß'sche Buchdruckerei München.

Bayerisches Kochbuch Maria Hofmann, Oberregierungs-Landwirtschaftsrätin a.D., Dr. med Helmut Lydtin, apl. Professor für innere Medizin, **50. Auflage 1982** München: Birken-Verlag, Weiß'sche Buchdruckerei München.

Bayerisches Kochbuch Maria Hofmann Helmut Lydtin **51. Auflage 1984** München: Birken-Verlag, Passavia Druckerei GmbH Passau.

Bayerisches Kochbuch Maria Hofmann Helmut Lydtin **52. Auflage 1985** München: Birken-Verlag, Passavia Druckerei GmbH Passau.

Bayerisches Kochbuch Maria Hofmann, Oberregierungs-Landwirtschaftsrätin a.D., Dr. med. Helmut Lydtin, apl. Professor für innere Medizin, **53. Auflage 1986** München: Birken-Verlag, Passavia Druckerei GmbH Passau.

Bayerisches Kochbuch Maria Hofmann, Oberregierungs-Landwirtschaftsrätin a.D., Dr. med. Helmut Lydtin, apl. Professor für innere Medizin, **54. Auflage 1992** München: Birken-Verlag, Passavia Druckerei GmbH Passau.

Bayerisches Kochbuch Maria Hofmann, Oberregierungs-Landwirtschaftsrätin a.D., Helmut Lydtin,

Dr. med. Professor für innere Medizin, **55. Auflage 1998** München: Birken-Verlag, Passavia Druckerei GmbH Passau.
Bayerisches Kochbuch Maria Hofmann, Oberregierungs-Landwirtschaftsrätin a.D., Helmut Lydtin, Dr. med. Professor für innere Medizin, **56. Auflage 2007** München: Birken-Verlag, Passavia Druckerei GmbH Passau.

Publikationen aus dem unmittelbaren Umfeld des Bayerischen Kochbuchs

Neben dem Kochbuch veröffentlichte der Bayerische Verein für Wirtschaftliche Frauenschulen auf dem Lande weitere Schriften, z.B. Einkoch-Büchlein und Ernährungslehre. Beide wurden vom Birken-Verlag fortgeführt. Darüber hinaus haben Lehrkräfte der Schule veröffentlicht ebenso Maria Hofmanns Schwester Elisabeth Hofmann. Es folgt eine unvollständige Liste.

Bäuerliche Schlachtrezepte des Vereins für die Wirtschaftliche Frauenschule Miesbach und das Landwirtschaftliche Lehrgut Straß-Moos e.V., München 1933.
Bayerisches Kriegskochbüchlein. Anweisungen zur einfachen und billigen Ernährung unter besonderer Berücksichtigung der durch die Beschlagnahme von Getreide und Mehl gegebenen Verhältnisse in ländlichen und städtischen Haushaltungen mit Beigabe eines Speisezettels und Ratschlägen für Gemüsebau im Hausgarten und Geflügelzucht. Anweisungen zur einfachen und billigen Ernährung unter besonderer Berücksichtigung ländlicher Verhältnisse, Vorwort von Frau von Meinel, hg. vom Verein für Wirtschaftliche Frauenschulen auf dem Lande, 5. vermehrte Auflage, 54.-85. Tausend München o.J.
Die Kochkiste: mit Abbildungen zum Selbstherstellen hg. vom Verein für Wirtschaftliche Frauenschulen auf dem Lande. [Nachweis durch Kriegskochbüchlein]
Einkoch-Büchlein. Kurzgefasste Anleitung für einfache häusliche Obstverwertung hg. vom Verein für Wirtschaftliche Frauenschulen auf dem Lande (Bayer. Verein). Abteilung für Wanderkoch- und Haushaltungskurse, 3. Auflage München 1915.
Erscheint bis 27. Auflage 1968. Ab 10. Auflage 1933 unter dem Titel *Einkochbuch. Kurzgefasste Anleitung für einfache häusliche Obstverwertung.*
Fischkochbüchlein hg. vom Verein für Wirtschaftliche Frauenschulen auf dem Lande. Nachweis durch Kriegskochbüchlein
Leitfaden der Bienenzucht von Eder, E., Gotha o.J. Laut Titelblatt ist E. Eder Lehrerin an der Wirtschaftlichen Frauenschule Miesbach.
Leitfaden für Ernährungs- und Nahrungsmittellehre von G. Fauner, hg. vom Verein für Wirtschaftliche Frauenschulen auf dem Lande, 5. verbesserte Auflage München 1930.
Erscheint bis 32. Auflage 1987. Ab 22. Auflage 1964 zusammen mit Helmut Lydtin unter dem Titel *Ernährungslehre. Ein Leitfaden.* Ab 26. Auflage 1973 unter dem Titel *Gesunde Ernährung und Krankenkost. Eine Ernährungslehre.*
Zuschneiden – leicht gemacht. Ein Leitfaden für Schule und Haus von Elisabeth Hofmann, München J.G. Weiss'sche Buchdruckerei und Verlag o.J. [Elisabeth Hofmann: Direktorin der Städtischen Gewerblichen Berufsschule für Mädchen in München; ältere Schwester von Maria Hofmann]

Kochbücher aus dem historischen Umfeld (Auswahl)

Auch wenn mein Interesse der Auflagengeschichte des Bayerischen Kochbuchs galt, war es schier unmöglich, nicht mal über den Tellerrand zu blicken. Hier eine kleine Auswahl zitierter und konsultierter Kochbücher.

Das Büchlein für die Mutter hg. vom Zentralkomitee (Abt. VI, Volksgesundheitspflege) des Bayerischen Frauenvereins vom Roten Kreuz. unter dem Protektorate Ihrer Königlichen Hoheit Frau Prinzessin Ludwig von Bayern, 2. verbesserte und vermehrte Auflage, 6. bis 15. Tausend, München 1906.
Die futuristische Küche von Filippo Tommaso Marinetti und Fillia, Stuttgart 1983 [it. Erstausgabe 1930].

Die gute Hausmannskost. Kochbuch hg. vom Verein für Volkshygiene in München, München [1903]. Vorwort von Sophie Junge und Johanna Willich

Die Krankenkost hg. vom Bayerischen Frauenverein vom Roten Kreuz, Abteilung V für Landkrankenpflege, Vorwort von Lilly Gabler, München 1905.

Die Rote Köchin. Geschichte und Kochrezepte einer spartakistischen Zelle am Bauhaus Weimar, aus dem Italienischen von Ambros Waibel. Mainz 2012.

Grundlagen für die Praxis der Ernährung von Auguste Brendl, München [1935].

Grundrezepte als Schlüssel zur Kochkunst. Aus 80 Kochrezepten entstehen 440 Gerichte von Cornelia Kopp, 2. Auflage Leipzig u.a 1931.

Grundrezepte der Reifensteiner Schulen mit 350 Rezeptanleitungen für Kochen und Backen von Luise Senff, 3. Auflage Gotha 1944.

Häusliches Glück. Lehr- und Kochbuch. Eine Handreichung geboten v. d. Lehrerinnen d. Haushaltungsschule, A. Schulschwestern v. U. L. Fr., Vohenstrauß 1933.

Ich helfe dir kochen – was allen schmeckt von Hedwig Maria Stuber, Bonn/München/Wien 1955.

Koch- und Haushaltungsbuch für den einfachen Haushalt. Ein Handbuch für die Schülerinnen der Kochkurse, sowie für alle Hausfrauen von Lina Amberg, Clara Rost, Margarete Schubert Vorsteherinnen der St. Johanner Haushaltungsschule Saarbrücken, 5. verb. Auflage Saarbrücken 1906.

Kochbuch der Privat-Kochschule von Anna Widmer und Elisabeth Fülscher, Zürich 1928.

Kochbuch von Elisabeth Fülscher, Nachdruck der 8. Auflage 1966 mit kulturhistorischen Beiträgen, 4. Auflage Baden 2013.

Kochbuch für Haushaltungsschulen von Johanna Gast, 6. Auflage Leipzig/Plagwitz 1905.

Kochbuch. Im besonderen für Anhänger der Pfarrer Kneippschen Lebensweise von Dr. Korntheuer, [Christine List, prakt Arztwitwe München], 3., vermehrte und verbesserte Auflage Donauwörth 1908.

Kochen und Backen nach Grundrezepten von Luise Haarer, Esslingen 1932.

Praktisches Kochbuch für die gewöhnliche und feinere Küche von Henriette Davidis, 4., vermehrte und verbesserte Auflage Bielefeld 1849.

Recepte der Kochschule von E. und A. Popp, hrsg. von Margarette und Emma Doennig, 2., verm. und verb. Auflage Königsberg i. Pr. 1901.

Reifensteiner Backrezepte von H. Ody, 10., vermehrte Auflage Gotha [um 1935].

Reifensteiner Einmach-Rezepte, 7., vermehrte Auflage Gotha 1937.

Regensburger Kochbuch von Marie Schandri, 33. Auflage Regensburg 1895.

Schmankerlkochbuch 2004. 100 Jahre BBZ. Mit ausgewählten Rezepten der gesamten Schulfamilie hg. von Berufsbildungszentrum für Hauswirtschaft und Sozialwesen Miesbach unter Mitarbeit von Dagmar Kurre. 2. Auflage Miesbach 2004. Zum 100jährigen Geburtstag der Wirtschaftlichen Frauenschule heute Berufliches Schulzentrum Miesbach.

Vollständiges Bayrisches Kochbuch von Maria Catharina Daisenberger, 18., von praktischen Köchinnen durchaus verbesserte und sehr vermehrte auf vieljährige Erfahrung gegründete Auflage Nürnberg 1861.

Volks-Kochbuch von Hedig Heyl, 1. Auflage Berlin 1905. Nachdruck 2009.

200 Kochrezepte für einfache bürgerliche Haushaltungen erprobt im Haushaltungskursus II für schulentlassene Mädchen hg. von der Gewerbe- und Haushaltungsschule des Frauenbildungsvereins Hannover, 2. verbesserte. Hannover 1913. [weitere Auflagen bis: 244 Kochrezepte, 11. Auflage Hannover 1937]

Literatur

Bächtold-Stäubli, Hanns; Hoffmann-Krayer, Eduard: Handwörterbuch des deutschen Aberglaubens. Unveränd. Nachdruck der Ausgabe 1927–1942 mit einem Vorwort von Christoph Daxelmüller. Berlin/New York 1987 (10 Bände).

Backmann, Ira Sibylle: Gaben Asiens, Tribute Amerikas. In: Ulrike Zischka, Hans Ottomeyer, Susanne Bäumler (Hgg.): Die anständige Lust. Von Esskultur und Tafelsitten; [Münchner Stadtmuseum, 5. 2.–31. 5. 1993]. München 1993, S. 418–444.

Barlösius, Eva: Soziologie des Essens. Eine sozial- und kulturwissenschaftliche Einführung in die Ernährungsforschung. Weinheim 1999.

Bauer, Ingolf; Matt, Nina: Bayerns Landwirtschaft seit 1800. Texte zum Museum im Schafhof. Wolnzach 1994.

Baumgartner, Judith: So natürlich wie möglich. Ernährungswandel und Ernährungsreform. In: Ulrike Zischka, Hans Ottomeyer, Susanne Bäumler (Hgg.): Die anständige Lust. Von Esskultur und Tafelsitten; [Münchner Stadtmuseum, 5.2.–31.5.1993]. München 1993, S. 533–536.

Baur, Werner H.; Bräuer, Grit; Rapp, Jörg: Nutzfische und Krebse. Lebenraum, Erkrankungen und Therapie. 3. vollständig überarbeitete Auflage Stuttgart 2010.

Bayerisches Wörterbuch von Johann Andreas Schmeller, 2. bearb. Ausgabe von G. Frommann. München 1872–77 (2 Bände in 4 Teilen).

Bergmann, Gustav von: Emil Preetorius. In: Fritz Hollwich (Hg.): Im Umkreis der Kunst. Eine Festschrift für Emil Preetorius. Wiesbaden [1953], S. 21–23.

Bergsten, Gunilla: Thomas Manns Doktor Faustus. Untersuchungen zu den Quellen und zur Struktur des Romans. 2., ergänzte AuflageTübingen 1974.

Beuys, Barbara: Die neuen Frauen – Revolution im Kaiserreich 1900–1914. München 2014.

Brirup-Lindemann, Agnes (Hg.): Ländliche Frauenbildung. vermittelt durch Wirtschaftliche Frauenschulen auf dem Lande, Hausbeamtinnenschulen, Hausfrauen- und landwirtschaftliche Haushaltungsschulen, Ländliche Wanderhaushaltungsschulen unter Mitwirkung der maßgebenden Vertreter der einschlägigen Schulen Preußens. Berlin 1922.

Broszat, Martin; Henke, Klaus-Dietmar; Woller, Hans (Hgg.): Von Stalingrad zur Währungsreform. Zur Sozialgeschichte des Umbruchs in Deutschland. München 1988.

Bühler, Susanne: Koch und Köchin. Arbeitsplatz Küche. In: Ulrike Zischka, Hans Ottomeyer, Susanne Bäumler (Hgg.): Die anständige Lust. Von Esskultur und Tafelsitten; [Münchner Stadtmuseum, 5.2.–31.5.1993]. München 1993, S. 539–545.

Burke, Peter: Was ist Kulturgeschichte? aus dem Englischen von Michael Bischoff. Frankfurt am Main 2005.

Duden – Deutsches Universalwörterbuch hg. von der Dudenredaktion. 4. Auflage Mannheim u.a. 2001.

Duve, Karen: Anständig essen. Ein Selbstversuch. Berlin 2011.

DWB = Grimm, Jacob; Grimm, Wilhelm: Deutsches Wörterbuch, 16 Bände in 32 Teilbänden. Leipzig 1854–1961, Quellenverzeichnis 1971.

Ehlert, Trude: *Nehmet ein junges Hun, ertraenckets mit Essig*. Zur Syntax spätmittelalterlicher Kochbücher. In: Irmgard Bitsch, Trude Ehlert, Xenja von Ertzdorff (Hgg.): Essen und Trinken in Mittelalter und Neuzeit. Vorträge eines interdisziplinären Symposions vom 10.-13. Juni 1987 an der Justus-Liebig-Universität Gießen. 2., überarbeitete Auflage Sigmaringen 1990, S. 261–276.

Ehlert, Trude: Zum Funktionswandel der Gattung Kochbuch in Deutschland. In: Alois Wierlacher, Eva Barlösius, Gerhard Neumann (Hgg.): Kulturthema Essen – Ansichten und Problemfelder. Berlin 1993, S. 319–341.

Ehlert, Trude: Indikatoren für Mündlichkeit und Schriftlichkeit in der deutschsprachigen Fachliteratur am Beispiel der Kochbuchüberlieferung. In: Wernfried Hofmeister u. Bernd Steinbauer (Hgg.): *Durch aubenteuer muess man wagen vil*. Festschrift für Anton Schwob zum 60. Geburtstag. Innsbruck 1997, S. 73–85.

Engelsing, Tobias: Die Welt im Topf. Kleine Kulturgeschichte der Küche am Bodensee. Mit traditionellen Rezepten. Aktualisiert von Fridolin Berchtold. Konstanz 2010.

Fries, Norbert: Syntaktische und semantische Studien zum frei verwendeten Infinitiv und zu verwandten Erscheinungen im Deutschen. Tübingen 1983.

Frischholz, Hans: 60 Jahre Vohenstraußer Kochbuch. Gleichzeitig eine Geschichte der Klosterfiliale der Armen Schulschwestern. In: Streifzüge. Beiträge zur Heimatkunde und Heimatgeschichte der Stadt und Großgemeinde Vohenstrauß und Umgebung (9) 1990, S. 20–33.

Genette, Gérard: Paratexte. Das Buch vom Beiwerk des Buches. Frankfurt am Main 2001.

Gerber, Sophie: Küche, Kühlschrank, Kilowatt. Zur Geschichte des privaten Energiekonsums 1945–1990. Bielefeld 2014.

Glaser, Elvira: Fein gehackte Pinienkerne zugeben! Zum Infinitiv in Kochrezepten. In: David Restle u. Dietmar Zaefferer (Hgg.): Sounds and Systems. Studies in Structure and Change. A Festschrift for Theo Vennemann. Berlin, New York 2002, S. 165–183.

Glaser, Elvira: Textmuster deutschsprachiger Kochrezepte im 19. und 20. Jahrhundert. In: Germanistik und Romanistik: Wissenschaft zwischen Ost und West. Materialien der internationalen wissenschaftlichen Konferenz – West-Ost: Bildung und Wissenschaft an der Schwelle des 21. Jahrhunderts. Chabarovsk 2002, S. 109–124.

Gloning, Thomas: Textgebrauch und sprachliche Gestalt älterer deutscher Kochrezepte (1350–1800). Ergebnisse und Aufgaben. In: Franz Simmler (Hg.): Textsorten deutscher Prosa vom 12./13. bis 18. Jahrhundert

und ihre Merkmale. Akten zum Internationalen Kongress in Berlin, 20. bis 22. September 1999. Bern 2002, S. 515–550.
Götschmann, Dirk: Wirtschaftsgeschichte Bayerns. 19. und 20. Jahrhundert. Regensburg 2010.
Graf, Oskar Maria: Gelächter von außen. Aus meinem Leben 1918–1933. München/Leipzig 1994 (Oskar Maria Graf Werkausgabe, hg. von Wilfried F. Schoeller, Bd. X).
Haberlandt, Michael (Hg.): Cultur im Alltag. Gesammelte Aufsätze. Wien 1900.
Hajak, Stefanie; Zarusky, Jürgen (Hgg.): München und der Nationalsozialismus. Menschen. Orte. Strukturen. München 2008.
Häntzschel, Hiltrud; Bußmann, Hadumod (Hgg.): Bedrohlich gescheit. Ein Jahrhundert Frauen und Wissenschaft in Bayern. München 1997.
Haslinger, Ingrid: Die Wiener Mehlspeisküche. In: Julia Danielczyk u. Isabella Wasner-Peter (Hgg.): *Heut' muß der Tisch sich völlig bieg'n*. Wiener Küche und ihre Kochbücher. Wien 2007, S. 49–57.
Haslinger, Ingrid: Entwickungsstationen einiger typischer Gerichte der Wiener Küche. In: Julia Danielczyk u. Isabella Wasner-Peter (Hgg.): *Heut' muß der Tisch sich völlig bieg'n*. Wiener Küche und ihre Kochbücher. Wien 2007, S. 11–48.
Haslinger, Ingrid: Dampf stieg aus dem Topf hervor. Eine Kulturgeschichte der Suppen aus aller Welt. Wien 2010.
Heimerer, Leo; Selzam, Johann (Hgg.): Berufliche Bildung im Wandel. Beiträge zur Geschichte des beruflichen Schulwesens in Bayern von 1945 bis 1982. Bad Homburg vor der Höhe 1983.
Heist, Walter (Hg.): Emil Preetorius. Grafiker, Bühnenbildner, Sammler. Mainz 1976.
Hering, Richard: Lexikon der Küche. 9. Auflage von Walter Bickel. Nordhausen am Harz 1952.
Hermann, Michael: Kommunale Kulturpolitik in München von 1919 bis 1935. Miesbach o. J. (Schriftenreihe des Stadtarchivs München, 179).
Heydekampf, A. von: Ida von Kortzfleisch. Lebensbild. In: Agnes Brirup-Lindemann (Hg.): Ländliche Frauenbildung. vermittelt durch Wirtschaftliche Frauenschulen auf dem Lande, Hausbeamtinnenschulen, Hausfrauen- und landwirtschaftliche Haushaltungsschulen, Ländliche Wanderhaushaltungsschulen unter Mitwirkung der maßgebenden Vertreter der einschlägigen Schulen Preußens. Berlin 1922, S. 1–15.
Hindhede, Mikkel: Eine Reform unserer Ernährung. Lebe gesund! Lebe kräftig! Lebe billig! Autorisierte Uebersetzung von Gustav Bargum. Kopenhagen 1908.
Hindhede, Mikkel: Mein Ernährungs-System. Eine Umwälzung und Verbilligung unsrer Ernährung. Mit einem Muster-Kochbuch. Mit einem Vorwort zur deutschen Ausgabe von Professor Dr. Kafemann. Autorisierte Uebersetzung von Marie Dietz. Berlin/Leipzig 1911.
Hoffmann, Peter F. L.: Wörterbuch der deutschen Sprache in ihrer heutigen Ausbildung. mit besonderer Berücksichtigung der Schwierigkeiten in der Bedeutung, Beugung, Fügung und Schreibart der Wörter und mit vielen erläuternden Beispielen aus dem praktischen Leben. 10. Auflage bearb. von Martin Block. Leipzig 1936.
Hoffmann, Esther: Kulinarisches Erbe. Kulturwissenschaftliche Anmerkungen zur Nobilitierung alimentärer Praxis. In: journal culinaire (14) 2012, S. 114–121.
Hofmiller, Josef: Kochkunst und Dichtkunst. In: Josef Hofmiller: Von Dichtern, Malern und Wirtshäusern. München 1938, S. 29–35.
Hollwich, Fritz (Hg.): Im Umkreis der Kunst. Eine Festschrift für Emil Preetorius. Wiesbaden [1953].
Hölscher, Eberhard: Emil Preetorius: das Gesamtwerk. Berlin, Leipzig 1943.
Huber, Michael: Von der Fachausbildung zur Hochschulreife. Der Weg der Landfrauenschule Miesbach zum Staatlichen Berufsbildungszentrum. Miesbach 2002 (Miesbacher Hefte. Beiträge zur Heimatkunde 30).
Kortzfleisch, Ida von: Allgemeine Erziehungsgrundsätze und Ausspüche. In: Agnes Brirup-Lindemann (Hg.): Ländliche Frauenbildung. vermittelt durch Wirtschaftliche Frauenschulen auf dem Lande, Hausbeamtinnenschulen, Hausfrauen- und landwirtschaftliche Haushaltungsschulen, Ländliche Wanderhaushaltungsschulen. Unter Mitwirkung der maßgebenden Vertreter der einschlägigen Schulen Preußens. Berlin 1922, S. 15–18.
Kortzfleisch, Ida von: Frauenbildung durch Wirtschaftliche Frauenschulen auf dem Lande. Allgemeines. Leiitsätze. In: Agnes Brirup-Lindemann (Hg.): Ländliche Frauenbildung. vermittelt durch Wirtschaftliche Frauenschulen auf dem Lande, Hausbeamtinnenschulen, Hausfrauen- und landwirtschaftliche Haushaltungsschulen, Ländliche Wanderhaushaltungsschulen. Unter Mitwirkung der maßgebenden Vertreter der einschlägigen Schulen Preußens. Berlin 1922, S. 18–21.
Joachimsthaler, Anton: Hitlers Weg begann in München 1913–1923. Überarb. u. erw. Neuauflage München 2000.

Keiser-Hayne, Helga: *PASTASCHUTA* – Vom Ursprung eines deutschen Leibgerichts. In: Ulrike Zischka, Hans Ottomeyer, Susanne Bäumler (Hgg.): Die anständige Lust. Von Esskultur und Tafelsitten [Münchner Stadtmuseum, 5.2.–31.5.1993]. München 1993, S. 513–518.

Klee, Ernst: Das Kulturlexikon zum Dritten Reich. Wer war was vor und nach 1945. Frankfurt am Main 2009.

Knauer-Nothaft, Christl: Bayerns Töchter auf dem Weg zur Alma mater. Das höhere Mädchenschulwesen. In: Hiltrud Häntzschel u. Hadumod Bußmann (Hgg.): Bedrohlich gescheit. Ein Jahrhundert Frauen und Wissenschaft in Bayern. München 1997.

Köstlin, Konrad: Die Wiener Küche. Ein Alleinstellungsmerkmal avant la lettre. In: Kulinarik und Kultur. Speisen als kulturelle Codes in Zentraleuropa hg. von Moritz Csáky u. Georg-Christian Lack, Wien, Köln, Weimar 2014, S. 121–131.

Krafft, Sybille (Hg.): Frauenleben in Bayern. Von der Jahrhundertwende bis zur Trümmerzeit. Bayerische Landeszentrale für politische Bildungsarbeit. München 1993.

Krafft, Sybille; Jörgensen, Kirsten; Bäuml-Stosiek, Dagmar: *Wir lebten in einer Oase des Friedens …* Die Geschichte einer jüdischen Mädchenschule 1926–1938, München 2009.

Krasny, Elke: Küchengeschichten – ein literarischer Streifzug. In: Elfie Miklautz, Herbert Lachmayer, Reinhard Eisendle (Hgg.): Die Küche. Zur Geschichte eines architektonischen, sozialen und imaginativen Raums. Wien u.a 1999, S. 251–279.

Küster, Marc Wilhelm: Geordnetes Weltbild. Die Tradition des alphabetischen Sortierens von der Keilschrift bis zur EDV. Eine Kulturgeschichte. Tübingen 2006.

Lesniczak, Peter: Alte Landschaftsküchen im Sog der Modernisierung. Studien zu einer Ernährungsgeographie Deutschlands zwischen 1860 und 1930. Stuttgart 2003.

Lesniczak, Peter: Derbe bäuerliche Kost und feine städtische Küche. Zur Verbürgerlichung der Ernährungsgewohnheiten zwischen 1880–1930. In: Hans Jürgen Teuteberg (Hg.): Die Revolution am Esstisch. Neue Studien zur Nahrungskultur im 19./20. Jahrhundert. Stuttgart 2004, S. 129–147.

Lilla, Joachim: Statisten in Uniform. Die Mitglieder des Reichstags 1933–1945. Ein biographisches Handbuch; unter Einbeziehung der völkischen und nationalsozialistischen Reichstagsabgeordneten ab Mai 1924. Unter Mitarbeit von Martin Döring und Andreas Schulz. Düsseldorf 2004.

Luidl, Philipp: München – Mekka der Schwarzen Kunst. Die typographische Avantgarde der Zwanziger Jahre. Renner, Tschichold, Trump. In: Christoph Stölzl (Hg.): Die Zwanziger Jahre in München. Katalog zur Ausstellung im Münchner Stadtmuseum Mai bis September 1979. München 1979, S. 195–209.

Lummel, Peter; Deak, Alexandra (Hgg.): Einkaufen! Eine Geschichte des täglichen Bedarfs. Berlin: Verein der Freunde der Domäne Dahlem 2005.

Mann, Thomas: Ein Brief. In: Fritz Hollwich (Hg.): Im Umkreis der Kunst. Eine Festschrift für Emil Preetorius. Wiesbaden [1953], S. 184–186.

Mann, Thomas: Briefe 1889–1947. Hg. von Erika Mann. Tübingen 1961/63 (2 Bände).

Mann, Thomas: Tagebücher. 1933–1934. Hg. von Peter de Mendelssohn. Frankfurt am Main 1977.

Mann, Thomas: Doktor Faustus. Das Leben des deutschen Tonsetzers Adrian Leverkühn, erzählt von einem Freunde. Kommentar. Hg. Ruprecht Wimmer. Frankfurt am Main 2007 (Thomas Mann. Große kommentierte Frankfurter Ausgabe, 10.1).

Martynkewicz, Wolfgang: Salon Deutschland. Geist und Macht 1900–1945. Berlin 2009.

Mattheier, Klaus J.: Das Essen und die Sprache. Umrisse einer Linguistik des Essens. In: Alois Wierlacher, Eva Barlösius, Gerhard Neumann (Hgg.): Kulturthema Essen – Ansichten und Problemfelder. Berlin 1993, S. 245–255.

Meister, Monika: *Deutsche Erzieherin! Du hast die künftige Mutter des Volkes zu formen.* Die Pädagogin Auguste Reber-Gruber (1892–1946). In: Hiltrud Häntzschel u. Hadumod Bußmann (Hgg.): Bedrohlich gescheit. Ein Jahrhundert Frauen und Wissenschaft in Bayern. München 1997, S. 248–254.

Methler, Eckehard; Methler, Walter: Von Henriette Davidis bis Erna Horn. Bibliographie und Sammlungskatalog hauswirtschaftlicher Literatur – mit Anmerkungen zur Frauenfrage. Wetter (Ruhr) 2001, (Veröffentlichungen des Henriette Davidis-Museums, 9).

Meyers Großes Konversationslexikon. Ein Nachschlagewerk des allgemeinen Wissens. 6., gänzlich neubearbeitete u. vermehrte Auflage Leipzig/Wien 1905–1909.

Müller, Winfried: Schulpolitik in Bayern im Spannungsfeld von Kultusbürokratie und Besatzungsmacht. 1945–1949. München 1995.

Nauderer, Ursula Katharina: Esskultur. Zur Geschichte der Ernährung in der Neuzeit. Begleitband zur Ausstellung im Bezirksmuseum Dachau vom 3. Juli 2011 bis 8. Januar 2012. Dachau 2011.

Paul, Hermann: Deutsches Wörterbuch. 9. Auflage von Helmut Henne u. Georg Objartel. Tübingen 1992.
Pfaller, Robert: Leben und Tod – oder nur das kleine Glück? Zu einer Grundsatzfrage des Hedonismus. In: journal culinaire (13) 2011, S. 99–103.
Pick, Lotte: Die Jüdische Haushaltsschule zu Wolfratshausen. In: Hans Lamm (Hg.): Von Juden in München. Ein Gedenkbuch. München 1958, S. 87–88.
Pini, Udo: Das Gourmet Handbuch. Köln 2000.
Preetorius, Emil: Münchner Erinnerungen (1945). In: Imprimatur. ein Jahrbuch für Bücherfreunde, Neue Folge VII. Hg. von Heinz Sarkowski. Frankfurt am Main 1972, S. 181–188.
Protzeller, Michael: Das Staatsinstitut für den landwirtschaftlichen Unterricht. In: Leo Heimerer u. Johann Selzam (Hgg.): Berufliche Bildung im Wandel. Beiträge zur Geschichte des beruflichen Schulwesens in Bayern von 1945 bis 1982. Bad Homburg vor der Höhe 1983, S. 597–605.
Reitmeier, Simon: Warum wir mögen, was wir essen. Eine Studie zur Sozialisation der Ernährung. Bielefeld 2013.
Reuter, Martin: Eingeklemmt zwischen Auster und Currywurst. Letzter Versuch über das deutsche Essen. In: Daniele Dell'Agli (Hg.): Essen als ob nicht. Gastrosophische Modelle. Frankfurt am Main 2007, S. 153–200.
Richardsen, Ingvild: Wer war Carry Brachvogel? In: Carry Brachvogel: Im weiß-blauen Land. Bayerische Bilder. Hg. von Ingvild Richardsen. München 2013, S. 121–149.
Rossipaul, Lothar: Emil Preetorius. Illustration, Graphik, Plakate. Katalog der Ausstellung des Stuck-Jugendstil-Vereins vom 21. September bis zum 2. Dezember 1973 in der Stuck-Villa in München. Lilly Preetorius u. Wilhelm Rüdiger. München 1973.
Sawahn, Anke: Die Frauenlobby vom Land. Die Landfrauenbewegung in Deutschland und Ihre Funktionärinnen 1898 bis 1948. Frankfurt am Main 2009.
Schlögl, Alois (Hg.): Bayerische Agrargeschichte. Die Entwicklung der Land- und Forstwirtschaft seit Beginn des 19. Jahrhunderts. München 1954.
Schmoll, Friedemann: Iß langsam und kaue tüchtig. Die Geschichte von Luise Haarers schwäbischem Nationalkochbuch, das eigentlich nie ein solches werden sollte. In: Angelika Brieschke (Hg.): Schwabenbilder. Zur Konstruktion eines Regionalcharakters. Begleitband zur Ausstellung *Schwabenbilder* im Haspelturm des Tübinger Schlosses, 18. April bis 1. Juni 1997. Tübingen 1997, S. 149–154.
Schwendter, Rolf: Arme essen – Reiche speisen. Neuere Sozialgeschichte der zentraleuropäischen Gastronomie. Wien 1995.
Schwendter, Rolf: Vergessene Wiener Küche. Kochen gegen den Zeitgeist. Wien 2004.
Seibicke, Wilfried: Duden. Wie sagt man anderswo? Landschaftliche Unterschiede im deutschen Wortgebrauch. Mannheim 1972.
Selig, Wolfram: *Arisierung* in München. Die Vernichtung jüdischer Existenz 1937–1939. Berlin 2004.
Singer, Karl: Soziale Fürsorge. der Weg zum Wohltun. München, Berlin 1904.
Specht, Agnete von (Hg.): Geschichte der Frauen in Bayern. Von der Völkerwanderung bis heute. Katalog zur Landesausstellung 1998 in den Ausstellungshallen in Klenzepark in Ingolstadt 18. Juni bis 11. Oktober 1998. Haus der Bayerischen Geschichte. Augsburg 1998.
Spiekermann, Uwe: Vollkorn für die Führer. Zur Geschichte der Vollkornpolitik im *Dritten Reich*. In: Zeitschrift für Sozialgeschichte des 20. und 21. Jahrhunderts (16) 2001, S. 91–128.
Stürz, Hans K.: Emil Preetorius 1883–1973. Illustrator, Graphiker, Bühnenbildner, Sammler u. Kunsttheoretiker, zum 100. Geburtstag. e. Ausstellung in d. Hess. Landes- u. Hochschulbibliothek Darmstadt 1984. Darmstadt 1984.
Südhessisches Wörterbuch begründet von Friedrich Maurer, bearbeitet von Rudolf Mulch. Hg. von der Hessischen Historische Kommission Darmstadt. Marburg 1965–1968 (6 Bände).
Teuteberg, Hans Jürgen (Hg.): Die Revolution am Esstisch. Neue Studien zur Nahrungskultur im 19./20. Jahrhundert. Stuttgart 2004.
Teuteberg, Hans Jürgen: Die Rolle des Fleischextrakts für die Ernährungswissenschaften und den Aufstieg der Suppenindustrie. Kleine Geschichte der Fleischbrühe. Stuttgart 1990.
Thoms, Ulrike: Kochbücher und Haushaltslehren als ernährungshistorische Quellen. Möglichkeiten und Grenzen eines methodischen Zugriffs. In: Dirk Reinhardt, Uwe Spiekermann, Ulrike Thoms (Hgg.): Neue Wege zur Ernährungsgeschichte. Kochbücher, Haushaltsrechnungen, Konsumvereinsberichte und Autobiographien in der Diskussion. Frankfurt am Main 1993, S. 9–50.
Thüringisches Wörterbuch von Karl Spangenberg u. Wolfgang Lötsch. Hg. von der Sächsischen Akademie der Wissenschaften zu Leipzig. Berlin 1991–1999 (6 Bände).

Torrttila, Minna; Hakkarainen, Heikki J.: Zum Satzbau der deutschen Kochrezepte des 20. Jahrhunderts. Satzlänge und Prädikat. In: Zeitschrift für Germanistische Linguistik (18) 1990, S. 31–42.

Tschofen, Bernhard: Kulinarische Räume und kulturelle Identitäten: Ein rasch serviertes Mahl über Geschmack in der Begegnung der Kulturen. In: SIETAR 13 (2) 2007, S. 4–6.

Tschofen, Bernhard: Kulinaristik und Regionalkultur. In: Alois Wierlacher u. Regina Bendix (Hgg.): Kulinaristik. Forschung – Lehre – Praxis. Berlin. Münster 2008, S. 63–78.

Tschofen, Bernhard: Regionale Küche. Theoretische Blicke auf eine reflexionsbedürftige Praxis. In: journal culinaire (6) 2008, S. 94–98.

Der Große Duden. Rechtschreibung der deutschen Sprache und der Fremdwörter, 11., neubearbeitete u. erweiterte von Otto Basler unter Mitwirkung der Fachschriftleitungen des Bibliographischen Instituts. Leipzig 1934.

Verk, Sabine (Hg.): Geschmacksache. Kochbücher aus dem Museum für Volkskunde. Unter Mitarbeit von Erika Karasek, Heidi Müller, Inga Wiedemann und Irene Ziehe. Staatliche Museen zu Berlin. Preußischer Kulturbesitz. Berlin 1995.

Voit, Friedrich: Karl Wolfskehl. Leben und Werk im Exil. Göttingen 2005.

Volkert, Wilhelm; Bauer, Richard: Handbuch der bayerischen Ämter, Gemeinden und Gerichte 1799–1980. München 1983.

Walter, Bruno: Zu Emil Preetorius' siebzigstem Geburtstag. In: Fritz Hollwich (Hg.): Im Umkreis der Kunst. Eine Festschrift für Emil Preetorius. Wiesbaden [1953], S. 273–277.

Wasserzieher, Ernst; Betz, Werner: Woher? Ableitendes Wörterbuch der deutschen Sprache. 18., durchges. Auflage Bonn 1974.

Weidner, Thomas: Rumford. Rezepte für ein besseres Bayern. Eine Ausstellung des Münchner Stadtmuseums 31. Oktober 2014 bis 19. April 2015. München 2014.

Wiegelmann, Günter: Butterbrot und Butterkonservierung im Hanseraum. In: Günter Wiegelmann u. Ruth-E. Mohrmann (Hgg.): Nahrung und Tischkultur im Hanseraum. Münster 1996, S. 463–499.

Wiegelmann, Günter; Krug-Richter, Barbara: Alltags- und Festspeisen in Mitteleuropa. Innovationen, Strukturen und Regionen vom späten Mittelalter bis zum 20. Jahrhundert. 2., erweiterte Auflage Münster 2006.

Wiegelmann, Günter: Volkskundliche Studien zum Wandel der Speisen und Mahlzeiten. In: Hans Jürgen Teuteberg u. Günter Wiegelmann (Hgg.): Der Wandel der Nahrungsgewohnheiten unter dem Einfluß der Industrialisierung. Göttingen 1972, S. 223–400.

Wildhagen, Harald (2015): Zur Geschichte des höheren Mädchenschulwesens in Preußen im 19. und 20. Jahrhundert. In: Sarah Romeyke (Hg.): Preußens Töchter. Die Stiftskinder von Heiligengrabe, 1847–1945. Heiligengrabe, S. 94–111.

Wildt, Michael: Abschied von der *Freßwelle* oder: die Pluralisierung des Geschmacks. Essen in der Bundesrepublik Deutschland der fünfziger Jahre. In: Alois Wierlacher, Eva Barlösius, Gerhard Neumann (Hgg.): Kulturthema Essen – Ansichten und Problemfelder. Berlin 1993, S. 211–225.

Winfried, Winfried: Schulpolitik in Bayern im Spannungsfeld von Kultusbürokratie und Besatzungsmacht 1945–1949. München 1995.

Wirth, Uwe: Das Vorwort als performative, paratextuelle und parergonale Rahmung. In: Jürgen Fohrmann (Hg.): Rhetorik. Figuration und Performanz. Stuttgart 2004, S. 603–628.

Wirth, Uwe: Was zeigt sich, wenn man Literatur zeigt? In: Anne Bohnenkamp u. Sonja Vandenrath (Hgg.): Wort-Räume, Zeichen-Wechsel, Augen-Poesie. Zur Theorie und Praxis von Literaturausstellungen. Göttingen 2011, S. 53–64.

Witetschek, Helmut: Die kirchliche Lage in Bayern nach den Regierungspräsidentenberichten 1933–1943, II. Regierungsbezirk Ober- und Mittelfranken. Mainz 1967, (Veröffentlichungen der Kommission für Zeitgeschichte, Reihe A: Quellen, 8).

Wittmann, Reinhard: Hundert Jahre Buchkultur in München. München 1993.

Wlach, Fritz: Einheits-ABC-Regeln. Berlin 1925.

Wolfskehl, Karl: Briefwechsel aus Neuseeland 1938–1948. Mit einem Vorwort von Paul Hoffmann. Herausgegeben von Cornelia Blasberg. 2 Bände. Darmstadt 1988.

Wolfskehl, Karl: Briefwechsel aus Italien 1933–1938. *jüdisch, römisch, deutsch zugleich* .... Hg. u. komm. von Cornelia Blasberg. Hamburg 1993.

Wörner-Heil, Ortrud: Frauenschulen auf dem Lande. Reifensteiner Verband (1897–1997). 2. Auflage Kassel 1997.

Wörner-Heil, Ortrud: Die Wirtschaftlichen Frauenschulen des Reifensteiner Verbandes als neuer Schultyp in der modernen Berufsbildung. Ein Beitrag zu den Anfängen des ländlich-hauswirtschaftlichen Bildungswesens. In: Hermann Heidrich (Hg.): Frauenwelten. Arbeit, Leben, Politik und Perspektiven auf dem Land. Bad Windsheim 1999, S. 99–118.

Wörner-Heil, Ortrud: Adelige Frauen als Pionierinnen der Berufsbildung. Die ländliche Hauswirtschaft und der Reifensteiner Verband. Kassel 2010.

Ziehe, Irene: Kochbücher zur regionalen Küche. In: Sabine Verk (Hg.): Geschmacksache. Kochbücher aus dem Museum für Volkskunde. Unter Mitarbeit von Erika Karasek u. a. Berlin 1995, S. 63–65.

Zischka, Ulrike: Hauswirtschafts- und Kochschulen. In: Ulrike Zischka, Hans Ottomeyer, Susanne Bäumler (Hgg.): Die anständige Lust. Von Esskultur und Tafelsitten; [Münchner Stadtmuseum, 5.2.–31.5.1993]. München 1993, S. 551f.

Zischka, Ulrike: Kochkunst in Bayern.In: Ulrike Zischka, Hans Ottomeyer, Susanne Bäumler (Hgg.): Die anständige Lust. Von Esskultur und Tafelsitten; [Münchner Stadtmuseum, 5.2.–31.5.1993]. München 1993, S. 499–511.

Bildnachweis

Umschlag
Hauptmotiv: Bayerisches Kochbuch 26/1956
Bildleiste v.o.: Kochbuch 3/1916, 6/1924, Bayerisches Kochbuch 15/[1933], 18erw./1947, 33/1963, 36/1966, 40/1971

Motto S. 7
aus Harald Grill, gehen lernen, München 2010, S. 87f

Haus der Bayerischen Geschichte, Augsburg (Grafik: Thoener von Wolffersdorff): S. 112

Isabella Krobisch: S. 78, S. 85

Privatbesitz: S. 43, S. 64

Verlag Dr. Hans Krach Mainz 1976: S. 183

Quellenangaben des Bayerischen Kochbuchs sind den Bild- und Textzitaten beigefügt.
Vielen Dank allen für die Erlaubnis Texte und Abbildungen zu veröffentlichen!

Register

Das Register enthält Personen, Sachen und Rezeptnamen. Rezeptnamen sind *kursiv* gesetzt. Die Schreibung entspricht der im Register der Auflage 56/2007. Sind in dieser Rezepte nicht belegt, wurde die Schreibweise einer alten Auflage gewählt.

Danke

Die Biografie des Bayerischen Kochbuchs würde es nicht geben, hätte ich nicht von vielen Seiten Unterstützung erhalten. Wenn ich von meinem Vorhaben erzählte, reichte die Palette der Reaktionen von erfreut bis befremdet, unbeteiligt blieb kaum jemand. Freunde des Bayerischen Kochbuchs haben mir ihre Exemplare geliehen, in ihren Erinnerungen und Unterlagen gestöbert. Landfrauen fühlten sich in ihre Schulzeit versetzt und füllten artig Fragebögen aus. Die summarische Auswertung ist im Internet zu lesen unter www.ResteFerwertung.de. Vielen Dank!

Sehr zu danken habe ich dem Bayerischen Staatsministerium für Ernährung, Landwirtschaft und Forsten für die zweijährige Projektförderung 2011/2013. Der feste Zeitrahmen und die finanziellen Mittel halfen, das Projekt voranzutreiben. Im Frühjahr 2013 ermöglichte mir die Maecenia Stiftung Frankfurt, meine Ergebnisse vor einem größeren Kreis von Zuhörerinnen und Zuhörern zu präsentieren. Dass es wahr wurde, in Miesbach im BSZ-Schulzentrum – dort an der Wiege des Bayerischen Kochbuchs – 2014 zur 900-Jahr-Feier der Stadt eine Ausstellung zu organisieren, war ein besonderer Glücksfall. Für Zuspruch und fachlichen Rat bedanke ich mich herzlich beim Bayerischen Landesverein für Heimatpflege e. V. und dem Haus der Bayerischen Geschichte in Augsburg. Last but not least freue ich mich, dass die Auflagensammlung seit Februar 2016 ein schönes neues Zuhause in der Staatlichen Bibliothek Regensburg gefunden hat.

Folgende Bibliotheken und Archive konnte ich in den letzten Jahren nutzen: Adalbert-Raps Gewürzbibliothek Kulmbach, Archiv des BSZ-Schulzentrums Miesbach (Frauenschulstraße 1), Bayerisches Hauptstaatsarchiv, Bayerische Staatsbibliothek, Deutsche Nationalbibliothek Leipzig/Frankfurt am Main, Monacensia, Staatsarchiv München, Stadtarchiv Miesbach, Universitätsbibliothek Würzburg und die an sie über den OPAC angeschlossenenen Bibliotheken.

Christine Weisner danke ich für ihr immer anregendes schreibbegleitendes Lektorat und Christiane Abspacher vom Friedrich Pustet Verlag für das sorgfältige Schlusslektorat. Persönlichen Dank schulde ich für Informationen, fachlichen Rat, Zuspruch, geliehene Kochbücher und noch vieles mehr:

Prof. Dr. Mindaugas Andrulis
Anna Bink
Jan Borgmann
Prof. Dr. Michael Daxelmüller †
Helga Dengjel
Helga Dopfer
Monika Ebert
Prof. Dr. Trude Ehlert
Prof. Dr. Guido Fackler
Christiane Fluellen
Dr. Cordula Gerlach
Gerda Göschl
Prof. Dr. Dirk Götschmann
Alexandra Gregor
Paul Huslage
Dr. Barbara Kink
Prof. Dr. Dorothea Klein
Marion Kratzmair
Simon Lamprecht
Alexander Langheiter
Bertaluise von Lips, geb. Schmidt
Sigrid Lochner
Dr. Bernhard Lübbers
Prof. Dr. Helmut Lydtin
Annette Moser
Christine Moser †
Franz Moser sen.
Marianne Moser
Walter Moser
Inge Müller
Andrea Neubert
Heidi Neumann †
Werner Nied
Dr. Daiva-Elžbieta Optažaitė
Daniel Osthoff
Ursula Osthoff
Beatrix Radke
Michael Ritter
Anneliese Rothenbach
Ulrike Schäfer
Dr. Bernd M. Schmitt
Birgit Schuster
Gaby Sommerer
Marianne und Georg Stöckl
Cornelia Taube
Birgit Vogel
Gabriele Wallraf
Barbara Wank
Dr. Ralf Windhaber
Prof. Dr. Harald Witthöft
Heidi Zeltner
Ingeborg Ziegler

Folgender Dank betrifft die Erstauflage des Buches 2016.

Satz und Druck des Buches wurden mit Hilfe einer Crowdfundingkampagne auf dem Portal **www.startnext.com** finanziert. Für den professionellen Ablauf und die Betreuung seitens der startnext-Mitarbeiter, bei meinen Fans und Unterstützern möchte ich mich hier noch einmal sehr herzlich bedanken. Namentlich zu erwähnen habe ich die Freude:

Prof. Dr. Mindaugas Andrulis
Astrid Rosa-Brosemann und Bernd Brosemann
Weingut H. Deppisch
Prof. Dr. Trude Ehlert
Bäckerei Andreas Ganz
Dr. Marco Hoyer
Katholischer Deutscher Frauenbund, Theilheim
Dr. Carolin Kretzschmar
Helge Meves
Jutta Ortelt
Helmut Pirner
Reifensteiner Verband
Ulrike Schäfer

Bayerische Einigung e.V.
Bayerische Volksstiftung

BIRKEN-VERLAG MÜNCHEN

Ernst-Pietsch-Stiftung
DEGGENDORF